中国宝塔 II

（上）

[德] 恩斯特·伯施曼
著

[德] 魏汉茂
整理

赵省伟
主编

张胤哲 代荣欣
译

北京日报出版社

北京版权保护中心外国图书合同登记号：01-2022-1398

"ERNST BOERSCHMANN: PAGODEN IN CHINA" by ERNST BOERSCHMANN
Copyright © 2016 Deutsche Morgenländische Gesellschaft
All Rights Reserved.
Original German hardback edition published by Otto Harrassowitz GmbH & Co. KG, Wiesbaden
This Simplified Chinese Language edition published by arrangement with Otto Harrassowitz GmbH & Co. KG, Wiesbaden

图书在版编目（CIP）数据

西洋镜：中国宝塔. Ⅱ /（德）恩斯特·伯施曼著；（德）魏汉茂整理；赵省伟主编；张胤哲，代荣欣译 . -- 北京：北京日报出版社，2022.3（2024.4重印）
ISBN 978-7-5477-4028-6

Ⅰ. ①西… Ⅱ. ①恩… ②魏… ③赵… ④张… ⑤代… Ⅲ. ①古建筑—塔—介绍—中国 Ⅳ. ①K928.75

中国版本图书馆CIP数据核字（2021）第279140号

出版发行：北京日报出版社
地　　址：北京市东城区东单三条8-16号东方广场东配楼四层
邮　　编：100005
电　　话：发行部：(010) 65255876
　　　　　总编室：(010) 65252135
责任编辑：胡丹丹
印　　刷：三河市兴博印务有限公司
经　　销：各地新华书店
版　　次：2022年3月第1版
　　　　　2024年4月第5次印刷
开　　本：787毫米×1092毫米　1/16
印　　张：35
字　　数：500千字
印　　数：8001—11000
定　　价：268.00元（全二册）

版权所有，侵权必究
未经许可，不得转载

「出版说明」

早在1937年,《中国宝塔》[①]就已经完成写作。然而,随之而来的战争使得其出版困难重重。1949年恩斯特·伯施曼去世后,手稿也不知所终。幸运的是,一个偶然的机会,人们在汉堡大学发现了部分手稿。经过德国著名汉学家、目录学家魏汉茂的费心整理,时隔约80年后,终于在德国出版。

2006年,澳大利亚学者桑晔在恩斯特·伯施曼中国考察[②]百年的时候发起了一项民间计划:原地点、原角度复拍恩斯特·伯施曼拍摄的建筑,并记录百年沧桑的变迁故事。征得桑晔、徐原等老师的同意,我们于2017年出版了《西洋镜:一个德国建筑师眼中的中国1906—1909》一书,部分展示了徐原老师复拍的照片。无奈"西洋镜"丛书几经波折,复拍计划一直处于计划中。2021年3月份,恩斯特·伯施曼的《西洋镜:中国宝塔I》的出版又激励了我们的复拍计划。

一、本书德文版出版于2016年,此译本收录了430幅老照片,130余幅复拍图,共计50万字的图文描述和阐释。

二、本书整理于20世纪30年代,如今一些地方的称谓与伯施曼考察时相比,变化较大,为了便于读者理解,编者酌情在文中添加了一些脚注做出说明。

三、书中朝代、年号、人名,以及一些中文汉字书写的错误,在不影响作者原意以及读者阅读的情况下,编者酌情进行了删改,个别地方添加脚注补充说明。

四、原书第四章附图分为两部分:天宁式塔、喇嘛塔,为了方便读者阅读,编者将其分别移至相应章节中。

五、"恩斯特·伯施曼有关佛塔的著作""参考文献"原本是绪论中的两小节,为了尊重读者的阅读习惯,编者将其移至文末,单独成章。

六、由于年代已久,部分照片褪色,导致颜色深浅不一,为了更好地呈现照片内容,保证印刷整齐精美,对图片色调做了统一处理。

[①]《中国宝塔》原稿包括两个部分,第一部分于1931年出版;第二部分于1937年完成写作,直至2016年出版德文版。此处指《中国宝塔》(第二部分)。——译者注
[②] 1906—1909年,在德意志帝国皇家基金会的支持下,恩斯特·伯施曼跨越中国14个省区,行程数万里,对中国的皇家建筑、寺庙、祠堂、民居等进行了全方位的考察,留下了8000张照片、2500张草图、2000张拓片和1000页测绘记录。——编者注

七、由于能力有限,书中个别人名、地名无法查出者,皆采用音译并注明原文。

八、由于原作者所处立场、思维方式以及观察角度与我们不同,书中很多观点与我们的认识有一定出入,为保留原文风貌,均未做删改。

九、书名"西洋镜"由杨葵老师题写,感谢江西师范大学美术馆提供封面创意。

赵省伟

绪 论

大约 100 年前，恩斯特·伯施曼①就开始认真、系统地研究中国的建筑艺术。恩斯特·伯施曼出生在梅梅尔地区（Memelland），1896—1901 年间担任普鲁士政府的建筑师，1902 年随东亚占领军调到中国。任职期满后，一个偶然的机会，他在北京碧云寺度过了数周时光。他充分利用这段时间，全面彻底地测绘记录了整座寺庙建筑群，并在回国后将成果发表在一份专业期刊上。②与此同时，他领悟到了中国建筑艺术的价值和意义，并把研究中国建筑艺术作为自己的毕生使命。其论述中国建筑艺术的纲领性文章发表在《科隆人民日报》(Kölnischen Volkszeitung) 上，并且在《德文新报》③(Ostasiatische Lloyd) 上再版④，他在这篇文章中阐述了研究中国建筑古迹的必要性。此外他还提到，由于那些"中国通"既非汉学家，也非专业的科学工作者，如果他们不能与我们紧密合作，那么研究出的结论往往会有偏差：

有这样一个领域，虽然它的研究介于语言和专业性的研究中间，与其他领域相比目前的成果较少，且面临着许多困难，但它仍能将中国文化中最可观的部分展现出来，并描绘出一幅完整且卓越的画卷。这一领域便是中国古代建筑的相关研究。这些建筑中蕴藏着不同时期的时代精神，体现了人民的意志。如果研究者不是只片面地观察中国的建筑，而是全面系统地展开研究，便能逐渐走进有关建筑古迹的课题中去，窥得其中的特别之处。

非同寻常的中国建筑中有着各式各样丰富的未解之谜，等待着人们来探究，这里所指的并不仅是纯粹的建筑构造或建造历史两方面。在德国，有大量关于农舍和教堂的出版物，也有许多百科全书式的著作。许多人已经意识到，不能仅仅通过宗教了解一个民族及其思想，了解他们的生活也很重要。这些都会反映在他们的住宅、教堂、寺庙，以及其他根据人民的需求、习惯和想法所造的建筑物中。所以可以说，如果想要深入研究中国文化的某一分支，譬如

---

① 颜复礼：《恩斯特·伯施曼 (1873—1949)》，《德国东方学会学报》，1945/1949 年，第 99 期，第 150—156 页。人物传记参见傅吾康：《新德意志人物志》，1995 年，第 2 期，第 407 页。
② 恩斯特·伯施曼：《北京碧云寺，一座佛教寺庙》，《柏林建筑师协会周刊》，1906 年，第 1 期，第 47—52 页。
③《德文新报》是近代中国第一份德文报刊，1886 年创刊于上海，每周发行一次，1917 年 8 月停刊。——译者注
④ 恩斯特·伯施曼：《中国建筑艺术相关研究》，《科隆人民日报》，1905 年 2 月 12 日，第 124 期，第 1—2 页，以及《德文新报》，1905 年 3 月 31 日，第 573—576 页。以下段落摘自此文。

佛教是如何在中国大规模地发展起来的，必须参考大量的资料，对其进行筛选和利用。这并不局限于历史和哲学的文献，也包括房屋、寺庙的平面和构造图纸。它们可以说是人民智慧的结晶，特别是与宗教祭祀相关的建筑物。

用作研究的原始资料一定要准确无误，有凭有据。这是一项十分辛苦的工作，需要从大量的文学、历史和科学著作中，从那些相互矛盾的观点中，从当地人极具个人主观色彩的叙述中，将其最真实的本质剥离出来。同样困难的是，尽管有些建筑古迹的照片、图纸和文字描述看似清楚明了，也仍然需要研究者对此做出准确的辨别和判断。不过，处理现有文献的过程即便不顺利也无关大体。与建筑物本身相比，文献不会随着时间的流逝老化、坍塌，反而会逐渐得到补充和更正，从而慢慢形成可靠的、基础性的研究资料。

整理出的成果可以为文化历史学家和经济学家的研究提供坚实的基础，而这只是其中不足为道的益处之一。最为重要的是，这一成果可以为建筑史、装饰艺术史和艺术史的研究，尤其是与中国本土建筑艺术和建筑结构相关的课题研究带来巨大的帮助。

他在文中概述了中国建筑古迹的多样性，并指出与此相关的前期资料十分匮乏，因此需要逐步地对庞杂的原始资料进行整理、加工：

对于寺庙研究来说，北京及其周边地区具有得天独厚的优势。不过如果只在这一区域进行研究，成果必然不够完整。如果能够同时考察中国中部地区和南方地区的一些非常著名的庙宇，一定能进一步扩大并加深我们对中国宗教历史的理解。这也可以引申至一些其他领域，譬如如果同时研究民宅、供人玩乐或学习的场所、政府大楼等等，也一定会取得有理有据、令人耳目一新的成果，同时能够展现出当地居民的日常生活和精神领域。总而言之，这是一个会令人受益良多的巨大领域，只要研究者真正热爱这一领域，对它怀有浓厚的兴趣，并且耐心深入地展开研究，就一定会取得丰硕的研究成果。

为了详细地研究中国建筑，伯施曼起草了一份详细的计划，并得到了资金支持供他去中国游历3年。3年来，他夜以继日地工作，留下了大量的笔记、草图、地图和图纸，以及数千张照片。自此，整理、加工这些庞杂的资料就成了他毕生的事业。尽管当时世道混乱，他仍以坚韧不拔的精神和极其负责的态度完成了众多专著和论文。

恩斯特·伯施曼在中国考察3年，游历了14个省区，将大量丰富的中国传统建筑的照片和图纸（平面图和剖面图）带回了德国。他获得了基金会的许可，发表出版了部分研究成果。这项工作得到了许多有优秀汉学研究背景的同事的帮助，比如王荫泰[①]，当时他

[①] 王荫泰（1886—1961），字孟群，1906—1913年生活在柏林。参见包华德（Howard L. Boorman）：《民国名人传记辞典》，1970年，第三卷，第399—400页。

正在柏林博物馆从事人类文化学的研究。在此期间,恩斯特·伯施曼意识到,如果他在中国进行这项工作,效率会大大提高,因为有大量细节需要实地勘察或核对,铭文资料需要翻译,历史文献需要翻阅。如果德国能在北京设立一处研究所,恩斯特·伯施曼的工作将会变得容易许多。①恩斯特·伯施曼并不是唯一一个有此想法的人,为柏林人类学博物馆(Berliner Völkerundemuseum)工作、参与远游研究的米松林(Herbert Mueller)②,在北京任教的地质学家梭格尔③,德国著名的中国哲学传播者卫礼贤④都持相同观点。为了实现自己的目标,伯施曼多次向德国政府递交报告,上述提及的同事也紧跟其后。⑤值得说明的是,第一次世界大战以及战后德国政府垮台使他们所有的美好愿景和希望都付之东流。

在恩斯特·伯施曼早期的一份申请建立德国研究所的报告中,他列出了自己所收集的资料信息:大大小小共计2500张草图和笔记;100多页的短论文和日记;8000张建筑照片,其中包含1000张胶片。这在当时已经算是规模最大的与中国建筑相关的私人收藏了。他的收藏中还另有约2000张拓片,多为人物或装饰图案。此外还有数百套中式绘画、图纸、舆图和书籍等。

这只是恩斯特·伯施曼研究中国建筑的开端,接下来的许多年里他仍辛勤工作,补充并完善手头现有的资料。恩斯特·伯施曼研究的内容与艺术史学家艾锷风(Gustav Ecke)研究的厦门的佛塔十分契合,他的用心和努力也逐渐引起了人们的注意。⑥

1949年恩斯特·伯施曼离世后,他的家人整理了他的资料。然而当时他们的经济能力有限,而且不得不面对大多数汉学研究所在战争中被毁的事实,只好将书籍和类似的

---

① 参见魏汉茂:《中国的一处德国研究所》,《德国东亚自然与人文学会会刊》,2002年,第171/172期,第109—223页。
② 参见魏汉茂:《米松林(1885—1966)之生平简介:汉学家、艺术商、法学家和记者》,1992年出版于柏林,1993年再版,共206页。
③ 梭格尔(Freidrich Solger,1877—1965),1921年起在柏林大学担任副教授。参见OAR,1920年,第1期,第210—212页。
④ 参见魏汉茂:《卫礼贤(1873—1930):在中国的传教士以及中国精神文化的传播者——他的中文图书收藏笔记、目录及与哈克曼和辜鸿铭之书信往来》。书中还收录了司马涛(Thomas Zimmer)的一篇文章。2008年出版于圣奥古斯丁,共316页。
⑤ 参见《北京李希霍芬研究所成立之纪念册》。研究所成立于1914年3月20日。纪念册于1916年发表于柏林。
⑥ 参见魏汉茂:《"我感激之情中的苏美尔正在生长"——论德国的东亚艺术史研究(1896—1932)》。书中摘录了人类学家、艺术学家格罗塞(Ernst Grosse)与其友人、同事屈梅尔和艺术史学家艾锷风同建筑师伯施曼的书信往来。桑原节子(Setsuko Kuwabara)也参与了这本书的出版工作。2010年出版于威斯巴登(Wiesbaden),共207页。这本书为"柏林洪堡大学亚洲与非洲之研究"的第35辑。

文献资料全部转移至慕尼黑大学和科隆大学。但他的家人仍保留着图片资料,直到不久前的拍卖会上大部分图片资料才被公开。恩斯特·伯施曼的笔记没有被拍卖,仍保存在私人手中。另外有一部分遗物被柏林国家图书馆收藏,还有一小部分之前收藏在科隆大学艺术史学院,现在保存于科隆大学的档案馆中。

生平简历

恩斯特·伯施曼于1873年2月13日出生于梅梅尔地区的普列库莱(Prökuls)，在夏洛滕堡工学院（皇家柏林工业高等学院）学习建筑，毕业后成为公务员。1902年，他跟随德国东亚舰队到达中国，随即便被中国建筑深深地吸引，并找到了毕生的追求——研究这一当时还很陌生的领域。后来这一计划日益成熟——他获得了德意志帝国皇家基金会的资金支持，开始了为期3年的中国考察旅行。其间他几乎游历了整个中国，拍摄记录下了中国的建筑古迹，紧接着出版了一系列的研究成果①，包括《普陀山》(1911)、《中国祠堂》(1914)、《中国建筑艺术与风景》(1923)、《中国建筑》(1925)、《中国建筑陶艺》(1927)以及《中国宝塔》(1931)。后来，他成为夏洛滕堡工学院的名誉教授，在1933—1934年间又一次前往中国考察。第二次世界大战后，伯施曼一度担任汉堡大学汉学系的临时负责人。1949年4月30日，他在巴特皮尔蒙特(Bad Pyrmont)与世长辞。

在那个时代，从事中国建筑历史研究的人十分罕见，伯施曼就是其中之一。另外还有几位重要的中国建筑史研究者，包括艾锷风(1896—1971)、喜仁龙(Osvald Sirén, 1879—1966)、艾术华(Johannes Prip-Moller, 1889—1943)、普意雅(Georges Bouillard, 1862—1930)，还有日本的伊东忠太(伊東忠太, 1867—1954)和关野贞(関野貞, 1868—1935)。从建筑研究的广度和深度上来看，伯施曼更倾向于参考关野贞的研究。伯施曼是中国营造学社②发起人之一，同时也是其会员。此外，他也一直致力于在中国建设一座跨学科的德国研究所。

---

① 参见魏汉茂：《"我感激之情中的苏美尔正在生长"——论德国的东亚艺术史研究(1896—1932)》，2010年。
② 中国营造学社成立于1930年，中国私人兴办的从事古代建筑研究的学术团体，出版有《中国营造学社汇刊》，1946年停止活动。主要成员有朱启钤、梁思成等。——译者注

恩斯特·伯施曼的佛塔研究

佛塔在中国建筑史上是一个很重要的主题,也是恩斯特·伯施曼研究中重要的一部分,他更喜欢把它叫作宝塔。①

毫无疑问,《中国宝塔》(第一部分,1931年)的出版标志着伯施曼职业生涯顶峰的到来。从20世纪20年代起,他就期盼着这本书可以出版,只是后期需要大量的补充资料和勘误,糟糕的经济形势和财务状况也使他一度怀疑此书是否能够出版。伯施曼能够在世界经济危机期间成功申请到一笔数额不小的印刷补助并公开出版此书,这不得不说是一个奇迹。在此期间他还几乎完成了《中国宝塔》(第二部分)的手稿。《中国宝塔》(第二部分)中大量的补充和勘误得益于1934年的中国之旅②。人们在阅读这部手稿时会有这样一种印象——很大一部分手稿都被修改过,因为这一册直到1937年才算是全部完成。其他一些因素也使得这本书的出版变得困难重重——德国东亚艺术学会的成员不仅有学者,还有收藏家、艺术爱好者,他们通常都有很大的社会影响力,然而这些人当时不是流亡海外,就是遭到监禁,更有甚者离开人世。这意味着一大批有能力和意向购买伯施曼著作的潜在顾客流失掉了。此外德国国会的出版补助也减少了,因为当时德国外交政策的注意力主要集中在日本,而不是中国。

伯施曼独自一人努力地补充、完善他的手稿,可惜柏林的战火越来越激烈,他最终被迫离开了柏林,一部分遗留在夏洛滕堡工学院的地图和建筑图纸被毁。他回到了平静的巴特皮尔蒙特,他的妻子爱美莉(Amelie)在那里经营着一家民宿。伯施曼并未受到政治立场的影响,战争结束后,他受聘于汉堡大学,主持汉学系的工作。为了进一步促进关于中国的研究,他在巴特皮尔蒙特筹备了一场德国汉学学术研讨。遗憾的是,这场会议直至他离世后才召开。恩斯特·伯施曼十分乐观,希望《中国宝塔》(第二部分)能够在1949年出版,要知道出版的成本超过10万马克。1949年伯施曼去世后,他的律师发现书稿不见了。他的儿子霍斯特·伯施曼(Horst Boerschmann)一直在找寻手稿,甚至还曾向联邦德国总统豪斯和副总理求助。在此期间,有传闻说汉学家沃尔夫冈·塞贝尔利克(Wolfgang Seuberlich,曾教授过东方语言学③)曾粗略翻阅过书稿,恩斯特·伯施

---

① 记录在魏汉茂的《"我感激之情中的苏美尔正在生长"——论德国的东亚艺术史研究(1896—1932)》一书中。下文仅将与宝塔紧密相关的著作标注出来。
② 很遗憾伯施曼当时只发表了考察旅行经历的一部分,即《香港、澳门和广东:1934年一次穿越珠江三角洲的考察旅行》,2015年出版于柏林。此著作并未提及宝塔的研究。
③ 魏汉茂、嵇穆(Martin Gimm):《为教自爱:科隆汉学家福华德(1902—1979)的生平与著作——文献与书信》,2010年出版于威斯巴登,共220页。

曼恳请他继续处理这些手稿，但塞贝尔利克当时已经失业，并且需要赡养母亲，因此无法帮助他。此后人们再也没有听说过关于这些书稿的任何消息，伯施曼的家中同样也没有任何发现。很多年以后，一个小小的奇迹出现了，汉堡大学教授中国语言与文化研讨课程的老师被调往别处，这门课需要更换上课地点，人们居然在原先的教室中发现了伯施曼的一份书稿（原本可能有三份）。

书稿

至于原始书稿保存在何处，我们并不知晓。克劳斯塔尔-采勒费尔德镇（Clausthal-Zellerfeld）矿务局的阁楼中有一些关于"中国研究所"的资料，且已经在这里储藏多年。但恩斯特·伯施曼的原始书稿并不在其中，可能已经毁于第二次世界大战，又或许有一天会突然出现……

现存的书稿分为两部分：第一章天宁式塔，共196页①；第二章喇嘛塔，共163页②。第一章源自第二册（副本），其中包含中文字符；第二章源自第三册（副本），没有中文字符。第一章的图片资料相对整齐有序，而第二章的配图不仅杂乱无序且不完整。文字部分是打印出来的，保存完好，内容似乎也是完整的。至于插图是否完整，则无法判断，因为既没有图片目录，文中也没有相应的图片标注。

多塔楼式宝塔

在第四章的前言中曾提到第六章与"多塔楼式宝塔"相关③。但是现有的资料中并无任何相关的材料。至于这一章节是否已经完成或是已经遗失，目前尚不清楚。④

《中国宝塔》的结尾部分为伯施曼的一系列著作画上了一个完美的句号：除了受到

---

① 此译本第一章天宁式塔共194页。——译者注
② 此译本第二章喇嘛塔共188页。——译者注
③ 此处的第四章、第六章分别指《中国宝塔》（第二部分）的第一章和第三章（此部分原稿不完整）。——译者注
④ 恩斯特·伯施曼在1942年的关于佛塔的演讲中曾提及此书，但只提到了前文所列的两部分。可能伯施曼计划将第六章和结尾部分单独成册。在《中国宝塔》（第一部分）的前言曾提及"多塔楼式宝塔和历史总结报告"是《中国宝塔》（第二部分）的一部分，原本计划在1932年出版。

锡乐巴①、弗里茨·乔布斯特②和弗朗茨·巴尔策③著作的启发以及与约瑟夫·达尔曼教授④对谈的影响以外，伯施曼决定将研究中国建筑艺术作为毕生使命最重要的一个起因，是他在中国的任期即将结束之际在北京西山碧云寺中度过的那段时间。伯施曼用文字描绘了他对寺院建筑的热爱和体会，写出了《中国建筑艺术与宗教文化》（这也是其一系列专著的总标题）。这是一篇十分重要却鲜为人知的文章⑤，在本书重新排版时，我们用其代替了遗失部分的章节。与此同时，由于技术的进步，《中国建筑艺术与风景》一书中的照片质量更高，因此我们替换了本书中的一些插图。伯施曼着重介绍了宝瓶塔，但我们未能查到他拍摄的相关照片，所以选用了一些当代的照片⑥作为补充。高延⑦以及保拉·斯沃特（Paula Swart）和巴瑞·提尔（Barry Till）⑧都曾图文并茂地论述过真觉寺（北京五塔寺）以及碧云寺中的金刚宝座塔。罗哲文⑨也对这一主题进行过论述。

插　图

目前尚不能确定哪些图片是由伯施曼本人选择的，因为原始的图片清单至今还未公之于世。另外，由于篇幅的原因，作者有时也不得不舍弃一些图片。所以在科隆大学档案馆中的一个档案袋上有个标签："宝塔——被舍弃的部分"，至于里面的内容是否为原始资料，则无法确定。如今从伯施曼所拍摄的海量照片中挑选插图已经不现实了，因为这些资料的所有权在多年前就已经转让出去了。此外，只有一部分公开出版的简略插图被保存了下来，用以纪念伯施曼。原本共有三本文稿（原稿及两本副本），想要完成三本书稿

---

① 锡乐巴（Heinrich Hildebrandt）：《北京大觉寺》，1897年出版于柏林，共34页、12张插图。参见K. Sch.：《锡乐巴》，《东方舆论》，1924年，第179期。
② 弗里茨·乔布斯特（Fritz Jobst）：《戒台寺之历史》，天津德国军报社，1905年，共14页。
③ 弗朗茨·巴尔策（Franz Baltzer）：《日本的宗教建筑》，1907年出版于柏林，共354页。
④ 约瑟夫·达尔曼（Joseph Dahlmann, 1861—1930）因其著作《印度之旅》而闻名。该书1908年出版于弗赖堡，共两册，书中记载了他于1902—1905年间在印度和中国的考察旅行。达尔曼是上智大学创始人之一。参见威廉·克拉兹（Wilhelm Kratz）：《约瑟夫·达尔曼》，《新德国传记》，1957年，第三册，共481页。
⑤ 恩斯特·伯施曼：《北京碧云寺，一座佛教寺院》，《柏林建筑师协会周刊》，1906年，第1期，第47—52页。同时可参见克格尔（E. Kögel）：《盛大的记录》，2015年出版于柏林，第52—65页。
⑥ 贝尔（C. Bell）拍摄于2015年。
⑦ 高延：《宝塔——中国佛教最神圣之圣物》，柏林，1919年，第28—42页。
⑧ 保拉·斯沃特、巴瑞·提尔：《金刚宝座塔：印度建筑对中国的影响之一》，《东方艺术品》，1985年2月，第28—39页。
⑨ 罗哲文：《中国古塔》，1994年，北京：外文出版社，第264—279页。

的插图排版非常困难,特别是多年以来其内容可能一直在变化。据推测,最完整以及最新一版的配图可能已经不存在了,因为至今仍下落不明。

档案袋中几乎都是1906—1934年间拍摄的照片,有一小部分的拍摄时间甚至更早。因为书中介绍的很多建筑在历史的长河中发生了变化——被毁坏、被修葺,甚至完全消失,所以这些照片是重要的历史资料,不应被封存起来。

现有资料的意义

它是一部在大约80年前完成的著作,据现在已有些久远,某些方面无法与最新的研究成果相匹敌。

恩斯特·伯施曼有他自己独特的研究框架,这在他的《中国建筑艺术与宗教文化》系列研究中已有所体现。他是这一形式——通过自己在旅行考察中拍摄的照片来分析各类建筑的先行者。①

尽管书稿的年代有些久远,但仍十分珍贵:这本书是对伯施曼经典著作《中国宝塔》(第一部分)的补充,并使整个主题更加完善。

当关于中国其他领域的研究正取得诸多进展时,中国宝塔这一主题著作的出版数量却几乎停滞不前。对于中国建筑的研究,学界并没有投入十分高涨的热情。虽然有一些系统介绍中国宝塔的著作出版,比如罗哲文出版了一本带有优质插图的著作,但像伯施曼一样研究单体建筑甚至建筑细节的著作,实在少之又少。

尽管缺少现代的研究成果,但他的著作是西方最早研究中国建筑的学术著作之一,而且涉及众多的文物古迹。就如同恩斯特·伯施曼在百年前见到的那样,一部分古迹受到气候、战争和其他因素的影响已发生变化,有些已经不复存在。

编辑的注释

我们并未删减伯施曼的文章,完全根据原稿出版。为了与《中国宝塔》(第一部分)保持一致,有一些中文词仍然按照福兰阁的音标书写。脚注和编者的附注中则使用了当今更为常用的拼音。编者尽量避免改动原著,以免破坏伯施曼的独特论述和分析的整体

---

① 还有一个优秀的案例是克格尔所著的《盛大的记录》,2015年出版于柏林,共259页。

性，因为针对书稿进行深入的加工、改写违背本书编撰的原则。书中一些汉语词汇略有改动，例如将"Pa li tschuang"改成"Palitschuang"，声调的不同也将被忽略。另外，编者并没有把所有的汉语词汇的原文都列出来，在这方面没有强行统一。"Tienning pagoden"（天宁式塔）这一概念在一定程度上已被德语化，因此书中特意忽略了这个词汇的声调。

总体来说，编者尽可能地识别、标注所有的图片资料，其中一小部分被补入文中，剩余的图片作为第三部分，被附在文后。①

在绪论部分，编者引用了恩斯特·伯施曼早期发表在研讨会上的一篇文章，并进行加工。②另外还编写了参考文献和索引目录，并尽可能地补充了汉字。

作者离世已超过65年之久，在他离世后中国发生了很多变化（战争带来的打击和现代化的到来都加速了中国的改变），在汉学和建筑史的研究领域产生了大量的成果。尽管如此，伯施曼的记录与分析仍然十分准确，且具有说服力，特别是他通过走访和拍摄的大量历史图片尽可能地还原了那些已经消失的历史事实。恩斯特·伯施曼用词十分准确——他的描述准确而细腻，总是直接描述具体的建筑物，从不使用空洞的语言以离题。

编者③

---

① 为了便于读者阅读，我们将附录中的一些图片重新插入前文。——编者注
② 此文与恩斯特·伯施曼对中国建筑的研究相关，发表于《德国东亚自然与人文学会会刊》，2013/2014年，第189/190期，第151—199页。
③ 此篇文字为德语编者所写。——编者注

目录

西洋镜：中国宝塔 Ⅱ（上）

CONTENTS

第一章 天宁式塔

引言	2
第一节 河南天宁式塔	4
第二节 北京天宁寺塔	41
第三节 北京八里庄慈寿寺塔	73
第四节 河北及北方的天宁式宝塔	84
第五节 天宁式的变体	124
第六节 天宁式塔的分支——层塔	144
第七节 天宁式石塔	174

第二章 喇嘛塔

起源与价值	196
第一节 小型喇嘛塔	199
第二节 北京和沈阳的大型喇嘛塔	238
第三节 山西五台山（清凉山）喇嘛塔	275

目录

西洋镜：中国宝塔Ⅱ（下）

CONTENTS

第四节 热河喇嘛塔　　329

第三章 碧云寺

第一节 北京碧云寺，一座佛教寺庙　　384
第二节 碧云寺水泉院——中国园林艺术的杰作　　411

参考文献

恩斯特·伯施曼有关佛塔的著作　　422
参考文献　　423

附图

附图　　430

第一章 天宁式塔

引 言

《中国宝塔》（第一部分）第二章中总结了大型宝塔的几种主要类型。这几类宝塔从本质上看起源于层级式样的建筑物，或多或少地分布在全国各地。不过有一点已经得到证明，它们的分布大多与地理环境和历史背景有关。从地理和历史方面来看，地位最为特殊的三种宝塔类型分别是八角天宁式塔、喇嘛塔和多塔楼式宝塔。在《中国宝塔》（第一部分）的前言和第一章就已经提及三种宝塔，后文将对其进行具体论述。

这样的研究顺序是有充分理由的。虽然这三种类型中的代表性宝塔几乎都属于大型宝塔，但它们造型独特且仅出现在特定的地区和历史时期。它们的形态并非源于中国古代的楼阁式建筑，这些宝塔仅在辽金时期（辽朝907—1125，金朝1115—1234）、元朝（1206—1368）和清朝（1636—1911）时出现在中国北方地区，并受到了其文化影响。因此它们很难与其他类型的宝塔归为一类，只能单独对其进行讨论。喇嘛塔和多塔楼式宝塔本就与喇嘛教有着密切的联系，同时它将把我们的目光引向中原地区之外的古老地区——中国蒙古地区、新疆地区、西藏地区，甚至直至印度。在中国近代史上，这种状况不仅始终与政治因素密切相关，还是宗教对宝塔建筑影响的一种反映，最后一批建筑胜迹出现于中国封建统治的最后一次盛世——乾隆时期（1736—1795）。

我们在《中国宝塔》（第一部分）第二章第二节关于天宁方塔的引言中曾提到，天宁（或天宁式）宝塔的名称来源于这类宝塔中最具有代表性的范例——北京天宁寺中的大型宝塔，我们将在本章第二节详细介绍此塔。后来中国的建筑研究学者也逐渐接受了"天宁宝塔"这一名称。

研究其他类型的宝塔时，总会提及相关的天宁宝塔，有些甚至还十分相似。所以我们在《中国宝塔》（第一部分）中已通过少数几个案例简略描述了天宁宝塔的外形，以便读者区分它和其他类型的宝塔。比如在天宁方塔、石塔、青铜塔，特别是墓塔和佛龛式墓塔的部分提到的几个案例中，已经给出了了解天宁宝塔起源和发展的一些线索。天宁宝塔的外形具有一定的韵律感，结构极具艺术性，造型多种多样。在此我们将首先研究八角天宁塔，正是它们造就了中国宝塔建造发展史的高峰。它们在建筑结构、布局上与层塔、喇嘛塔均有相似之处。

后文将从建筑学角度入手，通过一些主要案例详细论述天宁宝塔的细节、具体的象征意义，以及其有机发展的过程。前文提到的一些案例对此已做过简短介绍，这里仅针对天宁宝塔的一些主要特点进行简要说明。

宝塔基座高大，层次分明，基座之上只有一层作为佛堂使用的主体塔层。墙面开窗，通常为饰有浮雕的假窗,内部的塔心室通常无法进入。塔身耸立在主体塔层之上,从二至十二级不等,极少超过十二级,且塔层多是偶数,每层都很低矮。人们倾向于用一颗宝珠当塔刹,宝塔顶端通常还有一根短短的刹杆。此类宝塔几乎通体由砖和陶土建造而成,只有塔檐偶尔由木料制成,独特的装饰构件均由石料制成。

前文已经说到,人们几乎只在辽金时期、元朝和清朝时的中国北方地区建造天宁塔,但也有一些例外,《中国宝塔》(第一部分)中介绍过一些陕西、四川和云南的天宁方塔,它们的历史可以追溯到唐朝(618—907)和明朝(1368—1644),不过它们仍与北方地区的宝塔群有着密切联系。不过在此尚无法完整阐释它们的这一历史背景,以及其与北方宝塔群之间的内部联系。在研究单体建筑或小型宝塔的分类时,根据需要来详细描述它们与北方王朝的历史关系似乎更加有效。借助各个案例进行研究有助于读者对历史背景形成一个总体的认知。在此我们首先简要论述一些重要的背景知识。

本章将研究的这一大类型——天宁塔,主要源于统治中国北方地区的少数民族所建立的两个王朝。契丹族发源于中国北方地区,也就是今天的中国东北和内蒙古地区。他们建立了强大的辽国,统治着包括今北京在内的广大北方地区。后来邻近的女真部落推翻了辽国,建立了金国。金朝的统治范围逐渐向中国南部和西部地区扩张,越过黄河,到达长江流域。这两个王朝与北宋和南宋政权并存,天宁塔和其变体就起源于这一时期,所以日本的建筑学者也习惯将这一时期的天宁塔称作辽金塔。其实早在5—6世纪就已出现类似的蓝本,它们同样仅仅出现在中国北方地区。这也与草原部落有关,即鲜卑族。不论是鲜卑族统治的北魏时期(386—534),还是蒙古族统治的元朝和满族统治的清朝时期,经常出现这类令人印象深刻的宝塔形式,因为皇帝十分偏爱此类宝塔,不过它们同样只出现在北方地区。河南不仅有现存最早的一座天宁塔(建于北魏时期),还有两处历史悠久的其他类型宝塔,我们首先对它们进行论述。

第一节 河南天宁式塔

最早的一处大型天宁式塔位于河南,建于北魏时期。据河南民间传说,佛教在东汉(汉明帝,57—75在位)时期第一次传入此地。佛经在公元67年自印度传入古都洛阳,保存在那里的一座宝塔之中。很久之后,在我们提到过的金朝时期,这座宝塔被重建。本节将介绍的第三座宝塔也同样属于河南,位于其北部的彰德府①,起源于隋朝(581—618),却和少数民族有所关联。

一、嵩岳寺塔

经过研究我们发现,在所有的天宁式塔中,嵩岳寺塔具有特别重要的意义。嵩岳寺位于中岳嵩山,嵩岳寺塔不仅是中国最古老的宝塔遗迹,也是我们所了解到的第一座大型砖石建筑。它建于6世纪初,清晰地展现出天宁式塔的样式特征,十分壮观。后文中相关历史背景的介绍以及一些建筑学方面的观点以喜仁龙②对宝塔的介绍和图片为主,以关野贞教授和佛教研究学者常盘大定的著作为补充。《中国佛教史迹》③一书依据现有的地方志,首次详细介绍了寺庙的历史和其中重要的建筑物——宝塔,不过并没有深入研究它们的构造或剖析它们所蕴含的意义。

图1 遥望河南登封嵩山嵩岳寺塔

---

①今河南安阳,为尊重原著,行文中保留了作者惯用的"彰德"一词。——译者注
②喜仁龙,瑞典艺术史学家,斯德哥尔摩大学教授,后任瑞典国家博物馆绘画与雕塑部主任官员。参见《喜仁龙生平》,1959年出版于斯德哥尔摩,共45页,收录于《国家博物馆文献》系列第六册。关于喜仁龙的最新研究成果我们参考了米娜·托玛的著作《情迷罗汉——喜仁龙的中国艺术之旅》,2013年出版于中国香港,共224页。这里还参考了《5—14世纪中国雕塑》,1926年出版于布鲁塞尔。
③关野贞与佛教研究学者常盘大定的代表作《中国佛教史迹》,1925—1928年出版于东京。首次发表时为日文,后又补充了五卷大幅插图。

图 2 河南登封嵩山嵩岳寺塔。从西侧下方的平台拍摄

图 3 河南登封嵩山嵩岳寺塔

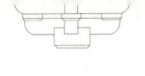

图 4 河南登封嵩山嵩岳寺塔。姜淳继拍摄，2017 年

我们还参考了中国建筑师、建筑研究者刘敦桢先生(1897—1968)所做的详细研究，他曾在河南进行过多次考察，最后一次是在1936年。此行他参观了嵩岳寺塔，其手绘的平面图和研究结论发表在1937年出版的《中国营造学社汇刊》第六卷①中。本书从上述学者的著作中摘录出了一部分详尽的描述，把日文和中文原稿逐字翻译成德文，进行交叉对比，以便读者尽可能对宝塔有一个全面的印象。我本人在1934年6月的旅途中进一步对宝塔进行了考察，也通过图纸和文字记录下了研究的成果。天宁式塔的具体象征意义我们将在后文北京天宁寺塔一节进行阐述。

嵩岳寺中的宝塔具有独一无二的价值，建于北魏拓跋氏家族统治的末期。后文将会介绍嵩岳寺和宝塔的详细信息，这一古迹是中国宝塔建造史的重要开端。这座建于早期的砖石建筑雄伟而精致，至今仍笔直地伫立在我们面前，十分令人震撼。这座宝塔无疑是按照一系列历史悠久、雄伟壮观的蓝本建造而成，只不过这些蓝本已经消失在历史的长河中了。研究者们本来是在一片黑暗中摸索，如今关于宝塔最早期的发展历程突然清晰了起来，人们则可以通过已知的宝塔形式和新的文献资料梳理出，在佛教传入中国的最初几百年间宝塔建筑是如何发展变化的。其中，嵩岳寺中的宝塔始终起着至关重要的作用。

寺院和宝塔的历史

嵩岳寺中的宝塔建于公元522年，同一时期这座雄伟的寺庙也在不断扩建，如今人们还习惯称之为大塔寺。嵩岳寺坐落于五岳中的中岳嵩山。五岳是中国的五座圣山，中岳曾是中国古老的自然崇拜和政权统治的载体。不过似乎佛教初到中国便在这里生根发芽，早在3世纪曹魏时期，这里就建起了佛教寺院。到了北魏时期，佛教已在此地逐渐发展壮大。嵩山还有另一座重要的寺院——著名的少林寺。菩提达摩在北魏末年（公元533年之前）来到少林寺，其影响深远。相较于中国古老的宗教崇拜，如今的嵩山作为佛教圣地闻名天下。

公元494年，北魏政权将都城从山西北部的大同南迁至古都洛阳。洛阳位于今河南境内，黄河南岸。迁都洛阳后，北魏统治者迅速围绕新的都城建造了大量重要的佛教古迹。白马寺塔可能就是仿照这些佛教古迹建造的，它的原型可能建于公元500年左右。白马寺塔②位于白马寺内，紧邻古都城，其遗址位于今洛阳城东18千米处。后文第二小节将对这座宝塔展开研究。

---

①《中国营造学社汇刊》，1937年，第六卷第四期（未能找到原版）。
②白马寺塔始建于公元69年，现存砖塔建于1175年（金朝大定十五年）。——译者注

图 5 河南登封嵩山嵩岳寺塔的局部视图

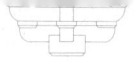

图 6 河南登封嵩山嵩岳寺塔的局部视图。西侧的开口已用砖封砌

北魏末期十分著名的佛教建筑还有龙门石窟。它位于洛阳的南部，距洛阳有几小时的路程，伊河在此处穿过绵延的山脉。公元500—523年，人们在岸边的岩石上首先开凿了三个大岩洞。北魏宣武帝在命人修建佛窟的同时，还在东面距龙门有两天路程的嵩山建造了一系列大型的佛教寺庙。雄伟的嵩山由两条平行的山脉组成，即东北方的太室山和西南方的少室山。公元509年，宣武帝下旨在太室山西部的尽头，南麓一处隐蔽但位置极佳的地方修建离宫。

北魏孝明帝即位时还未成年，皇帝的母亲胡太后摄政，她对佛教的狂热程度就如她在政治上的残暴程度一样。公元520年，除新建大量建筑外，她还命人扩建闲居寺①。公元522年，她命人在寺中修建了一座砖塔。据《中国佛教史迹》载，公元525年，胡太后在闲居寺出家修行。当时那里的堂宇超过千间，僧侣超过七百人。就这样，佛教开始在嵩山不断发展传播。

值得注意的是，胡太后应当是直接受到了菩提达摩的影响，才会如此热衷于佛教活动。公元518年，菩提达摩从印度来到广州（不同文献给出的年份并不一致），在当地产生了广泛的影响。后来他到达南京，当时梁武帝建都于此。相传公元519年，他横渡长江，到达嵩山并止于少林寺。9年的清修后，菩提达摩于公元529年左右在定林寺中去世。②这几年中，他应当也参与了嵩山其他寺庙——也包括嵩岳寺中宝塔——的建造。菩提达摩是印度禅宗第二十八祖，也是中国禅宗始祖。

北周时期（557—581）的大型灭佛事件使这座寺庙和宝塔逐渐荒芜，在当时只供人凭眺。隋朝时期，佛教繁荣发展：开皇年间（581—600），隋文帝命人重修寺庙和宝塔，使其恢复到当年兴盛时的状态；仁寿年间（601—604），应当是公元601年，隋文帝将嵩山脚下的寺庙命名为嵩岳寺。自此，嵩岳寺成为一个重要的佛教中心，并且成为北禅宗的前沿阵地。北禅宗与菩提达摩的直接联系有嵩岳寺的碑文为证。菩提达摩的弟子众多，其中包括大通神秀，他于公元684年被任命为寺院的住持。③碑文还记载，神秀的弟子大照普寂④也继承了菩提达摩的学说，使北禅宗广为流传。根据《中国佛教史迹》记载，如今在嵩山只剩下临济和洞门⑤两个流派。

到寺院中参观、修行过的最著名的人物是唐朝时期的武则天，与寺庙的创立者胡太后相比，武则天更加喜怒无常。

---

①嵩岳寺原是北魏宣武帝离宫，后改为寺庙，名曰"闲居寺"。——译者注
②一说公元536年去世。——译者注
③神秀（606—706），北宗禅创始人，俗姓李，今河南尉氏人。谥号大通禅师，又可称其为大通神秀。神秀并非嵩岳寺住持。——译者注
④大照是普寂的谥号。
⑤洞门应指曹洞宗。——译者注

武则天时期（690—705），砖塔的东部有一座七佛殿。七佛殿建于北魏时期，在当时被称为凤阳殿。寺庙的北侧还伫立着一座逍遥楼，同样建于北魏时期。宝塔西侧有一座定光佛堂，宝塔北侧是武则天命人建造的无量寿殿，殿内供奉着用来镇国的金铜雕像。这些金铜人物塑像十分重要，各个时期的文献中都曾多次提及。

唐中宗初次当政只在公元683年统治了短短几个月，随后政权就到了他的母亲武则天手中。在这段时间，人们在寺庙里建造了一座新的西方禅院，北魏时期这里曾伫立着一座八极殿。在河南北部彰德府的天宁寺中可以找到八极殿的复制品，在它古老的平面图中可见一座八层塔。寺内还有一座天宁式塔，历史可以追溯到隋朝时期（601），宝塔基座高大光滑，与嵩岳寺宝塔的基座十分相似。

在武则天的影响下，人们在寺庙南部相邻的辅山上建造了灵台，在山顶处为大通神秀建造了一座十三层的天宁式塔。① 人们还在西部山脊的双峰上建造了凤台和妆台。这些建筑都与武后有所联系，因此广为人知。

如今寺院的规模变得很小，但寺内各处仍保存着各种各样的古碑。它们能够躲过唐代之后的众多灭佛运动，这说明它们极其重要。寺内的许多建筑物已经消失，可以肯定的是宝塔没有遭到破坏，尽管经历过修缮，但它仍保持着公元522年建造时的古老形态。所以，人们应该精准地描述和记录这一最重要、最古老的大型砖塔的蓝本，特别是它现今的状态，并将资料留存下来，以便后人继续进行研究。关野贞和刘敦桢都撰写了关于嵩岳寺塔的报告，阐述了自己的论断。可惜他们两人均只画了平面图，并没有提及宝塔的更多尺寸。

宝塔简介

宝塔平面为独特的十二边形。刘敦桢写道："下方现有的基台比宝塔本身大很多，人们很难判断基台是否还是初建时的样子。基台上有鼓起的十字形图案，这表明基台的建造时间不会晚于唐朝。"宝塔下方的主体部分十分高大，分为两层——底层在下，主塔层即真正的塔心室在上。底层高大简朴，样式独特，与彰德府的宝塔十分相似。最早期的天宁塔可能都是这样光滑的底层塔身，以便抬高塔心室，使其超出周边建筑，这样人们远远就能望见它。

光滑的底层塔身直接建在基台之上，高4.12米，主塔层高4.52米。两者之间砌有一条厚实牢固、轮廓弯曲的十五层叠涩②腰檐作为分界，由此上部主塔层比底层向外突出

---

① 唐中宗在凤凰台上为神秀建了一座十三层的宝塔。——译者注
② 叠涩，古代一种建筑方式，通过将砖石一层层堆叠向外挑出或向内收进砌成建筑物。——译者注

0.5米。底部塔身边长为2.85米，周长为34.2（12×2.85）米。平面十二边形的面与面之间直径较小，为10.6米，角与角之间直径较大，为11米。砖块大小均匀，尺寸为28厘米×14厘米×5.4厘米。接缝厚度平均为6毫米，因此砌好的砖块一层高度为6厘米，十五层也就是0.9米余。根据这些数据以及拍摄的照片，可以计算出宝塔上半部分的高度，进而可以得出宝塔直至塔尖的总高度为39.6米。

宝塔伫立在一个不大的主院落中，如同寺庙本身一样，宝塔的主轴线也指向正南方。底层的墙面平整，在四个主要方向①开有门洞，如今只有南侧装饰华丽的门洞保存完好，能够使用。其他的门洞均用砖封砌，西侧和北侧的门洞在外侧封住，东侧的门洞则在内侧封住，形成了一个从外部可以进入的壁龛，壁龛的基座上供奉着一尊佛像。我们可以推断出，最初四扇门构造相同并且都可以通向宝塔内部。以前宝塔内一定设置了楼梯，供人登临高处，如今那些楼梯却连同各层的楼板一起消失不见了。刘敦桢拍摄的一张照片展示

图7 河南登封嵩山嵩岳寺塔的局部视图

---

①指正东、正西、正南、正北四个方位。——译者注

了从下向上直接通向上方的仰视视角。不难看出，底层内部空间宽敞，如同外观一样也为十二边形；从主塔层开始，突出的腰檐分隔出一系列内部夹层，其内部空间均为八边形平面。这里所说的腰檐与宝塔外侧的十五层叠涩并没有一一对应，内部的夹层更高，数量自然也相应变少。刘敦桢数过，总共为十层。光线通过一个个单独的窗洞进入宝塔内部。为了登塔，原先宝塔内应该有梯子或木制楼梯连接各层，但如今所有的木制结构，包括最顶端的结构均已消失。宝塔内部的悬挑是必要的，因为上方各层的内墙需要逐渐向内收拢。底层的内部空间中有一间塔室，其中供奉着三尊佛像。

图8 河南登封嵩山嵩岳寺塔的局部视图

　　主塔层结构层次分明，建筑造型丰富，具有特殊的地位。这一层有真正的塔心室，早期就能出现如此完美的形态着实令人惊叹，正因如此，嵩岳寺塔才堪称是后来出现的所有天宁式塔的蓝本。宝塔的其他塔层低矮，造型也有所不同，至关重要的主塔层自然不能和它们混为一谈。与地方志中的记述一样，中国和日本的研究者在统计塔层时并未考虑它们不同的造型，而是直接算在一起。而本文中，我们将主塔身单独列出，只计算其上方的塔层。在这种情况下，嵩岳寺塔除主塔层外，上方还另有十四级塔层。

　　主塔层的各角通过笔直的角柱得到了突出，从平面上看，角柱为八边形，从塔身中凸出四分之三，只有五个面可见，深45厘米。角柱立于叠涩砖檐之上，柱基由底座和圆形线脚装饰组成，中国人喜欢将这种形态称之为覆钵。柱头由一圈大圆珠组成，柱子从中穿出，伸入上层的叠涩中。这一少见的建筑结构是印度佛塔与中国砖瓦建筑技艺一次并不完美的妥协结果。

　　角柱之间的十二面墙共有两种主要形式。四个主要方向的墙面上各有一个巨大的券门，其余八个斜面上则各砌出一座塔龛。四座券门连同其装饰部分一起打断了下方的叠涩腰檐，直接延伸至底层的地面上。底层南面的开口原本是带有高窗的主入口，后来被封住，上方的隔墙有长方形窗洞，墙砖尺寸较大，与后来加建的部分有所不同。其他各面上的洞口也都被这样的砖墙封砌了起来。宝塔的原始形态如何尚不得而知。也许此前塔身外部有楼梯，可以直达塔顶，就如同后来建造、至今仍存于世的许多案例一样，比如河南彰德府的宝塔。无论如何，巨大的腰檐被打断，说明上下的壁龛曾是作为一个整体设计的。上方的半圆拱环绕着两圈砖块，每圈砖块由顺墙竖砌的一层和横砌的一层构成，这是中国的一种传统构造，今天仍然普遍应用。半圆拱的正面立于自下而上垒砌的墙体之前，直至弯曲的拱顶线。拱顶线顶端有哥特式的尖叶饰，花饰由莲花瓣构成，圆拱两侧与柱子相交，下方的拱座呈盘卷的涡形。这是源自印度的建筑元素，使用了最好的砌砖工艺进行建造。这种造型类似我们西方的挑尖拱，中国人赋予这一印度元素一个好听的名称——莲花拱。闭合的莲花线条最为神圣，四面的莲花象征着佛的形象，塔心室内可能曾经供奉着佛像。"拱"也象征着祈愿时双手合十，形似尖拱。此类风格的拱在北魏时期的古迹中很常见，特别是在山西北部大同云冈石窟和河南洛阳龙门石窟中。嵩岳寺塔也证明了其在北魏末期仍被应用在宝塔的设计中，后来这种形式便很少出现了。两个长方形壁龛位于尖叶饰两侧，其上涂饰着石灰制成的白色灰泥。塔心室的外墙多处都涂了一层薄薄的灰泥，如今上方纤细的塔身结构上也抹上了这种灰泥。刘敦桢和关野贞认为以前整座宝塔都涂有这种白色的灰泥，但我与他们的观点不一样。我认为光滑的砖墙上难以全部涂饰灰泥，且与北方建筑的风格并不一致。

  塔身八个斜面上的塔龛均清晰可见，嵌于墙面之上，突出墙面大约45厘米，位于角柱之间，几乎撑满了整个墙面。塔龛的基座层次分明，上方龛体之上最主要的元素是一个圆拱形的小开口，样式简朴的圆拱外同样环绕着一圈顺墙竖砌和一圈横砌的砖层，环绕圆拱的装饰线条清晰，呈莲花花蕾形，两侧拱墩上饰有涡卷云纹，顶端有一小尖。在其之上嵌有一方铭石。塔龛上方精致的横线条装饰也由层层叠涩构成，两角各有一个垛形装饰，中央为花形装饰，均呈涡卷云纹。垛形和花形装饰之间还另有两个小的尖叶饰，呈法式百合花形。这些装饰均由砖层垒砌切割而成，在其后方升起一个矮小的圆柱体，平面呈微微外凸的曲线，形成一个拱顶。拱顶上是一层层台阶状的砖层，上方竖有一面六叶装饰，切入顶端大型的主要横檐之内。塔龛整体就象征着一座龛式佛塔，塔龛墙面上的山花蕉叶装饰、拱顶的曲线和顶端的冠饰都使人联想到几乎同时期的神通寺四门塔（建于公元611年）和那里的唐代摩崖石刻群，特别是灵裕摩崖墓塔（建于公元632年），它位于河南北部灵泉寺中，距离嵩山不远。这些龛式佛塔均在《中国宝塔》（第一部分）中进行过介绍。

  不同于露天的墓室，嵩岳寺塔的塔龛通常被当作普通塔[①]使用，只具有象征意义，无法从外部进入。塔龛的基座装饰有狮子浮雕，每个基座的正面都划出了两格，其中各蹲坐着一只狮子，同样也是由砖层垒砌切割而成，突出于墙面。尽管这两只狮子所处位置相

[①] 普通塔，即少林寺塔林中一座古塔，位于法玩禅师塔东南。——译者注

同，但形象有所区别。四个主要方向东、西、南、北为主面，紧邻主面两侧的两座塔龛中，靠内的狮子侧蹲，面向四个主面的中轴线；靠外的狮子正蹲，面向前方。每一个主面和其两侧的两个斜面为一组，彼此联系，这样也就形成了独特的十二边形平面。它对应着中国的十二地支，也代表佛教世界中的"四方"和四位代表。人们可能会联想到我们这个时代所说的四位佛陀及其八位胁侍菩萨，或者是后来建造的北京天宁寺宝塔塔心室中所呈现出的场景，中间有四大菩萨，两侧共立有八位胁侍塑像。事实上，刘敦桢和我都注意到关野贞的观点有误，塔龛正面稍小的拱门并不是通向宝塔内部的窗口，而只通向拱门后方的长方形小龛室，早前各个龛室内的基座上可能都伫立着一尊佛教人物的塑像。其中有一只正蹲的狮子，另外两只位于相应的主轴线上，象征着更高的级别，石板上的图案极为精致，后来掉落了下来，不过可能已经被找到了。人们也许可以推断，主面上的所有开口，直至地面，都有着统一的主题。不过这都已经无法考证了。

在主塔层上方，巨大的叠涩由十五层砖组成，层层向外挑出，形成一个巨大的凹弧线，承上启下，连接主塔层和上方的塔身。塔身由十五层纤细的塔层组成，外轮廓呈流畅的弧形，延伸至塔尖。塔层由巨大的塔檐分隔。这些挑出的叠涩构造大胆，稳定性强，如同其精致的艺术造型一样，十分宏伟。叠涩由层层朴素的砖块相叠而成，为了营建宝塔完美的外轮廓，叠涩向外挑出的尺寸和高度必须经过精心计算，塔层直径最大不超过5米，高度从40—52厘米不等，这些因素都需要考虑。根据照片而精心绘制出的图纸精准地再现了宝塔的比例关系。

主塔层之上的主叠涩向外挑出了至少40厘米，由十五层砖相叠而成，最上方是两层盖板，整体轮廓呈一个大弧线。如同其他各层一样，第一层塔身向内收拢许多，叠涩上方有着层叠的阶梯状砖层。上一层的叠涩向外挑出90厘米，由十四层砖构成，直至第五层的叠涩这一数字都保持不变。从第五层开始至第十五层，叠涩的砖层逐渐减至八层，向外挑出的距离减至60厘米。各层砖块连续向外挑出，层层递进，从而形成叠涩檐的弧度。若忽略叠涩，第一层至第七层的塔层高度均为40厘米，从第八层开始逐渐降低，到了第十五层降至32厘米。宝塔的所有细节都充满变化，构思极其精巧，只有将其完全画在图纸上，人们才能窥得这行云流水般的线条的全貌，每个细节都充满了灵气，各个部分之间和谐一致，具有极高的艺术价值。整座宝塔通体为砖构，只有主塔层上有少量的装饰。宝塔的整体轮廓经过精心设计，呈抛物线形。此类凸出的轮廓线条极为独特，在日本被称为子弹形，在中国则被称为梭形。

还有许多相似的宝塔也采用了此类轮廓，比如相距不远的洛阳白马寺中方形的天宁塔就与它十分相像。如果不是铭文中明确记载道，白马寺天宁塔建于1175年，人们可能会认为它并不是仿照嵩岳寺宝塔建造的，而是工匠们的全新设计。当然也存在另一种可能，即后期建造嵩岳寺宝塔塔身的时间与人们建造白马寺宝塔的时间大约一致。不过这只是一种猜想，目前并没有证据。两座宝塔十分相似，特别是弧形的坚实叠涩，在新的线索出现之前，人们可以认定白马寺宝塔建造于宋朝时期（960—1279），而嵩岳寺宝塔建造于北魏，有可能在宋朝时曾有过修缮，这并不矛盾。只有对河南和陕西华丽、古老的大型砖塔群进行更详细的研究，才能得出更清晰的结论。

在论述完嵩岳寺宝塔之后，将直接对比嵩岳寺塔和白马寺宝塔。在《中国宝塔》（第一部分）中我们已经详细介绍过白马寺宝塔[①]，这里将再补充一些图纸和照片。《中国宝塔》（第一部分）成书之时，还没有对白马寺宝塔进行过详细的测绘，直到1934年的考察。通过比较这两座造型标准的宝塔，我们能更清楚地了解塔层的结构，也便于和后文中的其他案例联系起来。不过下文先继续介绍嵩岳寺宝塔。

前文所提到的十五层塔身上有极小的门窗。这十五层塔身自身有着独特的含义，被看作是早期宏伟建筑物的缩小版。早期的那些建筑物更加高大，建造时间应当比宝塔早很多，所以应当是宝塔仿照了它们的外形而建。人们从宝塔的外观上依稀可以看出壮观的木构宝塔的影子，古文中有时也会提到此类宝塔。考虑到天宁式的外形、宝塔整体坚实的设计和印度的范例，塔身上的门窗应纯粹只作装饰之用。到了后来，天宁式宝塔的塔层高度降低，门窗的设计也完全消失了。嵩岳寺宝塔塔身平面为十二边形，每层结构相同，每一面均有一扇方形的假门，周围绕有一圈宽大的莲花拱，切入门上的饰带之中。门极小，且用石板封闭，只雕刻出两片示意性的门扇，其中一片做成半开的效果。这一巧思贯穿整座宝塔的设计。刘敦桢发现，这些门中有一排是真正的开口，光线通过这些孔隙进入宝塔内部，塔身上的窗户也起到同样的作用。第十五层只设置了直棂窗，其中东侧的可以透光，第四、六、八、十二层南侧的门洞也可以透光。上部第十四层的十二个面各自只设置了一扇直棂窗，所以整座宝塔的真假门窗数量分别为：156（12×13）扇门和324（2×156+12）扇窗。院内立有一块圆润的唐代石碑，碑文为李邕所书，其中也提到了"上百扇门窗"，足以作为佐证。

攒尖顶上方的冠饰整体被称作"刹"。塔刹往往为伞形或杆形，是宝塔或舍利龛最顶端的尖尖结构。从某种角度来说，塔刹可以代表整座宝塔，甚至是整座寺庙或是整片区域。刹是宝塔或建筑群中一种可见的"宗教象征"，是古塔造型重要的构成部分，所以建造宝塔时人们会在塔刹部分投入更多的精力。我们介绍的这座宝塔塔刹由三部分组成：刹座、刹杆和宝珠。刹座的形式是简化的莲花座或须弥座。短小的圈架上是覆莲，由于角度的原因显得异常高大。覆莲之上是束腰和仰莲。刹座之上高高耸立着相轮，相轮

[①] 西洋镜：《中国宝塔I》，第121—130页。

由中央的竖杆和六重圆盘组成，整体的外轮廓呈梭形。相轮的圆盘在不同的建筑中数量不同，在这座宝塔中，圆盘的数目与下方低矮的塔身层数相同，一层一层不断重复向上，象征着净化和解脱。相轮之上是火珠，放置在一个新的小型莲花座上，是整座宝塔最高点，直指苍穹。

宝塔整体保存得还算完好，只是上部的密檐和主塔层的一部分风化严重。显然宝塔经历过多次修缮，才能保持如此的状态。从远处拍摄的照片来看，下面几层最近应当刚刚修缮过。内部空腔内现存的木梁损坏并不严重。值得一提的是，历经1400多年之后，墙砖仍保存完好，周边的许多宝塔也是这样，比如位于嵩山西侧、距嵩岳寺几小时路程的少林寺中的众多宝塔以及相邻的法王寺中的天宁式方塔①。这些古迹均建于公元600—800年间，主体部分历史悠久。尽管北方的冬日十分严寒，又经历过火灾的侵袭，但这些砖石仍十分坚固；尽管在寒冬中常有风雨，但几乎没有一块砖石被冻坏。正因如此，这些中国最古老的砖石建筑，也是后来所有天宁塔的"祖先"，才得以保存至今，供我们研究。

宝塔印象

宝塔造型十分雄伟，具有张力，同时其精致的构造又使宝塔呈现出优雅的形态，各部分比例协调，细节搭配恰到好处。嵩岳寺塔是北魏年间的建筑艺术进入全盛时期的标志，是中国艺术史上的一颗明珠。

此外，当地的自然风光也十分独特。北部光秃秃的、崎岖不平的连绵山脉中有庞大的堡垒，形成一片昏暗的背景，南部的小丘距离大山足够远，却也高出周边许多。宝塔就立于大山前方、小丘之上，十二边形的平面近似圆形，面向各个方位，伫立在大自然中，通过其尺寸和外形得以凸显。同洛阳地区的其他佛教古迹一样，嵩岳寺塔也是一处壮观的佛教标志物。

二、白马寺塔

河南洛阳白马寺塔

这座天宁式方塔历史悠久，它的本体应当是中国最古老的宝塔，现存的结构可能建于1175年，是最秀丽的天宁式宝塔之一。②我们已经在《中国宝塔》（第一部分）第二章

---

① 《中国佛教史迹》，1930年2月，第134页。
② 宝塔前的石碑上刻"大定十五年"（参见《中国佛教史迹3》，1926年1月）。

第二节详细地介绍过它，并论述了它与现存最古老的大型建筑文物嵩岳寺塔的关系。[①]当时只有一张白马寺塔的照片[②]。我在1934年的旅行中到当地进行了考察，并收集了新资料，包括宝塔以及相邻寺庙按照比例测绘的图纸、照片和文字描述。我将在这里展示绘制出的图纸和后续的研究成果，作为进一步了解白马寺塔以及其他天宁式宝塔的起点。寺庙和宝塔与古代的洛阳城有何关联，目前尚不明确，所以此前在关于天宁式方塔的章节中，笔者并未做出相关描述。新一轮的研究尽管有所进展，但仍未能全盘厘清。不过我在研究中发现，中国的文献资料可信度通常很高。

白马寺塔伫立于现今洛阳城的东部，距离东城墙约18.5千米。陇海线就在北城墙外，自西向东方向的下一站就是白马站。塔位于白马寺站东北方向1.2千米处。另外，宝塔东侧约1.7千米处如今仍有成周时洛阳古城的西城墙和城门的遗迹，铁路线也横穿了这一地区。成周是东部的两个都城之一，这两个都城建于周朝初期，相距不远，位于河南。真正的东都位于成周以西约24公里处，大概在今天的洛阳城及其西部地区。东都是王城，后来更名为"河南"和"洛阳"。[③]位于其东部的成周也被称作"下都"，公元前509—前314年一度是国都，但后来似乎逐渐破败了。东汉在这里建造了新的都城，称之为洛阳。新建的洛阳城距离成周只有0.6公里，距离今天的洛阳城大概15公里。此后，洛阳城饱受灾难，最终于公元533年被毁，此后再也没有重建。

这座位于东侧的城池洛阳，与如今位于西侧的洛阳有所区别。汉明帝时期，佛教首次在中原地区出现的地方，便是在东汉的国都洛阳。古老的地方志中也有关于白马寺和白马寺塔的记载。不过，如今想要弄清当时的洛阳城的轮廓和城门的位置几乎不可能了。不同的文献中均写到，第一部佛经最初保存在鸿胪寺中，后来被安放在白马寺和宝塔中，只是如今已无从考证。甚至我们也无法确定，如今规模庞大的白马寺的历史是否可以追溯至东汉汉明帝时期的鸿胪寺，也无法确定相邻的宝塔是在东汉洛阳城的城内还是城外，唯一可以确定的是宝塔一定位于洛阳城南部。1934年，我对白马寺进行了考察并且完成了测绘工作，当时的白马寺保存得还十分完好。在第一进院落中有两位印度僧人迦叶摩腾和竺法兰的坟丘，他们应当是在汉明帝时期来到中国的使者。不过，人们仍然打算重修寺庙，不仅制订完善的计划，还筹集了资金。当刘敦桢1936年来到白马寺时，寺庙已经修缮一新，他写了一篇详尽的文章，其中提到宝塔，文章基本证实了我们现有的各类资料的准确性。距过去那座寺院东南方约500米处就伫立着宝塔。

---

① 参见《西洋镜：中国宝塔I》，第121—130页。
② 参见《西洋镜：中国宝塔I》，第122页，图104。
③ 国内学术界主要有两种观点：一种认为周公营造的洛邑分为王城和成周城，另一种认为洛邑为一座城，成周城即为王城。——译者注

图 9 河南洛阳白马寺塔。从西侧拍摄　　　　图 10 河南洛阳白马寺塔。从西南方向拍摄

图 11 河南洛阳白马寺塔。姜淳继拍摄，2016 年

根据当地的传说，汉明帝原本已经命人在此处建造了一座古老的宝塔。它有一个富有宗教性的名字——释迦舍利塔，这一名称与文献中的说法相符——两位印度的僧人带来了几座阿育王塔，其中一座就被安放在塔内。如今，人们将宝塔称作齐云塔，因此寺庙也被称作齐云寺。寺庙建于宋太祖时期（960—976）。公元976年前后，一位广东高官李王花费了他所有的钱财买下土地，建造了寺庙和这座七层木制齐云塔。[①]也就是说，宝塔并非建造于晚唐。皇帝看到洛阳周边有如此大的功绩而龙心大悦，为宝塔御赐一座相轮。至于原先伫立在此地的宝塔，我们一无所知。据文献记载，新塔高500尺，这并非没有可能。因为宝塔的东南角有一块石碑上面写道，后来建造的塔——也就是现存的这座高30米的砖塔——高度为160尺，推算可知1米相当于当时的5尺4寸。进而可以推算出木塔的高度应为94米，虽说十分高大，但仍有可能建成。

李王的儿子扩建了齐云寺，但寺庙很久之前就消失无踪。这座寺庙和寺内的宝塔自北宋初年，也就是自建成之时起，便被称作东白马寺和东白马寺塔，这是根据附近的主寺院命名的。后来的故事广为人知。150年之后，在北宋末年（1126）的战争中，所有的一切都毁于战火，也包括这座寺庙。在约50年之后的金世宗大定十五年（1175），正处于金朝的繁盛时期，僧人栖岩彦公重建了一座砖塔，也就是现存的宝塔。

1934年6月3日，我从如今的洛阳城出发，耗费了一整天的时间，考察了白马寺及白马寺塔。除了我一直以来的助手夏昌世[②]博士之外，地理学家阿尔伯特·塔菲尔教授[③]也一路同行。在5月和6月间，我与他一道考察了河南和山西，这是他与世长辞之前的最后一次考察旅行。在测量宝塔尺寸时，塔菲尔提供了巨大的帮助，他利用南面可以攀登的缝隙，在仅宽50厘米的狭窄竖井中，竭尽全力攀登到第四层。他不断大声地、精准地向我们描述所见的一切，后来还更正了我的草图。

通过这种方式，我们弄清了宝塔内部直至塔尖的构造，并在绘图板上准确地画出足够细致的图纸。似乎直至今日，还没有人做过类似的尝试，对白马寺塔内部结构进行调查研究。后文将根据这些最新的材料，对《中国宝塔》（第一部分）中与白马寺塔相关的内容进行补充。

[①]北宋初年，李继勋创建了齐云寺。——译者注
[②]夏昌世（1903—1996），岭南建筑大师，年轻时赴德留学，1932年回国。代表作品有中山医学院医院大楼、湛江海员俱乐部、广西医学院等，著有《园林述要》。——译者注
[③]阿尔伯特·塔菲尔（Albert Tafel），1876年9月6日生于斯图加特，1935年4月19日于海德堡去世。医生、旅行学者，其著作《我的中国西藏旅行——一场穿越中国西北和蒙古地区到达西藏地区东部的考察旅行》尤为著名，1914年出版于斯图加特。

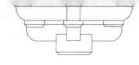

宝塔简介

据刘敦桢所述，方形砖塔四周有一座八边形平台，但我并未看见平台，可能是被宝塔脚下的土堆覆盖住了，后来在寺庙修缮时又重见天日。宝塔的基座就伫立在平台上，高约7米。塔基形式简朴，具有须弥座的特点。基座的砖块尺寸很大，十层就高达1.32米，应当是出自1798年的一次修缮中。基座之上是宝塔的主塔层、塔心室，南部开有一扇门洞。主塔层有一同样造型的须弥座，用一层斜砌砖加以装饰。主塔层最上方有简洁的砖制斗拱，突出于墙面，塔身四角处各有一个，每面另有两个。主塔层之上便是塔身，线条设计与嵩岳寺中的十二面天宁式塔相似，自唐代起，人们就在河南和陕西建造了一系列类似的宝塔。宝塔整体的轮廓被中国人比作"梭子"，日本人将此类外形称作"弹头"。人们仅仅使用最朴素、没有纹饰的砖块就打造出了这种形态。砖块高6.8厘米，砖缝宽6毫米，那么每层砖块的高度就是7.4厘米。这一尺寸规律与嵩岳寺塔相似。塔身的第一层至第十一层高度相同，均为45厘米，只有第十二层高30厘米。塔层被坚固的叠涩分隔，叠涩的高度和挑出的深度变化经过精心的设计，为整座宝塔带来了活力，与嵩岳寺宝塔如出一辙。

每一层的塔檐下方均有一圈饰带，由两层砖块组成，上方的叠涩层层相叠，向外挑出许多，边缘陡峭。叠涩中间有一层层板，也由两层砖块组成，自层板上方起，砖块又层层向内收拢，与上方塔层连接在一起。

每一层塔檐的边缘均有两层水平斜砌的砖块。挑出的叠涩砖层数自下而上逐渐减少，最下方叠涩有十三层砖，第二层至第四层叠涩有十二层砖，到了第十一层叠涩减至五层砖，第十二层以上只有三层砖，挑出的深度由1.4米减至0.75米，塔身的宽度由5.13米减至1.7米。塔顶呈小小的角锥形，其上方还有一个陶土制成的矮墩，附有三个圆环，这里可能曾经有过一根远高于土墩的刹杆，耸立在塔尖之上。

和大部分金朝初期以来建造的天宁式塔一样，人们需要借助梯子才能到达主塔层的入口处。主塔层的门洞并没有被一扇厚重的大门封闭，而是像图中描绘的样式那样。事实上，人们很少进入宝塔内部，如果想要对其进行修缮，必须先将坚固的门板拆卸下来，然后再加以修葺。这表明宝塔内一定有某种十分神圣的物品，比如舍利，就像上文提到过的古老的阿育王塔一样。自宝塔为众人所知后，门上便出现了一个被暴力凿开的洞，想必是盗贼觊觎这里的东西。宝塔的北面也有一个半圆形的洞，它不像其他砖拱那样有精致的镶边，而且从内部被封砌了起来。

通过复原整座宝塔的设计，人们可以发现它的平面十分奇特，四间非常小的塔室呈十字形分布，尺寸仅为50厘米×70厘米，它们通过狭窄的拱廊连接，中央交会处有一

图 12 河南洛阳白马寺塔基座。从西北方向拍摄　　图 13 河南洛阳白马寺塔南侧的登塔入口

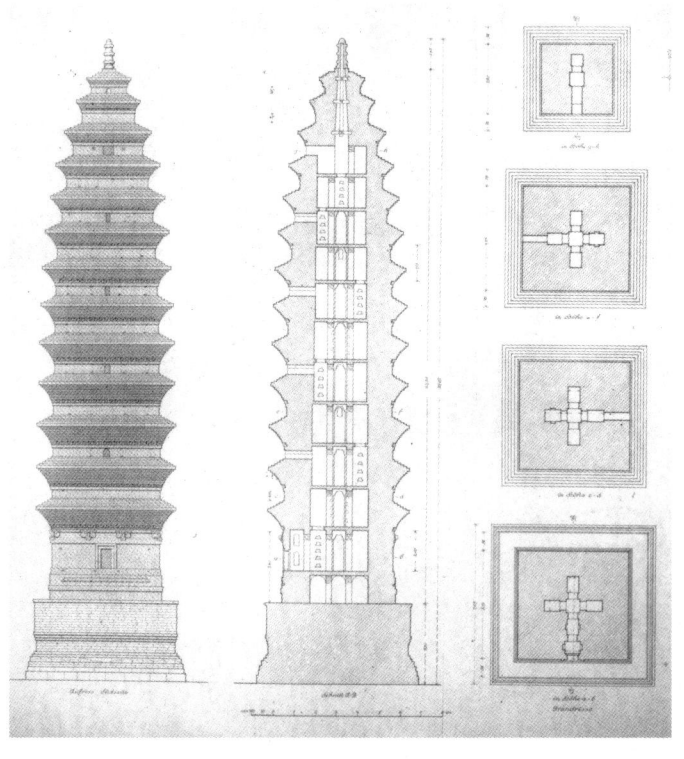

图 14 河南洛阳白马寺塔的正面图、剖面图、平面图

图15 河南洛阳白马寺塔塔尖。远距离拍摄

间60厘米×60厘米的塔心室。南面的门后方还有一个前厅，两侧的墙壁中设置了壁龛。宝塔各层的平面设计似乎是重复的，各层的开窗位置交错也证明了这一点。这种形式十分奇特，另一方面也证明了人们很少登上宝塔的高处。每一层小小前厅的两侧墙壁上会设置一个小凹槽，作为人们攀登时的踏板，正是借助这些凹槽，塔菲尔教授才能艰难地一层层向上攀爬。设置有攀爬凹槽的塔室在各层方位不同，每上一层便顺时针旋转90度，攀爬的路线呈螺旋状。以前宝塔内应当有两把梯子，交替架在凹槽上以供攀登。古老的文献中也有人们使用梯子登塔的记载，如果宝塔内部没有固定的楼梯，人们就会借助这种方式向上攀爬。白马寺塔的内部布局是此类宝塔中唯一一个已经为人知晓的案例。

塔层的地板可能是由木板制成。墙壁上的开口将光线引入宝塔内部，各层开口方位不同，交替分布在南、东、西三个方向。宝塔上方的内部塔室的尺寸明显缩小了许多，才使得每一层塔室尽头的墙壁内部连通上下层开洞始终错开。到了第十层，已经无法设置四个塔室，只能在南侧最顶端外墙开口处的后方设置一个简单的过道。天花板顶端有一个狭小的竖井，用来固定木制刹杆，如今被前文所说的陶土矮墩封住，刹杆可能曾经就立于此处。上述关于白马寺塔内部结构的最新推论也印证了我早期的推断，只有几处需要稍做修正。最初，我以为最顶层有一间塔心室，四面均有开口，实际上那是墙壁上设置的假窗。

供奉舍利之处

我们可以推测，汉明帝最初修建宝塔是为了供奉使者带来的舍利或是珍贵的物品，后来人们重修宝塔也是出于同样的目的。但是内部的塔心室尺寸狭小，似乎不太像是供奉珍宝的地方。若塔室不是供人攀登之用，内部倒是可能放置小供桌或宝函。现在经过研究得知，宝塔内部的地板与门槛高度相同，在房间中央的地面下有一个小小的筒形拱顶，下方空间极其低矮。此处显然已经被盗宝者发现了。这里同上方塔层的内部空间一样，为十字形，非常适合保存最珍贵的物品，因为此处可以避开人们的视线。基座内部有一处如此隐蔽的空间，这无论如何都可以证明——正如同文献记载的那样——这里藏有舍利。人们一定想不到最神圣的宝物就藏在如此封闭的空间中。僧人火化之后，骨灰瓮通常被安置在墓塔下方的基座中，或是直接埋于地下。与此类似，佛陀的舍利同样被安放在基座之中，所以白马寺塔也可以被看作是一座墓塔。

三、河南彰德府天宁寺宝塔

河南北部的彰德城位于黄河北岸，坐落在京汉铁路沿线，距离东边的河北以及西边的山西很远。彰德本是一个平平无奇的小城镇，不过这里的建筑和寺庙美丽优雅，引人注目。这座长方形小城周长只有5千米，坐北朝南，有四座城门。城市中轴线中间设有一座鼓楼，北侧有一座钟楼。天宁寺位于城市的西北方，也叫作大寺，寺中有一座宝塔。孔庙位于天宁寺和西城门之间，四周环绕着围墙，同时也作学校用。围墙的东南角有一座魁星楼，从风水的角度来讲是用以平衡相邻的佛塔，以保文运亨通。

彰德，旧称相州。在周朝时期属晋国，战国时期属魏国的邺城，自那时起就已经是十分重要的城池。三国时期，它是曹魏五都之一，曹操命人在那里建造了曹氏祖祠和一座宫殿。在曹魏时期，距洛阳不远的嵩山中已经建起了最早的一批佛教寺庙。这时佛教可能也早已传入彰德，也就是当时的邺都。直至300多年后的隋朝时期，人们修建了天宁寺和宝塔，佛教才真正在这里扎根。北魏天兴元年（398），彰德被设为郡县；北宋景德三年（1006），彰德进行了扩建；明朝洪武年间（1368—1398）进一步进行了修缮。

河南和彰德的地方志中收录了一些与寺庙和宝塔有关的文献，《中国佛教史迹》一书中对此也有详尽的描述[①]，此外还有一块乾隆年间（1774）的巨大木刻以及带有详细文字描述的寺庙平面图。这些文献中的内容都以一块记录了嘉靖年间（1558）修缮工程的皇家石碑和一篇详细记录了乾隆年间（1772）最近一次修缮工程的碑文为依据。信息资料十分繁杂，多次重复，后文中的内容是经过关野贞和我梳理后得出的研究结论。

图16 河南彰德府天宁寺宝塔

图17 河南彰德府天宁寺宝塔

①《中国佛教史迹》，1931年3月，第89—91页。

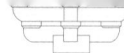

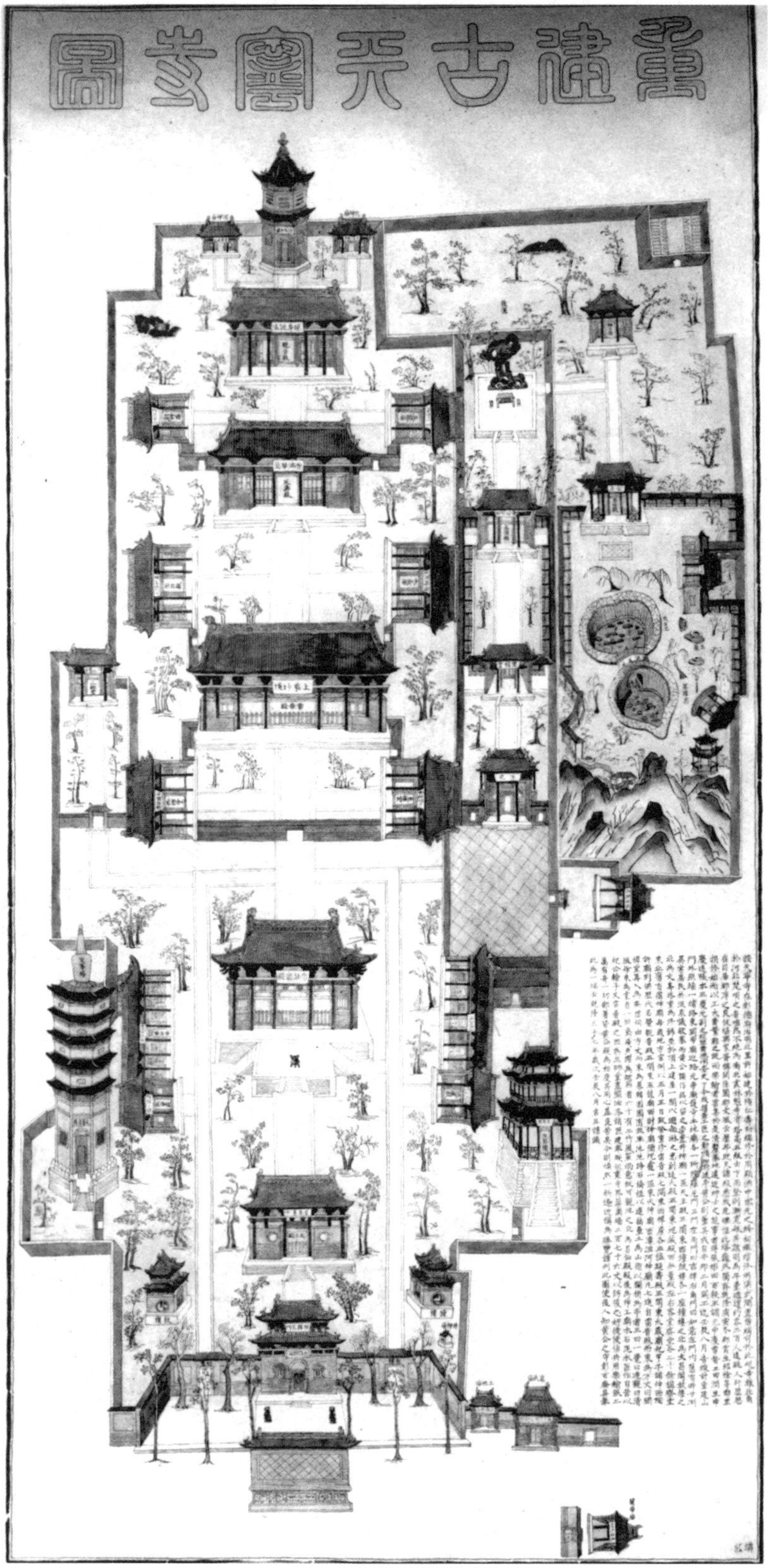

图 18 河南彰德府天宁寺的平面图

图 19 河南彰德府天宁寺宝塔

北魏时期（公元398年）对彰德府进行了修建，城中的寺庙建于隋文帝仁寿元年（601），位于治明（可能是城区的名字）以北500米外。

建寺的同时还修建了一座宝塔。然而人们都说现存的这座宝塔建于后周广顺二年（952）。隋朝仁寿年间，特别是仁寿元年（601）和仁寿二年（602），是中国宝塔建筑艺术史上十分著名的一段时期，当时隋文帝将真正的佛骨舍利同时赐给帝国的31（51或83）个地区，为此人们建造了大量的宝塔。北京的天宁寺宝塔内就供奉着其中一颗舍利。因其特殊的政治地位，彰德很有可能也得到了御赐的舍利，而彰德的天宁寺就建于这一关键年份，并为此建造了一座舍利塔，这极有可能与这些舍利有关。

而且，后来建造的那座宝塔主塔身的华丽造型也可以证明，早期的宝塔内部供奉着极其神圣的舍利，并被转移至后来建起的宝塔之中。此外，寺院的住持和僧侣曾多次提到，宝塔和所有浮雕的设计仍源自隋朝初期的那座建筑，没有发生任何改变。当这些浮雕和建筑构件与资料中所说的年份不符时，便不能忽视民间这些口口相传的说法，因为它可以提供一种合理的解释。所以我们推测，在公元601年或602年，此处曾有过一座建筑物，但其造型无人知晓。

在后来的约350年中，没有任何关于寺庙和宝塔的文献记录。正如前文所说，在后周时期（约公元952年），人们建造了如今我们所见到的这座宝塔。当时这座城市被称为相州，后改称彰德。①尽管寺庙和宝塔后来历经一次次改建，但我们仍能从今日尚存的宝塔中看出原先的基本形式。如同我们介绍过的河南宝塔一样，比如嵩岳寺、白马寺中的宝塔以及其他类似的塔，这也是一座标准的天宁式塔。不过它的平面变为八边形，主塔身雄伟壮观，刻有装饰性的浮雕，塔层高耸，最重要的元素是莲花座——这是一种圆形线脚上方有着莲花瓣装饰的平台。如此华丽的基座造型、层次分明的结构直至约100年后，才再次出现在北京天宁寺中高贵的宝塔上。彰德宝塔的基座表面平坦简洁，与其蓝本嵩岳寺塔类似，不过它的基座上嵌有一段向上通向主塔身的阶梯。这表明公元952年是一个转折点，河南的早期天宁寺塔形式正逐渐向北京完善的天宁寺塔形式过渡。

彰德宝塔与寺庙不断变化的命运紧密联系在一起，经历了坍塌、改建和数次修缮，人们已经无法确定具体哪些地方进行过修缮，因为所有的文献都没有记载细节，只能通过对彰德宝塔的风格、使用的技术以及不同时期的变化进行判断。

宝塔的风格有过几次较大的改变，分别是在宋朝的1007年（应当是和城市的重建发生在同一时期）、元朝的1316年以及明朝的1368年。据说，"在上述朝代，贡院旁多

---

① 德文原文为"当时这座城市已经被称作彰德"，因公元952年被称为相州，1192年改称彰德府，原文有误，故处理。——译者注

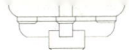

图20 河南安阳天宁寺宝塔。查杉拍摄，2015年

次出现了象征吉祥的神光，说明贡院的选址十分正确。神光可以影响彰德地区的文风"。这一说法流传很广，以至于自乾隆时期起这座宝塔就被称作"文风塔"[1]，高度超出了城市的南门和喇嘛塔，高耸入云。这座宝塔被儒家当作是城市东部的风水塔，用以庇佑附近的贡院和文庙。人们建造了一座低矮的围墙，将宝塔和那座历史悠久的寺庙分隔开，但是宝塔在其他方面仍保留着佛教的形式。

明朝的第一位皇帝洪武皇帝统治期间，这座寺庙是黄河北岸最早，也是最大的禅宗寺庙之一。洪武皇帝命人建造了大量建筑，数量太多以至于不能一一列举。"有一个专门管理寺院僧侣各项事宜的部门——僧纲司。他们决定在河南境内黄河北岸的河湾处建造一座新的寺庙，这里有着无尽的诵经声，是黄河沿岸规模最大的一座寺院。"在宽敞的大殿中，三尊佛陀正襟危坐，宝冠式样的冠饰被改为喇嘛式，柠檬黄色的是释迦牟尼，白色的是药师，绿色的则是阿弥陀佛。大殿内部，三尊禅宗始祖塑像的左右两侧和正前方围立着36尊高大的塑像。《中国佛教史迹》详细介绍了这三位禅宗始祖的故事。

寺庙在明宪宗成化年间（1480）以及嘉靖年间（1558）进行过翻新。前文提到的碑文就出自嘉靖时期（1522—1566）。最近一次大规模的翻新是在乾隆时期，工程自1770年的冬天持续到1772年的秋天，由知府黄邦宁负责。他撰写的碑文中也提及了早期赵康王[2]主持的那一次修葺："殿宇而外增置楼阁、池馆、僧寮、客堂之属咸备。仍旧贯者十分之一，新构者十分之九。厘正寺址，蹾垣屹立，袤广共二百七十六丈。并极土木之壮，穷丹青之妍，未知于寺之初建时奚若然，庶几无废后观矣。"碑文中还提到，宝塔在修缮之前有一大半已经倒塌了，飞龙的塑像也出现了轻微的泪痕[3]，信徒们对此感到十分痛心，而且从它旁边走过也十分危险。据记载，文人们曾聚集于此，为重修寺庙和宝塔筹集资金。不久后众人纷纷解囊相助，文献中用"如云"这一词语形容聚集的人数之多，还记录下了这些为筹集资金、修缮寺庙做出贡献的人们的姓名。1771年春天修缮工程开始动工，1772年8月工程就已完成。所有大殿中的神像和装饰，只要是与寺庙相关的，都被事无巨细地记录了下来。出自那个时期的寺庙平面图只以木版画的形式流传了下来，并不完整。人们将其重绘、上色、附上了文字，本书将以图片的形式展示给读者，不过只有主体部分进行了标注。这里就不再深入阐述寺庙的平面布局了，以后有机会一定进行详细的研究说明。

平面图主体部分的标注上，几座塔楼十分显眼，它们对称排布在不同方位，将整个建筑群合围起来。南侧入口的两侧是钟楼和鼓楼，中轴线的北侧尽头是八卦楼，这是一

---

[1]"文风塔"即文峰塔。——译者注
[2]赵康王，明朝藩王朱厚煜（封地在安阳，第六代赵王），死后谥号为康。——译者注
[3]泪痕，应指飞龙眼处的裂纹，形似泪痕。——译者注

图 21　河南彰德府天宁寺宝塔的东侧视图

座典型的道家建筑。中间部分的南侧是两座主要的塔楼,东侧高台上方伫立着文昌楼,与之对应,西侧围墙中嵌入了我们正在研究的这座天宁寺塔,兼有道家和儒家色彩。整座寺庙建筑群中交叉贯穿着佛教和道教元素。

在我1907年来到此处考察期间,整体建筑群已经进行了扩建,但是建筑物的状态大不如前。当时仍有18名僧侣居住在寺内,他们的穿着并未严格按照规定,看起来十分世俗化。不过71岁高龄的住持风度高雅,和蔼可亲。

图22 河南彰德府天宁寺宝塔

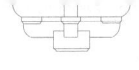

图 23 河南彰德府天宁寺宝塔的东南侧视图

图 24 河南彰德府天宁寺宝塔的西南侧视图

宝塔

宝塔平面为八边形,有基座、主塔层和四级低矮的塔身。塔身上方有带护栏的平台,平台中央有一座瓮形宝塔,也叫喇嘛塔,构成了塔顶。

关野贞的数据与我的数据基本一致,根据这些数据和拍摄的照片,我们完成了宝塔的绘图工作,得出下列尺寸。基座通过微微向内收分的叠涩被分为两段,共高 4.1 米,八边形平面边长约为 3.5 米。两阶光滑的主体高约 2.85 米,外表面由 6 厘米厚的砖层垒叠,类似历史悠久的嵩岳寺宝塔的基座。柱体上方有一圈向外挑出的水平装饰线脚,由两部分组成,下方是 40 厘米宽的赤陶饰带,表面有藤蔓纹样,上方是 85 厘米高的圆盘,由七排莲花瓣组成——莲花座。这些莲花瓣表面光滑,由赤陶烧制而成,总共约 1600 瓣,其外表面经过精心设计。人们可能会在宝塔内部供奉舍利,如此一来它便是珍贵的舍利宝座。主塔层高 5.9 米,塔身高 11.6 米,塔顶平台上的护栏高 0.75 米,顶端的喇嘛塔高 7.15 米,整座宝塔从地面至塔尖总计高 29.5 米。

彰德宝塔的主塔层与后来建造的北京天宁寺塔类似，建筑风格华丽，赤陶浮雕精美绝伦。主塔层的四个主面上各有一圆拱，象征入口。东侧、西侧和北侧的入口处分别设置了用赤陶制成的对开假门。只有南侧设置了较深的壁龛，看起来没有假门，可能这一侧以前真的有一个进入宝塔内部的入口，如今却被砌成了平整的墙壁。其他三扇门上方的弧形窗可能曾有浮雕装饰，只是在后来的翻修中被大块的砖石砌成了平整的墙面。

还有一个重要的建筑元素是南侧露天的楼梯，它直接通往主塔层南侧的券门。楼梯切开了莲花座的巨型圆盘装饰，台阶一级一级向内延伸直至南侧门框内部砌起的墙壁上。这一结构至今仍保存完好，使人直接联想到其他古老宝塔中也有类似的露天台阶设计，比如嵩岳寺塔，所以可以推测，这一形式在中国古老的宝塔中得以广泛使用。后来，北京宝塔案例中的莲花座或须弥座逐渐演化成为宝塔中独立、华丽且重要的一部分结构，这种露天楼梯便被取消了，主塔层的设计变得更加突出，外侧墙壁上开始出现人物塑像装饰。人们可能最开始是仿照古老的佛教石窟的样式，在门窗两侧增加了天王和菩萨雕像。而彰德宝塔上最先出现了用以记述故事的浮雕。

主塔层的四个斜面上设置了长方形的直棂窗，这是一种中国古代的窗户式样——细长的木棒在垂直方向上紧密排列，水平方向再用一根木条加以连接。这座宝塔中的窗户由赤陶制成。自此，这种形式的设计被广泛地应用在典型或变体的天宁式塔中。彰德宝塔的窗户四周有精致的镶边，类似早期哥特式的叶片纹样。它与莲花座上的饰带有些相似，可能也造于明朝（1558）的那次翻新过程，门板和拱券上生动、立体的装饰图案应当也是源于同一时期，其中包括神龙、祥云和花朵纹样，虽由陶土制成，却如同青铜艺术品一般精致。

上方的各级塔身低矮，各面墙壁上交替设置了小小的圆拱窗。这表明宝塔内部应有一部甚至两部螺旋式楼梯，类似后文将提到的绥远①白塔。如今已无法进入宝塔内部，其内部结构也就不得而知。不过，如果多至200人的访客想要同时登上塔顶的平台，则意味着上行和下行的楼梯必须相对宽敞。塔顶喇嘛塔的结构表明宝塔内部中央应当有一根支柱，被楼梯环绕着盘旋而上。

就整体的比例而言，上方的各层塔身与主塔层相比向外挑出了许多，十分独特。最顶端的塔层比主塔层宽了将近80厘米，第一层塔身与主塔层直径相同，只有8.25米，而第四层塔身的直径有9.05米。这种上大下小的外形会降低宝塔结构的稳定性，但自然有其形成的原因，它可能是以巨大的木制转经筒为蓝本，此类宝塔中最重要且广为人知的案

---

① 绥远，原塞北四省之一，省会归绥为今呼和浩特市，辖区即今内蒙古自治区中部、南部地区。——译者注

例就是山西五台山寺庙中的宝塔。藏传佛教自10世纪起就逐渐发展了起来，并在元朝时期全面兴盛，这种奇特的宝塔外形自那时起就已出现。塔顶的那座喇嘛塔可能就是建于那个时期。但是还不能确定彰德的寺庙中是否曾经有过藏传佛教的僧人。

主塔层和上方的四级塔身均有做工华美、精致的斗拱承托住一圈圈的塔檐。主塔层的斗拱共有三层，每面末端的斗拱灵活变化，在角部组合在一起，交会处还演变出不同的形式。上方各级塔身的斗拱只有两层，但每一层的饰带都有所不同。斗拱样式的变化赋予了整座宝塔十分灵动的特点。主塔层角部嵌入墙内的立柱支撑住整体的结构，这种设计完美复刻了木结构建筑中角部的圆柱。这里的立柱由砖石砌成，表面装饰着精美的飞龙浮雕，一直从券门圆拱的拱墩高度盘旋延伸至柱头位置。通过其精巧的外形可以推断出这可能是乾隆年间（1772）的风格。上方塔身各层的角部棱角分明，并未设置角柱。塔身各层均有两重塔檐，也就是两层椽子和檩子，上方又覆有中国常见的青色琉璃瓦。屋檐呈现出轻微的弧度，五层塔檐像是整体优雅地悬挂在塔身上一般。

主塔层上的雕塑

主塔层雕刻的主要装饰物由生动形象的人物浮雕组成，主要分布在横梁下方以及门窗上方，以宽大饰带的形式布满整片空间。这些浮雕均由三排七列，即共21块石板拼合在一起。显然它们在多次修缮的过程中常被拆开，明朝时期应当还有部分石板被替换，然后再用铁夹小心地连接在一起。由西南面可见，当人们用砖块重新将墙面砌起时，只有一部分石板被重新放回了塔身。人们如此谨慎地处理这些浮雕石板是十分不寻常的，这表明它在中国人心中有十分重要的价值。

根据工艺和样式可以推测，它们中的大部分应为宋朝初期所造，也可能是后周时期（公元952年）重建宝塔时制作的。不过也有许多块石板应当是出自明朝。在鉴定这些石板的制造时间这一方面，一定还会有令人惊讶的论据出现。喜仁龙认为，隋朝时期彰德周边便已经出现了一所杰出的雕塑学校。这些浮雕中可能有一部分——虽然只是极少的部分——出自隋朝最初建造的那座宝塔。人们总是喜欢在后期翻修时仿照最初的样式建造宝塔。不过仅靠我们所做的小规模测绘还远远不够，只有在当地进行十分细致的研究才有可能得出准确的结论。我们在这里只能按照画下的草图简要介绍一下这些浮雕的类别和图案主题。人们最近一次将这些石板拼合在一起似乎是在乾隆时期1771—1772年的最后一次大规模修缮工程中，正如前文所推测的那样，圆柱上的大型飞龙浮雕可能也是源于此时。

主塔层的八面墙壁上分别为这些浮雕石板划出了一个1.9米×1.4米大小的格子，它们深深嵌在墙壁之中，外围有一圈简单的镶边。最主要的部分位于南面：三身佛端坐于祥云之上，身后有光环。西南侧格子中的石板并未完全被翻新，上面是一尊端坐在莲花宝座上的佛陀，两侧分别是阿难和迦叶，在二者下方边缘处还雕刻了两名护法金刚。浮雕的左上方还有一个佛龛，里面镶嵌了一尊小佛像，而浮雕的其余部分已然被毁。在东南和东北两个方向上各有一组类似的人物浮雕——一尊佛像与其胁侍。而西北方向的浮雕上则是一尊佛陀，两侧分别是跪姿的猴子和跳跃的小鹿①。

与南面三身佛相对应的是北侧庞大且保存完好的精美浮雕——一组慈悲的菩萨像。一尊观音头顶光环，双手交叠在飘逸的长袍之下，端坐在高耸于波浪间的石座之上。观音身后的光环被雕刻成涡卷的样式，两侧分别雕刻了立于小小支架上的一只鸽子和一个装有柳枝的花瓶——盛放甘露的净瓶。菩萨的两侧稍稍靠下分别立有一尊人像，身后有光环和飞叶。他们应当是善财童子和为宝塔捐赠钱财的一位善人②，善人穿着僧人的袈裟。在它们外侧石板更下方的位置上，还有两尊高大的人物塑像，脚下是在水中游动的乌龟。右侧是穿着飘逸长袍的力士，左侧是手拿棍棒、头顶火焰的武士。人物的布局和形态十分完美。水平方向上，浪花、岩石和祥云这三部分宽阔的装饰造型也十分优美，传统的陶土雕塑艺术令人过目难忘。左侧角落的浪花纹卷成涡状，上边缘处转变成卷须状的花纹。其上方那块石板上的岩石浮雕似乎已经脱落，残存的用以固定的空洞显示出这里曾有一块古老的浮雕。中部带着花朵图案的祥云线条具有早期的特征，但是浮雕中的一些元素则具有明朝时期的特点。

主塔层东侧和西侧墙面上的两组浮雕以类似的方法讲述了两个故事。每组浮雕的中央都有一间亭子，上方有顶，立柱细巧。西侧的浮雕中，有一位贵妇和她的两位侍女正在接待一位客人③。东侧则雕刻了佛陀涅槃图。佛陀身侧围绕着十位弟子，五位紧紧地挤在亭中，亭外两侧分别有两位和三位弟子。这些人物下方立于柱旁的雕像可能是迦叶和阿难。下方还蹲着一位力士，他的身旁是一只正在咆哮的狗，浮雕右上方的钟旁还有一位武士。整组浮雕以树木和云朵作为背景，使画面更加生动。浮雕布局拥挤，人物的容貌和衣着表现手法独特，以及佛陀弟子的数量为十位，这都暗示这组浮雕的雕刻年份很早，然而实际制作时间并不明确。

---

① 应指猴献仙桃和鹿献灵芝。——译者注
② 现多数资料认为观音两侧的人物塑像分别为善财童子和龙女。——译者注
③ 现有资料多认为这组浮雕讲述的是太子诞生的故事，即释迦牟尼的诞生。——译者注

根据这些研究,我们对这座建筑的历史做出以下推测:

公元 601 年,隋文帝命人建造了第一座舍利塔。宝塔的形式无法确定,但大体结构应当与如今的宝塔相似,有莲花座和主塔层,可能也有浮雕。

公元 952 年,宝塔得以重建。当时的主塔层形式和如今的相同,也有浮雕石板。上方的塔身形式无法确定,但是宝塔内部一定有楼梯通往塔顶平台。

1368—1558 年,宝塔上大下小的样式形成,塔顶出现喇嘛塔,这都符合藏传佛教的元素。部分浮雕石板可能翻新过。

1770—1772 年,我们如今看到的建筑物进行了大规模的修缮,过去的造型设计保持不变。

彰德天宁寺宝塔是天宁式塔形式演变日臻完善的重要一环,接下来要介绍的北京天宁寺宝塔便是这种完善形式的一个案例。

图 25 河南彰德府天宁寺宝塔北侧的浮雕

第二节 北京天宁寺塔

一、历史背景和建造年份的确认

在北京的西城墙前,伫立着两座大型的宝塔,它们在建筑史上具有极其重要的意义,同时为这座被城墙围绕的城市周边的自然风光锦上添花。这两座宝塔均为天宁式,尺寸大小和结构极为相似,建筑风格却截然不同,这是因为它们建造于不同时期。天宁寺中的宝塔最初建于7世纪初,现存的这一座新建于1048年,而八里庄塔则建造于16世纪后期。这两座宝塔的确切建造时间可以从各细节处看出,因为建筑形式会随着历史的变迁而变化。北京天宁寺的宝塔十分重要,后文会用较长篇幅对其进行描述。

天宁寺和寺中的大型宝塔坐落于北京城南侧、外城的西城墙边,就在彰仪门①附近。平地上升起一座小丘,建筑群位于层层平台之上。现存的建筑规模很小,却有着显赫的历史。这里的景色也很宜人,站在最高的平台上,人们可以俯瞰平原以及北京城的风光。原先的寺庙建筑群南侧、直通小丘脚下的平地上有一处广阔的花园,可能是和建筑物一同建造而成的。在小丘正南边的花园中央,两堵墙划分出了一个特殊的区域,大宝塔就伫立其中。天宁寺以北不远就是著名的白云观②,道士丘处机③曾生活在那里,也埋葬在这里。

天宁寺建于北魏孝文帝在位期间(471—499),宝塔初建于隋朝(公元602年之后)。当时,寺院位于北京古城内的西侧。直至唐朝时期,这里还被称作幽州和范阳。公元986年,辽国占领此地,古城被毁,人们新建了一座更大的城池,不过原先的一些建筑继续得到使用。根据这片土地最古老的名称,新城被命名为燕京,寺庙和宝塔紧贴燕京北城墙的南侧,也就是燕山的南侧。这段北城墙位于今北京内外城分界墙的西延伸段。辽国占领这座城市不久之后的1048年,人们在山脚下新建了宝塔,大约就位于辽国皇宫(辽国的南京、析津府)中轴线北侧的尽头。到了金朝时期,城市向东扩张,更名为中都,不过城墙距离寺庙仍然不远。13世纪,蒙古人占领北京,

---

① 彰仪门,即广安门。——译者注
② 白云观起源于唐朝,清朝时期是重要的典仪场所。参见高万桑(Vincent Goossaert)所写《白云观》一文,收录于法布里佐·普雷加迪奥(Fabrizio Pregadio)编著的《道教百科》一书。此书2008年出版于伦敦。
③ 参见翟理思:《古今姓氏族谱》第406款。丘处机远去蒙古的旅行被记录在《长春真人西游记》中。

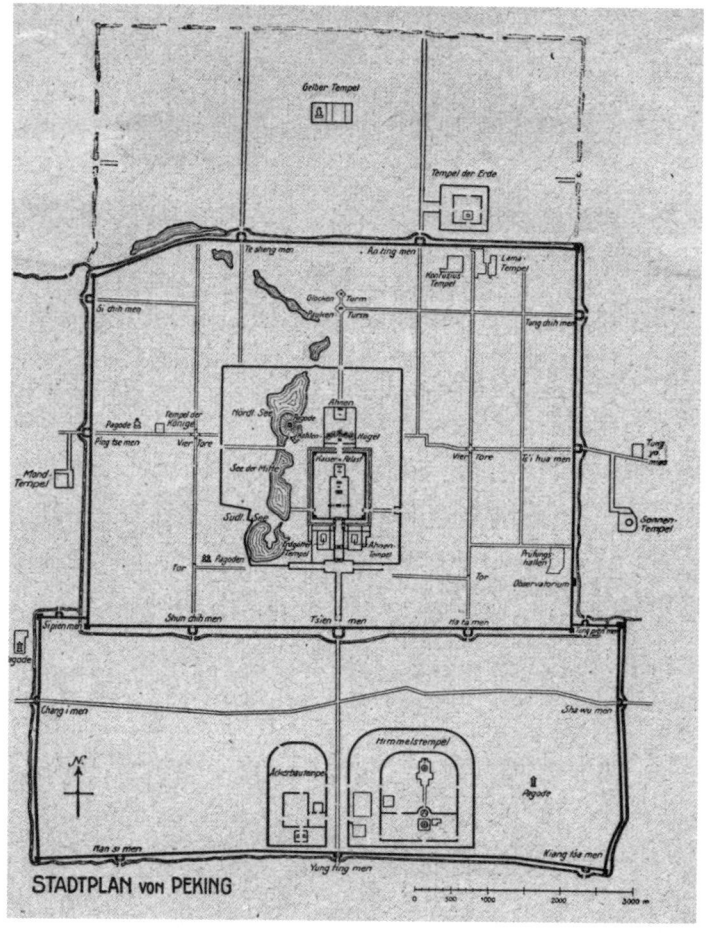

图 26 北京地图中的天宁寺的位置

并于 1268—1272 年间重建皇城，寺庙中的宝塔就位于城外了，在西南方向见证着城墙与城内建筑的变迁。寺院中的建筑时常新建，但宝塔历经约九个世纪的朝代更迭、历史变迁，却没有遭到致命的破坏，仍伫立在此。虽然不断进行修缮，但时至今日，宝塔仍基本上保持了最初的造型。

后文将会详细阐述宝塔与城市的关系，通常来说，如此重要的一座建筑物不仅具有宗教意义，在风水上也一定有所讲究。尽管一些细节可以作为佐证，但并没有进一步的文献资料可以证明这一点。在后面的研究中，按照风水形法，绝大多数风水塔都位于东南方向，但在北京城变迁的各个阶段，天宁寺塔从未立于东南，只在最早的时期曾立于城市的西侧。所以我们可以认为，宝塔是按照佛教思想选址，古老的寺院位于旧城外一座小山丘的西侧，立于此处的宝塔可能象征来自西域的佛学。隋朝的都城位于长安，即陕西西安府，至今仍不清楚人们出于哪些原因要将一座如此重要的宝塔建于遥远的北部城市幽州，即北京。通常来说，建造宝塔的前提应当符合一般的规律或政治目的，而当时的燕京这一区域似乎还并不广为人知。这也可能与重大历史事件相关，我们将在后文进行讨论。

图 27 北京天宁寺塔。从西便门方向拍摄，赫罗德（E.Herold）拍摄

图 28 北京天宁寺塔

图 29 北京天宁寺塔。从东侧拍摄,翻拍自柏林民俗学博物馆收藏的一张照片

图 30 北京天宁寺塔正视图

图 31 北京天宁寺塔

图 32 北京天宁寺塔。山本拍摄

图 33 北京天宁寺塔。程文拍摄，2021 年

在不同的资料中能找到大量与寺庙、宝塔的历史相关的记录，它们源自历史悠久的文献和碑文，我们将其摘抄于此，不做主观评述，大部分是逐字逐句复述内容，只是略有变动。根据实际情况，我们尽可能筛去相互矛盾的观点，还原历史概况：

1. 北魏

孝文帝于公元494年将都城从平城（山西大同）迁往河南洛阳。他在位期间，在幽州（北京）建起了最早的寺庙建筑群——光林寺。

2. 隋

隋文帝开皇年间（581—600），寺庙（光林寺）改名为宏业寺，"宏"也可写作"弘"。这一时期出现了一块刻有秀丽碑文的石碑，不过早已遗失。

仁寿二年（602），隋文帝将长安的佛骨舍利分赐给全国的31（或51，甚至83）个地区。北京也得到了一个藏有舍利的宝函，并为此建造了一座宝塔，于农历三月二十六日将舍利安放于宝塔中。

据推测，这一年（615）最初的那座宝塔（天宁寺宝塔）建造完成。

3. 唐

唐玄宗开元年间（713—741），寺院（宏业寺）更名为天王寺。这一时期的记载中也提到了一块刻有碑文的石碑，同样遗失已久。

4. 辽

根据《冷然志》记载，辽兴宗重熙十七年（1048），人们建造了一座石幢，同年埋于此处。出于建筑风格的考虑，关野贞在《中国佛教史迹》[1]中认定，正是这一年人们新建了现存的这座宝塔（天宁寺宝塔）。这座石幢伫立在明宣宗时期的石碑后面，也就是北侧，可参阅后文1435年的段落。石幢位于宝塔脚下，不过后来也如同石碑一样消失无踪了。

5. 金

金世宗大定二十一年（1181），天王寺改名为大万安禅寺。

6. 元

寺院毁于战火。1330—1332年，元文宗命人重建寺院。同时，记载中提到了一些消失已久的金、元时期的圆形石碑。

7. 明

永乐年间（1403—1424），明成祖将疆土分封给亲王，寺院也得以扩建。大臣姚广孝[2]（1335—1418）是一名佛教徒，长期禅居于此。

---

[1]参见《中国佛教史迹》卷5，1928年，第226—228页。此卷英文版本目前无法借阅。（《中国佛教史迹》图版六册，附日、英文评解）
[2]参见翟理思：《古今姓氏族谱》，第2436款。

明宣宗宣德十年(1435),寺庙被修葺一新,更名为天宁寺,沿用至今。宝塔脚下曾有一块石碑上记载此事,如今这块石碑已经遗失,参阅前文1048年的段落。

石碑的背面记载,明英宗正统年间(1436—1449),皇帝曾命人修缮寺庙并将其更名为万寿戒坛。不过不久之后寺名又改回为天宁寺。

明世宗在位期间(1524),寺庙被重新修缮。

(1542)持续三天的大型祭典。

明神宗万历年间(1576),天宁寺宝塔进行了大规模修缮,同时在附近新建了姊妹塔——八里庄宝塔。

(1599)为缅怀姚广孝(参阅前面1403—1425年的段落),天宁寺修建起一座别院。

万历年间(1573—1620),宝塔四周还造起了八个铁制三角香炉,1774年时均已遗失。

8. 清

清朝康熙十一年(1672),康熙皇帝命人在宝塔的东南方向竖立一块石碑,碑文由一位文官撰写,全文按照著名的董其昌①(1555—1636)的书体凿刻。碑文中关于建造宝塔的内容一直追溯到隋文帝时期。

清朝乾隆二十一年(1756),寺庙建筑群整体进行修缮,其中也包括宝塔。主殿前竖起一块石碑,碑文由乾隆皇帝亲自撰写,以表内心的尊崇。本节末尾将摘录这篇碑文的内容。

《日下旧闻考》②中记载,火珠遗失。因为现存的宝塔上有一颗火珠,说明19世纪时至少还进行过一次修缮。

在研究建筑本身的结尾处,将给出关于宝塔形成和其建造史的评判。大量的记录证明,在任何一个历史时期,寺院和宝塔都具有十分重大的意义。其中一些文章详细记载了舍利到达此处并被妥善安置的经过,宝塔的建造也得益于此。后文将阐述这一历史背景,较长的引用和翻译段落将会被标注出来。

"仁寿二年(602),舍利被赐给各地。为此,人们在全国51个地区建造佛塔。三月二十六日,人们将舍利安放于宏业寺中,也就是后来的天宁寺。"文献中首先提到了一个神迹,此事发生在御赐舍利之前:"仁寿元年(601),天空中落下三十三把剃刀,十分锋利,外形也很独特。僧侣们现在仍使用这些剃刀剃发受戒。"这象征着佛教中的三十三重天,也寓意着僧人剃度这一戒律。

关于舍利的关键文章中记载:"释迦牟尼的舍利共有八桶(八百或四百升),其中三分之一留于人世间。阿育王命人建造了八万四千座佛塔,其中在东震旦(在古印度佛教中,

---

① 参见翟理思:《古今姓氏族谱》,第2089款。
② 参见于敏中:《日下旧闻考》,1774年。

中国被称作东震旦）有十九座佛塔。舍利的数量不计其数。一位名为会的僧人从康国（即粟特）前来，向佛祖祈求了七天，得到七颗舍利。"这是指康僧会在公元247年来到孙权治下的建业（今南京）。"隋文帝曾遇见一位阿罗汉，这位罗汉给了他一个装满舍利的口袋。昙迁法师①数了数袋中的舍利，却无法确定舍利的数量。随后，人们将舍利放入七宝函中分送到31个州，每个州县均为舍利建造了一座宝塔。天宁寺的宝塔就是其中之一。"有些资料中记载的是51个地区。"一位来自幽州（北京）的佛教徒宝岩禅居于京城（西安府或北京）的仁觉寺中守道。"显然，正是在他的推动下，皇帝才赐给北京一颗舍利并供奉于宏业寺中。"石函制作完成时闪闪发光，如同水面一样波光粼粼。它的纹路就像宝石玛瑙一样，光泽如同珐琅，函体通透，散发出紫色的光芒。石函外表面上的图案栩栩如生，有菩萨、围拢在一起的神仙、小动物、狮子和树木，主题各不相同。仁寿二年（602）三月，人们将舍利安放于寺中，四月开始烧香供奉。灯火照耀着聚集在大殿中的人群。午夜时分，一道巨大的纯白色光芒贯穿天空和地面，在人群上空慢慢地围绕着佛舆散开。"②

寺庙和山丘所处的海拔很高，四周空旷，山涧好似一条彩带围绕着它们。开皇末年（600）之前不久，在舍利被送到寺院之前，山上经常发生塌方和地震。但是新建成的宝塔似乎镇住了这一区域，山体停止了震动。以前北京地区多次发生地震，直到几个世纪前仍发生过几次。公元600年，隋文帝废除了长子的太子之位，转立次子的那一天恰巧也发生了地震。值得注意的是，传言称天宁寺所处的小山丘与这些震动有关，而宝塔具有平息震动的力量。这种传言可以追溯到隋朝时期，并且与风水学有所联系。高延③还专门指出，这座宝塔以及后来建造的八里庄塔均位于山涧旁，它从西山而来，穿越平原流入北京，加强了宝塔在风水上的作用，但中文文献中并未特别指出这一点。

在寺庙最昌盛的时期，共有五百间僧侣房舍和七十口水井。百姓经常去烧香祈福，节日里寺庙的香火十分旺盛，就像附近的白云观如今的情形一样。据一封给皇帝的奏折中记载，各种各样的流寇曾来到此地，寺院无法抵抗盗匪，请求朝廷除恶。文献资料中还多次提及古老的记载和遗迹，但它们全都消失在了历史的长河中。"天宁寺中有一个石磬，传说是源自汉明帝时期。当人们念经并将抄下的经文粘在上面时，它就会发出悦耳的声音，直到人们停止念经，声音才会消逝。到了1774年，这个石磬已经遗失。不过在接引佛内还有一个明朝嘉靖年间制成的青铜磬，宝塔的东南角还有第二个铁磬。"《中国佛教史

---

①原文中写为"云迁法师"，应有误。——译者注
②据《日下旧闻考》记载："三月二十六日于弘业寺安置舍利石函，始磨两面，以水洗之，明如水镜，内外相通，紫光焰起，其石斑驳，又类玛瑙，润泽炫耀，光似琉璃。至四月一日，起斋行道。至三日亥时，舍利前焚香供养，灯光照庭，众星夜朗，有素光舒卷，在佛舆之上。"——译者注
③参见高延的《宝塔》。

迹》中记录了一座制作十分精美的青铜大钟和一段 1525 年的长碑文。[①]"此外，宝塔脚下的基坛之上立有八个浇铸而成的铁制三脚香炉，宝塔八面各放置一个。每个三脚香炉都超过一丈，即 3.3 米高，香炉肚上分别向着八个方位画有八卦图案。这些香炉造于万历年间。"文中也记载，这些香炉在 1774 年已消失无踪。在宝塔后方的第二座大殿上有一个匾额，上书"大觉"二字。再往后去便是广善戒坛。

接引佛殿紧靠正门的地方摆放着屏风，位置十分显眼，屏风背面挂有一幅宝塔图，高 1 丈 5 尺 5 寸（约 5 米），其上共有 600043 个文字。这座宝塔叫作华严经塔。图画的巨大尺寸和文字的惊人数量都表明，这幅宝塔图中的线条和图案全部由文字组成。类似的绘图形式在中国广为流传。人们将经文按照宝塔形状抄在画布之上，使经文和宝塔融为一体。阴历每月初八寺院都会举办庆典活动，点燃 160 或 360 盏灯来表达对佛陀的尊敬。

下院也被称为别院，规模不大，是为姚广孝建造的（参见前文时间表），匾额上书"宗师府寺"。姚广孝在北京的主要居所位于西山的潭柘寺，潭柘寺如今仍香火旺盛，据说寺中有沐浴在圣光之下的姚广孝塑像和画像。

图 34　北京天宁寺塔塔顶部分

图 35　北京天宁寺塔北侧的局部视图

[①] 参见日文版本《中国佛教史迹》，1928 年 5 月，第 229 页。

二、宝塔简介

结构和局部细节

寺院园林有一部分被围墙单独隔开，比其他部分高出1.3米，宝塔就位于这一区域中。此区域宽43米，有一座1米高的正方形平台，边长为36米，围绕着低矮的围墙，墙上开有四扇门洞，供人出入。平台坐北朝南，上面有一个八边形基台，基台由垒砌的两级台阶构成，共高1.72米，下面一层边长为11.6米，内部直径28米。在中文记载中，这种双层台阶被称作坛，形似黄琮①。坛通常为圆形，但这里的双层坛为八边形，位于开有四个大门的方形平台之上，象征着天圆地方，即在两种基础形状中寻求自然的和谐统一。平台和基坛是外部世界的化身，代表了事物的自然秩序，八边形宝塔伫立于此（暗指佛陀），象征着为世界带来光和意义。宝塔由三个主要部分组成：基座、主塔层和塔身，顶端有一巨大的塔冠，象征着佛陀拯救众生，与最下面的坛相呼应。靠近地面的最底层和顶端的最高处这两个部分，加上宝塔自身的三部分，整座建筑共分为五个部分。

各部分高度分别为基座6.4米，主塔层7.8米，塔身32.4米，塔顶7.2米，计算得出宝塔的总高为53.8米。再加上1.7米高的坛，平台之上的建筑物总高55.5米。如果再算上1.3米和1米的两层平台，从地面到宝塔顶端共57.8米。高延和徐家汇博物院收藏的宝塔模型参考了中文文献中的一些数据，对此我们要予以更正。不同文献中的数据也有

图36 北京天宁寺附近田野中的一座宝塔。拍摄于1903年

① 一种宝玉，参见高延：《宇宙主义：中国的宗教和伦理、国家和科学之基础》，1918年，第195页。——译者注

所不同，大多数文献记载宝塔高 27 丈 35 寸，即 92 米；《日下旧闻考》第 5 页记载为 15 寻[①]，即 104 英尺，32 米；徐家汇博物院收藏的宝塔模型上则标记为 85 米。

须弥座或卢舍那座

结构层次丰富的基座是天宁式宝塔独特的标志。这一形式诞生的时间很早，可以追溯至嵩岳寺塔建造时。在北京这座宝塔建造的时期，这一基座形式已十分成熟。主塔层被视为宗教力量的核心而得以凸显，塔身则象征着参与宗教活动的阶段标志，这两种思想都需要通过集体的存在加以补充，只有在集体的基础上才能开展宗教活动，并产生作用。

从建筑学方面来看，基座雄伟高大，结构层次分明，正是其他类型宝塔所缺少的。整座建筑物对应着完整的佛教世界观，塔基、主塔层和塔身三段式的设计代表了佛教世界的三种基本思想，结构清晰，和谐统一。每一段单独的结构都给予工匠足够的发挥空间，以设计出华丽迷人的造型，同时暗藏各式各样的象征意义。

天宁式塔的基座上描绘了宇宙万象，蕴含着真正的宗教世界。中国的建筑研究学者将这种形式的基座称为须弥座。在后续的观察研究中我们发现，主塔层的内部通常有一尊卢舍那佛，它作为最神圣的象征端坐在莲花座上，因此整个基座也被称作卢舍那座。此类基座一向构造精美，在中国北方近百年来发展过程中的一系列天宁式塔中，华丽、完整的北京天宁寺塔基座是最早的一个范例。

北京天宁寺塔的基座庞大，最底部边长为 8 米，内部直径为 19.4 米，主体高 6.4 米。此基座分为三部分——狮子雕像、罗汉雕像以及带有栏杆的叠涩檐，均由砖块和赤陶制成，并以最好的工艺砌筑、雕刻。底端结构由砖层构成，呈台阶状，层层收进，直至狮子浮雕饰带。在浮雕饰带的冠板之上，再次出现台阶状的砖层结构，以同样的形式垒叠、内收，直至罗汉浮雕饰带。圆形线脚和细圆柱装饰将各部分串联成一个整体，使之更加灵动。狮子浮雕饰带的每一面都由七根壁柱分隔为六个部分，壁柱上雕有栩栩如生的莲叶。壁柱之间嵌有壸门[②]，外框为哥特式的锯齿形构件，底端是雕刻精细的叶状图案。每面 6 个壸门，八面共有 48 个，每个壸门内都蹲坐一只狮子像，均由赤陶制成。它们是佛祖宝座的 48 位守护者。狮子的身体向壸门外探出，头、肩、前腿均脱离墙体，前爪紧紧抓住身下的石块，石块同时也是狮子雕像的基座。狮子的鬃毛向外张开，如同熊熊燃烧的火焰，是一个至关重要的特征，象征着防御和守护。这一点也体现在角落威武雄壮的力士雕像上。

[①] 1 寻为 8 尺。清代 15 寻应约有 40 米，数据是否有误待考证。——译者注
[②] 壸门，多指佛教建筑中门的形制，是一种镂空的装饰性样式。——译者注

图37 北京天宁寺塔基座的手绘图

图38 北京天宁寺塔佛像浮雕饰带

罗汉浮雕饰带中也有力士雕像，高约80厘米①，四角各有一尊，此外每一面各有四尊，承托住水平饰条和斗拱。力士像多身穿铠甲，面容愤怒，脖颈前倾，臂膀向两侧抬高或向上伸直，托住上方的结构，站立在由莲叶组成的支架之上。转角处的力士像位于大型转角斗拱之下，两侧各有一个金刚杵，金刚杵的顶端像是含苞待放的莲花，似乎是一种温和的象征。下方的饰带每一面被分为六部分，而上方的饰带每一面都通过力士像被分隔为五部分，各部分同样嵌有壸门。每一个壸门内都端坐着一尊罗汉像，身后散发佛光。每面5尊，一共40尊。它们看起来像是悬浮在从底部边缘长出的莲花之上，也有力士像以自然的姿态盘腿而坐。这些人像浮雕嵌入墙内四分之一，身着各种各样的服饰，姿态各异。罗汉或布道，或沉思，如同一个神圣的花环围绕着宝座，与上方主塔层的菩萨浮雕和下方的狮子浮雕饰带所象征的守护意义协调一致。

基座的第三部分是环绕一圈的斗拱，上面带有护栏。基座的每一面有三个含三个悬

---

① 德语原文为80米，应是作者笔误。——整理者注

臂的斗拱，均由层层砖块垒砌而成。这里的斗拱由"斗"和两个"拱"组成，插入墙壁之中，垂直于墙面向外悬挑，承托向外悬挑30厘米的两层砖块。不过这些斗拱也只在这几个点位支撑了上方的重量。护栏的重量大部分还是依靠这两层砖块承载，而且护栏已与砖块的边缘平齐。只有那几个华丽的转角处的斗拱真正为转角处的护栏提供了受力点，转角处极富艺术性的托塔力士像和金刚杵也十分巧妙地解决了承重问题。斗拱之间的塔面分了若干块，分别设计了由花朵和叶片组成的装饰物，轮廓清晰，造型立体，不过只浅浅地插在斗拱之间的陶板上。

这些装饰共有两种样式，有时还会对称出现，两种样式都运用了自然界中不太常见的元素。其中之一是细长的尖叶片，边缘呈锯齿状，叶片交织，环绕在一朵牡丹花周围，外轮廓自下而上由宽变窄。另一种样式是莲花瓣，卷成涡卷状，周围环绕着叶片和藤蔓纹样。每一面护栏均由六个区域组成，与下方的狮子饰带相互呼应，而与斗拱以及罗汉饰带有所不同，这两者自身也相对独立，并无联系。

建筑结构中还有一个未解决的问题。栏杆由双层饰带组成，共有48（6×8）块栏板和48块细长的雕花板。栏板和雕花板被一条精美的横向装饰线条隔开，栏板间的望柱扁平，表面雕刻了花纹，而八个角柱突出栏杆表面许多，上方还装饰了圆球。栏杆的上方边缘以一根圆杆结束。每一块细长的雕花板上都有三朵圆形花饰，花饰之间通过藤蔓纹样连接缠绕。一圈算下来共计144朵圆形花饰。栏板之间的每一根望柱表面也浅浅地雕刻着这种圆形花饰，风格统一，不过望柱上还增加了倾斜的十字形花纹，有些十分明显，有些则很简略，不易察觉。雕花板上的三朵圆形花饰加上两侧望柱上的两朵，每块大栏板共计环绕着五朵花饰。栏板共有八种几何网状花纹，刻入陶板若干毫米深，花纹铺满整片陶板，与外围的圆形花饰形成鲜明的对比。这八种花纹分别是L形、T形、卍形、上述三种形式的组合、台阶形、X形、三叶草形以及四叶草形，不过没有弯曲的波浪形。这种整片铺满的装饰赋予了结构精巧的基座以平静庄严的特征，这是中式建筑在设计立面时常用的手法。整个基座通过其独特的造型，将建筑与宗教联系在一起，让人感到亲切却又不失庄重。

栏杆上的48块栏板可能与《梵网经卢舍那佛说菩萨心地戒品》中的四十八条轻戒有关。《梵网经卢舍那佛说菩萨心地戒品》是有关大乘佛教戒律的经典佛经，是卢舍那佛亲自诵读的戒律，可以通向无数神圣世界，释迦牟尼所处的世界只是其中之一。二者很可能具有直接的联系，因为这些花纹被称作"网络式"，名称中也暗含"网"字，同时在形式上也与经文的中心思想密切相关。宝塔独特的外形可能也与此有所关联。各面栏杆上的八块大栏板中，各有一块是倾斜的，板上的花纹走向自然也是斜的。为何不将其摆正，原因显而易见。在中国和日本有这样一种广为人知的习俗，即有时会在十分完美的艺

图 39 北京天宁寺塔东南侧

图 40 北京天宁寺塔狮子浮雕饰带

天宁式塔 | 57

图 41 北京天宁寺塔。从西北侧拍摄

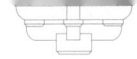

图 42 北京天宁寺塔南侧

术品中故意留下一个显而易见的缺陷和瑕疵,以凡人的错漏来衬托出神灵的完美。它可能还与重复出现的负面元素有关,比如人生八苦。

这些栏杆是虚设的,仅有象征意义,代表右绕佛塔的思想①。几乎所有结构完整的天宁式塔中都有栏杆,北京天宁寺塔上的栏杆在宝塔初建时就已存在。

栏杆之上和后方有三层莲瓣,位于平台的边缘,人们就在平台之上修建了主塔层,距离边缘约有1米。这个平台被称作卢舍那座,是根据卢舍那佛命名的。卢舍那佛即最本质的佛,是绝对真理的化身,所有的佛祖和福祉皆由他而生。他端坐于千叶莲座之上,每一片莲叶代表一方世界,每一方世界各有一位佛祖作为救世主,而每一个世界中还有佛祖的千万个化身。北京天宁寺宝塔主塔层中的舍利就代表了这一思想,代表了包罗万象的世界法则和无穷无尽的福祉,舍利象征着卢舍那佛本身,端坐于平台上方的主塔层内部。宝塔上共有336片硕大的莲花瓣,均由整块的砖切割而成。每一片莲花瓣都分成两半,向外卷起,边缘立体,而每一排莲花瓣交错排列。通常人们会在莲花瓣的正面雕刻小小的佛像来象征无穷的佛祖世界,不过这里的莲花瓣表面就是光滑的砖层,视觉效果反而更加震撼。

宝塔最主要部分就位于整体结构的中央,代表了佛祖真正的力量,内部一定供奉了舍利。我们对其内部造型一无所知,然而可以确定的是,人们在设计时一定会考虑到佛祖的神圣。中国人和日本人在计算宝塔层数时,通常将主塔层与其他低矮的塔层计算在一起,这显然是不对的,人们应将主塔层与塔身分开计算。在设计主塔层时,人们会通过各种具有象征意义的外形来展现一些神圣的宗教性概念,并将这些概念融入宝塔的细节之中。当我们研究一座完美的建筑时,如果通过它的外部造型能完全读懂其内在含义,内涵与外形相一致,便说明这项工作完成得十分圆满。

主塔层平面为八边形,其中供奉着舍利,起着保护舍利的作用,同时还具有各种丰富的象征意义。最引人注目的是两种形式交替布局。宝塔的四个正面各有一扇高大的拱券假门,假门两侧各雕有一尊金刚力士像。宝塔的四个斜面各有一扇宽大的长方形直棂假窗,假窗两侧各雕有一尊菩萨像。拱门是保护至圣之物的入口,窗户则可以散发出救赎世界的光芒。主塔层的角上设置了角柱,每根柱子均有四分之一嵌入墙壁之中,柱子之上雕刻着盘龙,有些向上有些向下,交替出现,象征着天地万物的统一。主塔层脚下是卢舍那座,顶端有一圈横梁,各面的横梁在角上合拢并与角柱相连接,使人联想起最原始的木制建筑。横梁之上是这座宝塔第一层较大的叠涩檐,覆盖着坡屋顶,连接了主塔层和上方的塔身。所有的建筑构件均由砖瓦和赤陶制成,人像浮雕几乎全部由石膏制成,它们

---

① 印度的民间风俗以右方为尊,右绕是赞叹、随顺的意思,左绕是对抗、毁灭的意思。因此右绕佛像表示对诸佛、菩萨的恭敬之心。

图 43 北京天宁寺塔

图 44 北京天宁寺塔的西侧视图

图 45 北京天宁寺塔的局部视图

仅仅通过铁丝固定在砖墙上，所以损毁严重，许多人像已经几乎无法辨认了。

主塔层的四个正面分别面朝东、西、南、北四个方位，每一面的两尊金刚力士像中间各有一扇门，顶部有额枋装饰，两侧有立于祥云之上的神仙。每一面的细节各有不同。每扇门均由两扇门扇构成，外侧有宽大、朴素的门框，门框很深，上方呈半圆拱形。圆拱部位端坐着一尊菩萨像，两侧分别立着一位胁侍菩萨。南面、东面和西面门扇的上半部分是普通的网格状木门样式，平行于对角线，与垂直的木条相互交叉，此外还切割出了圆环、星星和花朵的形状，所有的图案都深深地刻在大的陶土板上。只有东面和西面门扇的下半部分相同，是一个宽大、平整的嵌板，南面门扇的下半部分则由竖直的木条图案组成，类似主塔层斜面上的直棂窗。南侧的门前曾有一块带有基座的石碑，如今只剩下一小部分。内部佛祖神圣的力量以及顶端的阳光都汇聚在主塔层的正南面。与之对应，北面的门全部被封砌了起来，阻挡邪气侵袭，保护宝塔。北面的门上只是示意性地设置了几排门钉和两个狮首门环，同样全部是雕刻在砖墙之上。这些元素让人联想到皇陵紧闭的大门。宝塔北面封闭的大门只具有象征意义。据唐代的文献记载，在极其特殊的情况下，人们可以将舍利从宝塔中取出，放在露天地点供人瞻仰，众人围着舍利绕行，然后将其放回宝塔之中封存。实际上，这种情况可能只会发生在古老的木制宝塔中。如果北京天宁寺宝塔也有类似的情况，那么人们应当是从南面的入口将舍利取出，北面的门不可开启，只象征性地起着保护的作用。即使这座宝塔从未发生过舍利被取出的事件，南侧大门轻巧的设计至少也是一种暗示。由此可以看出，不同等级的门扇说明东、西、南、北四个方位在宗教中也有着不同的含义。

门楣上有两个木桩，上方圆拱之内的各组人物塑像造型各异。各方位浮雕的中央均是一位端坐在莲花座之上的菩萨，头戴冠饰，不过手的姿态不同。南面可能是观音菩萨像，双手合十于胸前；东面是普贤菩萨像，双手放于膝盖之上；西面是文殊菩萨像，双手打开放于膝间；北面可能还是观音菩萨像或是地藏菩萨像，以十八臂三目多罗菩萨的形象出现。各个菩萨像两侧纤瘦的胁侍同样头戴冠饰，大多双手合十于胸前。

圆拱门框之上的浮雕是二龙戏珠的图案，两条飞龙之间有一颗明珠，位于门框正中央，被叶片和火焰包围。圆拱门框的外边缘还有一圈饰带，在拱墩处卷成涡形，拱顶处是尖尖的莲花苞形，贴在墙壁之上，具有早期的风格。这种元素多次出现在北魏和唐朝初期，最早出现在嵩岳寺塔上。

莲花拱的上方有五个蝴蝶结图案，以拱尖为轴线左右对称，且同彩带一起悬挂在拱门上方的横梁之上，象征着华盖和花冠。横梁上有锯齿状和三叶草样式的装饰，正中间有一朵珍贵的尚未盛开的莲花，两侧是两位姿态优美的仙女。仙女飘浮在祥云之中，如同身处花海，云中抛出一条火焰带，将两位仙女和整根横梁围绕在中间。仙子或手捧化钵，或手举其他物品，有的姿态平和，而飘逸的长袍却表现出动态的感觉；有的十分生动，几乎要翩翩起舞。这根横梁位于菩萨像和通向极圣之地的入口的上方，象征着佛陀加冕。

主塔层共有八尊强壮有力的力士像，成对守护在门前。他们被称为天王，头戴三叉冠，看起来大同小异。不过他们的姿态和表情各异，呈现出一定的规律。在每扇门东侧——也就是从内向外看时中国人所说的左侧——的那尊雕像展现出果断、从容的姿态，口唇紧闭。西侧的雕像面容可怕，张嘴怒吼，双手握拳，处在随时战斗的状态。角柱上的盘龙可能也是同样的姿态，然而如今只剩下残片，唯一保存下来的飞龙雕塑位于东南面和东面中央，它张开血盆大口，面向大门西侧的天王像。飞龙、狮子和其他动物的形象常成对出现，通常沿中轴线左右对称，往往东侧的是雄性，张嘴怒吼，呈战斗姿态；西侧的是雌性，多为安静柔美的形象。

主塔层的四个斜面上描绘的是佛祖的教义和佛祖布道说法时的场景。长方形的直棂窗是古老的中国建筑元素，通过窗户，佛祖的圣光可以照向人类世界。在宽大的窗框下方有一根壁柱立于莲花基座之上，壁柱脚下有一块宽大的装饰板，上面刻画了莲花和藤蔓图案，从中生长出栩栩如生的花朵。每一扇窗户两侧都分别立有两位慈眉善目的菩萨雕像，显示出精美的宋代风格。他们头戴冠帽，双手合十放在胸前，面容和蔼，长袍高贵典雅，垂至脚面。

图 46 北京天宁寺塔东南侧的普贤菩萨像

四扇窗户上方的石膏浮雕各有不同。东南面和西南面的墙壁上各有一尊高大的菩萨，端坐在莲花座上，身后有三叶草形状的光环，身下有神兽。东南面普贤菩萨的坐骑是大象，西南面文殊菩萨的坐骑是狮子。神兽套着笼头，大步流星，脚踩莲花，面朝南方，大象向左，狮子向右，均面向中轴线，使南面的佛像显得更加突出。每只神兽的前方都远远地站着一个童子，双手合十于胸前，脚踩莲瓣缓步行走。童子身后各有一位男性人物，身着奇特的服饰——长长的裤子和宽大的短上衣，还系着腰带，头戴一顶弗里吉亚①式的帽子，身体弯曲，靠外侧的大腿支撑住身体，手臂伸向神兽，似乎要阻止它们向前。浮雕中的童子可能是净居天②，"他是守护天使。根据传说，他按照菩萨的指示使用神力，在释迦牟尼面前展现人间的生老病死"。提婆是正统的印度佛教中的神，他让释迦牟尼看到了世间的污浊，并在他面前展现出极乐世界。浮雕中阻挡神兽的人应当就是提婆。主塔层中，四大菩萨只出现了普贤菩萨和文殊菩萨，这种组合形式倒也常见。在某一版《贤愚经》的扉页图片中，佛陀端坐于中央，文殊菩萨骑狮在左，普贤菩萨骑象在右。宝塔中的布局类似，不过两位菩萨的位置对换了一下。

东北面和西北面的窗户上各有一组神像，均为五尊。他们双手合十于胸前，衣着飘逸，神情庄严，脚踏祥云，从北向南依次排列，朝向南侧的主轴线，也就是光的方向。每一组神像中都有三尊较高大和两组稍小的戴着小型发冠的雕像，特别是东北面的这一组，其中有一尊戴着一个大发冠，显得极为高大。所有神像都头顶光环。他们可能是那十位受人称赞的弟子，也就是后来的罗汉。浮雕中的祥云十分生动立体，飘浮在神像身前或身后，层层叠叠形似吹动的树冠。

低矮的十二级塔身象征着佛教世界的十二重天，在佛教教义中，也具有不断向上走入神圣之地的意义，宝塔建造得越高，神圣的教义传播得就越远。

各层塔檐下方均有斗拱，共有十三层，与主塔层上的斗拱一样，都由砖层垒砌而成，与之相比却更加华丽。最下面的一层与众不同，极为华丽壮观。它位于主塔层的顶端，当然也就有着独特的意义，风格更加精美。转角斗拱之间各有一朵大的补间斗拱，位于每一面墙壁的中轴线上，再次凸显了墙面的对称性。上方的十二层斗拱也以中轴线为中心两侧对称，不过每面的转角斗拱中有两朵补间斗拱。上方塔身各层的斗拱，包括转角斗拱，与基座上的斗拱十分相似，不过其为向外悬挑，其中的"拱"均为悬空。与之相比，主塔层上的斗拱，特别是转角部位，结构造型尤其丰富，还增加了对角线上的"翘"，而且

---

① 弗里吉亚，小亚细亚古国，位于今土耳其中西部。——译者注
② 原文为"净居天"，但净居天在佛教术语中指二十八天的一部分，并不指代某位童子或神仙。或指"净居天主"。一说"净"为"梵"的意思，即指大梵天。——译者注

边缘均磨成弧形,每朵斗拱都有五层,最上方有7—9个"升"①,用来承托上方的结构,转角位置还设计了托塔力士像。整体造型令人眼花缭乱,同时又吸引着人去细细观赏每一处细节。1577年左右,人们在八里庄建造了一座姊妹塔,可能同时修葺过我们眼前的这座宝塔。各层塔檐落在双层椽木上,椽木插在墙体之中。檐瓦采用绿琉璃瓦。塔檐整体的轮廓向上逐渐收拢,整座宝塔外形呈现出极具张力的美妙弧形。

塔顶下方是八边形墙体,攒尖顶的八根屋脊就落在墙体之上。塔刹由两部分组成——露盘和火珠。在介绍中我们多次提到相轮,它在很早之前应该存在过。如今,人们直接在露盘上安放了庞大的火珠以代替相轮。露盘呈现出花萼的样式,共八片,均向外打开。露盘内部还有一层花萼,支撑住高大的基座,基座上下较宽,中间部分收拢为束腰。庞大的火珠呈瓮形,顶端收拢成细尖,高达2.6米。这颗圆形的明珠代表佛祖最高最神圣的光辉,它应当最先受到阳光的照耀,它也不断地照耀着天空,照耀着世界。雨水象征着佛法的甘露,日夜交替,落在露盘之上。

风铎叮叮当当地发出清脆的声音,像是在天空中布道说法,是源自神圣大自然的声音。以前上千根木椽的顶端缀有一个铃铛,104个八觚交角的地方又缀有一个大铃铛。大小铃铛共计3400个左右,如今却只剩下很少一部分。风铎内部有一根轻巧的铎舍,只要微风吹过,便会发出清脆的声音。甚至在无风的天气,由于温度变化,高大且结构分明的宝塔旁会形成气流,也会带动风铎发出声响。只有在极少数情况下,风铎才会完全静止,这预示着天气有不寻常的变化。"风作时,铃齐鸣,若编钟编磬之相和焉",直到近代,宗教典仪上仍伴有古老的编钟编磬的乐声,所以人们在宝塔旁总会产生庄严肃穆之感。特别是在寺院夜晚安静的时候,人们至今还能听到风铎发出细微而玄妙的旋律,像是来自大自然的梵音,通透、悦耳,似有千种虔诚的声音在和声吟唱。

关于风铎和塔顶灯的作用,有如下论述:"宝塔四周有数以万计的风铎,无论有风与否,它们都会发出悦耳的声音,从未停止。寺中沙门曾说,当声音停止,便会出现一道光。"这种独特的说法可以追溯到明世宗在位期间对寺院进行的修葺。"1550年,刑部官员王世贞②在天宁寺中过夜。天空中下起毛毛细雨,宝塔上的风铎声音突然停止,下面传来一片嘈杂的声音,就如同蟋蟀振动翅膀发出**窸窸窣窣**的声音。人们注意到,相轮外有一团青白色的光芒,如同水晶一样。这团光比可盛五斗(五十升)米的米缸还大,有时突然在上方亮起,有时又转移至下方。人们在光芒之中看到一个弓箭手,他的长袍也如水晶一样闪亮。不久之后这一现象便消失了,风铎再次响起,**窸窸窣窣**的声音也不见了。"记录中所

---

① 斗与升都是斗形的立方块。升位于拱的两端,介于上下两层拱或者拱与枋之间。——译者注
② 参见翟理思:《古今姓氏族谱》,第2220款。

说的光芒显然是球状闪电,被引向宝塔早期的金属塔尖,人们将其认作佛祖的光芒。

高延翻译的《北京史》中有一段文字写到,基座上方的某一部分可能由格栅组成,格栅环绕塔身一圈,后方的结构有三层,共悬挂了360盏铁灯。这一位置具体在哪里已经无法确定,但根据原文人们可以推测,栏杆外可能绕有一圈三层的支架,支架上悬挂着这些铁灯。无论如何,人们并未在宝塔上发现相关的构件,它可能只是一个临时搭建的结构。从宝塔的建筑结构来看,也没有适合放置数量如此巨大的铁灯的位置。但毫无疑问,宝塔上曾悬挂过大量的明灯,这也是符合中国佛教奥义的,因为灯光象征着佛祖的光辉。铁灯的悬挂位置这一问题至今仍无解。

三、宝塔的象征意义

在介绍宝塔时,我们一直提及其象征含义,特别是局部细节将这些含义展现得十分明显且具有艺术性。总的来说,这可以用手头的两张草图简单总结概括。

从世俗世界发展至极乐世界经过了三个过程:首先是世俗世界;其次是宗教世界,包括宗教的基础、意义和通向极乐世界的路途;最后则是到达的极乐世界。

现实世界通过中国古代的"天圆地方"得以表现,底部正方形平台外围绕着一圈围墙,四个方向各设置了一扇门,象征着"地"。平台之上是八边形的双层坛,象征着"天"。这也象征着阴阳相互统一。

在现实世界之上便是佛祖的精神世界,即宗教世界,其中也包括了三部分,宝塔的主体结构就展现出了这一概念:基座代表佛祖的追随者,是宗教世界的基础和前提;主塔层代表佛陀,即佛的本质与影响;塔身代表十二重天,也是通向顶端圆满极乐世界的路途。

塔刹由两部分组成——露盘和火珠,它们代表通过佛祖的慈悲,神迹与极乐得到了统一。

代表佛祖追随者的八边形基座本身又分为三层。狮子可以抵御邪气侵袭,罗汉象征佛祖在人间世界布道传法,向外延伸的栏杆代表信众信服四十八条轻戒,右绕宝塔的习俗则是希望克服人生八苦。在此基座之上便是为佛陀准备的宝座。

八边形的主塔层中藏有舍利,舍利代表佛祖本身,是整座庞大宝塔系统的中心。从平台到塔顶,宝塔在竖直方向上共分为五部分,象征着从物质世界到极乐世界,而宝塔中央的三个部分就象征着宗教世界。舍利也是水平方向上的中心,主塔层的八面象征八个方位,代表了各种现象和力量。总的来说,舍利的位置代表整个世界的中心和最主要的力量。舍利象征卢舍那佛，放置在由三层莲花包围的卢舍那座上，莲花凸起在栏杆之外，每片莲花瓣代表着无数佛祖世界中的一个。

主塔层的四个正面上设置了四扇通向内部世界的门，但是它们紧紧关闭，北面的大门更是用砖墙封砌，每扇门的两侧还有两位天王看守。最神圣的宝物被极好地守护着。门上方的圆拱窗内共有四种样式的佛像浮雕，这些大型的菩萨雕像位于正东、正西、正南、正北四个方位，也与宗教世界中的方位相符。中式元素的二龙戏珠纹样围绕着这些浮雕。整座拱门上方的横梁被仙子和祥云环绕。主塔层的四个侧面分别设置了窗户，宝塔内部神圣的力量从窗户中散发出来，进入世界的四周。窗户两侧分别立有一尊高大、和蔼的菩萨像，他们正生动地布道说法。东南和西南面的窗户上分别是高大的普贤菩萨和文殊菩萨像，二者骑着坐骑。西北和东北面的窗户上各立有五尊佛像，塑像造型简洁，人物腾云驾雾，面向南方的主轴线，追随着光明。

八面的塔身共十二级，由无数的斗拱、塔檐、风铎组成，象征着不断向上，信众以佛陀为榜样逐级到达神圣之地，同时宝塔也将佛法传播至远方的世俗世界。所以如同其他宝塔一样，这里高大的塔身也代表了佛法以及通向极乐世界的路途。

塔刹上的八边形花萼中嵌有露盘，收集着露珠，象征着极度神圣的力量汇聚在圆形的火珠之中，散发出的光芒则象征着宗教世界和世俗世界始终相互影响。在极乐世界中，它们一同获得了真正的圆满。

北京天宁寺中的宝塔结构清晰明了地解构了佛教世界的世界观，内在含义和外部造型完全一致。宝塔不仅是建筑胜迹，同时也具有象征意义，方方面面的细节都体现出这一点。这种象征意义的形成并非早期一蹴而就，而是在后来的重建和翻修中逐步发展出的结果。

图 47 北京天宁寺塔上浮雕的复原图

四、建筑历史

尽管有大量关于重建宝塔以及不断修缮的文献记载，但宝塔确切的修建时间仍然未知。经过谨慎的思索可以得出结论：如今我们见到的这座宝塔经过了太多次的修缮，以至于各个建筑部分的详细建造时间已经无法追溯。我们尝试将各建筑部分再细分成更多不同的部件，并着眼于多个方面，包括建筑技术、艺术造型、建筑历史以及其象征意义。

古老的碑文与传说一致，根据这些内容以及寺庙中的僧人提供的资料可以确定的是，公元602年人们为了供奉舍利建造了一座宝塔。宝塔是否在同年竣工，或是在几年后才结束并不重要，它同其他约82座宝塔一样，是隋文帝命人在中国各地建造的，同时也是为了彰显其政权的强大，所以这座宝塔一定雄伟壮观，体积庞大。

从外形上无法确定它是否曾经为木制结构。尽管后来不断改建，但它最初的样式应当与现存的宝塔大体相同。嵩岳寺中高大壮丽的宝塔建于公元522年，几乎已呈现出典型的天宁式塔样式，如果将北京天宁寺中的宝塔与其比较，可以推测现存宝塔与最初建造的宝塔在大体结构和外形上基本一致。北京天宁寺宝塔的建造时间较之晚了80年，基座和主塔层的设计造型更加完整，这是有可能的。本章的最后将介绍南京栖霞寺中的宝塔，根据其上的各种元素可以推断它同样也是一座隋代宝塔，其基座和主塔层的结构与北京天宁寺宝塔大体相同，只是规模稍小，是一座石塔。而且栖霞寺中的宝塔已经有了标准的塔檐设计，而北京天宁寺宝塔在最初修建的时候还没有这一设计。

如今现存的基座由灰陶、砖瓦或红陶制成，其建造时间已经很难确定。三者的烧制工艺都十分卓越，保存完好。中国的文献资料记载的内容很合理："制作陶器的赤陶与大理石一样，从距离稍远的直隶（今河北）山区开采而来。"人们考虑到中国北方的严寒、酷暑、连绵不断的阴雨的影响和北京强沙尘暴对建筑的破坏，建造宝塔时需要一种能长时间保存的砖瓦材料，尽量避免在露天的建筑中使用石膏浮雕。不过这里的砖块强度远远达不到我们西方的硬砖，而且没有上釉。这些砖块尺寸很大，长42—45厘米，宽22厘米，高9—10厘米，大块的砖块使整座建筑显得更加雄伟，却不能证明宝塔修建于很早的时期。在历朝历代中，人们均使用过不同规格的砖块，大小各异。喜仁龙在仔细调研北京城的城墙后，得出了出人意料的结论，城墙自15世纪初建成之后一直不断地被翻新修缮，而其中最大的砖块出自乾隆时期，也就是18世纪中叶。所以可以推测，宝塔基座的大规模翻新应当发生在明代之后，甚至可以猜测是在乾隆时期的1756年，至少外表面上铺砌的砖层源自这一时期。宝塔中还有镶嵌着或用螺栓固定在砖墙中的赤陶构件以及雕刻了人物塑像和装饰的石板，它们总的来说十分牢固，其中一些构件应当是在辽宋时期（1048）被安装在宝塔上的，其中包括50厘米×112厘米大小的各块栏板。主塔层上的赤陶构件、门扇和门框、直棂窗、门上的圆拱以及其中的雕塑仍然保存完好，但应当也是建造于辽代。有一些构件的打造时间无法确定，同时泥灰和石膏的使用也增加了研究的难度。

如果仔细研究宝塔的风格，将它与其他天宁式塔进行比较，可以得到更为准确的结果。但由于上文中的研究并未提供一个良好的基础，人们也无法确定这些研究是不是锦上添花。无论如何，北京天宁寺的宝塔在建筑结构和细节上都十分优美，应是天宁式塔中的"先行者"，为后来的众多天宁式宝塔提供了早期的范本。这时雄伟高大的基座上的典型砖瓦工艺与西方的古典主义风格还并无相似之处，直到唐朝初期才有与古典主义相似的元素在中国出现。浮雕壁柱之间的墙面上设置了壁龛，还通过饰带加以分隔，十分适合这种坚固的砖石建筑，而扁平的斗拱和独特的栏杆都具有早期建筑的特征。栏杆和卢舍那座所代表的内在含义在公元5世纪和6世纪的佛经中就已明确。此塔应当是以当时已经存在的建筑物为蓝本，在隋代又以更加庄严的形式表现了出来。尽管很多构件的形式十分古老，但是北京天宁寺宝塔中壁柱和镶板上的装饰图案、网格和花萼纹样、三叶草式的壁龛以及斗拱的造型出现的时间不会早于宋代，小型的力士、罗汉和狮子雕像则最早造于宋代。它们后来也可能经过了翻新。毫无疑问，主塔层墙面的划分十分灵活，它的整体设计包括石膏人物和装饰浮雕，这些设计应当出自辽宋时期，浮雕中天王像的建造时间似乎还要更晚，不过可能建造于1120年的绥远①白塔上已出现了相似的石制守卫像。窗户上的浮雕以及圆拱上有中国古老的元素，这可能出自很早的时期，后来经过了不断的翻修，所以不能简单地将它们归类于隋朝时期，还要考虑到它们所具有的象征意义是否符合早期的特征。与之相反，将拱门和圆拱窗与仿照木制结构建筑所造的角柱和横梁结合在一起，就是后期才可能出现的，这在宋代出现了大量优秀的案例。因此主塔层是探究其建造时期的绝佳的证明，我们面前的这座宝塔应是宋代时期的建筑。

塔身之上华丽的叠涩和塔檐也能说明这一点，各层均有双重屋檐、椽木和绿琉璃瓦，它们后来可能经过多次修葺，但应当已经在宋代就建造好了。若我们将它认定为一座古老的隋代宝塔，有着与如今类似的造型，那么最初建造时塔身应是被均匀地划分成了十二层，坚固庞大的叠涩檐仿照嵩岳寺宝塔的样式向外挑出许多。经过经年累月的风吹

---

① 归化城、绥远城、归绥，即现在呼和浩特市的前身。人们习惯上称归化城为"旧城"，绥远城为"新城"。据《归绥县志》记载："绥远城，在归化城东北五里，清雍正十三年兴建，乾隆四年工竣。""归绥"这个称谓最早出现于清朝乾隆六年（1741），因在此设"归绥道"驻军而得名。1913年，绥远与山西省分治，并将归化、绥远两城合并为归绥县。1928年，绥远特别行政区建立行省，称为绥远省，归绥为绥远省的省会，"归绥"这一名称正式确定。——译者注

日晒，人们一定翻新过这些塔檐，而且将其改成了宋代建筑华丽的风格。这种修改是十分少见的，因为在北方实心的叠涩檐更为常见，风雨对它们造成的影响更小。叠涩檐通常由耐火的材料制成，不易损毁，北京天宁寺宝塔的叠涩与八里庄塔十分相似，1577年人们修建这座姊妹塔的时候，也对北京天宁寺宝塔的塔身进行了最后一次大规模的修葺。

根据所有的这些推测，可以得出以下结论：宝塔初建于公元602年，其主体部分是我们如今所见宝塔的原型。在辽代，古老的实心矮墙和供奉舍利的塔心室被保留了下来，宝塔整体呈现出如今我们所见宝塔的外形。基座的层次、栏杆和卢舍那座在当时已经出现，主塔层的墙壁上已经设置了如今可见的直棂窗，矩形的门洞可能也已出现，但是墙壁上可能还没有浮雕。塔身已是我们如今所见的十二层，塔层低矮，各层均有实心的砖构叠涩，塔刹的形式不得而知。辽代大规模的改建工程仍以原始宝塔的结构为基础，却赋予了它新的风格。当时就已修建了塔檐和斗拱，所有塔檐的外轮廓线呈现出优美的弧形。宝塔中许多艺术性装饰和建筑风格元素均源自辽代，我们在这一点上也同意关野贞的观点，尽管未被完全证实，但宝塔应是在1048年被改建一新。当时那座建筑中的很多细节，其

图48 北京的一座宝塔。冯·韦斯特哈根拍摄　　图49 北京的一座宝塔。赫罗德拍摄

中包括大型的石膏浮雕，特别是由赤陶制成的栏杆嵌板，都被小心地修葺过，而且保留至今，尤其是受风雨影响较小的东侧、东南侧、南侧和西南侧的部分保存得尤为完好。朝代更迭，人们也多次翻新修缮了北京天宁寺的宝塔。1577年，人们新建八里庄塔的同时，也对北京天宁寺宝塔进行了一次大规模的修缮，范围涵盖了整座塔身。乾隆时期的1756年，又进行过一次翻修，尤其是基座的部分，不过仍然仿照之前的样式进行了修缮。塔檐和塔刹应当在19世纪时又一次被重新修缮过。

北京天宁寺的宝塔从大体结构上来说属于隋代的建筑，建于公元602—615年间，建筑的层次和外形以及塔上的浮雕则是辽代（1048）的杰作。

五、文章、题字和诗歌

乾隆皇帝御制重修天宁寺碑

1756年，乾隆皇帝命人大规模整修寺庙，撰写文章记录此事，并将文字刻于石碑之上，立于寺中。文中写道："京师广宁门外有招提，曰天宁寺。"广宁门应指天宁寺附近的那座城门，又称彰仪门。文中又简短地记录了几句历史事件，我们在前文中已做过论述。文中接着写到明代（1577）的修缮，工程由宫中的太监负责。

重修天宁寺碑记

京师广宁门外有招提，曰天宁寺，中矗起浮图，高十余丈。考图志，隋时建，寺曰弘业，有僧藏舍利塔中。入唐，改名天王。明成祖分藩，特扩崇构。宣德中改名天宁。正统乙丑更名广善戒坛，设宗师十人，岁以四月下旬，集缁流听度，谓之圆戒。嗣后乃复今名。一修于正统乙亥，再修于嘉靖甲申，皆内官监为之。

越今又二百余年矣，坚者瑕，新者敝，弗治且圮，爰命增葺之，凡门、庑、殿、宇、斋堂、丈室规制一新。南苑回跸之便，常一过焉。

役竣，有司以刻文请。自象教流传，都会之地多建琳宫梵宇，为远近壮观。盖当时承平，物力殷阜，恒出其余以广福田利益。故《洛阳伽蓝记》（杨炫之著）以觇时盛衰，而其历世久远，则又因其迹所在，护持之俾弗替。此亦世谛因缘之不容已者也。

兹寺自隋至今，垂千余年，其间兵燹所摧荡，名园、别墅、高台倾而曲池平者，不知凡几。寺独以古刹巍然至今，一灯迢遥，法轮无恙。释典言四禅地为三灾所不能及，是非佛力广大，默相摄于钟鱼、梵呗间，虚空中常有吉云拥护，其何以熄龙汉之火，迥金藏之水，障毗岚之风,劫尘莫之能坏,功德不可思议一至是耶?

夫名胜遗留愈久,愈动人流连慨慕。鲁灵光殿之独存也,好古者犹赋而传之。而况近在都邑,集善因而修净业者乎?

顾前代修葺,如正统以后大都出于阉寺者流,以城社蠹余为庄严,以苞苴长物为布施。虽号称极盛,厄莫甚于彼时者。

今为涤除其迹,易腐摧朽,宏此伟观。香台宝界,皆从善缘中涌出。是则自有兹寺千百年来遭逢之最,又不仅留胜迹于无穷已也。

题字和诗歌

觉路慈缘
发欢喜心,慧光通宝筏;
施方便力,法界转金轮。

金界庄严,铃语钟声流静梵;
连台簁霭,香云宝相现慈因。

晚过天宁寺
　　　　　　　　朱国祚
郭外秋山百里晴,日斜深院晚凉生。
十三层塔半扉影,一鸟不来风铎鸣。

游天王寺用修撰王时彦韵
　　　　　　　　王绂
古寺幽寻竟夕晖,败垣芳草路依微。
鸟啼空院僧何在,树老闲庭鹤自归。
静对方池移石坐,高临孤塔看云飞。
平生自信心无碍,不是衰年始息机。

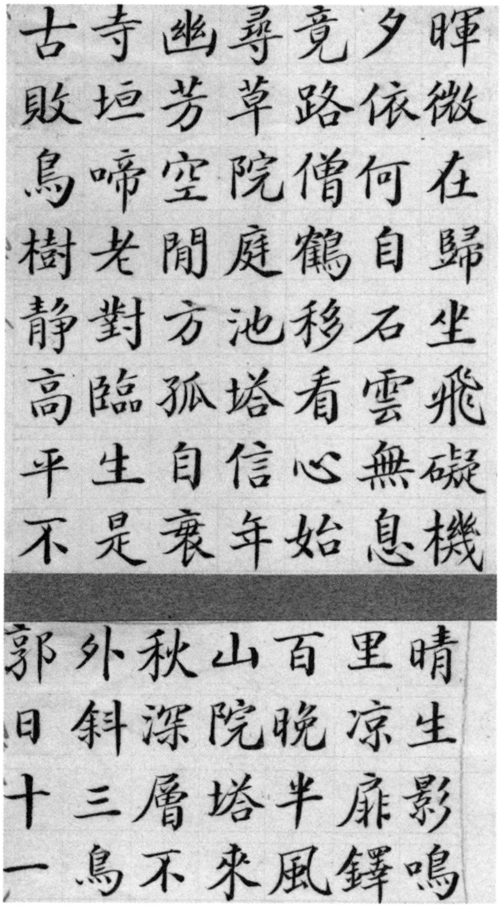

图 50 与北京天宁寺相关的两首诗

一、历史背景和年份测定

第三节 北京八里庄慈寿寺塔

八里庄的大宝塔与天宁寺塔是姊妹塔,就伫立在八里庄的大街上。宝塔距离阜成门①约4.5千米远。这个小村子里如今只有几座无关紧要的寺庙。虽然村庄历史悠久,但似乎是因为建起了一座小型的佛教寺庙,摩诃庵才有了些许地位。摩诃庵建于1546年,时至今日依然香火旺盛,我到访此地时,寺中还住着七位僧人。

明朝后期万历四年(1576),圣母慈圣皇太后命人在村子里修建了慈寿寺,它的名字"慈寿"是根据太后的名讳而选择的。小皇帝刚登基的那些年,她辅佐朝政,执掌宫廷。慈圣皇太后也被称作宣文②皇太后和孝定③皇太后,其中孝定太后这一称谓在与建造寺庙相关的记载中多次被提到。

图51 北京八里庄慈寿寺塔。1930年慈寿寺举行宗教典仪,常安尔拍摄

图52 北京八里庄慈寿寺塔。1930年的宗教活动庆典,常安尔拍摄

---

① 位于北京内城西南,元朝称平则门。——译者注
② 1578年(万历六年三月),加尊号曰慈圣宣文皇太后。——译者注
③ 1614年(万历四十二年二月)去世,上尊谥曰孝定贞纯钦仁端肃弼天祚圣皇太后。——译者注

天宁式塔 | 73

"九莲菩萨者,孝定皇后梦中授经者也。觉而一字不遗,因录入佛大藏中。旋作慈寿寺,其后建九莲阁,内塑菩萨像,跨一凤而九首。"据其他文献资料记载,这是一尊由金属制成的人物塑像。樊国梁[1]曾在其著作《北京:历史和记述》中记录,寺庙中有一尊九莲观音像,高1英尺[2],由实心黄金制成,奉于殿中。

图53 北京八里庄慈寿寺塔

图54 北京八里庄慈寿寺塔。照片拍摄于1930年左右,摘自史米德(C.W.Schmidt-Zhifu)1931年出版的著作,图片上标注为"北平的十面宝塔,178"

---

[1]樊国梁(1837—1905),法国人,北京西什库教堂主教。著有《北京:历史和记述》(1897)。——译者注
[2]约30厘米。

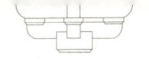

图 55 北京八里庄慈寿寺塔 王泓博拍摄，2021年

图 56 北京八里庄慈寿寺塔

图 57 北京八里庄慈寿寺塔基座的细节

"寺僧相传菩萨为孝定前身也。"文献中还写到了为何选择此处建造寺庙,"原万历丙子(1576),慈圣皇太后为穆考荐冥祉,神宗祈嗣,卜地阜成门外八里建寺焉"。寺庙所选的位置原属于明武宗在位时期的宦官谷大用的墓地。"圣母慈圣宣文皇太后亲出供奉,今委太监杨辉等董其役。""经始于万历四年(1576),凡二岁告成。入山门即有窣堵坡,高入云表,名永安塔,华焕精严。盖慈圣既捐帑,各邸复助之,因得速就如此。"①从文中我们可以推测,永安宝塔也在2年之内就得以竣工,也就是1578年。细节如此丰富的建筑能在2年之内完工,不得不说是一项很大的成就。宝塔和寺庙的建造过程一定也是非比寻常的,并为建造此类建筑名胜积累了巨大的经验。

"赐名曰慈寿,盖以为圣母祝也。"与慈圣皇太后一起辅佐小皇帝的首辅兼大学士张居正为此撰写了一篇碑文,但此碑于1774年佚失。这篇文章被收录在《日下旧闻考》中:"时瑞莲产于慈宁新宫,命阁臣申时行、许国、王锡爵赋之。碑勒寺左。"关于寺庙中的建筑,还有如下内容:"外为山门、天王殿,左右列钟鼓楼,内为永安寿塔,中为延寿殿,后为宁安阁,旁为伽蓝、祖师、大士、地藏四殿,缭以画廊百楹,禅堂方丈三所。又赐园一区,庄田三十顷,食僧众,以老僧觉淳主之、中官王臣等典领焉。"②寺中还有许多匾额和题字是由慈圣皇太后亲笔书写。

"寺有永安寿塔,塔十三级,耸云中""一塔耸出云汉,四壁金刚像如生",这些金刚像叉着腰,弓着背,怒目而视,脚踩地面,带有怒气。人们好像能听到他们发出的滚滚雷霆之声。这座宝塔是模仿隋代的北京天宁寺宝塔而建。

清朝乾隆二十二年(1757),修缮了慈寿寺。当时紧邻宝塔建造了两座碑亭。塔东侧石碑的正面刻有一幅紫竹观音像,背面刻有万历年间(1587)所写的一篇赞文。西侧石碑的正面刻有一幅鱼篮观音像,还有一篇同韵脚的赞文,背面是关圣(或关帝)像,同样有一篇赞文。1934年,我最后一次来到慈寿寺时,石碑仍在,但很遗憾没能拓印下来。万历年间(1601),慈寿寺新建了一座大殿,人们恭敬地将一块皇帝御笔亲提的"旃檀宝地"③匾额挂在大殿之上。后文中还会提到一些其他的碑文。寺庙中的建筑如今都已不复存在,只剩下宝塔脚下已风化的平台仍依稀可辨。

宝塔伫立于北京西部平原之上,位于去往寺庙云集的西山的半路上。寺院中高耸的宝塔为城市带来了宗教影响,也处在绝佳的风水宝地上。清代后期,人们也在万寿山、颐和园和玉泉山中修建宝塔来体现建筑艺术之美,提升宗教思想的影响力。不过在明代,

---

① 参见《日下旧闻考》卷九十七。——译者注
② 参见张居正所作《敕建慈寿寺碑文》。——译者注
③ "旃檀宝地"应为清朝皇帝所书。——译者注

八里庄宝塔是平原之上唯一的宗教中心，它的姊妹塔已处在紧邻城市的位置，而且两座宝塔同样重要。

大型天宁式塔成对出现在这里，一定是有独特的佛教缘由的。高延在他的《宝塔》第51页摘抄了《妙法莲花经》[①]中的一长段。整段极富哲理的经文中重点说到多宝佛，即坐于莲花台上的卢舍那佛。他是《法华经》于世间的化身，坐于宝塔中的狮子座上。诸佛围绕着宝塔，他们希望释迦牟尼能用右手的手指开启宝塔之门。打开门后，见到多宝佛端坐于宝塔中，他分出了一半座位给释迦牟尼，邀其同坐，将《法华经》说与他听。就此，释迦牟尼同其他佛陀的化身一道走入了世界的根源之中。自北魏和唐代起，众多画像通过两佛毗邻而坐的场景描绘了佛与佛法、世界秩序与世界的分割与统一。姊妹塔也有相同的象征。在哲学作品中也有相关的论述，佛法和佛祖分别坐于宝座之上，却是一种精神上的统一。

如果将这种思想套入我们所说的两座宝塔之上，天宁寺以及其中的舍利象征着我们这个世界中佛祖的宝座，没有舍利的八里庄塔则象征着纯粹的佛法精神。这是一种崇高的理想，通过在北京建造两座极富艺术性和象征意义的宝塔来为整个城市甚至整个国家祈求佛祖庇佑。从造型上来看，八里庄慈寿寺塔是以天宁寺宝塔为原型建造的，虽然建于500多年后，但八里庄塔只改变了局部细节，使其更符合当时的建筑风格。

图 58 北京八里庄慈寿寺塔的西南侧视图

图 59 北京八里庄慈寿寺塔。胶片 572

---

①《妙法莲花经》简称《法华经》。——译者注

图 60 北京八里庄慈寿寺塔的东南侧视图

图 61 北京八里庄慈寿寺塔东南侧基座的局部视图

二、宝塔结构

宝塔由三个主要部分组成：基座、主塔层和塔身。宝塔立于一片废墟之中，但仍能辨认最下方是方形的平台，其上有八边形双层坛。宝塔顶端的塔刹为葫芦形的明珠，明珠被放置在底座和露盘之上。宝塔整体所代表的象征意义与北京天宁寺宝塔相同。两座宝塔的主要尺寸也几乎一样，只是因为一些局部构造不同，所以细节尺寸稍有不同。八里庄塔的基座底部边长为 8.15 米，而北京天宁寺宝塔底部边长为 8 米。从高度来看，基座高 8.6 米，塔顶高 4 米，塔身高 33.6 米，主塔层高 7.3 米，总高度为 53.5 米，对应北京天宁寺宝塔 53.8 米的高度。

基座也被分成不同的三部分：底座、中段和莲花座台。底座的下枋和上枋之间是狮子浮雕饰带。中段由下枋、人物塑像饰带、斗拱和栏杆浮雕组成。底盘造型丰富，具有象征意义。人物塑像饰带由浮雕和金刚力士像组成。莲花座台围绕着三重莲花叶。主塔层的四个主面上各设置了一扇门，门两侧立金刚力士像，其余四斜面设置券窗，券窗的两侧各有一尊菩萨像[①]，上方有双层饰带，雕有佛像和飞龙。主塔层的八个拐角处均立有圆柱，嵌入墙体四分之一，柱上盘有飞龙浮雕。主塔层上的塔身有十二级，共十三重塔檐。层层塔檐的每个檐角上都挂有一个大风铎，每两根椽木也都在檐口挂上一个小风铎。

从画有北京天宁寺宝塔象征意义的草图中，也可以了解到八里庄这座宝塔所体现的主要宗教思想。在建筑的细节上，有些许变化。北京天宁寺宝塔所代表的早期天宁式形态灵动、造型清晰简朴。与之相比，慈寿寺中的这座宝塔一方面充满着各种元素，装饰富丽堂皇，另一方面其上的装饰与造型又毫无新意，尤其是主塔层。局部细节没有真正的生命力，其中所蕴藏的象征意义也有所减弱。但是，壁柱上的狮子浮雕中有人物塑像和花纹交替出现。佛像浮雕饰带的设计极具艺术性，上面雕刻着许多小佛像，形象庄严肃穆，讲述着佛祖的生平，饰带的外框极为灵动。不仅栏杆和饰带上充满着各种弯曲的装饰和无数的佛教符号，上枋、下枋等各个部分也都有佛教图案，这些图案在最重要的位置逐渐融入莲叶和藤蔓花纹之中。工匠们在设计宝塔时充分利用了各类图案纹样，使整体建筑充满艺术性。

宝塔本身所蕴藏的含义本十分清晰，却身负如此多的装饰物，只能为这些图案纹样各自找到相应的含义。主塔层的门窗两侧各有两尊人像，按照常规造型进行设计，并无变化。只有四个主面上的匾额和楹联以及四个斜面窗户上下的小佛像有一些独特的主题，不过它们也算自成一体。北京天宁寺宝塔主塔层的设计要更为丰富多样。以门来举例，各扇

[①] 窗两侧立像并非菩萨像，实为金刚力士像。——译者注

门的造型均不同,因为它们具有不同的象征意义。那里的各种设计都能让我们感受到匠人虔诚的精神,感受到最原始的宗教思想,他们是将宝塔当作真正的艺术品来打造的。八里庄宝塔的工匠则是复制模仿已建成的建筑,并未展现出同样的精神氛围,只是将细节打造得更为丰富,无法让宝塔所蕴藏的最基本的象征意义自圆其说,基座繁杂的装饰反而减弱了整座建筑的效果。

高延记录了八里庄塔主塔层四扇门上匾额中的文字,这些匾额均被精致的饰带环绕。为了其完整性,匾额的内容经过补充,摘抄在此。

东侧:镇静皇图,南侧:永安万寿塔,西侧:辉腾日月,北侧:真慈洪范①。

三、材料、技艺、宝塔目前的状况

慈寿寺塔和北京天宁寺宝塔使用同一种材料建造而成——经过烧制的灰砖和赤陶,其中一部分砖块的尺寸很大。主塔层上的人物塑像浮雕由石膏和灰泥制成,基座上的一部分构件和镶框由石灰岩制成。宝塔中还大量运用了石料,尤其最底端圭角上的叶状花饰大多采用石灰岩制成。砖与这一源于11世纪的古老建筑材料相比,坚固性方面稍显逊色。稍大一些的雕有人像的陶板和赤陶制成的斗拱通体呈现出黄色调。主塔层上的石膏雕像也是同样的色调,显得墙面上的灰泥更白、更明亮,从而更加凸显主塔层,北京天宁寺宝塔也使用了同样的手法。不过宝塔基座并没有延续墙面这一明亮的色调。上方塔身的所有斗拱也均由烧制的陶土制成,塔顶似乎也是同样的材质。塔尖悬挂八根铁链,连接攒尖顶的各个檐角。塔顶的瓦片、装饰、屋脊均施以绿色琉璃,而非像高延所述为黄色琉璃。

十二层塔檐和最顶部的攒尖顶的檐口均在角上向上挑起,较北京天宁寺塔幅度更大。角椽的末端有独特的琉璃兽首装饰,通过榫卯与木椽相连,符合那一时期的建筑风格。塔檐与塔身墙体连接处也按当时的风格设置了较高的条形赤陶构件,檐角同样有丰富、立体的装饰,线条走向沿着塔檐短脊朝向塔身。塔身之上的斗拱与北京天宁寺宝塔的斗拱一致,甚至最下面的一层叠涩斗拱也十分相似,结构样式变幻多姿。

这可能表明,在新建八里庄塔时,人们恰巧修缮了较早的北京天宁寺塔的叠涩檐,并采用了同样的外形。只有基座的叠涩檐才与北京天宁寺塔有所不同,体现出完全不同的建造年代和建筑技艺。

北京天宁寺宝塔栏杆下的斗拱可以说为八里庄宝塔提供了标准的范本,尽管八里庄宝塔的斗拱形式在其基础上有所发展,斗与拱有了更多的光影变化,展现了更多的灵

---

①原文"惠缚洪范",应是作者笔误。——译者注

气,但其结构过短导致构件尺寸很小,只能机械地堆砌在一起。额枋之下向外伸出一拱,风格独特,装饰有兽首,但并未为两侧的拱提供支撑,这一弓形的浮雕拱凸出墙面,被固定在斗拱的其余部分上,从结构上来看完全无用,悬板完全只由一块块横向平砌的砖构成。与此相比,北京天宁寺宝塔中的斗拱形式更佳。

须弥座上的莲叶也是由砖层垒砌雕刻而成,下半部分的则由赤陶烧制而成,尺寸较大,最底层的一排被烧制成长方形,稍显生硬。整座宝塔大体上保存良好,特别是浮雕、叠涩和各类花纹图案。而一部分较大的石膏雕像严重受损,多处内部的木制结构暴露了出来。门和窗的外框,以及基座的浮雕也整体保存得很好,只有局部被恶意毁坏。狮子浮雕饰带上的狮子已几乎全部被毁,只剩下零星的残余,壸门内精美的浮雕已消失,边缘也被严重破坏。

关于宝塔的外观在此不再赘述。通过已介绍的建筑结构、装饰纹样和人物塑像的不同,已经基本可以了解到八里庄慈寿寺的宝塔在形式上的转变。由于细节过多,可以根据大量的局部照片和广泛的考察再仔细研究八里庄宝塔与北京天宁寺宝塔在风格上的区别。这是十分值得展开的工作,以后有机会再做详细介绍。

四、与八里庄宝塔相关的诗歌

慈寿寺诗

公鼐①

郭外浮图插太虚,空王台殿逼宸居。
莲花座与青山对,贝叶经传白马余。
燕地风沙飘客泪,汉朝陵墓想銮舆。
乡关有梦肠堪断,东望谁传尺素书?

宿摩诃庵诗

黄凤翔

飙风卷落照,倦鸟栖故林。独坐招提中,悠悠惬我心。
徘徊不能归,借榻纡长吟。小牖月华入,疏阑云气深。
中庭有孤松,清霄腾梵音。人世日代谢,幽怀无古今。
缤纷逐尘者,羁绁空陆沉。仆夫休戒晓,吾意欲投簪。

---

① 公鼐,1558—1626,明代著名文学家、诗人。——译者注

第四节 河北及北方的天宁式宝塔

嵩岳寺中的大型天宁塔证明，早在北魏时期（公元530年前后），就已出现天宁式宝塔。最晚于辽金时期（11世纪），天宁塔的结构就已发展成熟，由塔基、主塔层、叠涩、塔檐等构成。北京天宁寺中的宝塔是早期最为典型的代表，1048年，人们在古老的隋塔的基础上新建了宝塔。在许多地方，人们纷纷仿照其华丽、精美的样式建造宝塔，其中一些在形式和尺寸上稍有变化。按照这些天宁塔与北京这座蓝本的相似性，人们可以推断出这种建筑形式传播的大致地理范围。典型的天宁宝塔几乎只出现在北方，特别是在河北和北京周边地区大量出现；范围远至中国东北地区，甚至是朝鲜半岛，那里也有一些重要的案例。在黄河以南、以西的中原地区以及中国南部和西部，几乎没有八角天宁宝塔。我们在河北、北京周边、东北地区、蒙古地区和热河①见到了一系列大大小小的天宁塔，都与北京天宁寺宝塔十分相似，只有极少的例外。从中我们也了解到更多与早期历史、建筑形式发展以及其所蕴藏的象征意义相关的信息，但由于宝塔均经过频繁修葺，很难通过单独的建筑构件判定建造时间。为了得到尽可能准确的资料，我们将收集到的有关各宝塔及其所在寺庙的所有信息（只要与研究相关）均分类、汇编，但各宝塔可供研究的资料规模存在差异。

一、通州宝塔

通州位于北京以东22千米处的北运河河畔，自古就是码头和隶属首都的经济重镇，在风水上也总和北京城统一考虑。站在通州的一座大宝塔上，可以将北京城的美景尽收眼底，宝塔亦在精神层面对整个平原地区施以影响。同样，西山灵光寺中从前那座天宁塔也一样，它同北京的一座隋塔、通州的这座宝塔、西南部的房山宝塔，甚至远在河北东部山海关附近的昌黎县宝塔组成了一个大型的风水阵，首都北京就位于中央。这一想法应该很早就已存在，因为这些宝塔的初建年份最早可以追溯到隋唐时期。北京古称幽州，早在辽金元时期便成了首都。

图62 河北通县（今北京通州）的一座宝塔

①中国旧行政区划的省份之一，位于今河北、辽宁和内蒙古自治区交界地带。——译者注

图 63 北京通州燃灯塔。程尧拍摄，2021 年

图 64 北京通州燃灯塔的基座。程尧拍摄，2021 年

通州宝塔伫立于城市的西北角,距城墙和北运河不远。宝塔所在寺庙的一部分已成了一所学校,剩下的部分几乎全部消失了。宝塔最初修建的目的,应该是供奉佛教人物——燃灯古佛的一颗舍利,不过这颗舍利应为后人伪造。燃灯古佛是"纵三世佛"之一的"过去佛",他为释迦牟尼授记时曾预言他未来将成佛。因此这座宝塔又被称作燃灯古佛舍利塔。宝塔的莲花座也表明这里供奉着舍利,主塔层就建于莲花座之上。

这座宝塔的外观在很大程度上与北京天宁寺塔十分相似,在介绍其外观之前,需要先来了解它的建筑史,其建筑史极具启发意义。此塔最初建造的时间要比北京天宁寺塔的前身隋塔更早。文献资料中详细记录了关于这座宝塔的内容,这十分少见,更加说明此塔历史悠久且具有十分重要的价值。

第一座宝塔建于北周时期。北周的皇帝出身于宇文家族,在西魏和东魏衰败后,北周便与北齐共同瓜分了中国北方的统治权。这座宝塔最早的外形无人知晓。

唐太宗贞观七年(633),唐朝开国名将尉迟恭①(585—658)改建了宝塔。后来尉迟恭成为铁匠的守护神,人们将面如黑炭的他和白脸的秦琼②一起作为门神贴在府衙建筑的门扇上,不过这一风俗在中国北方并不常见。也许尉迟恭当时命人扩建了宝塔,或者命人将其按照北京隋塔的基本样式重新打造。这像是一场竞争,北京城有一座象征隋朝权力的标志物,李唐朝廷自然也要在其附近建造一座相似的宗教标志物,扩大新朝廷在中国北方的影响。总之,如今这座宝塔已不再是最初的那一座,但基本造型很相似。

1272年忽必烈定都如今的北京,不久之后,大德年间(1297—1307)的1297年,刚刚重新修建北京城不久,笃烈图述再度主持翻修宝塔。西方的学者曾误写过"大德"这一年号,后来一位博学的评论家将其更正。成书于1635年的《帝京景物略》③中关于宝塔的记录最为准确:"塔有碣,楷书,续续字间存,周某号几年。矜古者相哗,浠曰成周也。佛法入中国,先汉明帝时,殆三四百年,不知此北朝后周宇文氏也。成周纪年无建号,亦无今楷书。"书中还提到,当时还有几块石碑,记录着公元633年和1297年的修缮工程。

明宪宗成化十二年(1476),文珍李晟④主持了宝塔的第三次修缮工程,几乎同一时期,北京五塔寺建成了金刚宝座塔。

清朝顺治年间(1644—1661),宝塔再一次坍塌,却无人负责重建,以至于消失了很长一段时间。

康熙年间(1670),有一位年长的僧人突然出现并说道:"我来迟了,在明代时就有人

---

① 参见翟理思:《古今姓氏族谱》,第2267款。
② 参见翟理思:《古今姓氏族谱》,第388款。
③ 刘侗、于奕正:《帝京景物略》。
④ "文珍李晟"为德语原文中所注中文,未能找到相关资料。——译者注

恳请我过来，现在我终于来了。"

"人们开始筹措资金，第四次修缮开始于一月，于同年十月完成。总共花费大约两百两黄金。那时，人们在这里建立了第一所学堂，并为宝塔自上而下固定上了一圈圈青铜风铎。它们会发出阵阵悦耳的声音。当狂风暴雨来临、电闪雷鸣时，风铎则会发出巨大的响声。所有听到声音的人内心都会惴惴不安，吓得瑟瑟发抖。"清代朱溶的著作中记载了这座新建成的建筑物，不过它只存在了几年。

清朝康熙十八年（1679），这座宝塔被地震完全震毁。在许多年里，它一直是一片废墟。不过后来人们再一次为修建宝塔筹集资金。

1691—1696年，宝塔再一次重建。根据工程时间判断，人们应当是完全新建了宝塔。因此如今的这座宝塔应当就是源自这一时期，可能仍然保留了过去的造型。文献中提到了1774年，由于一块古老的石碑已折断，上面的文字无法再考证。宝塔逐渐破败，只剩西侧的金属构件和绿色的琉璃瓦。

图 65 河北通县（今北京通州）的宝塔

同治六年（1867），王均瑞等当地百姓再次共同整修了宝塔，还建造了一座紫清宫。

通州这座八角宝塔的外观与北京的天宁寺塔十分相似，特别是以下元素完全相同：有方形围栏；建筑材料为砖和赤陶，墙面抹有灰泥；基座有很多层结构，设置了**壸门**；有浮雕、斗拱叠涩、栏杆和须弥座；主塔层上有圆形角柱和额枋饰带，上有莲花形尖拱的四扇拱门和四扇直棂窗交替排列，塔身共十二层，塔顶的露盘由双层花萼构成。两座宝塔的不同之处也很明显：通州宝塔的直径更小；相较于约54米高的北京天宁寺塔，通州宝塔高度只有45米，中文文献中记载的数字比实际高出太多，可能是从前那座宝塔的高度；塔身更加陡峭，弧度变化较少，与北京天宁寺塔相比显得有些生硬；通州宝塔主塔层上没有浮雕、装饰图案或人物塑像；通州宝塔顶部的塔刹没有实心的火珠，只有铁制栅格构件，形似一只空着的竹篮。

在《帝京景物略》中可以找到下列描述，给人启发。"塔级十三，高二百八十尺，围百四尺，中空，供燃灯古佛。塔今剥尽，所存肤寸，则金碧琉璃也。今人自谓曰文巧已，然此古塔，工花纹，妍色泽，后世实莫及。佛，石佛也，石面亦剥尽，复存其坏未装时。……天气清霁，塔影飞五里外，现白河水面，蠕蠕摇摇然。而旁近河乃无影。"重要的是文中描写了宝塔的内部空间。因为不论是如今这座宝塔，还是建于633年的那座古塔，塔身都无法进入，建筑中间就算打通也只是为了节省砖块的用量，所以只有主塔层中有一间塔心室，人们可以借助梯子穿过券门到达那里。石制的佛像，甚至塔心室内部墙壁上的赤陶浮雕装饰都已严重风化。在后来新建宝塔的过程中，人们仿照北京天宁寺塔的样式，将开放的塔心室完全封砌了起来。

北京地方志中一条十分有价值的记载说明了民间的风俗，宝塔引人注目的外观会让人浮想联翩，也会让人看见现实生活中人们努力追求，从而打破虚无缥缈的传说故事。这条记载与清代朱溶有关，1670年修葺宝塔时，他从外面攀上脚手架，对宝塔进行了仔细的研究。文献中写道："塔顶有一铁箭，人们都认为这是由一位金代将军射上塔顶的。朱溶爬上宝塔的最顶端，得出以下结论，塔顶共有八道塔脊，塔脊之上有花瓶形的琉璃瓦，形似猫头鹰的喙。因为它们容易从高处滑落，十分危险，于是在内部用铁柱将其固定。年深日久，外面的琉璃瓦脱落，导致铁柱外露，人们从塔下望去，误认为是铁箭。"早在成书于1635年的《帝京景物略》中就可找到这段关于铁箭的历史[①]，这可能表明，弧形的屋脊和带有铁锚的琉璃瓦应该在之前的宝塔建筑中就已出现，甚至可能在第一次建塔时就已存在。

二、昌黎县宝塔

昌黎县宝塔坐落于北京的正东面，位于海边的山海关西南方向约65千米处。山海关是长城与辽东湾交会之处，也是前往东北地区的关口。人们可以将这座宝塔看作一条伟大的精神之线的终点。这条线从北京西南方向的房山以及通州延伸至河北的边界，直至海边，此路线上的一系列重要的天宁宝塔更加突出其特别性。昌黎县宝塔基座和塔刹已严重损毁，上方塔身有十三层，高约40米，结构和塔身外观几乎和通州宝塔完全一样。具体的建造时间目前还没有确切资料，但从主塔层的形式来看，其建造时间应当很早。如同早期案例嵩岳寺塔一样，塔身的斜面上嵌有独特的塔龛，上有浮雕，具有印度风格：角楼之间有矩形的塔龛，上层雕有栏杆，有门扇和屋檐。

宝塔的边缘已经损毁，整体形体与其他宝塔类似，但更加细长，像是一根擎天巨柱，塔身并未设置窗户。华丽丰富的浮雕装饰是热河和东北地区塔的独特标志，这两地毗邻昌黎县，对此我们仍需进一步研究。

[①] 据《帝京景物略》记载："塔顶一铁箭贯之，传为金将杨彦升射之。"——译者注

图 66 河北昌黎县宝塔

图 67 河北昌黎县宝塔

图 68 河北昌黎县源影寺宝塔。陈天明拍摄，2021 年 6 月 30 日

三、北京西山的六座天宁式宝塔

大部分著名的天宁塔都集中在北京西南部。有少数几座远在西部，位于相邻的山西境内，南部的一些宝塔位于驶向河南和湖北的古老铁路线附近。我们考察了许多宝塔，它们可根据地理位置或结构形式分为不同的组别。

沿着河北西部的边界，雄伟的太行山山脉连绵起伏。北部的太行山向东北方向绵延，伸入北京的部分即为西山，前文已多次强调过西山在宗教上的重要地位。这里有大大小小的寺庙，也有无数座宝塔，其中三座大型天宁塔不论是位置还是造型都十分出众，是北京西部的佛教圣地，它们分别是灵光寺、戒台寺和西域寺①中的宝塔。其中数灵光寺的宝塔历史最为悠久，它坐落在西山的山坡上，正好落在北京北城墙的延长线上，距城墙18千米远。

灵光寺塔可能初建于唐代，毁于1900年的义和团运动中。距离其西南方向13千米左右，向东南方向流淌的浑河的另一边坐落着著名的戒台寺宝塔。它规模稍大，同样位于山脉边缘的山上，坐落在北京外城南城墙向西的延长线略微偏南的位置，距城墙23千米远。它建于明代(1475)，是一位住持的墓塔，戒台寺中还另有三座小型天宁塔。建于辽代(1048)的北京天宁寺宝塔，在隋代古塔的基础上新建而成，紧邻北京西城墙，与这两组宝塔围成了一个三角形的风水阵。100多年后的1578年，人们新建了八里庄塔，北京城西边的这一风水阵变为和谐的四边形。这个四边形阵又可以与北京以东22千米的通州塔和北京西南50千米的宗教圣地房山相联系。云居寺就位于房山，其中有一对宝塔——南塔建于1117年，是典型的天宁式宝塔；北塔的建造时间更早，为天宁式变体。就此，北京的平原和西山上伫立了七座天宁式宝塔，它们作为精神财富均被完好地保存了下来，作为宗教标志熠熠生辉。

灵光寺宝塔

西山东南侧的余脉距离北京约18千米，在两山之间、山谷陡峭的岩壁上共分布着八座寺庙，风景如诗如画，得名"八大处"，灵光寺就是八座古刹之一。7世纪初期的隋朝，一位卢姓僧人在西山余脉建造寺庙，后来这座山根据他的名字被命名为卢师山。灵光寺在唐代和金代时期已广为人知。可能在隋代时，山谷中就已经出现了第一座宝塔，最迟不

---

①西域寺，位于房山西南石经山麓，相传隋唐时此地有东峪寺、西峪寺，后东峪寺毁掉，独存西峪寺。明代时，西峪寺改名为西域寺，清朝初年改称西域云居禅林，民国时毁于战火。——译者注

会晚于唐朝初期。卜世礼①认为灵光寺的宝塔最早建于7世纪末。无论如何,灵光寺的历史十分悠久。1774年,寺中仍有三块造于明代的石碑,一块源自明宪宗时期(1479),另两块源自明世宗时期(1531)。根据碑上的文字记载,这座寺庙最初叫龙泉寺。大定年间(1162),金世宗命人在原来建筑的遗址上建造了一座新寺庙,以寺后的觉山命名。直至1900年仍伫立在此处的那座宝塔应该就建于这一时期。明宣德年间(1428),人们修葺了寺庙,仍然保留了原来的名称。明宪宗年间(1478),朝廷将先祖留下的无数佛寺、道观和儒教宗庙精心维护,无一不被修葺一新。

"都城西三十里许,旧有寺曰龙泉。金世宗大定二年(1162)改曰觉山,至宣德三年(1428)重修,旧额不易。朕统承大业十有六载,凡一切神祠及孔子庙庭,罔不一新。唯兹觉山佛刹,实我皇祖所修,岁久蠹挠,倾废不治,朕心弗安。肆成化十四年(1478)秋九月间,命官度材,宏广旧规,一木一石之费,咸出官帑,不烦于民。兹既告成,足为壮观,特更其额曰灵光。"②明世宗时期(1531),再一次修缮了寺庙。

当时此山已根据葬入灵光寺的明朝翠微公主更名为翠微山。1818年,山中仍能找到公主墓。完颜麟庆当时为此写过一首诗。③但到了1844年,麟庆写道:"寻公主墓不可得……已平为观音殿。"作诗:"重寻石径问灵光,露润风薰草木香。公主佳城偏不见,漫将兴废感沧桑。"1900年,寺庙连同其中的宝塔被欧洲军队所毁,因为据说那里是义和团的大本营。这确实是巨大的损失,这座宝塔无疑是极其重要的文物古迹。

中文文献中记载宝塔直插云霄,可见灵光寺塔是一个显著的标志物,天气晴朗时,从平原上甚至是北京城内都能看到它。我们只找到了一张卜世礼拍摄的图片,它显然是一座天宁塔,共有十二层塔身,十三重塔檐为砖块叠涩,没有斗拱,整座宝塔轮廓几乎呈笔直向

图69 北京西山灵光寺,由此可望向东北方向。图中是一座已消失的宝塔的基座,如今上方建造了一座亭子

---

①参见卜世礼:《中国美术》卷一,图39,伦敦,1921。
②参见明成化十五(1479)年的《御制重修灵光寺碑》。——译者注
③完颜麟庆的《灵光寺明翠微公主墓》:前朝三百寺,只剩大灵光。野径盘陀入,岩花自在香。墓碑埋赑屃,殿瓦坠鸳鸯。无限沧桑感,空山下夕阳。——译者注

上的棱锥形，塔刹由双层花萼和一颗宝珠构成。图片中虽看不到，但人们可以想象出下方还有主塔层和基座。地方志中记载："寺后有塔，十层八棱，俗称画像千佛塔。绕塔基有铁灯龛十六座。"那些画像具体长什么样、位于何处，无人知晓，可以推测它们位于基座上，或是上方塔层的层层塔檐之间。1934年秋天，我曾去那里考察，仍有一部分基座的遗迹尚存，高约6.5米，上方建起了一座八边形的亭子。最下方的底座边长为6米，高1.35米，第二层底座向内缩进0.83米，边长约有5米。两层底座的上方便是典型的天宁式基座结构，束腰饰带和叠涩清晰可辨。因为北京西城墙附近的两座天宁塔基座边长分别为8米和8.15米，而灵光寺宝塔的基座边长稍短，所以从前的宝塔高度一定比它们更低，大概只有40米高。如今宝塔已经消失，造型和结构上的其他特征已经无法确认。现存的灵光寺中只剩下几座大殿，僧侣也不多。这里的小溪和池塘使人联想起真正的龙泉，不过这个名称如今已被附近的龙泉庵使用。如同八大处的大多数寺庙一样，灵光寺和龙泉庵现在已被修葺一新，主要接待游人和前来这一福地长住的疗养者。

王恽[①]曾为觉山灵光寺及宝塔题诗：

> 山因寺胜寺因山，
>
> 云自无心景自闲。
>
> 懒陟上方穷远目，
>
> 黄尘深处是人间。

图70　北京西山灵光寺的宝塔。见卜世礼《中国美术》，图39

---

①王恽（1228—1304），元代文学家，字仲谋，号秋涧，卫州汲县（今属河南）人。——译者注

戒台寺四座宝塔

戒台寺有四座天宁宝塔，稍小的两座伫立于寺中，一座大塔位于附近的塔林中，另一座石塔位置稍远些。作为整体，这一组宝塔是北京附近天宁塔风水系统中重要的一点。尽管它们均为墓塔，但它们在山水间的位置十分优越，也使与之联系紧密的戒台寺有了更高的宗教价值。所以尽管它们在宏大的系统中并不显眼，却还是直接影响了周边地区的风水。文献中有一些关于寺庙历史的记载，也有助于我们了解宝塔。

北京西部的这部分山脉和其余山脉被称作马鞍山。马鞍山东部是浑河，也被称作永定河，从山底流向东南方向的平原。在距离著名的卢沟桥——也就是所谓的"马可波罗桥"11千米远的丘陵山坡上，人们开辟了层层平台，并建造了这座宽敞的寺庙。此处风景优美，寺庙隐藏在树林之中，不过主殿在很远的地方就能看到。寺庙由很多单体建筑组成，直到现在，在其历史上的各个繁盛时期，都和潭柘寺一同算得上是西山中最为重要的寺庙。自古以来，沙弥都在这里剃度出家，受戒之后再去往其他寺庙，这种习俗可以追溯到很久以前。

根据当地的传说，在秦始皇时期（公元前3世纪），这里就已有宗教场所。第一座佛教寺庙始建于唐高祖武德年间，当时被称为慧聚寺。在辽道宗时期，这里出现了关键性的变化。1061年，来自北京远近闻名的法君①住持迁居至马鞍山的寺院中，主持扩建了寺

图71 北京西山戒台寺中两座12米高的宝塔。赫罗德拍摄

---

①法君，亦有"法均"这一说法。——译者注

图 72 北京西山戒台寺中两座宝塔之一。程尧拍摄，2021 年

图 73 北京西山戒台寺中两座宝塔之二。程尧拍摄，2021 年

庙。1070年，他在那里建起了一座戒台。法君去世于1075年，火化后的骨灰早期可能葬于一座墓塔中。明代时，人们在塔院中又修建了一座大型墓塔，也就是我们所研究的这一座，法君的骨灰也被转移至此。

法君去世后的几个世纪，在金元时期，寺庙几乎完全坍塌了。不过，寺庙自1434年起又开始重建，修建工程于1440年（明英宗第一次在位期间）完美结束。这座寺庙更名为万寿寺，祈求皇帝能够万寿无疆。自那时起，寺庙也有了一个全称——万寿戒台禅寺。北侧入口的牌楼上就写着这个名称。当时，人们在正方形的主殿中建造了一座全新的不同寻常的戒台，精美且坚固。主殿位于寺庙的西北方位，与常见的朝南大殿不同，它面向东方，构成了所谓的"北宫"的中心。主殿所在的独立院落被佛教神殿环绕，其中也供奉了五百罗汉，不过这两座平行的五百罗汉偏殿直至乾隆时期才建成。五百罗汉是佛陀的五百位弟子，人们将他们与曾在这座寺庙中生活的五百位僧人的一段奇异故事联系在一起。这五百位僧人按照太后的命令，将五百个年轻的女孩捆在柴堆之上，因其不圣洁而将她们烧死，最后却和她们一同羽化成仙，成对地飘向天空。

图74 北京西山的卧龙松与戒台寺的宝塔。图中宝塔是1440—1450年间为纪念法君僧人法君所建。

图75 为纪念法君所建北京西山戒台寺宝塔。程尧拍摄，2021年

德高望重的住持——道孚禅师[①]于1434—1440年间在宦官的帮助下推动完成了寺庙的新建工程。他是孝定皇后的老师和好友，孝定皇后即后来的李太后，她也为寺庙的修建做了很多贡献，命人在高处的平台上修建了南宫和北宫以及戒台。北宫平台脚下的两座天宁宝塔也是由道孚修建。道孚去世于1470年，几年后，约在1475年，人们在墓林中为其修建了一座大型墓塔。[②]

之后，寺庙便处在长期衰落的过程中，只在明世宗时期有过一次大规模的修缮，修缮工程从1550—1556年，持续了7年。乾隆年间（1760），在两位著名的高僧的推动下再一次开始了大规模的修缮工作。皇帝出资修建了戒台和五百罗汉殿，至此，戒台已新建了三次。乾隆皇帝于1773年亲自到访已经完工的寺庙，此后寺庙的香火便一直旺盛，未曾衰败。自1888年起，一位亲王接管了这里，他曾在这里居住很长时间，并且将寺庙的一部分改建成了疗养所，供当时到来的德国士兵居住。寺庙内部的两座天宁塔是法君的舍利塔，他自1061年起至1075年去世时，主持建造了寺中的第一座戒台。这座戒台就位于如今寺院西北部的雄伟主殿上。当时，法君也已在现存的两座宝塔的位置上建造了一座墓塔，就位于戒台的延长线旁。后来在1440年左右，道孚住持在外部平台的护墙前为法君新修了两座舍利塔，也是天宁式，以加强此处宗教建筑的统一性。

图76 北京西山戒台寺的住持——道孚的墓塔，约建于1475年

图77 北京西山戒台寺的道孚墓塔。程尧拍摄，2021年

[①]道孚禅师，即僧人知幻，名道孚。——译者注
[②]道孚去世于1456年，同年1456年为其建墓塔。——译者注

北部的宝塔叫作普贤塔，位于中轴线右侧，通常被视作法君的化身，他的骨灰就安葬在那里。宝塔高约12米，塔身有六层，塔刹由双层花萼式露盘和一颗宝珠构成。南部的宝塔叫作衣钵塔，位于中轴线左侧，根据佛教习俗，将德高望重的住持的袈裟、食钵等安葬在这里是佛法传承的象征。这座宝塔高约9米，上方塔身有四层，主塔层上设置了拱形假门和角柱，角柱呈结构分明的经幢式样，这一元素很早以前就常被运用在一些大型宝塔中。由于土质松软，两座宝塔的基座连同塔身已有明显下沉的趋势。在西侧，宝塔的后方是上层平台的护墙。这一层立有古老的石碑、香炉和高大的古树。其中以卧龙松树最为著名，它的树干倾斜，倚靠在护墙上，浓密的枝条向外伸展。

戒台寺那座高大的天宁塔伫立在距寺庙东南方约150米处的塔林中，塔林位于山坡上，向坡顶延伸，古木间隐藏着大量的墓塔，其中大部分为喇嘛塔。这座宝塔是道孚住持最重要、最气派的一座墓塔，大概建于其去世5年后——1475年左右[①]。

宝塔为八边形，由砖砌成，高约20米，以北京天宁寺中的宝塔为蓝本建造，是典型的天宁式宝塔。基座细长，结构层次丰富，浮雕装饰优美，栏杆的上方为须弥座，须弥座上方是主塔层。主塔层雕刻着精致的假门和假窗，内部可能藏有圣人的骨灰或舍利。上部边缘有一圈涡卷状棕叶饰，在佛教中这一元素被称作悬鱼。棕叶饰的轮廓按照著名的佛教铜锣所雕，涡卷纹样象征着敲击时波动起伏的声音。主塔层的各圆形角柱之上都有双层转角斗拱，各面的角柱之间另有一个柱间斗拱。塔身轮廓笔直清晰，既没有收分也没有凹凸变化，八级塔层结构相同，由叠涩檐相互分隔。塔刹的露盘呈巨大的花萼形，向外伸出许多，最顶端可能还有一颗火珠。主塔层整体包括壸门内的装饰纹样都具有典型的明代的素雅风格，与巴洛克建筑完全不同。宝塔保存完好，各部分比例协调，低矮的白色主塔层位于高大的基座和纤细的塔身之间，呈现出极其和谐的美感。

寺庙的范围内还有第四座天宁塔，即极乐洞石塔。因为与寺庙中另外三座[②]天宁塔在地理位置上相互关联，所以将在本章节对其进行介绍，而不是石塔章节。极乐洞位于寺庙以西约3千米处，灵鹫

① 墓塔建于道孚去世同年，即1456年。——译者注
② 德语原文中写为"五座"，应是笔误。——译者注

图78 北京西山戒台寺的宝塔。距戒台寺（或指极乐洞？）不远

峰下。人们认为它与战国时期的将军庞涓有联系，此外还和唐代的吕洞宾有关，也就是后来的道教八仙之一。从很久以前开始，洞中就有人居住。1870年之后，有一位苦行僧生活在那里，只与火堆相伴，清苦修行。石塔紧邻极乐洞，伫立于岩石之上，是狭窄山谷风景中的亮点。基座略呈梯形，上方有一圈外廊，外廊之上是纤细的主塔层，装饰有角柱和雕刻而成的佛像。上方细长的塔身共有十层，顶端有一颗大圆火珠。建筑整体可能高8米，建于乾隆时期（1773年左右）。其他地方的宝塔也有类似的细长外形，不仅局限于石塔，也有铁制和铜制宝塔。

极乐洞以东1千米处，朝着寺庙的方向上还有另一处庞大的观音洞，其内还有十八罗汉造像。如今，在那附近的一间小屋里仍住着一位隐士，他是当年那位苦行僧的弟子。他饲养蜜蜂，人们都称他为"蜂王"。

房山西域寺南塔

房山山脉位于戒台寺西南方向约30千米处，距离北京50千米，处于琉璃河的一侧，山中分布着石窟和寺庙，是古老的圣地。在其东部20千米处，坐落着同名的县城——房山县。房山脚下庞大、紧凑的寺庙全称为西域云居禅寺，也被称为西域寺或云居寺。它坐西朝东，南北两侧各立有一座宝塔。南塔有十层塔身，是典型的天宁塔，将会在本节中进行介绍。北塔是天宁塔的变体，所以将在第五节再进行阐述。

根据记载，南塔建于辽代，确切的年份为1117年，也就是北京天宁寺的隋代古塔建成约70年后。尽管它的尺寸要小得多，但具有辽金时期建筑的重要特征，也没有文献记载过后期有什么大规模的修缮，所以人们可以确认，南塔的结构符合辽金时期的风格。

图79 北京房山云居寺的南塔

图80 北京房山云居寺的南塔。喜仁龙拍摄，照片编号578

图81 北京房山云居寺的南塔。图片拍摄于1931年。1934年12月30日从施佩曼将军处获得

图 82 北京房山云居寺的南塔。程尧拍摄，2021 年 12 月

宝塔的平面布局也与北京天宁寺塔几乎相同，正方形的庭院中有一个边长为17米的平台，被低矮的围墙围住，从《中国佛教史迹》中的图片可以看出，墙壁的外侧装饰了上百个紧密排列的小型宝塔浮雕。这一元素也同样出现在历史更为悠久的北塔的基座上。此外在宝塔基座下方，也同样有一个向外扩出的八边形底座。基座边长为4米，细节丰富，可以看出南塔直接模仿借鉴了北京天宁寺宝塔的造型：每面设置两到三个壁龛，边缘呈裂纹图案，上面雕有壁柱、花朵、力士，叠涩檐和栏杆的样式也相同。主塔层的边长为3.36米，从平面图上可以看出，主入口是敞开的，人们通过梯子可以从基座和须弥座上攀登上来，进入塔心室。塔顶已被毁。宝塔高约30米。

在南塔的脚下，围绕方形庭院的围墙之内，立有三根石制经幢，部分装饰着佛像浮雕。《中国佛教史迹》中一幅尺寸较大的照片中可以看见这些经幢，它们围绕着宝塔，立于平台之上。关野贞认为它们造于唐代和辽。其中的一根经幢造于1118年，也就是旁边的大宝塔建成1年以后。它也为天宁式，柱身为八边形，刻有文字。塔身尺寸较小，下方六层，上方三层更小，完全按照大宝塔的造型所造。由此更加可以确定它的建造年代，是辽代流传下来的珍贵案例。根据房山地方志记载，此类经幢被称作藏经塔。关野贞近距离拍摄了两张照片，基座层次分明，雕满了轮廓清晰但稍显生硬的浮雕、人像和装饰，环形饰带由莲叶构成，展示了中国早期叶状花饰的图案。

图83 北京房山云居寺南塔边经幢。喜仁龙拍摄，照片编号580

四、河北南部正定、赵县的两座天宁塔

至今为止，河北南部只有两座典型的大型天宁宝塔远近闻名。它们伫立在古老的官道上，大概就是现今通向河南和河北的铁路线旁，是北方宝塔群的延伸。北方宝塔群中有一大组宝塔位于易县地区附近，将在下一节进行介绍。

正定青塔[1]

正定规模庞大，城市平面为方形，有五座城门，曾是一座重要的城镇，但如今建筑密度不高。从这里乘火车向北去石门，也就是如今的石家庄，只需要一个半小时，是去往山西省会太原方向铁路的支线。汉朝时期，它被称作真定，直至明朝这个名字仍是一个有效的行政区划。在辛亥革命之前，正定是一个府，后来才改称县。天宁式的青塔伫立在城市的南部，差不多位于中轴线上，是这座城市四座宝塔之一。其余三座宝塔包括在《中国宝塔》（第一部分）第二章第三节中介绍过的木塔和第二章第二节中介绍过的砖塔。我曾于1934年11月考察过这座城市。

图84 河北正定临济寺青塔

图85 河北正定临济寺青塔。牛军利拍摄，2021年

---

[1]德语原文中的中文标注为"清塔"。——译者注

天宁式塔 | 101

青塔原属临济寺，不过寺庙如今已几乎消失无踪。临济寺初建于东魏兴和二年，即公元540年，后来在唐代得以重新修建。寺庙的名称根据唐代的临济禅师命名。临济禅师去世后，他的弟子建造了宝塔来保存他的衣钵。唐懿宗赐其法号慧照并将宝塔命名为澄灵塔。后来，它又被命名为青塔，该名称一直沿用至今。在金代（大定年间）、元代（至正年间）和明代（正德年间）宝塔都曾被修缮过。明代修缮后立新碑详细记录了此事。

关野贞认为，如今尚存的这座建筑应当是建于1185年，我也认为这十分可能。这座宝塔精致而纤细，伫立在一块向外扩出的八边形石制基台上，边长为5.46米。宝塔的基座另有一石制底座，边长为2.65米。其余结构完全由砖砌成，塔身有八层，塔刹高耸，宝塔总高约35米。和房山西域寺南塔相似，主塔层各面交替设置了拱券门和矩形窗，门窗之上的边框由一排半圆裂纹形装饰即悬鱼组成。佛教寺院中，与之形状相似的铁制或铜制的锣也被称为悬鱼。所有案例的主塔层上都设置了圆形角柱，这里也不例外。叠涩排列紧凑，造型灵动，主塔层上有两层，其余各级塔身只有一层，檐口微呈弧形，檐角上翘，挂有风铎。塔身微微隆起，向上稍稍收拢，造型活泼，富有灵气，具有明代华丽风格的塔刹直指云霄。锥形的塔顶上有一相轮，露盘和仰莲由层层莲叶组成，上方有一颗巨大的宝珠，顶端另有两层精致的仰莲，夹在三重宝珠之间。关野贞对宝塔的评价十分贴切，这座建筑虽然规模不大，但外观比例十分高贵典雅。

图86 河北正定临济寺青塔

图87 河北正定临济寺青塔基座、塔身和两层斗拱檐

赵县柏林寺白塔

赵县在正定东南方向 50 千米处，京汉铁路线上的高邑火车站东北方向 33 千米处，以前被称作赵州。宝塔伫立在城中柏林寺内，也常被称作白塔寺。

根据关野贞的说法，寺中有两块明代的石碑，一块造于 1539 年，立在宝塔前；另一块造于 1480 年，立于主殿前。这两块石碑记载了这座宝塔在金代再一次重修，也就是说这里曾经必然存在过一座宝塔，才会被再一次修缮。赵县宝塔的结构与正定青塔十分相似，这一记载与前文研究过的青塔的历史也相符，所以人们也将赵县宝塔的建造年代认定为同一时期——金代。然而一块石碑正面雕刻的文字表明，此塔是为元朝国师真际光祖①而建。因此关野贞认为宝塔建于元代，但他忽视了建筑构件局部细节的不同之处，可能表明它的建造年代要更早些。

图 88 河北赵县柏林寺塔

宝塔的基座由一个双层方形平台构成，外表裹有石块，高约 4 米。上方是八边形塔身，由砖砌成。宝塔总高约 35 米。高大纤细的基座层次丰富，被分为两部分，分别设置了壸门，其上饰以浮雕。双层叠涩檐上有一圈高大的栏杆，栏杆上的两条饰带由花饰窗格和藤蔓浮雕组成。再向上是高大的卢舍那座和三层莲瓣，并未像其他宝塔案例中那样伸出轮廓线许多，而是紧贴主塔层，向上伸展。假门和假窗均为长方形，上方塔身有六层，都被大大加高，最下方的塔层中甚至可以设置一座壁龛放置铜制人像。塔刹由相轮造型的宝珠构成，也可以将其看作是一根具有中原风格、蛋形轮廓的刹杆，其上是十分精致的塔尖。根据这些特征，人们可以推测这是后来在元代时才建造的。但只有与正定青塔做一个细致的对比，才能清楚得知这一建筑并非金代建筑，而是后来为纪念真际光祖才建成的。

---

①疑为唐代真际禅师。元代时该舍利塔被整体重建。——译者注

图 89 河北赵县柏林寺塔。牛军利拍摄，2021 年

五、涿县和易县四座典型的天宁塔

让我们从河北南部再返回到北京西南的景色之中，在距离房山南部和西南方向50—60千米远的涿县、涞水和易县，有一个规模更大、自成一体的天宁塔群，其中有典型的天宁宝塔，也有经过变化的形式。相同类型的宝塔如此密集地聚集在一起，十分少见，需要从地理位置、历史和宗教各方面因素来研究这一现象的意义和成因。

这里要感谢建筑研究学者刘敦桢对这一地区的文物古迹所做的详细调查研究。在1935年6月出版的《中国营造学社汇刊》第五卷第四期中，发表了他当时在河北西部地区的初步研究成果，尤其是与辽代宝塔相关的研究，也是我们即将涉猎的范围。[1]因为他的研究也涉及寺庙、墓葬和经幢，并且确定了其中一部分建筑物的年代，人们已经可以根据宝塔的种种细节在脑海中想象出当时的场景，当时强大的辽国统治着这一地区，人民生活深受宗教的影响。辽国的边界只位于北京城南部一点，从东延伸到西，然而辽国的影响范围一路向南直达黄河流域，甚至经常强迫开封的大宋皇帝答应他们的条件。易县地区的宝塔群也一定是在他们的影响之下而建造的，它们几乎全部都建于11世纪，那时正是辽国的繁盛时期，在易县周边也有一些其他的源自这一时期的著名寺庙和雕塑。每一座宝塔的确切资料鲜为人知，我没有去实地考察这些宝塔，只能复述刘敦桢和鲍鼎[2]的研究成果，引用他们的图片。这些资料对古迹的梳理分类是十分有价值的，也会启发进一步的研究。

我们从涿县普寿寺那座稍小的宝塔开始，将这座宝塔也算入这一宝塔群中，因为涿县和其县城位于驶向汉口的铁路线旁，就在我们不大的研究范围的东北方。涿县还有另外两座高大的天宁塔，不过是典型的层塔形式，我们将在第六节中介绍它们。普寿寺中这座十分精美的宝塔距离城市东门约600米，立于普寿寺被围墙包围的第一进宽敞院落中。普寿寺的主殿位于高高的平台之上，似乎把整座寺庙封闭了起来。宝塔建造于1079年；房山早期的那座南塔建于1117年，比其晚约40年；正定临济寺塔建于1185年，比其晚约100年。三座宝塔在结构和形式上十分相似，但普寿寺的宝塔较它们而言更加宏大。塔身只有六层，塔基、塔顶与其他两座宝塔相似。但是砖制的主塔层

图90 河北涿县普寿寺的宝塔

---

[1] 刘敦桢：《河北省西部古建筑调查纪略》，1935年6月，《中国营造学社汇刊》，第1—58页。
[2] 鲍鼎：《唐宋塔之初步分析》，1937年6月，《中国营造学社汇刊》，第1—31页。

具有更早期庄严肃穆的特征，墙面的框架、拱门的饰带、窗户的花格、叠涩、八边形塔身的角柱以及悬鱼都体现出这一点。

这组天宁宝塔群中最主要的几座均位于易县。涿县以南25千米是高碑店，京汉铁路在这里分叉，其中一条支线向西驶去。这条支线总长42千米，穿过涞水县和易县，最后到达终点梁格庄，梁格庄紧邻西陵的东围墙。易县的五座宝塔中，有三座是典型的天宁塔，另外两座是天宁塔的变体。

易县三座典型的天宁塔中，最为精致优美的是净觉寺八面舍利塔。净觉寺在西陵之外，紧贴着这座巨大的陵园的西侧边缘，位于太宁山脚下一个小山谷中，因此它也被叫作太宁寺。方萨格里夫斯①曾于1901年考察这里，并且在一部著作中公开了西陵的第一张照片。普意雅②1931年在他的著作《明清皇陵》中的一张西陵地图上标记出了寺庙的准确位置。1729年，雍正皇帝将这片范围划定为他未来的陵寝，对他来说，古塔距离如此之近，显然不是什么大的问题。与之类似，东陵位于长城南侧，距离一座古老的宝塔也很近，不过那座宝塔尺寸较小。长城位于西陵东部30千米的山脉之上。清廷在墓葬文化上尊崇佛教，也严格遵循着中国古代的礼仪习俗。可能因为易县早就建成了佛教寺庙和宝塔，改善了这一地区的风水，宫廷中的占卜师和尊崇佛教的皇帝便决定在这片风景中建造皇陵。这甚至有可能是最为决定性的因素。

太宁寺塔雄伟高大，塔身共十二层，结构呈金字塔形，外轮廓几乎为直线，只有微微的凸起。最主要的一层叠涩十分华丽，向外挑出，使塔身的外轮廓突出主塔层许多。宝塔的八面基座绕有一圈斗拱和栏杆，每一面的栏杆有三块栏板。主塔层各面交替排列拱券假门和矩形直棂假窗，不过没有浮雕装饰。

刘敦桢曾经仔细研究过这座宝塔，写下了详细的报告并得出结论，这座宝塔建于1050年前后，也就是说与北京天宁寺的那座隋、辽代古塔建于同一时期。他认为，易县这座宝塔的设计、工艺和极度优雅、和谐的比例甚至超越了北京天宁寺的宝塔。他还描述了一些细节，更详细地阐述了这些天宁宝塔的造型和意义，并增加了关于北京宝塔的注解。下文中也会提到其中的一些内容。

宝塔的四个主面精准朝向东、南、西、北四个方向，毫无偏差。基座层次丰富的叠涩檐下的束腰部分还残存了印度式的三瓣式壸门的痕迹，不过和北京的案例不同，其中并没有辽代常见的狮兽雕像。栏杆的望柱之间的栏板分为三部分，均为花饰窗格，其上另有三块花板，上细下宽。卢舍那座十分华丽，共有四排砖雕莲叶，塔身像是从莲叶中"生长"

---

① 方萨格里夫斯：《西陵：清朝西陵之研究》，巴黎，1907，共180页。《吉美博物馆年鉴》，第三十一卷。
② 普意雅：《明清皇陵》，巴黎，1931，共225页。

出来，最上层莲叶之间的纹路至今保存完好。

主塔层完全按照木塔的样式建造，设置了圆形角柱，角柱之间以额枋相连，上方有一圈高大的五层斗拱。各处细节均展现出真正的辽代风格。此类宝塔在主塔层中会有一个小小的塔心室，内部摆放一尊佛像。紧邻易县有一座白塔院，院中的宝塔将在第六节中加以介绍。据《重修白塔院》[①]一书记载，万历二年（1574），太宁寺宝塔曾被修缮一新。当时，塔心室中有一尊佛像，但是在1908年被偷，如今仍能看见南面的盗洞。刘敦桢还深入研究了塔身的双重檐构造和整体优雅的曲线。

塔身每层的八面各装铜镜三枚，据《重修白塔院》一书记载，应是万历年间那次修缮中有人捐赠的。各层塔檐下方并无斗拱，而是由层层挑出的叠涩砖层承托，类似北魏宝塔的构造，尤其是河南嵩岳寺的宝塔。报告中还详细描述了塔顶相轮的各个部分，它们与那座典型的辽代建筑——建于1056年的应县木塔的相轮完全一样，可以说，太宁寺宝塔的刹杆也是辽代案例的典型代表。

宝塔基座和各层的瓦片均呈现出原本自然的灰色。主塔层被粉刷成白色，十二层塔身则带有鲜艳的黄色色调。宝塔以太宁山为背景，整体轮廓清晰动人，引人注目。报告中，刘敦桢一再强调，这是一座极其秀美的宝塔。

易县另外两座典型的天宁塔，均为八边形，塔身有十二层，基座与其他天宁塔一样，华丽精美，但有一些独特的特征与众不同。前文所述的净觉寺宝塔伫立于太宁山山脚下，而古老的双塔

图91 河北易县净觉寺的宝塔

图92 河北易县荆轲山圣塔院的宝塔

图93 河北易县太宁山双塔庵东塔

[①] 此处可能指碑记——《大明重修白塔院记》，存于净觉寺。——译者注

庵的遗迹就位于同一座山中，净觉寺以北约两里的半山坡上、西陵的西部。一条难走的小路沿着陡峭危险的悬崖峭壁向上延伸，通向双塔庵。在寺庙的西部伫立着较大的东塔，西南部是较小的西塔，属于天宁塔的变体。

东塔主塔层的角柱与常见的样式不同，使用了辽代经幢的形式，每根角柱本身就是一座小型宝塔，每根经幢的莲花座和顶端塔层之间的柱身之上刻有经文。主塔层的四个正面各有一拱券壁龛，其中设置了矩形的假门，另外四个斜面则各有一扇假窗，与常见的直棂窗不同，这里的窗格呈现出精美的地毯纹样。额枋被一条饰带取代，每面的中间和角落均有悬鱼装饰。同样极具装饰性的还有巨大的斗拱，它们嵌在砖层之中，虽然向外挑出，上方架有屋檐的木椽，但并非必要的承重结构，如同刘敦桢所说，这一结构已失去了真正的意义。刘敦桢认为宝塔建于1050年，应与净觉寺宝塔和北京天宁寺宝塔建于同一时期。这座宝塔最为独特之处就在于塔身轮廓为直线，整体结构呈锥形。

圣塔院也位于易县附近，距西部山门3千米。那里有座荆轲山，也被称作血山。圣塔院中的宝塔外形与双塔庵东塔一样也有着同样的变化，塔身轮廓呈直线，与主塔层的墙面相比向外挑出许多。主塔层之上的斗拱雄伟壮观，极富装饰性，不过它在主塔层的结构中也没有起到实际的作用。这座宝塔的假窗为直棂窗，假门上有一排排门钉。宝塔的基座上有五十三块浮雕饰板，可能装于明朝万历六年（1578）的修葺工程之时。经过深入的研究，刘敦桢认为，这座圣塔院宝塔应当建造于1103年。

六、塔身不规则的三座天宁塔

涞水县位于易县以东20千米，也在通向西陵的铁路支线上。涞水县的西岗塔也属于典型的天宁塔，这座大型宝塔建筑与易县几座精致的宝塔大体相同，有一个巨大的须弥座和向外凸出的叠涩砖层，不过没有层层塔檐，塔身也十分不规则。塔层的第十二层，也就是最上面一层明显加高。宝塔为八边形，下方主塔层的四个正面设置了拱券门，与之位置相对应，最上面的塔层也设置了四个拱券开口，内部有一塔心室。人们可以登上宝塔，分布在下方各塔层上的小窗洞也可以证明这一点。最顶端的攒尖顶之上立有一个厚实的砖块结构，支撑着上方的露盘。顶端的这一结构应是宝塔的中心支柱，此柱贯穿整座宝塔，楼梯可能是环绕支柱向上延伸。主塔层的各角均设置了经幢形式的小型角柱。

涞水宝塔在最上方设置塔心室这一形式在其他宝塔中也偶有发现，似乎是一种古老的做法。如果我们没能在周边地区发现另外两座天宁塔有着同样的形式，会认为此塔顶端的塔心室只是一个例外。另外这两座宝塔远在西北部，是辽金时期受到少数民族影响的地区。蔚县坐落在今天察哈尔的最南端，位于易县西北 100 千米，北魏时期的古老重镇大同东南偏东方向 115 千米。这座城市的建筑均为典型的西北风格，林普里希特①认为蔚县宝塔是典型的天宁式，其塔身轮廓几乎是笔直向上，只在顶端有些许变化。除此之外，它与前文所提及的宝塔，特别是易县周边的宝塔都十分相像，连主塔层的角柱也很类似。但涞水宝塔顶端不规则的设计在蔚县宝塔中也出现了，十二层塔身的最上方一层比下方各层稍稍加高了一些。攒尖顶上粗壮的支柱、向外挑出的露盘和叠加在上方的刹杆呈现出蒙古族建筑的特征。

图 95　河北涞水县的西岗塔

图 96　河北蔚县南门宝塔。林普里希特拍摄于 1912—1914 年间

图 94　河北涞水西岗塔。陈天明拍摄，2021 年

---

① 林普里希特（Wolfgang Limpricht）：《中国与中国西藏地区东部高山的植物考察之旅》，达勒姆，1922。作者在书中的第 268 页曾提到"城市的南门附近有一座多层宝塔，从很远就能望见"。

天宁式塔 | 109

图 97 河北蔚县南安寺塔。牛军利拍摄，2020 年

山西北部浑源县圆觉寺中八角砖塔的不规则设计更为明显。浑源县位于大同东南方向 60 千米处，因其八边形的城市布局而闻名，城市平面与太极八卦图相对应，有八个方向，体现了统一性和对立性。这一布局也考虑到了紧邻浑源县的北岳恒山。宝塔伫立在城市的北部，位于中轴线上。中轴线上的北城墙处有一座大型寺庙——真武庙。我在 1934 年 11 月初到达此地，当时这座古老的寺庙已被改建为兵营，但寺中的宝塔却修缮得焕然一新。根据县长的一份说明判断出它应当建于康熙年间，但当时可能是在一座旧塔的基础之上重修。至于宝塔何时设计，如今的造型最早出自何时，至今仍不明确。无论如何，这座宝塔为天宁式塔，但却缺少了莲花座，可能是在新建时被取消了。

宝塔基座位于一个 67 厘米高的方形底座上，底座四面各突出于宝塔 2 米。基座高 1.33 米，为八边形，边长 3.62 米。最底端有平整的圭角，上方的结构向内收 60 厘米，**壸**门中有花朵纹样，表面还有扁平的斗拱元素装饰，具有灵动感。再向上的束腰部分也有**壸**门，其中有人物塑像，角落里有微小的力士像。向外挑出的两层巨大斗拱承托住主塔层。主塔层的外墙平整，只有扁平的、由砖块砌成的壁柱、横梁和框架将墙面分成几个部分，显然是模仿古老的木结构造型。四个正面上各设置了一座拱门，上方均嵌有神龛，其中摆放一尊佛像，而在四个侧面、砖砌框架之间各设置一扇宽大的直棂窗。

图 98 山西浑源圆觉寺宝塔

图 99 山西浑源圆觉寺。从东门处望向西北方向,拍摄于 1934 年

天宁式塔 | 111

图 100 山西浑源县圆觉寺宝塔。郭蔚嘉拍摄,2017 年

主塔层最引人注目的便是顶端的三层叠涩檐，向外凸出许多，在墙面上投下阴影。坚固的锥形塔身由八级塔层①构成，外轮廓呈一条直线，叠涩砖层承托上方的塔檐，檐口笔直。塔身不规则的设计引人注目，最下方的第一层和最上方的第八层塔身与其他塔层相比加高了许多，与塔身其余规则的部分形成了鲜明的对比。

最顶端的塔层外墙设置了塔龛，饰满了浮雕，最上方的一层塔檐实际就是塔顶，上方有相轮。相轮由轻微鼓起的砖结构和一根刹杆组成，刹杆底部仍存有两片轻微损坏的铁制或铜制圆盘，上方其余圆盘均已佚失。顶端的宝珠和刹尖尚存。这种带有异域风情的元素极具藏传佛教色彩。

这座宝塔建筑的高度，包括底座在内共25米，如果算上5米高的塔刹共30米。它是内城中显眼的标志，城墙的八个角上各有一座亭子，东、南、西、北四个方向各有一座楼阁，宝塔被它们围绕，自然成为中心。除此之外，宝塔与附近的钟楼和鼓楼一起，凸显出了贯穿这座独特城市东西方向的主要街道，这一古老的风景线还未受到任何一座现代建筑的破坏。

七、热河和东北地区的十座天宁塔

热河和东北地区是辽金政权的发祥地，那里坐落着无数辽金时期的古塔，大多数为天宁式。它们的结构层次丰富，基座和主塔层的人物塑像装饰样式繁多，塔身造型雄伟高大，通常为十二层，几乎全都达到了可观的高度，在少数情况下甚至能超过50米。想要全面地认识天宁塔这种纪念性的精美宝塔形式，这些古塔是极有价值的补充案例，甚至是研究的关键所在。遗憾的是，我们没能对这些宝塔做更详细的研究。我并未去考察这些建筑，而是将鲍鼎于1937年6月发表于《中国营造学社汇刊》第六期（也是至今为止最新一期）的文章中的案例进行编排汇总。由于印刷的图片尺寸较小，有些细节的设计只能隐隐约约看出，但是就如同此类雄伟的宝塔给人的深刻印象一样，从图片中大致可以看出它们的基本结构。

关于这些宝塔的建造时间，也没有更进一步的详细资料。可以确定的是宝塔建于辽代早期，后来可能又经过了多次修缮。本节中我唯一收录的原版照片是热河大名城的大型宝塔，展现了1916年的一次修缮成果。我们从这一系列雄伟、重要的宝塔案例中能看出它们与河北地区天宁塔的相似之处。

---

①德语原文中写为"三级塔层"，应为笔误。——译者注

热河

热河有三座十分有名的大型天宁塔，第四座则属于天宁塔变体，我们将在下一节中论述。这三座大型宝塔之一朝阳凤凰山大塔[1]，位于热河东部边界的南侧，凤凰山附近。因其正方形的平面和主塔层四面外墙上丰富的浮雕装饰而占据了独特的地位。在图片中可见的那一面，高大的佛陀端坐在宝座上，两位胁侍[2]分立于两侧，而胁侍的外侧又各有一座小型的天宁塔。在这一整体之上还可以看见一顶宝盖和两位飞天，悬浮于空中。塔身的外轮廓为直线，呈锥形向上延伸。横向的叠涩檐也由层层挑出的砖层构成，檐口笔直。这些细节均与新建于金国繁盛时期（1175）的洛阳白马寺塔一致，只不过洛阳的白马寺塔外轮廓并非直线，而是呈现出一个造型优美的弧形，并且主塔层之上没有浮雕。据推测，这两座宝塔关系密切，建造的时间也极为相近。

图101 热河大名城的大塔（大明塔）。魏格尔德拍摄　　图102 热河大名城的大塔。"大明塔建于唐代，高640英尺"。施托茨纳拍摄于考察途中

---

[1] 朝阳凤凰山有大宝塔和云接寺塔两座天宁式塔，二者在造型上十分相似。根据后文内容和图片比对，这里的大塔应指云接寺塔。——译者注
[2] 朝阳凤凰山大宝塔与云接寺塔的主塔层稍有不同，大宝塔各面的主尊佛像两侧并无胁侍，所以该段落描述应为朝阳凤凰山云接寺塔。——译者注

朝阳西侧，大约在热河的省会承德和中部城市赤峰两座城市的中间位置坐落着大名城，大名城也被称作宁城，是辽朝的古都。城中有两座宝塔，其中的大塔高约60米，从施托茨纳探险队员魏格尔德①拍摄的照片中可以看出这座宝塔的造型，徐家汇博物院收藏的宝塔模型也是很好的参照物，只不过错误地将这座宝塔所在之地误写为河北南部。宝塔的建造材料为砖块和石膏。按比例测算，基座之上的部分总高度达76米，但实际数据可能会矮一些。模型有一些细节并不准确，但应当是以精确的尺寸测绘为依据制作的。

八边形基座上主要的装饰部分是巨大的"卍"字饰带，每一面各有三个"卍"字纹，位于宽壁柱之间。饰带上方的斗拱已然消失，只剩下后方的挂板。再向上，主塔层外墙之下的两层水平构件曾经雕有莲花瓣，如今仅剩光滑平整的饰条，象征着莲花座。主塔层各面的设计很规则，均有一个浅浅的拱形壁龛，其中交替摆放着佛陀和菩萨的塑像，它们均坐于莲花座上，两侧分别立有一对天王或胁侍。上方有宝盖和悬浮的飞天，显得极为隆重。塔身外轮廓也为直线，整体呈明显的锥形，塔檐由叠涩砖层组成，上方有精致的木顶。主塔层的角上有层次分明的角柱，上面写着佛陀和菩萨的名讳，其中可以识别出"观音"和"地藏"。宝塔顶部的塔刹壮观，呈阶梯状，是一座精致的喇嘛塔的造型。其浮雕装饰之华丽与宝塔庞大、简洁的造型形成了鲜明对比，体现了当时辽金王朝激昂的气势。从照片上来看，当时1916年的重建工程已基本结束，大量被简化的结构，比如莲花座上曾经由莲瓣组成的三层光滑饰带，现在又被按照原先的样式进行了重修。

大名城的小塔尺寸要比大塔小得多，可能只有30米高，塔身几乎笔直向上，只有极小的收分，塔顶有一座极为精致的喇嘛塔作为塔刹。宝塔的基座建造技艺超群，饰带上雕有力士像。八边形的主塔层纤细，四个正面设置了拱券开口，四个斜面上均雕有两尊胁侍菩萨塑像。各处细节都表明，人们想要在宝塔上装饰丰富华丽的浮雕。

辽宁

辽宁是东北三省中最南端也是发展最快的省份，其省会城市曾被称为"盛京""奉天"，现称沈阳。鲍鼎在他的文章中介绍了辽宁五座雄伟的天宁塔。在辽宁的西南角有四座大型宝塔的案例，距前文已论述过的河北昌黎县造型独特的宝塔很近。这四座宝塔整体结构相同，基座非常精美，主塔层各面均设置佛龛，此外还有卢舍那座和十二级塔檐。塔山之上的锦州砖塔风化严重，其局部细节部分已经无法辨识，高约50米，塔身轮廓

---

①雨果·魏格尔德（Hugo Weigold, 1886—1973），动物学家，研究领域为鸟类。曾加入施托茨纳的中国西藏地区探险队。

图 103 内蒙古辽中京遗址大明塔。查杉拍摄，2021 年

图 104 热河大名城的小塔

图 105 辽宁朝阳凤凰山宝塔（云接寺塔）

图 106 内蒙古辽中京遗址宁城小塔。查杉拍摄，2021 年

呈现出轻微的弧度，塔刹已经消失。在有关层塔的章节中，我们曾提到过一对双子塔[1]，形式不同，这座宝塔可能就是其中的一座。距离锦州西北方向约75千米处同样有一对双子塔——北镇崇兴寺双塔，东塔似乎与西塔完全相同。塔刹中，露盘的造型为盛开的花朵样式，有许多花瓣，一颗花瓶状的露珠从中生长而出，最顶端有精美的五重相轮。在距离北镇东南偏东方向约100千米处坐落着辽阳白塔，算是北方宝塔中最为雄伟的一座。与北镇双子塔笔直的外轮廓不同，白塔的轮廓稍稍向外凸出，不过塔刹却是完全相同。

在辽宁中部、省会沈阳的崇寿寺内还保存着一座天宁式白塔。古城的平面为方形，如今被后建起的圆形城市围绕，寺庙和宝塔就位于紧贴方形古城北城墙的位置。福华德博士[2]根据1736年版《盛京通志》第二十六章第3页和1917年版《沈阳县志》第十章第15页的记载，判断这座宝塔建于唐代——唐朝第二任皇帝（唐太宗）当政时期由功勋卓越的大将尉迟恭监造，尉迟恭逝世于公元658年。在前文论述通州塔时，曾提及此人。《盛京通志》中提到，东北地区的很多宝塔都由他建造，当然这可能只是附近村民茶余饭后的随意之谈。不过，宝塔源自唐代是不可否认的，当时这里应当就有了一座早期的城市。如今沈阳周边有四座喇嘛塔，我们将在后文对它们进行论述，白塔就位于它们大致的中心点上。明神宗万历年间，白塔曾被重新修葺；康熙年间（1664），高僧纲丁、祖慧等重修宝塔。同通州宝塔一样，目前尚不能确定其初建时的外形以及何时出现了天宁式的宝塔，不过现存的这座宝塔确实是一座早期建筑。

图107 辽宁沈阳古城墙外崇寿寺内的宝塔

图108 辽宁沈阳北城墙边崇寿寺内的宝塔。福华德 拍摄

[1] 参见《西洋镜：中国宝塔I》，第二章第四节。
[2] 福华德（Walther Fuchs, 1902—1979），德国汉学家，1925—1938年在奉天医科大学任教。

宝塔高约25米，主塔层的样式经过了简化，每一面都有一个小型佛龛，上方为拱形，龛中各摆放一尊佛像，壁龛的两侧各立有一尊小型胁侍塑像。上方的墙壁上看起来像是有少许浮雕装饰。塔身只有十层，外轮廓为直线，稍稍倾斜。顶端的塔刹短小。沈阳东北方向约65千米处，在通向如今东北地区的长春方向上伫立着铁岭龙首山砖塔。它尺寸较小，结构也稍有不同。与常见的层次分明的基座不同，这座宝塔的基座为坚固的八边棱柱体，只有最上方有一圈饰带，其下有一圈束腰。

图109 热河辽上京遗址（临潢府）南塔

图110 内蒙古辽上京遗址南塔。戴锦禹拍摄，2021年

主塔层直接建于底座之上，各面外墙细长，恰好足够设置一个壁龛。塔身有八层，各层塔檐向外挑出许多。顶端有一精致的塔刹。沈阳和铁岭的这两座宝塔具有中国古代后期的建筑特征，可以将它们判断为明代的建筑。

还有一座历史十分悠久，几乎未曾改变的宝塔——辽上京城遗址南塔，平面为八边形，如今只剩下遗迹。它位于辽代的上京临潢府，在如今热河的最北端。鲍鼎的文中将地点误写为"辽宁"。宝塔基座的高度适中，由多层结构组成，不过看起来与常见的发展成熟的天宁式不太一样，须弥座之上也没有莲叶。基座之上是纤细的主塔层，每面外墙均细长且高大，四个正面设置了尺寸不大的拱形壁龛，四个斜面上则是极小的直棂窗浮雕。表面的其余位置也全部铺满了无数的浮雕装饰、层次分明的经幢和壁龛，主塔层的棱角处还有十分重要的建筑元素——极其纤细的圆形角柱。昌黎县宝塔上的浮雕装饰就是这种风格。塔身仍有五层保存了下来，六层以上几乎已全部被损毁。这一宝塔应当建于很早的时期，还需要进行进一步的调查研究，并与辽代的古老都城中遗留下来的其他遗迹一并研究。辽金王朝的建立是十分重要的历史背景，对理解那一时期建造的天宁塔有着至关重要的作用。

八、小型天宁塔

不仅仅只有相对独立的大型四面或多面天宁塔令人印象深刻，天宁塔还有其他许多各式各样的变体，在外形、尺寸和用途上各有不同。书中已经介绍过一些天宁式的佛塔中稍小的附属塔，它们出现于大型的宝塔旁边，作为衬托，通常内部有塔室或以经幢的形式出现。此外还有或大或小的墓塔，以及一些独立的宝塔，尺寸大小介于大型宝塔和小型宝塔之间。设置于寺庙内部或旁边的小型宝塔有木、砖石、青铜三种材质，立于大殿之中，或位于庭院之内或庭院附近，也有可能成排成组出现。这样一看便十分显而易见，天宁塔与喇嘛塔有相似之处，两者皆有一个主体塔身，作为供奉圣物之处，十分重要，尽管建筑造型各有不同，但基本的内在思想相同。它们也常被人摆放在一起，而且一向有着最佳的统一效果。一些塔林就是最佳的例证，金刚宝座塔也是有利的证明。

北京以及河北北部有着许多天宁式宝塔的优美范例，自然也会促使人们修建一些小型的天宁塔，它们多为墓塔或纪念塔，山水之间偶尔也有相对独立的美观的祭祀塔、风水塔或舍利塔。北京平原以及周边环绕的群山之中散落着许多这样的小小建筑，与各种各样与众不同的宗教古迹一同赋予了这一地区无法用语言表达出的气质和内涵。宝塔结构分明，往往从其他众多相同的建筑物中脱颖而出，成为中心，也在宗教文化中占据了主要地位。我们在这里只能从无数的案例中挑出一小部分进行介绍。在一些游记著作和中国最新的一些关于重要的名胜古迹的画册中均可领略大量此类宝塔的风采。

小型天宁塔的结构通常都十分清晰，主体部分具有基础的特征。北京先农坛附近有一座小型的宝塔，平面为六边形，高约 10 米，由砖瓦和赤陶制成，应建于明朝早期，据推测具体的建造年份可能是 1450 年，整体的装饰丰富生动，风格统一，基座和两层塔身之上雕满了花朵以及藤蔓纹。冠饰上的悬鱼线条优美，陶土制成的莲花瓣富丽堂皇，十分立体。塔檐由砖层垒叠而成，轮廓呈弧线。主塔层上圆形的角柱和由悬鱼雕刻组成的饰带以及长方形的小窗元素，同样出现在北京天宁寺中一座纤细却稍高大一些的小型塔上。这座小型塔的基座已经严重风化，上方有六层塔身和砖制塔檐，塔顶的露盘为双层向外打开的花萼形。它们同附近雄伟壮观的隋塔形成了鲜明的对照。

北京平原上的一座更为纤细的宝塔同样也有六层塔身，就位于通向西山的路上，大约 15 米高。它有一个高大的卢舍那座，前面上券门和长方形窗交替出现，叠涩檐线条分明。北京西北方向的著名寺院大觉寺位于西山中，距离它不远伫立着两座天宁塔——大工塔和小工塔，在此我们对这两座宝塔不作赘述。北京西部的山坡上还伫立着一座挺拔

图 111 北京先农坛附近的六角天宁宝塔

图 112 北京房山姚广孝塔[①]。宝塔为明洪武时期的著名国师所建，他也是皇帝的友人，位于长辛店以西约 30 千米处

---

①姚广孝塔位于北京房山区青龙湖镇常乐寺村。——译者注

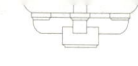

图113 北京房山姚广孝塔。程尧拍摄，2021年

的宝塔，如今处于一片碎石中间，这些碎石可能是以前伫立于此的其他建筑物倒塌后的遗迹。

　　人们为何建造这些宝塔，目前还不得而知。而有一条线索目前是确定的，北京西南群山中的北岭中有一座纪念大臣的宝塔，位于长辛店以西约30千米，长辛店是房山良乡以北的一个小村庄，就在北京到南口的铁路线上。拍摄这张照片的蒙特尔曾说，这座宝塔位于一位著名的僧人和政客的墓地之上，他是明太祖朱元璋的朋友。据此人们可以推测，这座宝塔建于1400年左右。

　　宝塔共有八层塔身，攒尖顶上有非常精致的塔刹，高高地指向天空，令人印象深刻。从石制牌楼处望向宝塔，风景如画，这一美景能够唤起人们虔诚的心情，这在北京周边地区是独有的。

　　北京附近还有一座天宁式的墓塔，是平原上远远就能看见的参照物。主塔立于一个宽阔的平台之上，基座朴素、低矮，没有特别的结构，主塔层中有一间塔室，高度被大大压缩，上方的六层塔身与其他的宝塔相比要高出许多，整座宝塔的结构反而更像一座叠层塔。同样，我们也没有关于此塔的详细资料。然而，如同戒台寺塔林的布局一样，这座宝塔也是墓园大大小小宝塔中最高的一座，墓园中还有小型的喇嘛塔。所有宝塔的位置都十分有规律，整体被矩形的围墙包围。这样的景象时常出现在北京周边和河北北部。通过观察这一区域以及通州的塔林，可以说天宁式的宝塔已完全融入整片景观之中，成为景色的一部分。

图114　北京附近的墓塔。赫洛德拍摄

「第五节 天宁式的变体」

我们至今介绍的所有天宁塔案例的主要特征几乎都属于典型的天宁式,如同最经典的案例——北京天宁寺宝塔所展现出的那样。然而在宝塔的结构和造型中会发展出一些巨大的差异,甚至出现特别的类别,似乎与当地的景观风水有所关联。人们在天宁式宝塔基本的元素中融入了自由的艺术元素,宝塔的轮廓、结构也随之发生改变,常常只剩下最主要的特征。甚至还有一些变体会逐渐发展成叠层塔或典型的层塔,在这种情况下不能否认它们的一些元素来源于天宁塔,或者与之有些相似。最重要的主塔层这一概念被保留了下来,有些时候变为双层甚至是多层堆叠在一起,也就发展形成了层塔。另外,卢舍那座的作用也仍被保留了下来,直棂窗、层层塔身和塔冠这些能够体现天宁塔特征的建筑构件会被简化,甚至被省略掉一部分。正是在变化的过程中,一些至关重要的基本特征变得更为清晰明了,我们感受到了建塔工匠们在艺术创作中的自由,他们与委托建塔者共同创造出了多种多样的宝塔形式。所以,除了一系列经典的天宁塔案例,研究它们的变体也是很有必要的,同时它们也能同中国其他地区的宝塔建筑有机地联系起来。天宁式宝塔的变体同样也仅出现在北方地区。

一、四座非典型的宝塔

宿县早期称宿州,位于安徽北部,在津浦铁路线①上。宿县的水光塔似乎是中部省份中迄今为止唯一一座重要的天宁塔案例。徐家汇博物院收藏的宝塔模型是仅有的资料,宝塔平面为八边形,高 31 米,基座出奇地高大,没有任何装饰。徐家汇博物院收藏的水光塔模型中使用的是一个早期的基座,中间可能有过损坏,但高度比例应该是无误的,整座宝塔异常纤细。主塔层直接落于基座之上,同样十分纤细,八面高大的墙壁上装饰着浮雕,看起来像是道教中的人物形象,这可能是为了表明宝塔在风水上的作用。上方的六层塔身、塔顶的造型十分常见,露盘呈双层花萼的样式,上方有一葫芦状的塔刹。

图 115 安徽宿州(宿县)的水光塔。见于《徐家汇博物院宝塔模型收藏》,第 10 页,第 28 张图

---

①现京沪铁路中段。——译者注

天多宝塔位于保定府西南的望都县以西的天多村①，也就是今天的河北省内的一段铁路线旁，其上半部分是一座真正的天宁式塔，有着层次分明的基座、栏杆、莲花座、常见的主塔层，主塔层的转角处有经幢，表面刻有浮雕，主塔层上方共四层塔身，塔顶有双层花萼及塔尖。奇特的是，这一完整的宝塔结构落在一间高大的八面塔室之上，塔室比上方的基座稍大一圈，并通过一圈坡屋檐与之相连在一起。高大的基座之上有一个拱门，形成一个壁龛或者曾是一个古老的入口。这种设计十分独特，给人留下了深刻印象。人们可以将下方的塔室看作一间墓室，出于一定的理由在上方另行建造了一座宝塔作为冠饰。宝塔的具体尺寸不详。这张照片收录在巴伐利亚②王储鲁普雷希特③的收藏中。

马兰峪的宝塔同样也有着不规则的基座。马兰峪位于河北东部，是清东陵附近的一个小村落，离长城不远。这座宝塔伫立在药王庙的西南部，药王庙本是佛教建筑风格，但是受到了道教的强烈影响。庙宇和宝塔都位于高处，可以远眺清朝的皇陵，它的位置与西陵附近的齐宁寺宝塔类似，清朝皇帝信奉佛教，才允许在这两处位置建造了宝塔。这座八边形砖塔的基座下半部分由光滑的石块垒成，层层向内收拢，呈阶梯状，上半部分由我们已熟知的饰带、叠涩和栏杆组成，基座上象征性地设置了卢舍那座，没有雕饰莲叶。这座宝塔最主要的特点是它的轮廓纤细。

异常高大的主塔层外表几乎是平整无装饰的，只有最下方有矩形的门和假窗，以及精致的角柱。塔身的外形引人注目，共六层，呈平缓的锥形，顶端有一颗巨大的宝珠，同时也是锥形的顶点。一件成功的建筑作品应既能引人注目，又是一幅能令人印象深刻的风景画。施托茨纳的探险队于1924年拍摄了一张优美的照片，我将其与我在1907年4月拍摄的照片做了比较。周边树木的树冠明显发生了变化，风景显得完全不同。宝塔的建造时间并不好推测，但是根据它变化的形式来看应该是辽代的建筑。

山西五台山明月池令公塔也有着不常见的外形。它是一座小巧的六边形砖塔，坐落在观海寺东台南部的山脚下。这座宝塔的塔身共有十层，向上逐渐收拢，塔身微呈梭形，下方的主体部分顶端有双层叠涩檐，由斗拱和呈弧线的屋檐组成，承托住上方的塔身。这一主体部分应当就是主塔层，在照片中却被掩映在一片草丛之中。整座宝塔的结构几乎由平整的砖制叠涩檐构成。宝塔的顶端结构丰富，由塔顶和宝珠组成。塔顶整体给人与喇嘛塔十分相似的感觉，尤其与浑源的宝塔很像。浑源就在北岳附近，在五台山的寺庙以北65千米处。人们可以发现，在稍偏僻的区域，人们建造何种形式的天宁宝塔是与当地的景观条件紧密联系在一起的。

---

① 音译，原文为"Tiento"。——译者注
② 德意志地区曾经存在的一个王国（1805—1918）。——译者注
③ 鲁普雷希特（Rupprecht von Bayern, 1869—1955），巴伐利亚王储，发表过一本关于东亚旅行的书籍。参见《东亚之旅回忆录》，慕尼黑，1906，共441页。

图116 河北遵化马兰峪塔。照片可能由魏格尔德拍摄于1924年

图117 河北遵化马兰峪塔。温湛庐拍摄，2021年

图 118 山西五台山明月池令公塔

二、三座有着圆顶和相轮的宝塔

有一小组八面的砖塔其下半部分与典型的天宁式宝塔造型相符，有基座、主塔层，上方有塔身，主塔层的转角也有雕有佛经的角柱。不过塔身只有两级，位于三圈平整的饰带之间，取代了塔檐。塔顶的结构也很独特，半球形的塔顶直接落在最上方的饰带之上，顶端被切去一小部分，又绕有一圈八边形的饰带，作为底座。其上是一个由砖砌成的相轮，中间凸起两端收拢，最顶端是层次分明的金属尖。不论是中国人还是日本人，包括文献资料中都常提到这种半球形的顶，被称为覆钵，有点像钟罩。这样解释通常可以帮助人们理解，不过只能使人们理解其外形而非实质内涵。这种圆顶与印度的墓冢有关，印度的半球形墓冢位于一个正方形或者八边形的平台之上，中央插有一根杆子，其在宝塔中就演变为相轮，分为两个部分，分别是用砖砌起的实心部分和顶端的金属尖。

将这种设计表现得最为明显的是河北南部顺德县西塔寺中的宝塔，西塔寺真正的名字是天宁寺。关野贞称，根据一篇碑文记载，这座宝塔建于元朝延祐六年（1319），它与顺德县东大寺中的大圣塔建筑风格相同，东大寺中有两座相同的宝塔。西塔寺宝塔的基座已经被毁，但是还能辨识出下方有一圈饰带，还设置了壁龛，与正定临济寺的青塔相同，其上部的饰带被完整保留了下来。栏杆上方是卢舍那座，由三排硕大的、绽放的莲花瓣构成，主塔层从莲花中"生长"出来。它上面的边缘部分装饰着一圈悬鱼，这种装饰在两层塔身中还会重复出现。人物塑像的脚下生长出三排紧紧相连的莲花瓣。基座顶端的檐角处悬挂着风铎，上方伫立着十二层的坚固塔身，由砖块垒起而成，中间宽，两端窄，塔身上方有一颗巨大的宝珠和一段新建的相轮，相轮上有五重圆盘，它们被关野贞称为水烟，最顶端还有一段刹杆，它是一根指向天空的精致尖针，好像可以直接与雷电相接。显然，这里曾经有过三颗宝珠，如今已经消失。整座宝塔可能高约 15 米。

易县双塔庵西塔几乎与上文这座宝塔一模一样。我们已经在前文中介绍过双塔庵中的东塔，一座典型的天宁式宝塔。虽然书中并未摘录鲍鼎的图片，但据此图片看来，西塔上带有相轮的实心塔顶几乎已成圆锥形，其铁制塔尖已经消失。刘敦桢在谈到易县西塔时推测，它与涞水县的一座经幢外形相似，可能建造时间相同，同属于辽代。不过这座宝塔也有可能建造于元代。

这种形式的宝塔还有第三个案例，只不过细节之处稍有不同，它便是蓟县观音寺白塔，位于河北北部，北京以东约 90 千米处，在通往清东陵的路上。这座宝塔敦实矮壮，不过仍比另外两座宝塔要高。它如同易县西塔一样，基座宽大，表面上只有一条饰带，主塔层上没有莲花瓣，底部只有一条横向的线条。上方的两层塔身的外形像是一个更高的基座，塔身上方有钟形的塔顶，顶端还有一个真正的印度式的尖顶，上方立有相轮。

这种奇特的冠饰使我们想起前文提到过的河南的第三个案例，也是我们最初研究的天宁塔之一，即彰德天宁寺宝塔。这座天宁寺宝塔上宽下窄的四层塔身以及宝塔顶端的喇嘛塔形塔刹最初建于隋代，如今我们所见的已是经过改建之后的结构。此塔历经多次改造，其中1316年的那次改造与安阳以北110千米处的顺德县宝塔的建造年份十分接近，后者建造于1319年。有一种可能是，元朝时期一些宝塔的高度被减至二层或四层。所以人们选择了喇嘛式的圆形或钟形塔顶，或是双重相轮，甚至如同彰德天宁寺宝塔一样，将整座喇嘛塔作为顶端的塔刹。易县和蓟县的两座宝塔的建造时间不详，可能建于元代前后。塔刹的梭形、圆形轮廓与藏传佛教的意义相符，还有些案例是在塔顶部分重复堆叠同样的元素，这部分被宽大的横向线条分隔。塔顶庞大的相轮引人注目，呈梭形或锥形，显然建造时期较早。我们在后文将此类宝塔单独列出，进行下一步的研究。

图119 河北蓟县观音寺白塔

天宁式塔 | 129

图 120 天津蓟州区观音寺白塔。姜淳继拍摄，2016 年

三、三座尖帽式宝塔

作为塔顶冠饰的一部分，相轮有时会被打造成尖帽形，在某些宝塔中作为独立的建筑结构出现，甚至会替代常见的塔身。通过整体外形的加高，圆顶被拉得细长，有时圆顶的中段还会稍向外凸，或是完全呈直线向上延伸。不过它仍具有塔层或相轮的特点，如同典型的天宁塔的塔身或冠饰一样。这种类型的宝塔中只有三座为人所知，我们将在后文进行介绍。可以看出，它们是仿照东南亚的建筑建造而成。正定花塔的基座上有着成组的华丽元素，也具有一定的东南亚风格。

这组宝塔中长辛店宝塔的造型最为简单。长辛店位于京汉铁路开往汉口方向的北京的下一站。宝塔位于村庄以西约 6.5 千米，伫立在一座小山坡上，其所在的寺院显然已经消失，只剩下极少数的遗迹。我十分感谢蒙特尔[①]在参加斯文·赫定的探险旅行时拍摄的这张照片，经在北京的艾锷风[②]博士转交给我。

宝塔有着典型的天宁式宝塔的特征，却有印度式的塔冠，它对我们后续的阐述，尤其是对那座奇特的正定花塔的介绍尤为重要。

基座和主塔层有着明显的天宁式塔的特征，比如天宁式的饰带、叠涩檐、拱门、直棂窗、华丽的斗拱叠涩主檐，但也缺失了一些重要的特征，例如栏杆和须弥座。不过宝塔整体给人的印象仍是明显的天宁式宝塔。

图 121　北京长辛店的宝塔。建造时间不详。蒙特尔拍摄于 1930 年

基座的顶端有八边形的叠涩檐，上方是高耸的塔身，在中国和日本，人们分别用"梭子"和"弹头"来形容此类塔身的外形。塔身被清晰地分为八层，外墙上雕刻出的小壁龛紧紧排列在一起，其中供奉了佛像。最上面的那一层塔身已经逐渐变化为几间分开的塔室。在其上方有一段收拢的结构，顶部一圈饰带之上便是一个扁平的圆顶，圆顶的位置上曾是露盘和塔刹。整座宝塔高约 30 米。整体轮廓线条流畅，雄伟壮观，基座和主塔层的轮廓为笔直的线条，塔身呈现出梭形，又与塔顶的圆弧优美地连接在一起。

[①] 蒙特尔（Gösta Montell, 1899—1975），人类学家，斯文·赫定的同事，斯德哥尔摩民族学博物馆负责人。参见《斯德哥尔摩人物传记大全》，第 25 款，1975/86，第 686—689 页。
[②] 艾锷风（1896—1971），德国美术史学家，厦门大学教授，后任教于北京（清华大学、辅仁大学）；1949 年成为夏威夷檀香山艺术学院管理员。参见皮埃尔·贾奎拉德（Pierre Jaquillard）：《纪念艾锷风》，《亚洲艺术》，1972 年，第 34 期，第 115—118 页。

图122 北京长辛店镇岗塔。程尧拍摄，2021年

宝塔顶部围绕着塔身核心的塔室具有印度风格，体现出宝塔建造时受到了印度和缅甸建筑的影响。人们不仅需要探寻这座宝塔的建造时间，也有必要调查研究不同建筑风格之间的联系。最有意思的是塔身之上的小小壁龛为何如此排列，每一层塔身都有16间，大小、位置各不相同。目前只在河南嵩岳寺的一座十二面宝塔和河北东部沿海的昌黎县的一座宝塔中见过类似的设计，因此可以推测它们在某些情况下可能同样也受到了印度建筑的影响。

这一类型还有一个类似的案例，是前文提到过的正定花塔。正定花塔位于河北中部，京汉铁路线旁，此塔十分奇妙，塔上有着独特华丽的装饰。我们从《中国佛教史迹》中了解到一些与它有关的内容，我们以这张华丽的照片以及书中的文字描述为基础，加上1934年我到访当地所做的研究以及拍摄的照片，以作补充。

图 123 河北正定广惠寺花塔。拍摄于 1903 年

图 124 河北正定广惠寺花塔。牛军利拍摄，2021 年

正定时至今日仍有四座宝塔，另外三座宝塔已经在《中国宝塔》（第一部分）的不同章节进行了介绍，每一座都属于不同类型。这座花塔原属于广惠寺，寺庙如今已经坍塌。一些碑文和地方志中记载了人们修建和修葺宝塔的日期，然而我们仍无法确定宝塔初建的具体时间。明朝三座源自不同时间的石碑，分别出自1548年、1553年和1584年，记载了宝塔早在魏或隋代就已建造，或者是建于唐高祖时期。宝塔中的一些白色大理石佛像具有唐代建筑的特征。佛像中一尊佛陀的头颅已经佚失，这尊佛像位于主体塔层的内部，面向南方，完美地展现了唐代雕塑的风格。另外两尊佛像位于第三层，直至今日仍保存完好，其中的一尊佛像附有开元十五年（727）的铭文。宝塔中应该曾经还有两尊佛像，总共五尊，所以在《徐家汇博物院宝塔模型收藏》中，这座宝塔又被称作"五佛塔"。

根据文献记载，宝塔于开元年间曾被修葺过，历史十分悠久。按照关野贞的推测，这座宝塔至少在唐朝初年已经存在。金朝皇统年间遭到严重破坏，在金朝大定年间重新修葺，后来再次逐渐倒塌，在明朝正统年间进行了大规模的重建。在多次修建过程中，宝塔原先的外形并未改变太多，虽然后期还经过了不断修葺，但如今可见的宝塔的主体结构基本应是源自那一时期。

宝塔的主体由两层八面塔层构成，底层的直径为11.7米。两层主塔身内有一圈内廊和一间中心塔室，上方还有第三层塔身以及高耸的塔顶，外形十分罕见，顶端为尖顶。宝塔总高在30米左右。底层位于一个高大的基座之上，如今已经严重风化，在东、西、南、北四个方向上分别设置了一个拱门，南部和北部均设置了高的台阶通向拱门。另外的四个斜面前方各有一间六边形的宽大塔室，与宝塔主体有机地结合在一起，它们位于主方向的拱门的两侧，将底座平台划分成四个部分。这些塔室多边形的内部空间通过拱窗与外侧相连，拱窗上可能曾经有图案，图案与内部的回廊有所关联。下方的主塔檐由三层层次丰富的斗拱组成，环绕所有的塔室一圈，斗拱上方的瓦顶和双重屋檐相对独立，再向上有四座露天的砖制小佛塔，小佛塔上还残留着古老的白色抹灰。这四座小佛塔围绕中央高大的塔身，形成了一个引人注目的群组。所以这一宝塔是中国早期少有的三座塔楼式宝塔①之一。

第二层塔檐样式简朴，简洁的屋檐较窄，上方的那一层塔身稍稍向内收拢，外墙上设置了四扇矩形的门，顶端也有轮廓清晰的塔檐，有一层瓦顶和两层檐口。上方的第三层塔身急剧向内收拢。这一层塔身之下有一个宏伟的须弥座，上面镶嵌着排排莲花瓣，以前这里有一个高高的栏杆，现已佚失。须弥座上还有一圈回廊，如同一座真正的天宁塔，凸显出最顶端的塔层。这一层塔层只设置了一扇矩形的门，另外三个正面只有三扇假门。这

---

①可能是作者笔误，指五座塔楼式宝塔。——译者注

一层是真正的主塔层，内部有一间塔室，塔顶就直接落于塔室之上。下方内部有塔室的底层和第二层看起来只是为最上方最神圣的空间所做的准备，不论是从建筑外形还是象征意义上来看，都代表着不断向上。这一圈环状饰带由两层斗拱和屋檐组成，上方是纤细的梭形塔身，它实际上代替了相轮，平面虽为八边形，但表面雕满了浮雕，使得宝塔几乎变成了圆形轮廓。

表面上的装饰已经逐渐脱落，但风格和内容均为典型的印度式。它们可能是在1447年改建时所造，不过图案具有更早期建筑的特点。转角处蹲坐了力士像，它们之间雕刻了无数个基台、佛塔、华盖、狮子、大象、各种各样的水生动物、佛像和天空之花[①]的图案，它们相互堆叠，造型和颜色让人眼花缭乱，光影效果在典型的中国建筑艺术领域很是罕见。从特莱斯科夫[②]提供的老照片来看，最顶层由斗拱构成的塔檐之上是锥形的尖顶，尖顶外轮廓又呈现出弧线，直到1901年上方还立有两个铁制相轮和三颗宝珠，但在《中国佛教史迹》中的照片上，这些塔顶的物件已经佚失。我在1934年考察期间，这座宝塔的状态已经不佳，与老照片中的建筑截然不同。

根据多处文献记载以及保留的图纸可以了解到，这座建筑上的图案本十分多彩。它的侧面被装饰成五种颜色，表面有八尊镀金菩萨像，装饰、支柱和斗拱多数是红色，墙面为白色。塔层的结构展现出与中国楼阁建筑直接的联系，这表明它的历史极其悠久，那时人们可能刚刚开始使用砖石垒砌建筑。特别是底层浮雕上的大型直棂窗、上层的中式假门假窗以及通体的浮雕，它们完全忠于古典的比例，甚至打破了底层通过拱门打造的新风格。从宝塔的平面、结构以及细节各方面来看，中国古老的楼阁建筑与新的印度式风格结合在一起，甚至形成了中印混合风格建筑，然而此类建筑形式后来并没有再次出现。上述几座宝塔的主塔层的装饰都具有相似的印度元素，所以可以推测，也许人们还建造过一些这样的宝塔，不过应当都是在北方地区。

八边形的房山北塔位于北京西南的云居寺中，也被称为西域寺北塔。前文在介绍典型的天宁式宝塔时，出现过同一寺院中的天宁式南塔。喜仁龙最先向世人介绍了北塔[③]，后来《中国佛教史迹》一书也对其进行了详细研究。它的建筑结构并不规则，尖帽形的塔顶如同前文所说的另外两座宝塔一样，有着不同寻常的造型。

宝塔有两层主塔层，每层的四个正面上分别设置了一扇拱门，四个斜面上各有一扇长方形直棂窗。每一层都位于叠涩檐之上，未饰栏杆，顶部的叠涩檐层次丰富，瓦顶为斜坡。根据喜仁龙拍摄的照片可以看出，层次分明的基座分为两部分，由底座和束腰构成。底

---

① 天空之花，指曼珠沙华，被佛教视为天界之花。——译者注
② 特莱斯科夫（H. Von Tresckow）于1904年前后拍摄了此塔的照片，无其他资料。
③ 喜仁龙：《5—14世纪中国雕塑》，布鲁塞尔，1926。

座又被分成两部分，基座柱脚和饰带。柱脚由顺砌砖层建造而成，上方是一根平整的饰带，由光滑的陶土板制成，它们完全相同，紧密排列在一起，精细地雕刻了小小的佛塔图案。这些佛塔从莲花座中生长而出，上方仍有莲花和宝珠。光滑的表面上刻满铭文，字迹优美。根据喜仁龙的记载，铭文中包含了为这座宝塔捐赠财物者的姓名。为了纪念这些善人，在建筑的座脚处留下了一处庄严而宏伟的凿雕位置。

图125 北京房山云居寺北塔　　　　图126 北京房山云居寺北塔。王泓博拍摄，2021年

陶板饰带上方是两层圆盘，被斗拱饰带和莲花瓣包围，据推测形成时间较早，应是最初建造后留存至今的。三层高的嵌板表面有着藤蔓叶片装饰，风格奇特，顶端是扁平的斗拱，只作装饰，并无承重作用。八边形的每一个面上都有三个壁龛，壁龛上有印度式的门楣，每个壁龛内蹲坐着一只狮子，面朝外侧，狮首凸起于浮雕之上。这一元素可能是北京天宁寺宝塔中狮子饰带的前身。在柱脚和宽大的饰带之上是庞大基座的束腰，同样有一圈饰带，每一面上有三个壁龛，外轮廓呈裂片纹。束腰被佛教建筑中常见的壁柱分隔，每一块都满满装饰了人物浮雕，佛陀、神仙、猎人、武士，极为生动。转角处有简洁的力士像，托住上方的水平线条，类似北京的天宁寺宝塔。上一层饰带的斗拱间的空隙中

同样有着造型生动的浮雕,一名骑士骑着麋鹿或者鹿正在飞奔。这种少见的造型并不是初建时造就的,而是后来修葺时仿照古老元素所造。

据此喜仁龙认为,这座宝塔最初的建造时间是在唐睿宗时期,平台上围绕宝塔的四座小佛塔应当均造于公元711—727年间。关野贞认为这座建筑显然经过后期的重建,现存的建筑源自辽代。不过人们应当只是替换或修缮了外部的一些建筑构件,宝塔的整体结构和大体外形应当还是依喜仁龙所见源自唐朝时期的原貌。

现在再来看一下两层主塔身的墙面。它看起来像是模仿古老的木结构建筑,框架结构看起来古老、粗犷,包围着直棂窗,几乎没有其他宝塔有着同样的形式。北京天宁寺宝塔的窗户下方有直棂线条,这是最初建于隋代的那座宝塔的为数不多保留至今的构件。在房山云居寺北塔中也有类似形式的装饰。

这座宝塔各级塔层的墙隔上清晰地展现出它是仿照古老的木塔所建,特别是其中的直棂窗。在所有的天宁塔中,这座宝塔是至今为止最为闻名的,能让人们直接看出早期木塔元素的范例。宝塔的墙面上设置了拱门,直接嵌在墙面之中,让人意识到这是一座砖石建筑。宝塔的基座和两层主塔层和谐一致,但上方的结构却十分奇特。它虽然自然地嵌入下方建筑的轮廓之中,但是完全不像中式建筑,而且几乎找不到任何蓝本。它与典型的大型宝塔的结构相矛盾,就算与后期的喇嘛塔没有关联,也一定与印度早期的建筑风格有关。可以确定的是,上方的结构与印度古老的窣堵坡相似。最下方是一个纤细却层次分明的基座,每一面上都有两个佛龛,转角处有小型花瓶状壁柱。基座上是三层八面塔身,也可以被看作是象征了三层莲花瓣,在这之上是一个被拍扁的球体,通过一条边线被分成两部分,在这座宝塔中象征着最神圣之处,类似墓冢和气泡,因此它位于象征性的莲花座之上。在这个扁球体之上又是一个八边形的基座,基座之上是整座宝塔的主体,共八层,整体类似锥形,如同一座钟。顶端有一个八边形的露盘,露盘上是一个圆弧结构,类似喇嘛塔中的构件。顶端最顶尖

图127 北京房山云居寺北塔

的部分是一个华丽的莲花座，由三层莲花瓣构成，上方有一颗宝珠，或称之为火珠。结构的堆叠在基座和主塔层中体现得十分明显，不仅两层主塔层均作为神圣之处存在，整座宝塔中也重复出现了象征气泡的球体结构、圆弧形的喇嘛塔和宝珠等圆形构件。恰恰是这些重复堆积的元素和新的造型使我们可以通过另一种方式对其进行解读，它们首先出现在混合型的宝塔形式中，其内涵与后来出现的藏传佛教的基本思想一致，它们在早期出现证明了这种思想在早期已潜伏在民间。

这座建筑的建筑风格十分独立，显然因为融合了各种外国的风格，阻碍了后来中国人效仿它继续建造其他宝塔。这也显示出，根据建筑的外形和结构来确定宝塔的建造年份十分困难。不过人们最后可以得出结论，这些天宁宝塔的变体与我们前文介绍的最庄严的北京天宁寺宝塔有所不同，主要建造于隋代和唐朝初期，后代不断按照最初的样式进行修葺或重建。

四、山东和甘肃的六座宝塔

作为这一系列的结束，我们将介绍一组天宁塔的变体，它们可以被看作是天宁塔的分支，根据某些特别的细节或观念才将它们归类于天宁塔中，同时也可以被看作是其他类别的宝塔。这几座宝塔均位于山东北部海岸线上的芝罘附近。我十分感谢长期工作于此的史米德[①]先生提供的照片和详细的资料。

芝罘，也就是福山烟台，以前隶属于登州。芝罘的老黑塔距离码头约 7 千米，位于有着迷人山间风景的龙王庙附近。它只有大约 8 米高，但是独特的砖制外形令人过目难忘。徐家汇博物院收藏的宝塔模型很好地展示了宝塔的大体结构，尽管模型的一些细节部分不是很准确，但是模型的照片还是能帮助我们了解这座宝塔。它由四个部分组成，层次分明，每部分都有一圈塔檐。宝塔上下各部分均为八边形，虽然每部分的墙面尺寸大小不一，但都被灵活划分为一些格子，上下统一。基座有三层，其中两层较矮，一层高；第一层主塔层看似两层，实则也有三层，最下层中间设置了壁龛，壁龛顶端有尖拱；第二层主塔层同样被分为三层，最下方的较高，上面两个更加细长。最顶层的部分十分低矮，塔檐上方塔顶如同皇冠，由一个半球形顶和宝珠构成。两层主塔层虽然被一圈凸起的装饰线条隔开，还被划分成小格，但是在整座宝塔中仍然是视线焦点，与被分成两部分的房山云居寺北塔相似。

---

① 史米德（C.W.Schmidt），德国商人，1900 年左右来烟台经商，烟台外国丝绸协会（Chefoo Foreign Silk Association）理事，1932—1941 年任该会副会长。——译者注

这里的小格类似浅浅的壁龛，砌砖技艺精巧，是一种早期的建筑元素，在我们介绍的河北的第一座天宁塔中就已经出现，但也是山东宝塔特有的特征，神通寺石塔的基座中也有类似的浅浅的壁龛。芝罘老黑塔的建造年代很难考证，但据其名称中的"老"字可以推测其历史悠久，而且根据砖块简单但经过巧思的叠砌方式可以判断，老黑塔应建造于元代以前。

图128 山东烟台芝罘老黑塔。见《徐家汇博物院宝塔模型收藏》，图8，翻拍自芝加哥菲尔德自然历史博物馆

芝罘的白塔位于老黑塔南部约8千米处，它阶梯状的外形表明其也属于天宁塔的分支，在这里不作赘述。宁海县①还有一座砖塔，位于芝罘东南，仿照老黑塔而建，造型经

图129 山东烟台芝罘的老黑塔

过简化，大概只有5米高。塔檐间的主塔层同样被分为三个矩形的格子，清晰可见。宝塔的塔顶十分独特，矮墩形的塔顶上方有冠饰和双层宝珠，使整座建筑完美收尾。

同一地区还有另一座宝塔，形式已从天宁式变化为层塔。这座八边形的天宁塔位于宁海县东门前，高约30米，由砖块和赤陶建造而成。基座之上的主塔层高大简朴，主塔层上是细长的塔身，共十二层，各层高度自下而上逐渐变低，顶端是纤细却华美的塔刹，

---

①宁海县，原山东登封府宁海州，现山东烟台市牟平区。——译者注

带有宝珠。它与开封铁塔相似,开封铁塔已在琉璃塔的章节中有所介绍。不过宁海县这座宝塔高大的主塔层具有天宁式宝塔的特征,而且十二层塔身也符合这一类宝塔的特点。下面的七层塔身设置了圆拱壁龛,其中有神像,墙壁上还有对开的浮雕门扇,在各层的八面墙壁上交替排列,也突出了天宁式宝塔的特点。

图 130 山东登州府宁海州东门前的宝塔

图 131 山东登州府宁海州东部的宝塔,也就是所谓的"狗塔"

图 132 山东汶上宝塔。图片出自《徐家汇博物院宝塔模型收藏》第 6 页 56 号汶上宝塔:"编号 130395,山东省兖州地区汶上县宝塔,共十三层,塔身向上逐渐收拢,高约 100 尺。每一层均有四扇打开的窗户。宝塔建于后晋时期(936—947)。第一层、第二层和最顶层均被设计成双重檐顶。"

天宁式塔 | 141

如同开封铁塔一样，这座宝塔的历史可能也可以追溯至宋朝初期，它的结构优美，值得人们更进一步研究。它将天宁式宝塔的思想融入其外形之中，有些级塔的案例中也有这样的特征。根据宝塔的主要结构以及形式，我们可以将这些范例当成天宁式宝塔的分支。在某些案例中，我们已经阐述过这些不同形式之间的联系。尽管没有照片，但是在这里我还想补充两个八面宝塔的案例，它们均出现在《徐家汇博物院宝塔模型收藏》中。一个是山东兖州的宝塔，有十三层，据说超过50米高。两层主塔层一层高大、一层低矮，上方另有十二层低矮的塔层。还有一座是甘肃伏羌①的东山塔，上方是高大、光滑的塔身，下方没有基座，底层被看作是主塔层，实际上其中隐藏了一间塔室。上方的塔身共八层，各层之间由双层简朴的横向线条分隔，自下而上高度逐渐降低，顶端十分纤细。

图133 山东柳埠九塔寺宝塔。距山东济南府55千米。喜仁龙拍摄，照片编号520

①伏羌，唐代旧县名，治所在今甘肃甘谷县，1929年改名为甘谷。——译者注

图 134 山东柳埠九塔寺宝塔。查杉拍摄,2019 年

天宁式塔 | 143

第六节 天宁式塔的分支——层塔

一、普遍特征

从前文论述的众多天宁塔，特别是在第五节天宁塔的变体形式中可以看出，主塔层毫无疑问具有极其重要的地位，在设计中会被凸显出来。天宁宝塔中，主塔层位于高大、独立的基座之上，北京房山云居寺北塔的基座有两层主塔层，山东芝罘老黑塔的主塔层虽然形式不够精致，但是层数较多，而在宁海细长的宝塔和甘肃甘谷的东山塔的案例中，人们将"主塔层"这一概念运用在塔身的其中一层上，各层高度有所变化，从而形成类似叠层塔甚至是层塔的样式。这样的转变让人联想到层塔，层塔的最初起源其实是人们熟知的中国古老的木制多层楼阁建筑。人们不仅要考虑外观，也需要考虑宗教需求，所以便将完全不同的天宁式宝塔和层塔的形式融合。

层塔中通常有许多祭坛、画像和圣物，在大多数情况下层层都有，信徒怀着敬畏之情，一级一级向上攀登、祭拜，直至最高处。早期有无数的文献资料可以证明这一点，我在1934年考察镇江金山的宝塔（它当时已完成重建，被修葺一新）时，在旺盛的香火中注意到了此类结构布局。在北方伫立着数以百计的天宁宝塔，它们的造型令人印象深刻，但大多仅是象征性的建筑，人们并不能进入宝塔内部，并不能满足僧侣以及百姓的宗教祭拜需求。不可避免的，人们希望将这两者有效地结合在一起，所以将原先只存在于唯一的主塔层中且只具有象征意义的"圣物"分散摆放在各塔层中，塔层也均可进入。

与此同时，人们也将天宁塔优美、清晰的结构运用在层塔建筑之上。塔身被分为多级低矮的塔层，其中供奉佛像，同时越来越多的层塔中出现了天宁塔的元素，尤其是带有栏杆和卢舍那座的华丽基座、八边形塔身的主墙面和斜面上交替出现的拱券门和直棱窗、塔顶砌起的宏伟圆顶，以及最顶端的露盘或是火珠，有时上方还会有一段样式简洁的刹杆。其中，各个单独的元素，特别是基座之上的装饰，有些案例中华丽精致，有些案例中却只是简要带过，至于宝塔入口的问题，在不同案例中也有不同的解决方法。从建造时间上来看，这并不是一个逐渐发展的过程，此类由天宁宝塔演变而来的或是融合了天宁式塔元素的层塔在很早期就已出现，与典型的天宁塔形式存在于同一时期。其中著名的案例可能几乎都出自辽金时期，同样也都位于中国北方地区。

从艺术的角度上来看，塔层结构的美感和律动感以及各个完善的细节却使这些宝塔在视觉观感上存在一定的矛盾。第一眼看上去，它们是典型的层塔，但细看却存在问题。带有卢舍那座的基座作为"花萼"支撑着上方雄伟的建筑，显得十分脆弱，设置在塔外的楼梯会将连贯的基座打断，十分不自然，可若不设楼梯，人们就只能通过梯子进入塔中，这样一来基座也会被严重破坏，因此人们希望进入宝塔内部祭拜的目标也难以实现。塔身斜面上的假窗源自只具有象征意义的典型天宁塔形式，天宁塔的主塔层是完全封闭的，但设置在雄伟的层塔中并不合适，假窗无法将阳光引入宝塔内部。上方的层层塔檐可以为设置环绕塔身一圈的狭窄回廊提供条件，但如果设置假窗，回廊也就毫无意义。同典型的天宁塔比较之后可以得出结论，所有的细节，特别是经过设计的基座，都蕴含了大量的象征意义和建筑学意义，运用了最为精细、和谐的比例关系使整个宝塔的所有构件都和谐一致，但是一定要有一个最中心的主要元素，也就是主塔层。在这一组层塔案例中，人们将主塔层这一元素进行重复，反而降低了它本来的意义，宝塔整体的样式又并不是完美的层塔造型。尽管如此，这些带有天宁宝塔元素的级塔有它自身的魅力，伫立在城市或山水之间，雄伟壮观，令人印象深刻。

这一类型的宝塔，即作为天宁式宝塔分支的层塔，并没有很多广为人知的案例。在《中国宝塔》（第一部分）第二章第一节的末尾，我们已经将一些案例作为粗壮的级塔加以论述，因为其造型也有可能由级塔演变而来。但是根据刘敦桢在1935年6月出版的《中国营造学社汇刊》（第五卷第四期）中发表的最新调查报告，涿县至少有两座宝塔也属于这一类型，应进行进一步研究。另外，这组宝塔案例有一个值得注意的蓝本，就位于易县；还有一座宝塔属于其后期的分支，位于东北地区的辽宁，它的图片摘引自同一期中鲍鼎的一篇文章。还有一个案例位于北京西南方向，最后我们将以独特的绥远宝塔结束本节，绥远宝塔会将其中的联系清晰地展现出来。

二、易县和涿县的三座宝塔

易县的白塔院已经消失在历史的长河中，目前的遗迹几乎只剩下千佛塔了。千佛塔位于西门外约300米，易县主街的北侧。宝塔共三层，全部被涂成白色，所以也被称作白塔。这三层塔身无论是高度还是塔檐，都与木塔十分类似，在塔身斜面的直棂假窗周围还仿照木制框架进行了雕刻。四个正面上的拱券门位于短横梁之间，横梁现已佚失。砖制斗拱样式华丽，只向外挑出了一点，上方的塔檐覆盖着瓦片。上两层的门洞下方也绕有一圈斗拱，尺寸不大，同样只凸出外墙一点点。各墙面中轴线上的斗拱组合在第一层和第二层旋转了一定角度，第三层垂直于墙面，各角上的斗拱位于角柱和穿过角柱的横梁之上。

整座宝塔最独特之处是典型的天宁式基座，有斗拱、栏杆，以及由花格与浮雕组成的饰带，基座中简单设置了卢舍那座，不过后来经过翻修，如今已经变为光滑的墙面了。宝塔南部有一露天的楼梯，打断了基座的连续结构，通向宝塔内部。宝塔内部有一根中心支柱，支撑着巨大的实心莲叶塔冠、塔顶和短短的塔刹。中心支柱的内部还有一段楼梯通向二层，入口位于东北方向。这段楼梯的高度看起来仅供通行，尽头有一扇小窗，其位于西南方向。在小窗这里有第二段楼梯通向北部的出口，二层通往三层的楼梯也是同样的结构。宝塔内部曾经装饰着306块石雕画像，墙上还有360幅浮雕画像。除了一座造于明朝嘉靖年间（1537）的铜制佛像，其余造像均被盗走。据推测，整座宝塔的高度有110英尺，大约33米。刘敦桢根据文献资料推断这座宝塔建于北宋或辽代，也就是在1000—1100年间。

涿县距离易县不远，前文我们已经研究过普寿寺中的一座典型天宁塔。而在涿县还伫立着两座雄伟壮观的级塔，在《中国宝塔》（第一部分）第二章第一节中我们将其归为级塔中。现在根据新的图片资料和刘敦桢的调查研究，我们将在这一章节中更加详细地论述这两座宝塔。

图135 河北易县白塔院的千佛塔及其基座的局部

两座宝塔相对而立在城市的东北角是十分壮观的古迹,位于北部的宝塔共六层,南部的宝塔有五层。除此之外,它们几乎完全相同,但是各自分属不同的寺院,可惜寺院中的其他建筑已经完全消失。南塔属于智度寺,与北塔的建造时间应当十分接近——北塔建造于1092年。

智度寺宝塔的墙面是常见的造型,真实的拱券门和虚设的直棂窗交替排列,只有底层的拱门被砖砌实。墙面上有扁平的壁柱,壁柱间是矩形的嵌板,形成框架,只有窗户下方还有短短的条状浮雕,浮雕上可能曾经有着与北京天宁寺宝塔相似的图案。五层塔身自下而上强烈收拢,各层墙面竖直于地面,宝塔的外轮廓没有曲线变化。双层叠涩将各级塔身分隔开,两层叠涩之间是覆盖了砖瓦的圈檐,整体只向外挑出一点,也只有檐角向上挑起。所以整座宝塔的轮廓紧凑,顶部有一个较大的宝珠,使整座宝塔显得更加敦实。宝塔南部凸出的部分可能曾经是向上的台阶。高高的砖制基座表面光滑,罕见地没有装饰。

此外,各个部分之间有竖向的接缝,松动地垒砌在一起。墙面上固定有高大细长的浮雕板,上面雕刻了优美的佛像,很明显是后来增加上去的,与墙体并不是同时建造的。这不禁让人推测,这里可能曾经还有另一座真正的天宁式宝塔的基座,后来因为有倒塌的危险而被拆除,代之以这座平整、外表简单朴素的基座。另外,人们安装在这里的古老浮雕板可能是从其他位置上拆下来的。

另一座姊妹塔的基座结构更加印证了这里曾存在过另一个基座的推测。这座伫立在对面的云居寺北塔共六层,比智度寺宝塔雄伟高大许多,整体轮廓微微隆起,显得生动活泼。刘敦桢认为智度寺南塔的轮廓呈直线,很不好看。对于这一观点可以说是仁者见仁,智者见智。如同南塔一样,北塔的南面也有一块凸出的部分,这里可能曾经也是一个入口,因为在宝塔基座的上方、中轴线上最底层的拱门处还可以看到台阶的残余部分。这个有着古老元素的基座大部分还是被保存了下来,比如下方装饰上的小小圆柱的上面有紧凑的叠涩檐以及精致的栏杆,栏板上有浮雕饰带。卢舍那座上雕刻着一个巨大的叶状花饰图案,如今已被磨平,以前这里可能雕刻了一排排莲花瓣,或曾有此设想。基座的下半部分能看见明显的修缮痕迹,其被砌上了平整的砖墙。所以,这座宝塔有着天宁式宝塔的一些主要特征。

关于宝塔的建造时间并没有直接的文献资料。刘敦桢依据建筑的外形判定宝塔的大部分建筑构件源自辽代。他还在一本辽代的关于涿县寺院的专著中看到了以下内容:根据一块石碑记载,宝塔建造于辽道宗大安八年(1092),于金朝正隆五年(1160)进行了修葺。刘敦桢认为这一时间点是准确的。

图 136 河北涿县智度寺南塔 　　　　图 137 河北涿州智度寺南塔。牛军利拍摄，2021 年

西洋镜：中国宝塔 Ⅱ（上） | 148

图 138 河北涿州云居寺北塔。牛军利拍摄，2021 年　　　　图 139 河北涿县云居寺北塔

天宁式塔 | 149

三、辽宁、蒙古地区和北京的三座宝塔

在这一宝塔类型的分支中,辽宁白塔寺的白塔更进了一步。这座宝塔具体的位置不详。鲍鼎拍摄了宝塔的照片,并针对宝塔结构写下了简短的注解。这座宏伟的宝塔共七层,各层自下而上向内强烈收拢,层次分明,由塔檐分隔,各层四个正面上分别设置了一座拱门。墙面由壁柱划分为几个部分,与西安大雁塔的风格类似,壁柱之间镶嵌着大门。四个斜面上也有虚设的门窗,同样通过壁柱分隔,壁柱之间还设置了独特、细长的壁龛,末端为半圆形,为整座宝塔带来了十分立体的视觉效果。这座宝塔中完全没有设置直棂窗。宝塔坐落于两层庞大的基座上,上层向内收拢许多,由于曾重建过,所以砖制表面十分平整。整座宝塔近年来常常被翻新修葺。在宝塔的南面、距离基座不远处有一个拱形大门,是一个被外墙环绕的前院的入口,而前院的另一端的中轴线两侧有楼梯通向宝塔南侧的券门入口。

东北地区还有一座与这座宝塔十分相似的建筑,即察哈尔的白塔,我们已经在《中国宝塔》(第一部分)第二章第一节的许多级塔中进行过介绍。这座宝塔敦实而宏伟,与辽宁白塔非常相似,包括塔顶的外形,不过这里的塔顶可能是由金属制成。尤其是照片中还能些许辨认出通向底层的楼梯。

这一系列就先暂时介绍到这里。不过在介绍最后一座极为重要的宝塔——绥远宝塔之前,作为过渡还有一座宝塔需要介绍,即北京西南的长辛店层塔,它位于良乡县东北方向。书中也已经提到过这座宝塔,在介绍《中国宝塔》(第一部分)宽大级塔的章节中展示过方萨格里夫斯所拍摄的照片。然而基于我们目前最新的研究,在此有必要将这座宝塔归于天宁塔变体中再次进行阐述。

照片上的宝塔只能看见上方的五层塔身,与涿县的两座宝塔的造型设计十分相似。不过长辛店的宝塔尺寸明显要小一些,整体结构也被简化了。每一层塔身上方均有双层饰带,除了转角处的斗拱。八边形塔层每一面墙壁上的每一层饰带上还另有两朵斗拱,这些斗拱不论是在水平方向还是垂直方向均呈直线排列,十分整齐。八面墙壁中央均没有壁柱装饰,只有转角处有壁柱,上方有浅浅的横梁浮雕将简单的圆拱围绕在墙面中央。在宝塔中央的墙体内部可以看见置于壁龛中的佛像。宝塔中央一定还有楼梯通向上方。塔顶明显是由砖块垒砌而成,砖层从最顶端的塔檐开始,如同攒尖顶的形式向上收拢,聚拢之后向上伸出一根矮柱,矮柱之上才是真正的冠饰。转角处有八片硕大的叶片,上方是由圆环和火珠构成的饰带。每一层塔身的双层坚固饰带之间原本各有一圈塔檐,由木椽和砖瓦支撑,如今已完全消失,所以才能清楚地观察中央塔身上的结构。主塔檐之上的砖层是斜砌的,外表平整。砖层是上方塔檐的基础,塔檐的木椽就插在墙体上预留出

图140 北京长辛店宝塔。拍摄于1931年

图141 北京长辛店宝塔

图142 北京房山良乡昊天塔。程尧拍摄，2021年

天宁式塔 | 151

的洞眼中。后来，人们显然将这些洞眼封了起来，之后也不曾修缮过上方的层层塔檐。我们可以看见的第一层塔身下方必然曾有过基座，如今已无法辨识，所以对于其结构也不再赘述。

距离宝塔不远处伫立着一尊铁制佛像，可能是原先一座庞大寺院仅存的遗迹。塔檐消失之后，人们可以根据宝塔塔身的基本形态进行判断，各级塔层自下而上稍稍向内收拢，却因为其纤细的外观和优美的比例使之看起来十分优雅。长辛店的宝塔属于层塔中较为特殊的一类，这一类型从天宁式宝塔的风格发展而来。

四、绥远白塔

绥远的白塔（万部华严经塔）建于金朝初期，就在金朝开国皇帝金太祖天辅年间。①这座古迹初建时的外形仍被基本保留了下来，这对我们了解辽金时期的天宁式宝塔，特别是这一形式如何向层塔变化有着不同寻常的意义。在最近一次中国考察之旅中，我在1934年10月偶然发现了这座宝塔，并对其进行了详细地记录。我在1938年出版的《东亚杂志》（*Ostasiatischen Zeitschrift*）第24辑第6册上发表过一篇关于这座宝塔的详细文章，下面将对之前的那篇文章再做一些补充，增加了一些旅途中的所感，特别是增加了一系列照片，当然还有宝塔的历史，这具有极其重要的意义。

图143 绥远白塔的侧面图，以及自南侧延伸至西南侧的围墙

图144 绥远白塔。草原上的人们正朝着宝塔的方向漫步

---

①相传该塔建于辽代，曾为辽代丰州古城中的重要建筑。——译者注

图 145 内蒙古呼和浩特白塔。查杉拍摄，2021 年

历史地位

　　白塔建造于中国北方被游牧民族统治时的重要时期，准确来说应是女真族逐渐掌权的时期。在 1115—1234 年 100 多年的时间里，女真族统治着黄河流域以北的大部分地区以及黄河以南直至长江流域的部分区域。在其之前的契丹族建立的辽朝在公元 936①—1125 年的近 200 年间统治着东北地区、蒙古地区，向南直至北京在内的地区。辽朝于 1125 年被女真族所灭，最后一位皇帝为天祚帝。女真族的首领完颜阿骨打自 1100 年起就跟随其父准备脱离辽国的统治，于 1114 年起兵反抗辽国，1115 年称帝，建国"大金"，是为金太祖。接着，他占领了辽国的五京——于 1122 年攻陷辽国的南京幽都府，也就是今天的北京附近，以及东部的永平、卢龙和西京大同。所有的这些都发生在金太祖天辅年间。他的继位者金太宗，于 1125 年迫使辽国迁向遥远的西部。金国与之前的辽国一样，是在中国的历史上被承认的北方政权。与此同时，金太宗向南扩张，攻占了开封，北宋灭亡。1127 年，南宋政权在应天府（商丘）成立。由于金兵不断入侵，南宋政府先是迁到了扬州，后来继续向南，跨过长江迁都临安（杭州）。开封很快成为金国的都城，被称为汴京。

---

① 公元 936 年，石敬瑭割让幽云十六州给辽国。——译者注

天宁式塔 | 153

图 146 绥远白塔的东南侧面图。莲花座、底层和二层为主要塔身，上面有塑像装饰，在这之上另有五层。宝塔现高 46 米，据推测，过去总高可能达到 56 米

图 147 与绥远白塔相关的中文文献

録歸化縣志

白塔下有石香亭柱刻金天輔年號在廳東故豐州城即白塔村朔平府志華嚴經塔亦白塔寺石柱題字天輔中立

白塔

在站東南七里塔周三十六步高七層遠望如匹練垂空不見巔際登臨眺望目窮千里張鵬翮漠北日記云十七日行四十里有廢土城周圍可五里側有浮屠七級高二十丈蓮花為臺砌人物斗拱較中國天寧寺更巍然内藏篆書華嚴經萬卷拾級而上可以登頂嵌金世宗時閲經人姓名俱係漢字平章登二層取識喇嘛經二葉横書蒙古字無有識者仍返原處土塔寸許有數枚剖視之或麥或穈云是念佛所積供入塔内者行數步有井甘冽今塔尚巋存四壁均頹敗不可登惟聞華嚴經尚存在云

辽国彻底灭亡之前，金太祖的统治范围已经扩张到黄河中游北段，直至绥远，也就是今天的内蒙古中部和南部地区。与此同时，黄河"几"字形的中段南部以及其西侧地区，也就是今天的内蒙古鄂尔多斯由西夏政权统治。西夏也曾是一个强大的政权，不过后来也臣服于金国。西夏政权后期，成吉思汗对其发起进攻，后来忽必烈统一了中国。不过我们所要研究的那个年代，金国不断拓展疆域，占领了长城以外的西北地区，正是如今蒙古铁路①经过的区域。与绥远白塔相关的一块石碑和地方志中均记载了天辅年间金国的统治区域。这一地区原属于内蒙古地区的边缘，后来逐渐被划走，到了清朝末期已经完全属于山西了。近代这一地区被重新划分，归属绥远。

白塔伫立于广袤的蒙古草原上，位于如今的省会以东 22 千米处。省会绥远城与绥远省同名，直到清太宗天聪六年（1632）才建成，早在 1644 年清朝政权建立之前。②有人仿照北京建造了城墙和楼阁，将绥远建成了行政中心，如今它也常被称为小北京。归化作为早期的贸易中心，位于绥远西南约 2 千米处，因城中的一系列著名的喇嘛庙以及一座金刚宝座塔而为人熟知。这两座城市紧紧相连，统称为归绥。这一地区旧属朔平府，也就是今天的右玉③，这一地区的地方志中曾提及白塔。遗憾的是我们至今未能查阅这本地方志。

宝塔

自 1921 年年末起，总长 652 千米、途经张家口和大同的蒙古铁路线将北京与绥远连接到了一起。铁路线后来延伸至包头，直达黄河"几"字形的中段。在助手夏昌世博士的陪同下，我出发乘坐火车经过萨拉齐镇④于 10 月 23 日晚准时返回归绥。车站虽然名为绥远，但我们却住在归化一个十分现代的中式旅馆中。那时正值蒙古地区的初冬，寒风凛冽。

第二天我们从当地政府官员那里借阅到了一本新编的手抄本地方志，从中了解到了一些信息，带着这些线索我们在 10 月 25 日一早动身前往白塔，进行测绘。乘坐火车约半个小时后到达白塔附近的车站，然后还需向东南方向步行一个小时，穿过一片一望无际的草原。这里已经可以算是高原地带，海拔高达 1000 米。北方是高大的阴山山脉，翻越阴山之后是海拔高达 1500 米的高原。除了游牧的蒙古人，那里只在众多大型的寺庙里有人活动，其中最为著名的要数"贝勒庙"，也被称为"百灵庙"。

---

①蒙古铁路，1921 年当时的蒙古政府建设的乌兰巴托—纳来哈铁路。——译者注
②呼和浩特原来分为新、旧两城，旧城始建于明朝万历九年（1581），明廷命名为"归化城"；新城始建于清朝雍正十三年（1735），乾隆四年竣工（1739），清廷命名为"绥远城"。——译者注
③右玉，今山西朔平市右玉县。——译者注
④萨拉齐镇今属于内蒙古包头市。——译者注

我们面前的这座宝塔也一定曾经属于一座宏伟的寺院，因为在宝塔的南部仍能够依稀辨认出一个巨大的长方形轮廓。

宝塔向东约1.5千米便可以看到白塔村简朴的建筑。那里的农民招待了我们（中午歇脚），他们是真正的中国人，带有北方——更确切地说是蒙古族的血统。那里是富民县仅剩的村庄了。富民县设置于辽代，范围大概有9平方千米。它隶属于当时的行政区域丰州，不过后来被废弃了。中国导游告诉我们古城的原址中还有一块石碑保存至今，原先立于大明寺中，造于金朝天辅年间。那块石碑上的文字出自云中郡张建中之手，云中郡是辽西京大同的古称，长城外侧的丰州亦隶属于西京。石碑已几乎全部风化。如我们所见，宝塔也源自这一时期——天辅年间。

宝塔的精美结构和周围的环境使我十分激动。从很远的地方就能够清楚地看见宝塔，层层塔身自下而上只微微收拢，整体的外轮廓只细微地变细了一些。走近之后，宝塔的宏伟更加直观，因为在这里没有任何其他的建筑物，使人缺失了空间尺度感。

宝塔的位置显然是一座规模庞大的寺院最北端，人们可以清楚地看到宝塔南部有一圈矮墙，宽约100多米，长达几百米，可能是当年围墙的遗迹。其他曾经伫立于此的建筑物已完全消失，矮墙内外的土地都很平坦，现被用作耕地。与之相反，保存至今的宝塔的围墙高2米，由砖块和黏土建造而成，整体呈正方形，边长为56米。

宝塔被围于中心，大门位于正南方。这种布局使我立刻想起了北京西南角天宁寺中的天宁塔，白塔在造型上也有与北京天宁寺宝塔相似的特征。这些特点已在前文介绍北京宝塔时有过阐述，这表明白塔是以北京宝塔为原型建造的。

虽然它在外形上有所改变，呈现出层塔的造型，但是我们认为它与前文几座宝塔类似，尽管与典型的天宁式宝塔有很大的不同，但仍具有清晰的变体天宁式宝塔的特点：比如基座为卢舍那座的形式，最下方的两层塔层结构精美，角柱饰以飞龙，柱间装饰了菩萨和护法像。

图 148 绥远白塔东南面

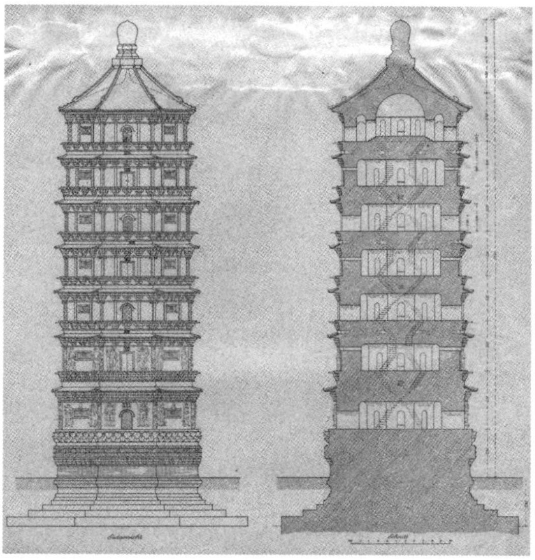

图 149 绥远白塔的立面图（左）和剖面图（右）

文献

与宝塔相关的中文文献资料我只知道两处，在前文中就说到了。其内容少得可怜，但却提到了一些至关重要的时间点。《山西通志》[1]中几乎没怎么提及宝塔。另外一部文献为《山西志辑要》[2]，是一本短小的史书，其中只有很短一段资料。我们将其附在此处。

1.手抄本《归化县志》原文摘选如下：

录归化县志

名白塔。下有石香亭，柱刻金天辅年号，在厅东故丰州城，即白塔村。《朔平府志》：华严经塔亦白塔，寺石柱题字"天辅中立"。

笔者所做翻译及注释：

在著名的白塔下有一座石香亭，其中有一立柱上刻有年号"金天辅"。丰州城位于厅的东部，白塔村隶属丰州。《朔平府志》中将这座宝塔称为华严经塔。

2.《京绥铁路旅游指南》中关于白塔的文章，摘录如下：

白塔

在站东南七里。塔周三十六步，高七层，远望如匹练垂空，不见巅际；登临眺望，目穷千里。张鹏翮[3]《漠北日记》云：十七日行四十里，有废土城，周围可五里。侧有浮屠，七级，高二十丈，莲花为台，砌人物、斗拱，较中国天宁寺塔更巍然，内藏篆书《华严经》万卷。拾级而上，可以登顶，嵌金世宗时阅经人姓名，俱汉字平章。登二层，取喇嘛经二叶，横书蒙古字，无有识者，仍返原处。土塔寸许者数枚，剖视之，或麦或糜，云是念佛所积，供入塔内者。行数步，有井甘洌。今塔尚巍存，四壁均颓败不可登，惟闻《华严经》尚存在云。

笔者所做翻译及注释：

宝塔位于车站以东7里，宝塔的周长有36步（1步即1.5米，36步也就是54米，我们在栏杆高度这一位置处测量了宝塔的周长，与这一数据基本相符），共七层。从远处望去，宝塔如同卷起的布匹，悬挂空中。塔尖已无法辨别。登塔后可远眺千里之远。张鹏翮在他的《漠北日记》中写道：第17日我们远行了40里，看到了一段5里长的坍塌的矮墙，

---

[1]《山西通志》版本众多，且多次再版。
[2] 雅德、汪本直：《山西志辑要》，十一卷，1780年。
[3] 张鹏翮（1649—1725），这里可能指《奉使俄国记》（收录在《百部丛书》中）。

旁边有一座七层宝塔，高20丈（约60米，比宝塔的实际高度要高），有莲花台。宝塔上有人物塑像和斗拱。与中国其他的天宁式宝塔相比，它更加雄伟华丽。宝塔内部藏有万卷篆书《华严经》。人们可以登临塔顶。墙壁中嵌有石板，其上刻有在金世宗时期借阅经文之人的名字，皆为平章体汉字。登上第二层，看见了两页经书，由横写的蒙古文书写，无人能读，将其放回了原处。那里还有许多陶制宝塔，其中只有几座超出1寸大小。在登塔时还发现了麦子、稻米等粮食的痕迹。人们说，这是教徒前来拜佛时带入宝塔内部的。距宝塔几步远处有一口井，井水甘甜清冽。宝塔如今仍伫立在此处，但四面墙壁已严重损毁，人们已经无法爬上此处（原作者可能是指无法爬上宝塔基座的墙壁，但我尚未理解此处含义，因为前文中他写到登塔后宝塔内部的场景），而《华严经》仍存于此处。

遗憾的是，我无法得知张鹏翮是何时去参观了宝塔，也无法判断他对当时宝塔保存状态的描述是基于哪一时期。而他并未看见的著名的大部头的《华严经》是如何收藏在宝塔之中的，也让人十分难以想象。人们应该不是像供奉舍利那样，将《华严经》砌筑于基座之内，那里几乎没有足够的空间。《华严经》也有可能并未藏于宝塔之内，因为这违背了通常的习惯，也不方便人们翻阅。不过，著名的《华严经》一定是人们建造宝塔的起因，可能在建塔之前将《华严经》安放在如今已然消失的寺院中的藏经阁中，藏经阁应是紧邻着宝塔。宝塔也因此经书得名，名称被书写在宝塔南侧的匾额之上。

还有一种安放经书的可能，即经书被叠放在宝塔各层内部回廊的壁龛中，尤其是最顶端引人注目的塔室中，不过壁龛现已空空如也。曾经有文章记载，神圣的经文常被收藏于宝塔最高处的塔室中。一个著名的范例就是西安的大雁塔。大雁塔初建于公元652年，玄奘将舍利和经书安放于宝塔各层以及最高处的塔室中，大雁塔顶端的塔室有着石制的穹顶，塔室内部还有皇帝御笔书写的碑文。绥远白塔可能也与之类似。如果经书真的被分散放置在各层中，也就可以解释为何宝塔内部修建了双部楼梯，在后文我们将详细介绍这一奇特的楼梯结构。在宝塔建成约60年后，人们将来访者和阅读经文者的姓名刻在石块上嵌入墙中。

宝塔的南部伫立着一块石碑，石碑上部边缘倾斜，上面长篇碑文已经严重风化，无法参考。前文所说的《归化县志》中所记载的刻有碑文的石柱应该不是这座石碑，石柱应当立于一座亭子中。

这块石碑可能与前文提及的大明寺石碑相同。虽然大明寺位于白塔村所在的富民县，但距离村庄和白塔曾经所属的寺院不远，有可能互相之间有所关联，我们也应该找一找关于大明寺的文献资料。

图 150　绥远白塔的东侧视图

图 151　绥远白塔的西北侧和西侧视图

图 152　绥远白塔的南侧和东南侧视图

图153 绥远白塔的局部视图

宝塔简介

八边形的宝塔位于正方形围墙的中央，地面之上现存的基座矮小光滑，边长为6.3米，高1.4米。基座顶端是一圈华丽的饰带，构件丰富，由砖块和赤陶制成。人们可以将其分为两个主要的部分，下面的部分由斗拱檐和带有双层饰带的栏杆组成，上面的部分由三层莲花瓣构成，其上方坐落着主塔层。斗拱檐为中国宋朝早期的样式，转角处交叠了多种多样的斗拱，对角线相接，八边形塔身的每一面墙壁上都还另有两层三组结构清晰的斗拱，介于转角斗拱之间。下方一层斗拱的侧臂向外伸出，其他的斗拱则有两重拱臂向外伸出，整体形成了紧凑的浮雕，突出于宝塔墙面之上。斗拱正面的拱臂只向外挑出一点，挑出部分通过上部的小型橡木被扩大，橡木与砖制的冠板交叉，冠板同时也是上方栏杆的底座。

栏杆环绕塔身一圈，由两条横向的饰带组成，八边形的每一面都被分成四个区域，下方通过平整的小壁柱分隔，上方的小壁柱装饰层次丰富。每一条饰带被分成三十二个区域，上下两条相加共六十四个区域。下方饰带的每个区域均被网状或花饰窗格浮雕填满：水平方向的线条连续不断，上下分隔；垂直方向和斜向的线条互相交织、缠绕在一起，形成"卍"字形的主要花纹，纹路要么按照同一方向旋转，要么左右对称排列。与此同时，饰带中还多次出现简单的十字图案。

上方饰带的各个区域中央均嵌入陶泥制成的浮雕板，上面的图案极其优美生动，多为水果或花朵，其下方常重复雕刻着华丽的牡丹，此外还有动物和其他图案。饰带下方的斗拱中也有小小的浮雕板，与饰带中的浮雕相互呼应。这些小浮雕板上的图案同样生动活泼，还有十分逼真的藤蔓花纹，不过被外围严肃的建筑构件框在内部。

对这一中国早期纹样学的杰作来说，尽快、全方位的测绘以及结论资料的公开是一项巨大的挑战。特别是两级主塔层上高大的人物塑像，我们将在后文进行详细介绍。能够在白塔中看到如此富有艺术气息、至今仍栩栩如生的雕塑，是我万万没有想到的。由于既没有为它留下足够的时间，也没有带上足够的胶片，所以没能拍摄足够多的照片。

在外形优美的栏杆之上，只有一级光滑的层板作为分隔，上方便是三排硕大的、由砖石砌成的莲花瓣。三排莲花瓣呈棋盘状交错排列，且相互之间明显隔开。这三排自下到上逐渐变厚。最下层的小花瓣倚在细长的萼片上。中间层的莲瓣之上是最上层的硕大莲花瓣，它们之间的花蕊依稀可见。每面八边形塔身的花瓣数量为 16（5+6+5）瓣，八面相加为 128 瓣。八个转角处还各另有两瓣，共 16 瓣，总计共 144 瓣。这一数据与我们在其他宝塔章节中给出的数据一致，与佛教经书特别是《华严经》中所说的相符。

硕大的莲花瓣是佛教精神世界的象征，佛陀和他的化身——宝塔从最上层的莲花瓣中生长出来，是为了将幸福带到人间。这一基座叫莲花座，也被直接称为须弥座，又因为是卢舍那佛的宝座——卢舍那是所有僧侣以及世人的化身，所以也被称作卢舍那座。

佛教主张宇宙由无数个世界组成，须弥山象征着佛教世界中的一个，向上耸立的宝塔则作为世界中轴线的象征。白塔共有七层，每一层均有一圈斗拱，且层层出檐。七层八面塔檐可能与七重金山有着密切联系，在每一个佛教世界中，七重金山都围绕着宇宙的中心，所以人们建造宝塔是会选择这一层数。如果前文所说，人们在最下方的两层门窗两侧成对设置了护法和菩萨塑像，象征着主塔层。

我立刻看出了白塔与北京天宁寺宝塔的相似之处。白塔虽然有两层主塔层，上方的塔身也呈现出典型层塔风格，但这并不矛盾。这座白塔建于 1118—1123 年间，只比建于 1048 年的古老北京天宁寺塔晚了约 70 年。显然它模仿了北京天宁寺塔中的多种元素，这也解释了为何白塔具有明显天宁式宝塔的特点。

它们之间的联系尤为密切。显然白塔所在的地点，也就是现在的归绥，在金朝时隶属于西京大同。而白塔与北京天宁寺塔一样，是权力的象征，在辽朝覆灭后新建的宝塔拥有全新的造型，形态卓越，雄伟壮观，同时还对都城的风水产生重大影响。

白塔伫立于归绥城东 22 千米处，而其西部还有另一座宝塔与之对应，二者在风水学上关系密切。前文提到根据山西史书中的记载，有一座白塔距离城市 22 千米远，不过是位于城市西侧，这座宝塔建于清朝顺治九年（1652）。值得注意的是，西侧这座宝塔的建造时间正是清朝初期，清军还在南方各地不断用兵。顺治皇帝的继任者——康熙皇帝

图 154 绥远白塔的东北侧视图

图 155 绥远白塔第二层的东侧视图

图 156 绥远白塔第二层的东北侧视图

统治期间，与准噶尔部首领噶尔丹发生冲突，噶尔丹于1680—1695年间多次带军进犯并占领这一区域。关于那座宝塔保护城市的说法，笔者推测，归绥西侧的白塔应该初建于金代，在当时与东部的宝塔形成了风水学上的平衡。由于位于偏远地区，两座宝塔至今仍鲜为人知。

绥远白塔基座与北京天宁寺宝塔有着直接的联系，且有着相同的含义。如今的基座矮小，表面平整，以至于白塔看起来像是直接从地面上升起，十分引人注意。显然基座的墙面只是权宜之计，可能是人们在最后一次修缮时用碎石和石灰砂浆涂抹在表面上，并饰以清晰的泥灰接缝，而斗拱檐下方露出的残余的建筑构件才是这座宝塔原先的样式。其他的构件已被拆除，比如缺失的栏杆也被平整的砖墙和抹灰填起。也就是说，宝塔基座下半部分的重要构件可能存在过。

图157 绥远白塔西侧和西南侧视图。基座直接建于地面之上。目前尚有残存的墙体、叠涩和墙裙，其上有莲花座。第一层主要塔层有角柱，还有菩萨和佛陀的塑像，上方有叠涩

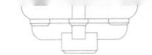

图158 绥远白塔。白塔的第一层和第二层，上面装饰着雕塑。通过梯子及磨损的莲叶可攀登至南面的大门。用卷尺丈量第三层塔层时会由西向东弯曲。楼梯前有石碑，其上刻有碑文

天宁式塔 | 165

后来当我在工作室比较完成后的测绘图纸时，发现绥远白塔和北京天宁寺塔的基座造型大体是一致的，尺寸差别并不是很大。在栏杆高度的位置处测量的绥远宝塔直径为16米，北京天宁寺宝塔的直径为17.4米。毫无疑问，人们可以按照北京天宁寺宝塔的样式对绥远宝塔已经消失的基座进行补充。我们在立面图和剖面图中进行了补充，按照北京天宁寺宝塔的设计图，画上了各个层次的水平线条与饰带。最下层的平台是古老的中国元素，被称作汉式阶基，不单为宝塔增加了坚固稳定性和艺术性，还是其不可或缺的部分。不过具体每一部分是何种样式，我们只能推测，现存的基座高出地面5.4米，曾经可能高达10.75米，这样宝塔整体的比例才较为和谐。看不见的部分可能被埋在地下，有5.35米高，因此人们可以计算出，自1120年起周围的地形被抬高了这么多。这一数据对内蒙古地区的地质研究十分重要。但是更为精确的数据需要进一步挖掘才能确定，这一切的努力将是非常值得的。

我们可以通过宝塔内部的楼梯向上攀登，并对其进行测绘，且可以经过现有的六层直达第七层的塔室。这样便可以确定最主要的尺寸，建筑的结构也一目了然。特别值得注意的是，根本就没有进入第一层主塔层的入口，只能从附近的村庄借来一把梯子搭在莲花瓣之上，爬至南部的入口。只有这样才能攀登上去，没有其他的方式。古老的文献中特别强调，有些宝塔只能借助梯子才能登临。自建成之日起，便有千万来访者通过这种方式进入白塔，正面中轴线上严重损毁的莲花瓣就是最好的证明，因为从那里可达塔内真正的楼梯。

图159 绥远白塔基座上的叠涩和栏杆。栏杆上有华丽的藤蔓装饰，均为陶制

莲花座这种完美的不易接近的建筑构件在众多天宁式宝塔的经典案例中均可见到。我们在本书中也进行了大量相关的介绍，宝塔外部有坚固的台阶，并将莲花座和基座上的栏杆打断。易县白塔院中的千佛塔和河南北部彰德天宁寺塔时至今日仍有此类陡峭的石制楼梯通向上方，还有涿县的宝塔，它也是一座带有天宁式基座的层塔。不过通常情况下，跟绥远白塔一样，人们需要梯子才能登塔，不过在绥远白塔的内部还有一部坚固的双螺旋楼梯。

塔层内部的建筑结构清晰，技术卓越，而且极其稳固。每一层塔身沿着八边形的平面都设置了一圈带有筒形拱顶或悬挑天花板的内部回廊，各层回廊的宽度略有不同，介于 0.75 米和 1.02 米之间。如果观察宝塔的剖面图，除了外圈的回廊外，中间空着的空间并非塔室。回廊将塔层的外墙和内部的核心分隔开，就像是一层外壳一样。这层外壳在第一层的厚度为 2.5 米，自下而上厚度逐渐变薄，直到第七层变为 1.4 米，所以上方塔层内核中的空间直径也会稍大一些。

而在这个内核中，有一部宽 80 厘米的双螺旋楼梯从一层回廊通向上一层回廊，不断向上，十分奇特。楼梯的起步踏板分别位于各层相对的东南和西北面上，逐层向上位置持续变化，先变为东南，然后是东北，最后是西南面。而与此相对，楼梯的最后一步踏板则对应地落在东北与西南面上，逐层依次变化。曲折变化的两段楼梯似乎在翩翩起舞，中国人称这种类型的楼梯为双龙梯，这是一种很著名的比喻——一雄一雌两条龙围绕着一颗完美无缺的珍珠嬉戏，即"双龙戏珠"。事实上，两个人可以分别选择一段楼梯向上登塔，如果他们都按照佛教中右绕佛塔的概念，每到达一层回廊就围绕着向右走，直至到达下一段楼梯的起点，最终他们将会在塔顶会合，在此之前不会相遇，这像是一种极富韵律的舞蹈。两个人从塔顶下来时也是一样，并不会碰面，然而他们所走过的楼梯却多次交叉重叠，同时围绕着藏于宝塔各层的佛经行走。

从最顶端第七层的回廊向上走几级台阶，通过一个出口便可以到达八边形塔室的内部，塔室上方有穹顶。这座塔室及宝塔中的各层回廊均是空置的，由抹灰和裸砖砌成的墙壁表面已被多次破坏。如同张鹏翱所写，只有第一层的墙壁和扁平的壁龛中嵌有石板，且其中一块由于已经损坏而被拆除。而在第一层西侧楼梯的位置，也就是那段从西北面开始、在第二层的西南面结束的楼梯那里，则被砌上了墙并嵌入了石板。我们尚不能确定平面图中所画的楼梯是否曾存在过，还是后来人们将楼梯的入口封堵住了。此外各层的墙壁上还有壁龛，底层的较大，内部可能曾经放置过佛教物品，甚至是部分经书。但回廊狭窄，又与这种可能性矛盾。

各层回廊的各面均有通向外侧的开口，四个正面设置了门（共有两种类型的门），另外四面设置了窗。其中十四扇真正的拱门未被封砌，交替设置在南北两侧或东西两侧，同一层的另外两侧则设置了假门，同样为十四扇。圆拱门表面装饰有双龙戏珠的浮雕图案，均由赤陶制成，上方边界由一段拱形线条和涡卷线条组成，位于拱墩位置。这些门内可能曾经还有木网格纹样的护栏。南部拱门的顶部嵌有一块匾额，其上有用篆书刻写的六个大字"万部华严经塔"。

假门为长方形，外围由一圈装饰丰富的门框包裹，按照木门的样式设计形成，不仅有门扇，上方还有网格图案，均由赤陶制成。类似样式的门也有石制的，早期出现在唐宋时期的陵墓和宝塔中，后来被用在宗教建筑中，直至清朝末年。白塔上的假门看起来十分精美，在假门的上部还有小型的长方形孔洞，介于竖直安放的陶板间，形成了水平方向上的光井，将光线引入回廊内部。

图160 绥远白塔第一层和第二层塔身东侧的浮雕

根据中国的传统样式，宽大的假窗被十一根（或九根或七根）垂直的浮雕线条打造成直棂窗的样式。中央几根线条的后方上部开有一个空洞，以便光线穿过照入内部的回廊和对面的楼梯井。宝塔各层的楼板延伸至塔外，从外部观察到的即是每一层上方那圈斗拱之上的那一片细长的层板。这样内部的结构同外部的造型就有机地结合在一起，也体现出这种高大宏伟的建筑古迹典型的内外统一性。

七层塔身被六层双重塔檐相互分隔，塔檐在整体造型中起着重要的作用。塔层的高度是从每一层的地面计算至上一层的地面，而塔檐属于下方的这一层，这样宝塔就可被分为三个部分。最下面的两层尤为高大，第一层高6.5米，第二层为5.6米。接下来的四层高度相同，从第三层到第六层每一层均为5米。第七层上方有拱顶，顶端的塔檐造型独特，在其之上是攒尖顶。攒尖顶的内部原先必然有木结构支撑，由于长久以来不断坍塌，如今成为一堆废墟，形状也变为圆拱形，上方仍有仅剩的塔尖。根据北京天宁寺塔的原型，我们在图纸中将攒尖顶画为八条屋脊，最顶端有一颗火珠。如果从如今的地面开始计算，直至塔尖的高度为51.2米；如果算上被土掩盖的基座部分，宝塔原本应该高达56.55米。这座塔楼甚至比北京天宁寺塔的原型更高，北京天宁寺的宝塔总高只有55.5米左右。

塔层自下而上的直径变化并不大。最顶端一层的直径为12.5米，第一层主塔层的直径为14.2米，总共只相差了1.7米。实际上每一面自下而上只收拢了该数值的一半，也就是0.85米，然而这小小的差别被充分精妙地利用。每一层的缩进都有一定的规律：第一层缩进30厘米，第二至第五层每层缩进10厘米，第六层缩进15厘米。通过这一设计使得最下面的第一层主塔层被凸显出来，也使得第七层可以平滑过渡至塔顶和塔刹。

宝塔中门窗的样式严谨规律，尽管样式有所不同，但总体风格一致。为了平衡水平方向的塔檐，转角处装饰了精致的竖向线条，门窗两侧也有竖向线条元素。而在第一层和第二层主塔层，竖向线条元素被人物塑像替代。

每层的双重塔檐均由两部分组成，下方具有张力的一圈饰带自身也分为两个部分，分别是结构丰富的斗拱和一圈瓦顶；上方的部分是一圈样式简单的斗拱，以及前文所说的从塔内伸出的层板。下方那圈斗拱饰带十分壮观，共有三层拱臂，与基座上由砖层雕砌的斗拱样式相同。同样，层级立体、构件交织的转角斗拱间的每一面墙壁上有三朵补间斗拱，排列紧密，转角斗拱落在浮雕角柱之上。这一层斗拱饰带应还是初建时的古老状态，是此类砖制斗拱的极佳案例，具有精致的宋代风格。我们在图纸中将这一圈饰带的所有细节进行了精心绘制。

砖块高8.2厘米，宽15厘米，长度在31—37厘米之间。砖层高度均为9厘米，三层拱臂的斗拱位于一条纤细的线条之上，由十层砖块构成；其中一层为底座，每一组大斗拱均有一块底座石，三层砖块构成一层拱臂，也就是两层为"拱"，一层为"升"。升是承托上一层拱臂或上方冠板的构件。墙面首先向内缩进，随之又呈三级台阶式地向外悬挑，水平向的浮雕拱臂向两侧挑出，上下对齐。垂直于墙面的两层拱臂向外挑出许多，但第三层拱臂末端通过一个斜臂收住。第二层水平向的拱臂相互贴近，甚至融合在一起。转角处的斗拱拱臂相互穿插重叠，形成了极富想象力的形体，但又完全符合斗拱这一建筑构件的结构逻辑，不输西方人所创造的最为复杂的哥特式结构。在此我们就不再赘述这一艺术品。不论是转角斗拱还是补间斗拱都由许多构件组成，转角斗拱的构件采用了最华丽的方式打造。而在让人眼花缭乱的效果中，砖制表面的特点和结构的逻辑被完整地保留了，甚至几乎可以想象，人们直接创造了砖制斗拱，就像北京天宁寺塔基座中的斗拱一样。但如此多种多样的中式斗拱只可能先由木材造出，毫无疑问，宝塔中的斗拱是古老的技艺、悬挑的结构和砖石建筑相互融合的成果。无论如何，白塔中的斗拱是早期流传下来的案例，对于了解中国建筑艺术中斗拱样式是如何发展的有着重要的作用。

这一圈饰带上的冠板承托着上一圈塔檐，这一圈塔檐曾经有瓦片和石板覆盖，如今大部分已毁，不过还能清晰地辨识其结构。两层橡木深深地插在墙体中支撑着上面覆盖的瓦片。转角处的檐口微微上翘，围绕着宝塔构成了一个优雅的垂线。垂向塔身的塔檐被其上方的另一圈斗拱保护在下方，这一圈斗拱只有两层拱臂，各层塔身的每一面墙壁上还有三朵补间斗拱。上方几层的斗拱结构基本相同，只有些许微小的差别。在第二层和第四层塔身的斗拱中还增加了对角线上的拱臂，第六层以上塔身的斗拱则仅由两层拱臂构成。高处几层的斗拱造型也经过了简化。第七层上方的主塔檐完全被损坏了，其斗拱可能也是由两层拱臂构成。因为没有准确的数据，所以在图纸中我们没有表达这些微小的差别。

各级塔层的尺寸不同，即使其他建筑构件一样，斗拱尺寸、间距也一定按照塔身进行了变化。通过视线逐渐上移，建筑构件不断发生变化，但大小变化又极其细微，无数的细节赋予了整座宝塔一种灵气。正是这种灵气给我们的内心深处带来极大的震撼。

白塔的两层主塔层上有着卓越的石制浮雕，此类浮雕装饰在中国的宝塔中还鲜为人知。此类浮雕的原型会出现在古老的佛教墓室中，特别还出现在了北京的范本宝塔中。早在1048年，北京天宁寺宝塔上就已出现类似的人物和装饰浮雕，不过只出现在了那里唯一的一层塔身上，而且是由石膏制成的，不过至少现在还能看见这些人物形象。在约70年之后，白塔上出现了同一元素，且与北京天宁寺塔相比更加精美，在某些方面来说达到了完美。

这些浮雕人像以及其背板由一整块石灰岩雕刻而成，背板嵌在墙体之中，表面齐平。这些浮雕板高约2.5或2.7米，宽度分别为1.2米和1.4米，上面的人像及装饰填满了整个轮廓，浮雕十分立体，部分曲线雕刻得十分丰满，因此人体部分，如头、双腿、手臂均自由地凸出于石板。人物的双脚踩在底板或莲花座上，它们也以同样的雕刻方式凸出于石板表面。

周边的花纹或雕饰与中央的人像协调一致，使其显得更加庄严。浮雕的主要材料是赤陶。盘龙环绕在圆形的角柱周围，十分立体。第二层角柱上的图案保存完好，第一层图案应当与第二层相同，不过如今只残存部分图案。两条龙相互缠绕在一起，上方的一条压住下方那条的肩部，彼此之间相互盘旋，栩栩如生。两条龙的龙首均朝向上方，然而北京天宁寺宝塔上的两条龙，下方的那条龙为地龙，想要冲向地下，上面的为天龙，想要冲向天空。前文我们已经提到过拱门上方的"双龙戏珠"图案，它们基本保存完好，只有南侧主门上的消失了。

第一层塔层的窗户之上有一尊小佛像，由石灰岩雕刻而成，端坐在莲花座上。上方斗拱之上的楔形构件上有着与基座上的花纹相同的花朵图案。在这些花朵浮雕之下有四个小型圆环，象征着曾经的圆形花饰或镜子图案，可能是由金属或赤陶制成。这虽然是后来常见的藏传佛教元素，但是可能在早期就已出现。这一圆环元素在上方的塔层中也能看到，但圆形花饰或金属镜子已完全消失。

宝塔正面墙壁上的大型浮雕远比其他装饰更为精美，它们均匀地分布在各面上。四个正面的八扇门两侧各有一尊护法，共十六尊，四个斜面的八扇窗户两侧则分别伫立着菩萨像，同样总共十六尊。遗憾的是，底层的浮雕曾被盗贼染指，几乎所有人像的头部甚至有几尊塑像整体被凿下偷走。盗贼显然是想获得高额回报，但它们一旦离开宝塔便已毫无价值。所以，想要详细地描述所有的人物塑像几乎是不可能的，但愿下次至少能够对残存的部分进行更进一步的研究。上方塔层中的塑像因为难以接触，所以几乎没有任何损坏。我既没有进行大范围的拍照，也没有进行详细的测绘，所以无法通过一些精挑细选的细节来概述这些人物塑像的造型与艺术价值。在这里已没有必要赘述每一尊人像的造型，那将是一部宏大的著作，在本书中是无法实现的。

图 161　绥远白塔第一层塔身东南侧的两尊雕塑　　图 162　绥远白塔第一层塔身东侧和南侧的雕塑

　　护法天神，或被称为护世天王。宝塔中出现了各式各样的常见或变体的护法天神塑像。他们看起来造型各异，或留有胡子，或是身着盔甲，部分身前还骑有狮兽。还有一些身着长袍，系有腰带，有些身体部位裸露在外，例如胸膛和大腿。他们还手拿长矛、宝剑、三叉戟、权杖、金刚杵等法器。如果说想要弄清楚每一尊塑像所代表的含义，实在有些费力，但可以对其中一些进行大胆猜想。底层南侧正面的两尊雕塑看起来像是两位金刚，东侧的高高举起棍棒，西侧的棍棒下垂，他们代表的是门神。在这之上的第二层，如今可能只立有一尊天王像了。我们基本可以确认，这是四大天王之一——北部的多闻天王，梵文写作"Vaisravana"。他的左手持有标志性法器——宝塔，宝塔中曾藏有神圣的经书；右手手握另一法器——宝伞，塑像中的这部分有些脱落。其他天王像曾经位于宝塔的何处，现在已经无从得知，但是值得注意的是北部的多闻天王被设置在了宝塔南侧的墙壁上。上层的东面应该是哼哈二将，身着盔甲，造型十分漂亮。宝塔中没有见到韦陀将军像。上层的护法天神似乎全部身着铠甲。宝塔中的每一位护法造型均是十分高大的战士，神态自信，生动逼真，强壮威猛，然而无一点粗野之气，类似人们常在寺庙大殿中所见的神像。它们在宝塔中保卫着珍贵的安宁，风格上也与华丽的建筑结构协调一致。

窗户两侧是菩萨像，它们头戴发冠，身着华丽的饰品和长袍。这些塑像显然是以女性为原型，强烈的欧式古典风格呼之欲出，也可以理解为巴洛克风格。上下分离的长袍、带有卡扣的斗篷，均雕刻了丝丝褶皱，以及腰带和丝带，整体形象更加生动，而且人物的姿势、长袍的位置仍十分清楚明了。菩萨像的手势各不相同，十分逼真，并不强调最为典范的手印。菩萨的本质象征着优雅、温和，他们不断将神圣的仙气从宝塔内部带向世间，仙气穿过窗户之间的直棂而出，很显然这些菩萨像代表着信仰和幸福。

充满力量的护法和仁慈的菩萨的力量相互融合，这在浮雕中通过飘动的丝带予以表现，两组塑像中，丝带均绕着人像一侧飞舞在浮雕石板之上。这些丝带有着细微的差别，风格却十分统一，使其看起来像是一个整体。这些雕塑家或工匠一定克服了巨大的困难，同时打造这两种完全不同的形象，每一尊塑像都必须单独塑造，合在一起却又有着统一的效果，他们一定心怀信念，才能将这一建筑塑造得完美无缺。

画家莱韦伦茨（H. Lewerenz）完成了宝塔雕塑和装饰的绘制，也激发了我的一些想法，作为经过训练的艺术家来鉴赏中国的雕刻艺术，是有意义的。在我首次尝试以另一种比例来测绘时，才终于体会到比例协调的重要性。在观测时，宝塔的塔檐宽大，莲花座也极具张力，通过它们的衬托，使这些雕塑看起来十分小巧。所以在绘图时，我会适当夸张这些人物塑像，避免将它们绘制得过小。通过这种方式，我解开了中国艺术的一部分谜团，为何人们要将强壮的男性和优雅的女性结合在一起，才是一段圆满的婚姻。这就是双龙戏珠所要表达的，圆满的宝珠本身并不存在，它象征的是两种能量的平衡。这一思想也被运用在佛教艺术中。

同样的思想也体现在人们将艺术与大自然结合在一起。对于一望无垠的天空来说，山脉很小，天空覆盖着整座高山。然而它与宝塔相比，又十分高大。雕塑的小巧对应的是宝塔的雄伟，但即使是最小的装饰相对于生长在宝塔基座上的花朵来说，也很庞大。这里所展现的，并不是人类作为叛逆者与天地斗争、付出巨大努力在废墟上建造巴比伦塔的形象，而是接受天地赋予人类的限制，充满智慧地量力而行，愉快地创造作品。他既有尊严，又足够谦逊，可以判断何事有价值何事无意义，他既不是别人的奴隶，也不是别人的暴君。这也是双龙戏珠中所象征的平衡与圆满。

白塔是一座极佳的艺术杰作，其中不论是单个形象的塑造还是建筑与雕塑艺术的融合，都应当在辽代和金代时期北方艺术的大框架下进行研究。我们对那一动荡年代的了解有限，特别是这一时期对整个中国精神文明有何推动和影响。我们在前文已经介绍了一些古迹，阐述了它们的建筑艺术和雕塑艺术，范围十分广大，所以在这里也将告一段落。辽金时期的统治者几乎没有自己推动此类艺术品的形成和发展，但他们作为新生的活跃政权，致使北方的政权重组，也为中国艺术家和工匠带来了新的刺激、新的活力。还有一种微乎其微的可能,正如中国历史上多次发生的那样,清朝皇帝对佛教场所和建筑有着越来越大的需求,所以人们不断将它们打造得更加丰富,甚至引入了新鲜的西方建筑元素。

喜仁龙的一篇卓越研究涉及了一所中国顶尖的雕塑学校,位于北京西南方向的定州和正定附近,在隋朝之前就已繁荣发展,一直到了金代,它都是独一无二的。然而喜仁龙认为,这一时期的雕塑大多千篇一律,显得机械呆板,不过从另一方面来看,这也反映出金代中国的雕塑艺术十分繁荣。他的这一结论只针对特定的雕塑艺术,主要是在他的研究范围内。而那一时期的建筑古迹,尤其是一系列宝塔,又完全是另外一种情况。宝塔中的雕塑艺术具有极大的创造力和特定的风格特征。

如果将白塔与其他类似的艺术作品相比较,在建筑艺术这方面,北方人民中的艺术天才的能力远远超出其他人。只是雕塑艺术很少受到关注,不为人知。艺术的最高成就往往是通过模仿众多样本、不断积累才能产生,所以人们可以推断,白塔也是在某些原型的基础上建造而成的。与它最相似的建筑是北京天宁寺宝塔的主塔层,它已被多次提及,建于辽代,是白塔的原型。北京天宁寺宝塔大体格调与白塔相同,只是护法天神的造型有些吓人,菩萨则是十分和善仁慈的宋朝风格,对比十分明显,没有丝毫过渡。

另外一个案例我在《中国宝塔》(第一部分)中做过详细介绍,参考了一本杰出的著作[①],使我们得到了大量的资料。这便是泉州双塔,始建于公元865—916年间,即早于白塔100多年,位于中国南方的福建。每座宝塔高五层,每一面都有浮雕人像,前书中我们几乎对其代表的所有含义都做了阐述。人们不得不承认,泉州双塔的建筑风格与雕塑和白塔协调一致,对艺术的解读十分到位。但那两座宝塔所象征的含义和白塔完全不同,它们的地理位置也相距甚远。泉州双塔现存结构的建筑材料是不易成型的花岗岩,使其缺少灵动的感觉,整体建筑的结构也并未追求优雅的比例关系,塔上的人物塑像也同样如此。在这一层面上,虽然它们极富艺术性,但却没有将建筑艺术和雕塑相互融合,使其相互辉映,从而在整体上实现最佳的创造性。绥远白塔的比例协调,属于宋金时期大型的建筑佳作,在清朝政权初立时,不断影响着北方地区。在清朝皇帝的统治下,还产生了一系列的艺术精品。

这是中国艺术中宏伟的一面,十分有价值。它显然受到北方的思想观念影响,同时也深深影响了中国的其他地区,象征着坚定不移的态度,令人折服。因此白塔是中国宝塔建筑艺术史上十分重要的一环,同时也是天宁式宝塔中的重要一员。

[①] 艾锷风、戴密微:《泉州双塔:中国晚近佛教雕刻之研究》,哈佛大学出版社,1935。

第七节 天宁式石塔

我们将以两座石制的宏伟建筑来结束本章,这两座建筑物外形十分相似,但建造时间相隔甚远,几乎相隔了天宁宝塔的整个发展历程。南京栖霞寺塔始建于南齐时期,现存的石塔是南唐时期重建的。最初的栖霞寺塔是最早期天宁式塔的代表,而乾隆年间仿造的北京玉泉山石塔则是最晚期天宁式塔的代表。在此将两座石塔一起介绍极具启发意义,天宁式宝塔很早就已形成,是一种经过了充分发展的建筑形式,虽然在建筑造型上有了些许改变,但在1150年后却仍能被运用。通过宝塔上人物像和装饰浮雕的区别,可以看出天宁式宝塔所经历的漫长的发展过程。

一、南京栖霞寺舍利石塔

为了论述栖霞寺舍利石塔,我们充分研究了其宗教历史背景,正因这些原因早期这里才建造了这样一座如此重要的天宁宝塔。中国北方深受游牧民族的影响,由此也能看出历史与建筑风格的紧密联系。而在论述这座南方的宝塔时,详细研究当时的背景,人们为何在这一片神圣的宗教区域建造这样一座宝塔,是十分有必要的,往往也能得出关键性的结论。

下面的介绍主要参考了两部详实的著作。第一部是喜仁龙的《5—14世纪中国雕塑》,出版于1926年[1]。在没有参考文献的情况下,他仅通过宝塔的建筑风格,就已准确地确定了其建造时间。常盘大定和关野贞则研究了所有的问题,尤其是宝塔所属寺庙的历史,相关内容发表在1929年出版的日文版《中国佛教史迹》第四卷中,共29页篇幅,附以10幅插图,1937年还出版了英语版本。这部分的研究主要以康熙三十二年(1693)寺庙所在地摄山(今栖霞山)的历史,以及隋朝时期隋文帝为藏舍利而建塔的历史为主。另外我要感谢我南京的朋友宗白华教授[2]为我提供了一篇摘自南京地方志中的原始文献资料和一些图片。我在1934年1月到寺庙考察,虽然行程仓促,但是获得了关于这座建筑最近一次修缮工程的珍贵信息。同时还买到了一套乾隆年间(1790)的《摄山志》[3],共八卷,其中第四卷简短叙述了宝塔的历史。后文将参考所有的文献资料进行总结。

---

[1] 喜仁龙:《5—14世纪中国雕塑》(第四卷)。
[2] 宗白华,哲学家、文学家,1920—1925年在德国研究学习,可能那时与伯施曼相识。——译者注
[3] 作者陈毅。(参阅Brooks卷B10.)

图 163 江苏南京摄山栖霞寺。见于《摄山志》

图 164 江苏南京摄山栖霞寺三圣殿

图 165 江苏南京摄山栖霞寺西侧的正面外观。宝塔在主殿的左侧

图 166 江苏南京摄山栖霞寺。从南侧拍摄。图中可见改建后的舍利塔

寺庙

钟山是南京的古老标志,紧挨着东城门太平门(即如今钟南门①)的北部。摄山位于钟山北部20千米、栖霞寺车站南部约1.2千米处,距离长江南岸不远。传说时至今日山间仍盛产养生滋补的中草药,皆有摄生之效,故被一位老道士命名为摄山。摄山因其形如雨伞,也被称作伞山。摄山在佛教历史中具有重要意义,是佛教新三论宗②的发祥地,此地宝塔的建造也与新三论宗有关。

这个地方最早似乎可以追溯到禹帝时期,最晚不过明朝,人们在这里仿照古老的令人惊叹的禹碑造起了六块石碑,高度是禹碑的一半。这里最早成为佛教圣地是因为南齐的一位文学家明僧绍③,他也是一位虔诚的佛教居士。永明七年(489),他"开山"建寺并请来亦友亦师的净土宗僧人法度禅师。两人共同参禅,驱赶野兽,依据明僧绍对神圣高塔的设想,他们一同修建了寺庙,这座寺庙不久后被命名为栖霞寺。尽管在历史进程中,寺庙的名称偶尔会发生变化,但是"栖霞寺"这一称谓仍保留至今,甚至其所处的山脉都被改称为栖霞山。公元222—589年,六朝的权力中心主要在南京,也就是当时的建康。自六朝末年起,栖霞寺就成了长江中游的佛教中心。

隐居的明僧绍还梦见过山岩中有一尊如来,身后放光,可惜在此建造佛像的愿望在他生前未能实现。他的次子或是弟子仲璋在附近的石壁上开凿石窟,刻凿了一尊高9米或12米的阿弥陀佛像,佛像正襟危坐,两侧各立有一位胁侍,面朝南方。齐朝的公主以及朝廷中的高官都对这项工程给予了支持,公元501年,梁王(后来的梁武帝)也加以协助。梁武帝在公元511年又为这里增添了一些珍品使得寺庙金碧焕然。后来,特别是在南陈时期,在石窟中又雕凿了无数佛像,金碧辉煌的千佛岩就此形成。

图167 江苏南京栖霞寺千佛岩,有两排小型的、三排中型的、两排大型的石窟

---

①南京的太平门并无此别名。——译者注
②三论宗是指创建于中国隋唐时期的佛教宗派。新三论宗是指开创的新的三论宗派。——译者注
③明僧绍,南朝隐士,著名经学家,今山东德州人。——译者注

虔诚的仲璋在巨大佛像的额头上装饰了一颗闪闪发光的明珠,后来明珠脱落,藏在塔阁之中,宋朝时被权贵强夺。一天晚上这位权贵梦见有人向他索回明珠,自此以后明珠就消失得无影无踪。文学家兼画家米芾(1051—1107)曾在其诗歌中论及此事。出于对佛像额前明珠神迹的感激,仲璋又在寺庙前壁的上方雕凿了一尊无量寿佛。明朝万历年间,人们为这里的第一尊巨大的三身佛建造了一座高大的石窟,这里时至今日仍是宗教中心。

常盘大定和关野贞指出,中国南方的摩崖石刻佛像很少,栖霞寺中最早的摩崖石刻一定是以北魏文成帝和献文帝命人雕凿的有六座巨大佛像的云冈石窟为范本建造的。这一猜测认为,栖霞山造像的风格受到云冈石窟的影响。原本造像中无量寿佛法衣的褶裥一部分风化,后用黏土修葺,不算美观,但仍能看出是北魏时期造像的风格。居士明僧绍和其弟子仲璋参考了北方游牧民族摩崖石刻的样式,也在栖霞寺的石刻中融入了这些独特样式。

梁朝尊崇佛教,梁朝初期来自辽东(今天的东北地区)的僧人僧朗来到栖霞山。僧朗是新三论宗真正的创立者,弟子众多。梁武帝很器重他,派遣十人到栖霞山跟从他学习。这座寺庙的最早记录见于南陈诗人江总所作的一篇长碑文。江总是一位年轻的佛教徒,在南京钟山发下四弘誓愿,后成为栖霞山中卓越的僧人之一,在南京为进一步弘扬佛法教义做出自己的贡献。唐会昌年间(841—846),这块刻有重要碑文的石碑在灭佛运动中被毁,但是碑文的内容被记录在地方志中,流传至今。

陈国灭亡后,隋朝的第一位皇帝隋文帝,如同其父亲一样曾是北魏和后周时期的朝臣,也是一位虔诚的佛教信徒。我们已经介绍过,公元601年隋文帝命人在全国修建宝塔收藏舍利。栖霞山舍利塔就是其中之一,唐朝时期仍然保留着其最初建造时的外形。唐高宗尊崇佛教,在位期间寺庙繁荣发展,栖霞寺中共有四十座单体建筑,与山东的灵岩寺、湖北的玉泉寺、浙江的国清寺并称天下四绝。

上元三年(676),唐高宗命人打造了一座高2.74米,宽1.31米的极具艺术性的石碑来纪念栖霞山的开山鼻祖明僧绍,尊称其为"明征君",新的碑文比江总所作碑文内容更为具体详细。后来的170余年中,两块石碑就一直伫立在此内,直到公元847年前后,旧的那块石碑毁于灭佛运动。公元851年,唐宣宗统治时期佛教再一次得到发展,人们开始修建新的寺庙并修葺了栖霞寺,造于公元676年的石碑至今仍伫立于此。栖霞寺因佛教历史以及千佛岩等奇观天下闻名,1785年乾隆皇帝最后一次下江南时还游览了栖霞寺。这次游览促成了新版《摄山志》的成书,这是一本巨著,1693年人们编撰了这本地方志的最初版本,1790年对其进行了修编。从此以后栖霞寺成为长江中游地区最著名的寺庙,至今仍是当地佛教的中心。

图168 江苏南京栖霞寺的宝塔和主殿。从西南方向拍摄

宝塔及其历史

这座舍利石塔建于公元483年,隐士明僧绍于公元489年隐居此地,使此处成为宗教圣地。初建的宝塔应是由石料制成,有可能是由大理石制作而成。仁寿元年(601),隋文帝下旨在全国建造宝塔,栖霞寺舍利石塔便是其中之一。仁寿二年(602),隋文帝将修建宝塔的地区增加了53个,因此当时至少同时建造了83座舍利塔来收藏近数百粒"神珠"。这些"神珠"也就是著名的舍利珠,是圣人火化后的遗骨,隋文帝是从一位尼姑那里得来了这些舍利。而一篇关于北京天宁寺宝塔的文献中则记载到,舍利是由一位罗汉转交给隋文帝的。日本的一本旅行指南《中国指南》中写道,宝塔中安葬的可能是隋文帝的遗骨,这肯定是错误的。这83座宝塔大部分是石制的,人们认为,栖霞寺的舍利石塔,是公元601年修建的第一座宝塔。

图169 江苏南京栖霞寺塔

图170 江苏南京栖霞寺塔。牛军利拍摄，2017年

这座隋塔伫立于世300多年，直至唐朝末期。南唐时期，人们对宝塔进行了重建。地方志中有关新建筑的记载如下："南唐时，两位来自江南的声望很高的高官也是虔诚的佛教徒，他们重新修建了已经倒塌很久、处于一片废墟之中的舍利塔，就连古旧的装饰物也恢复原样。"

这便是我们今天见到的这座宝塔，但是宝塔具体的修建年份已无从考证，《中国佛教史迹》中也未提及此事。然而对此有一种猜测。南唐的三位统治者均居住在南京，南唐的建立者唐烈祖李昪文武双全，是大唐王室的后嗣。可以推测，他命人重新修建了宝塔，来作为其新生政权的标志。[①]当时的邻国吴越政权由钱镠所统治[②]，除了其他的大型建筑，他非常有可能命人在杭州灵隐寺中修建了两座石塔，我们推测其大约建于公元930年左右。李昪的儿子李璟在位期间经常发动战争。然而其孙，也就是南唐的最后一位皇帝李煜则将政权交到了宋王朝手中，这位皇帝因文学上的突出成就和对佛教的虔诚而闻名。当时，年轻的宋王朝刚刚起步，各地均开始大兴土木，佛教也在逐步发展，所以在公元960—975年期间人们最有可能重修栖霞寺宝塔。地方志中也记载了当时的两位虔诚佛教徒和"江南"的历史，因为公元971年李煜去除唐号，改称江南国主，这也侧面印证了我们的猜想。我们暂时猜测宝塔的重建年份在公元970年前后。栖霞寺的这座宝塔在1932—1933年经历了最后一次修缮，但主体部分仍保持原样。

图171 江苏南京栖霞寺塔

图172 江苏南京栖霞寺塔。喜仁龙拍摄，照片编号594，见《中国雕塑》

---

①李昪于937年建立南唐政权。——译者注
②钱镠于923年建立吴越国，于932年去世。与李昪自称帝的时间不处于同时期。——译者注

现存建筑

现存宝塔由深灰色的细长大理石建成,根据关野贞的记录,在最后一次修缮之前,包括最下方的基台宝塔总高 15.15 米。宝塔的基座为八边形,层次分明,带有浮雕装饰,其上是圆盘状的须弥座和纤细的主塔层。主塔层之上的塔身有密檐五级,层层向外挑出,其间另有四级低矮夹层。最上面的塔刹为相轮形式。

塔基

在基台、柱脚和圆盘底座的上方,束腰各面的两根圆形角柱之间各有一个较深的壁龛,其内雕有释迦牟尼佛的八相成道图。南面和北面的四根角柱上雕有力士像,东面和西面的四根角柱上则是立龙形象。束腰的上方有一块盖板。几乎整个基座的各个表面都雕刻着精美的藤蔓、花朵和动物纹样,底部的圆盘底座上刻有覆莲。

主塔层

须弥座的圆盘在侧面高度的一半逐渐变为两层花瓣形,雕有精致的花纹,向上展开,形似莲花。光滑的莲瓣上刻有佛像和藤蔓图案。在仰莲座上是纤细的主塔层,高约 2.8 米。角柱之间有各式各样的浮雕石板。寺院占地面积不大,宝塔伫立在寺庙之外的南侧,并没有沿着寺庙的中轴线面向西方,而是面南而立,与附近的千佛岩方向一致。主塔层的南北两面墙壁上各雕刻了一个通向塔内的石门。每个石门都有两扇门扇,门扇上各有七排三列门钉,还有一个仿照青铜制品所造的门环,嵌在狮兽口中。紧挨着石门的侧墙上立有四位守护神像。靠近南侧石门的东南面和西南面每面雕有一尊天王,身着盔甲,手拿法器,姿态平静。靠近北侧石门的东北面和西北面每面雕有一尊金刚,手持武器,姿态生动,法衣只松松围住,饰带飘起,部分身体袒露在外。在西侧墙面上是骑着大象驾着祥云的普贤菩萨,东侧墙面已经被毁,我们认为这里应是相对应的文殊菩萨。

塔身

塔身共有五层密檐,每层均出檐深远,檐口微呈弧线,檐角高翘呈弧形,最末端的瓦当装饰华丽。夹层也和各层密檐一样逐层内收,高度逐渐减低。各级夹层的八面墙身上各有两个圆形壁龛,其中分别放置一尊小的坐姿佛像,总共 64(4×16)尊。塔冠如今只剩下最底层的一些构件了。

图173 江苏南京栖霞寺塔。喜仁龙拍摄，照片编号 593

图174 江苏南京栖霞寺塔的主塔层。其西南侧有天王像

基座上的浮雕

毫无疑问，主塔层上精美的四大天王浮雕是在公元970年前后重新修建宝塔时所造。喜仁龙和关野贞①借助图片详细描绘了宝塔基座上的八块浮雕板，然而它们还有更多值得探究的内容，需要进一步观察研究。这八幅浮雕尺寸约为0.9米×0.6米，分别描绘了佛陀一生中的事件，从西北到北面最后到西面的顺序依次为：1.白象投生母胎；2.树下诞生；3.出游四门；4.窬城苦修；5.沐浴坐解；6.证道说法；7.降服魔王；8.涅槃焚化。

浮雕没有具体刻画事件发生的细节，而是用简洁的线条塑造其象征意义。传说在第一次修建宝塔时，人们就已按照4—5世纪时的著名画家顾恺之②的画作雕凿这些浮雕。从构图中可以看出它们历史悠久，雕刻手法上也有多处展现出魏晋时期的风格。人们可

---

①参见《中国佛教史迹》，出版于1937年4月，第9—11页。
②顾恺之（约345—409），中国古代著名画家。

以推测，有几块浮雕石板应当是造于隋朝（公元600年前后），大部分则经过了后期翻修，但是与原始的浮雕十分相似。值得注意，浮雕石板的排列顺序可能和之前并不完全一致，因为降魔图在现存的建筑上排在第七位，实际则应该在第四幅图窬城苦修或者第五幅图沐浴坐解之后。打乱的排列顺序表明，人们在公元970年左右重建宝塔时，仿照原来的形式修建了壁龛，却未将这些造于公元601年的浮雕石板准确地放回原位。如同关野贞和喜仁龙所判断的那样，如今这座宝塔的建筑构造可以说明它建于南唐时期，但整体的设计以及其中的浮雕一定是完全按照最初的形态所重建的。

图175 江苏南京栖霞寺宝塔基座上的浮雕，见于《中国佛教史迹》

最近一次修葺

在太虚大师①的领导下，当今中国的佛教得到复兴。他与栖霞寺也颇有渊源，栖霞寺中的建筑和宝塔也因之得到了大规模的修缮。南京政府中有大量佛教的拥趸者，有着很大的影响力，他们和中国香港的同道一起捐赠了大量的资金，使建筑家卢树森②在1932—1933年2年间完成了寺庙以及宝塔的修葺工作，其中仅来自中国香港的何东③先生一人就为宝塔的修葺捐助了一万银圆。

宝塔的修葺工作进行得很顺利，在时间的长河中受到不同程度侵蚀的塔顶和浮雕已经被修葺完好。在清理下方的平台时，人们发现了一些残存的建筑材料，说明宝塔的基座曾被修缮完整，可能在古老平台的南部设置了栏杆和阶梯。人们使用了从南京东北部山脉中开采出的石灰岩。基座上增加了类似柱脚的构件，与古老的栏杆样式相仿，立柱之间还有十分精致的圆形横梁，位于最顶端。当然，人们无法用石板建造出原有的样式，只能另行使用铁管来代替。多层莲花状的塔刹仿照河南和山西的宝塔而造，与其极为相似。

直到宝塔最近一次的修葺工程，宝塔的西侧都一直伫立着两尊高达3米的大理石人像。地方志中也提到了它们，说明其在这里存在已久，但是关于这两尊雕塑没有更具体的资料了。它们被称作导引佛，人们为了保护它们在外面套了一个大玻璃罩。这两尊雕像不知出于什么动机放置于此处，显然不是为了宝塔，建筑师现将其放在大佛殿的入口处，但也不是什么长久之计。

完成修葺工作之后，人们又根据传说在宝塔的东北部立起了一块新的石碑，正面记载着这次最新的修缮工程。石碑的背面刻有一幅精美的宝塔石版画，是苏州的一位艺术家根据建筑师卢树森的一幅图画雕凿而成。

宝塔的归类

栖霞寺中独特的宝塔是长江流域和中国南方第一次出现的天宁式宝塔，这是指它最初建造的时间，而不是指我们所知的公元601年的那次重建。直到公元970年左右的又一次重建，这座天宁塔一直都是这一地区中最为独特的案例。根据现有的研究，我们推测这座宝塔的造型受到了中国北方甚至是少数民族的影响，据我们观察，它们之间有一定的联系，有一部分在上文中已经有所介绍。

---

①太虚大师，近代高僧。1912年创立中国佛教会，1913年并入中华佛教总会。提出"教理革命，教制革命，教产革命"的口号，并前往多国宣讲佛学。——译者注
②卢树森（1890—1954），字奉璋，建筑师，浙江桐乡乌镇人。——译者注
③何东（1862—1956），香港商人、慈善家。

在摄山成为佛教圣地的11年后,即公元500年前后,人们开始在这里打造摩崖石刻,正如前文所说,这是此类艺术第一次出现在长江以南地区,一定是仿照当时北魏国都大同的云冈石窟修建而成。这种模仿却并非建立在政治和谐的基础之上,自公元417年起,拓跋魏①几乎一直沿着长江与当时的汉族政权刘宋和萧齐进行持久激烈的战争,大部分时间都在打胜仗。至于人们为何在栖霞山上雕凿石窟,应是受到了此地兴盛的佛教的影响。值得注意的是,在建造的第一阶段,也就是公元501年,工程最主要的支持者是梁武帝,他是一位非常虔诚的佛教支持者。他甚至与栖霞山的开辟者明僧绍私人关系很

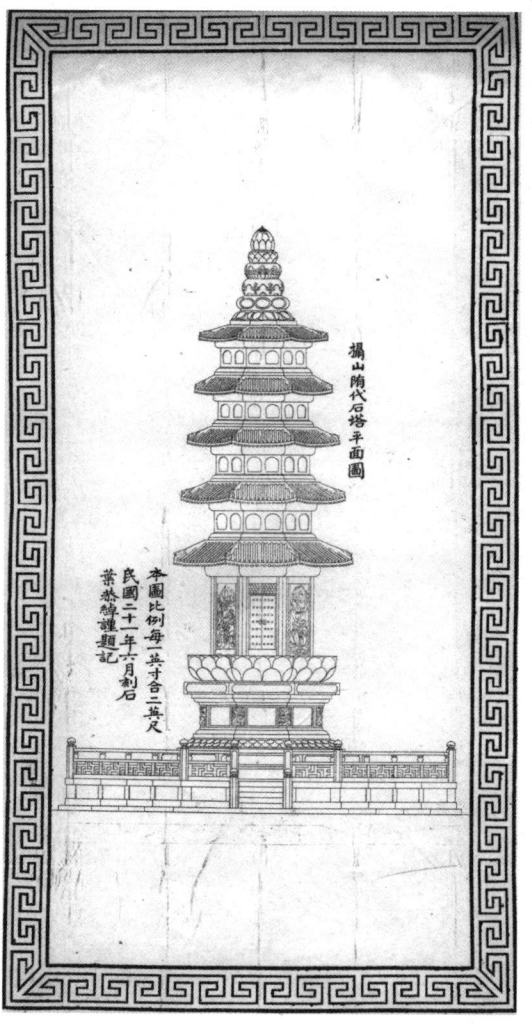

图176 江苏南京栖霞寺宝塔的主视图。附有叶恭绰的题字

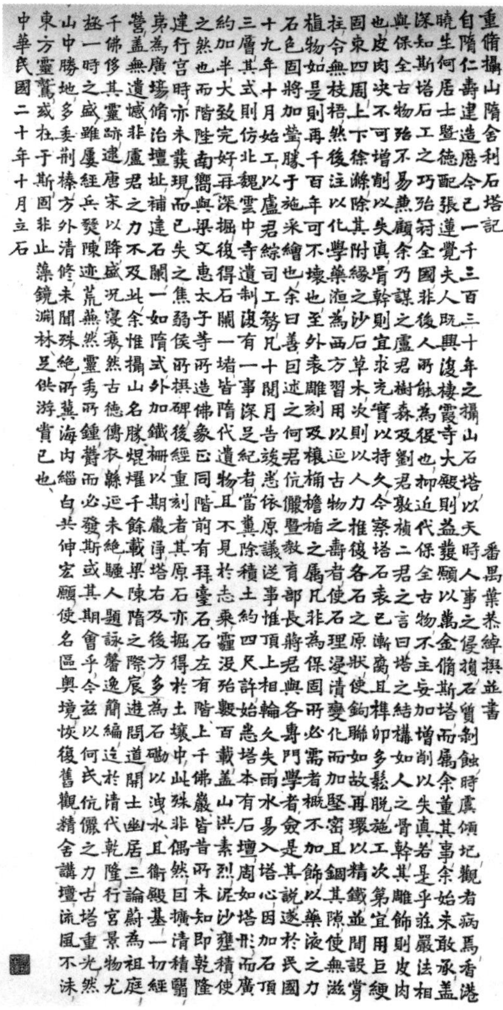

图177 写于1931年的碑文《重修摄山隋舍利石塔记》

①指北魏,北朝第一个王朝。

好，不过上述内容出自福兰阁的《中国通史》，尚无法确认是否为事实。

明僧绍之后，在梁武帝的促使下，上文提到的僧人僧朗于公元510年前后从辽东而来，到达栖霞山，甚至受到了皇室的接见。僧朗是新三论宗的创立者。新三论宗只是三论宗的分支，公元383年，印度僧人兼译者鸠摩罗什从西域来到中国西部，自公元385年起，在当时拓跋魏政权影响下的长安创立了三论宗。在6世纪中叶前后，僧朗的徒孙慧布从南京来到今天河南北部的彰德，并且在城中布道说法，彰德从3世纪曹魏时期开始就是中国北方佛教的中心。隋文帝命人在全国修建舍利塔，其中一座就在彰德，这座宝塔如今呈现天宁式，可能最初修建时就是一座天宁式的宝塔。我们已经在本章第一节第三小节中论及了彰德天宁塔，其塔身上的门窗以及浮雕与栖霞寺舍利石塔有千丝万缕的联系。

一个国家在政治上虽然分离，但是宗教上却能紧密相连，这有很重要的意义，值得一提，这样才能够解释天宁塔为何出现在南京。隋文帝于公元601年下令在全国建立舍利塔，栖霞寺舍利塔是其中之一。他这样做首先是考虑到，在江南地区尤其是前朝旧都南京附近为其年轻的政权树立一座宗教象征物，他采纳了当地佛教徒的建议，选择了栖霞山。那座宝塔就伫立在南京的南门前，它与长江流域佛教的起源有着紧密的联系，应当也是后来著名的大报恩寺瓷塔的蓝本。自公元489年起，人们在栖霞山不断地建造佛像，创立了新三论宗，希望这座山进一步神圣化。

不难想象，在公元601年前后，当隋朝皇帝下令在栖霞寺中修建一座宝塔时，在僧侣和工匠之间仍有一个绘声绘色的传说，这一传说在大约100年前梁武帝统治时期建造佛像和新的佛教学校时就已存在，应是从北魏传来。所以人们在建造这座建筑时，融合了西部建筑风格。北魏时期，嵩山嵩岳寺中的大型宝塔是一座极为重要的天宁塔，当然在中国西部和北部还有很多小型宝塔的案例，这些宝塔的样式从那里流传至南京。如同其父亲一样，隋文帝在位期间也与北方的西魏和北周政权有着紧密的联系，同时越发受到佛教的影响。他亲自关心南京栖霞寺舍利塔的设计，甚至从西部派僧侣、工匠等人帮助修建。特别是来自北方或西北如山西、陕西、甘肃、河北和山东一带的石匠，他们已有修建大型佛教建筑的经验，另外仅在北方开设了培养石雕工匠的学校，这使得北方的艺术家们可以将技艺带到南方，就这样公元500年左右，人们在栖霞山打造了摩崖石刻。这也可以解释，不论是最初的还是公元970年左右复刻后的雕像风格，都可以追溯到公元601年第一次重建宝塔的时候。这种自由的张力以及完整性在南方的石雕作品中仍不多见，南方的石雕艺术发展出了独特的方式，在细节上优雅且富有想象力。所以人们从塔中人物塑像的设计中可以看出，从第一次重建宝塔时起，自西北而来的影响就在不断推动南方艺术的发展。

同样，在南唐和吴越时期，特别是末期，来自北方的雕塑工匠在公元970年左右为第二次建造宝塔来到了南方长江下游的三角洲地带，带来了佛教的图画资料。在唐代和五代时期，佛教繁荣发展，不断地传入南方。随着宋朝的发展，这种状况也越发明显，整个国家的范围内艺术与文化得到不断的交流。不过北方的辽国政权以及后来的金国政权为南方带来的强大影响仍是独树一帜的。

这种不同政权、地区和省份的建筑艺术之间的直接联系很少被记录在官方的史书或是佛教文献中，人们只能根据偶然发现的联系来证明、阐述这一点。栖霞寺的舍利塔清楚明了地证明了与北方的联系，因为当时只有那里有天宁塔的图纸和设计，浮雕的技艺和风格也是北方所偏爱的，这也是长江流域唯一一处自北方传来的天宁塔。

二、北京玉泉山石塔

栖霞寺古迹的重要性在于其起源、年代以及样式，不仅如此，清朝皇帝在北京玉泉山静明园仿照其建造了一座宝塔。静明园被长长的围墙围起，是北京最古老的皇家夏宫，紧挨着万寿山，在颐和园的西侧。金朝章宗皇帝命人建造了静明园，元明时期不断修整，特别是清朝的康熙皇帝和乾隆皇帝对其进行了大规模的装饰和扩建。石塔具体的修建年份不详。我暂且推断是乾隆末年，也就是他于1785年从栖霞寺返回后立即修建而成。他多次命人仿照中原地区和南方地区的建筑在北京和热河建造建筑，所以这座建筑很有可能是仿照南京的栖霞寺舍利塔建造于1790年①前后。在此不久之前，也就是1781—1782年，西黄寺中建造了一座典型的喇嘛石塔，其基座浮雕的主题同样模仿了栖霞寺中的舍利石塔，这将在本书第三章的末尾②介绍。静明园石塔是玉泉山四座宝塔中建造时间最晚的一座，另外三座分别是建于1751年的琉璃塔、1759年的玉峰塔和据推测18世纪初建在山顶的喇嘛塔。"玉泉"之

图178 北京玉泉山石塔，山丘和宝塔倒映在水中。来自葛玛丽的明信片，寄于1931年12月30日

---

①德文原文为"1890年"，应是作者笔误。——译者注
②原书第三章文稿不完整，此译本中有些内容未能体现。——译者注

名来源于山中泉水清脆的声音①，玉峰塔也就此得名。

玉泉山石塔平面为八边形，高约 20 米，结构与其前身栖霞寺宝塔大体相同。基座层次丰富，上方依次是须弥座、主塔层和六级塔身，最上方有一座纤细的喇嘛塔作为塔刹。建筑构件和宝塔的人物浮雕、装饰之间的风格差异十分显著。

宝塔高高的基座建于斜坡之上，展现出新颖、平整的风格，具有乾隆时期的特征，所有的构件，包括底座的圆形线脚上，均有藤蔓和莲花花纹的装饰，其间点缀着生动的狮子浮雕。束腰高度不高，八面浮雕雕刻了释迦牟尼的生平故事，与栖霞寺宝塔中类似，只是由于浮雕面积不大，所以雕刻的张力不够，看上去十分简朴。塔座转角石与平面齐平，不过雕有浮雕力士像，只是仿制得有些笨拙。须弥座上的莲叶每一片都单独雕刻，弯曲弧度很大，下层的每一片莲叶上都有密密雕刻的绽放莲花，上方的一层莲花则各雕刻了一位动态甚至是在跳舞的菩萨像。主塔层上并没有设置开门，光滑的柱子之间的八面墙壁上只雕有人像。雕像的方位与人物相符，东面是骑着老虎的文殊菩萨，西面是骑象的普贤菩萨，两者均面向南方，北面是一尊坐在岩石宝座上的多罗观音，南面可能也是一尊多罗观音或是其他佛像。南面和北面的雕像两旁各有两尊守护世界的金刚像，共四尊，雕像风格相同，姿态却有所不同。浮雕具有乾隆晚期优雅、克制却又极富装饰性的风格，塔

图 179 北京玉泉山石塔。史米德拍摄于 1931 年

图 180 北京玉泉山石塔东北、东、东南面的浮雕。翻拍自艺术图书馆中的一张图片

---

① "玉泉"得名于"水清而碧，澄洁似玉"。——译者注

图 181　北京玉泉山石塔的西北视角　　图 182　北京玉泉山石塔浮雕

身上还雕有相伴的祥云纹，主塔层上大型线脚上也有生动且自由的浮雕，还有小巧、轻盈的飞天，无一不展现出乾隆后期的风格。每一层的圆形线脚承托了上方的塔檐，层层向上逐渐变小，而各层塔檐均向外挑出，向上逐渐收拢，整体外轮廓呈笔直的锥形，塔层低矮。上方的圆形线脚上分布着均匀的竖直波浪纹路。宝塔每一层的八面墙壁上都有一尊小型的佛像，总共 48（6×8）尊佛像。

从建筑设计方面来看，这一建筑的造型简单明了，却通身布满装饰，特别是佛像雕塑多数是喇嘛教中的神像，主塔层上的雕像与隋朝早期和南唐时期的风格有所不同，明显具有清朝末期的风格。不过宝塔的基础形式仍是相同的。这座建筑建造时期较晚，并不是为在塔身中收藏舍利而建造的，尽管带有宗教特征，但更像是一个纯粹的建筑胜迹，类似乾隆皇帝命人在邻近的碧云寺（我们将在最后一章中进行介绍）中建造的宝塔。乾隆皇帝自己曾明确表示过，那座宝塔中并未藏舍利，只是用来纪念佛祖显世的一个纪念性建筑。石塔中浮雕具有乾隆时期的常见风格，如同我们已经介绍过的北京周边其他大理石造建筑一样。从建筑学角度来看，尽管它与玉泉山中的另外三座宝塔完全不同，但这座宝塔像是一件精美的装饰品，充满了可供研究的细节。它与栖霞寺隋塔的直接联系也赋予了其特别的历史意义。

说到这里，也不能忽视这里与栖霞山石窟的相关性。在玉泉山山脚下的玄武岩中有雕凿而成的小小岩洞，十分有名，只是还没有进行过进一步的调查研究。其中有一系列的佛教图案，总体上尺寸不大。有一尊三宝佛，头顶有华盖，在它身旁还有一尊弥勒佛和四大天王像，四周的佛龛内也单独供奉了许多佛像，还有一处高大的洞穴，整面墙壁上布满了佛像雕塑和装饰，大部分都是喇嘛教中的神像。特别吸引人的是一尊坐佛，周边围绕一群体型稍小的正在念经的佛像，它们均身处祥云之中，向佛教中的极乐世界飘去。这些雕像可能可以追溯到金朝时期，金朝的皇帝也在北京建都，北京原是其南部的都城，后来改为中都。不过大部分应当还是于康熙、乾隆时期所造，有一些应与石塔是同一时期修建的。

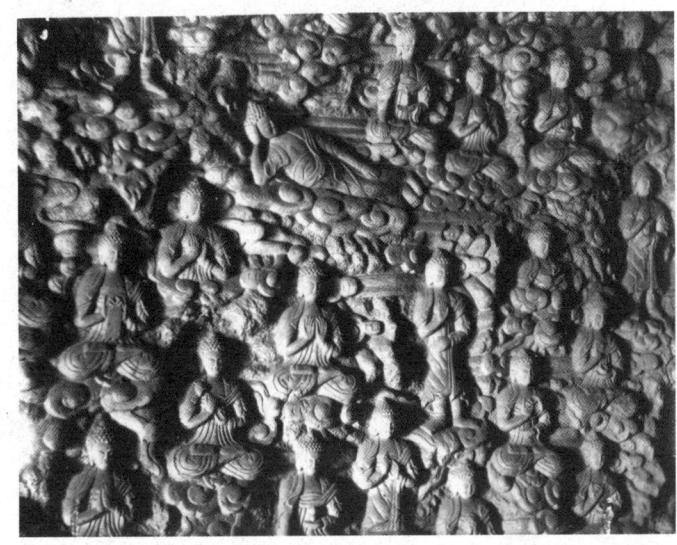

图 183 北京玉泉山千佛洞中的石雕佛像

三、浙江杭州华严经塔

在玉泉山石塔之后，最后一座按照此类古老形制所造的宝塔是杭州西湖北岸孤山上的华严经塔。绵长的山脊穿过整座小岛，如今孤山已是一座开放的公园，这里有南宋和清王朝辉煌时期留下的无数遗迹，这座宝塔就伫立在山脊之上。宝塔为西泠印社所建，它的存在使这里变得高雅气派起来，十分符合学社的气质。

古老的栖霞寺宝塔的样式在这里得到了延续，华严经塔的塔身共十一层，塔檐紧凑，塔身十分纤细，上方塔顶饰以精致的喇嘛塔作为塔刹，上方另有一个单独的纤细相轮，使宝塔整体更加纤长。如今，宝塔基座、塔檐和塔尖的层次已十分抽象，上方八层纤细的塔身的每一面墙壁上各有一尊佛像浮雕，共 64 尊。八层塔身高度相同，向上不断变细，塔身直径逐渐减小。宝塔的结构在风格上与建筑的主题相互呼应，主塔层的位置十分明显。它与上方的两层塔身很有可能是由黑色大理石建成，即使是边角处也均为直线设计。光滑的墙面上雕刻的应当是佛经，因此人们称这座约 13 米高的宝塔为经塔。在主入口前光滑的岩面上同样雕刻着经文，旁边有一位僧人的石制塑像，手中拿着一个宽边圆形草帽。

图 184 浙江杭州西湖西泠印社内的华严经塔,位于图片上方桥的左侧

图 185 浙江杭州西湖西泠印社内的华严经塔。黄海拍摄,2021 年 12 月

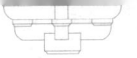

图 186 浙江杭州西湖西泠印社内的华严经塔

天宁式塔 | 193

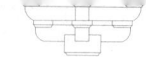

图187 浙江杭州西湖西泠印社内的华严经塔。该图于1930年2月8日从艾德·戈弗雷（Ede）处获得

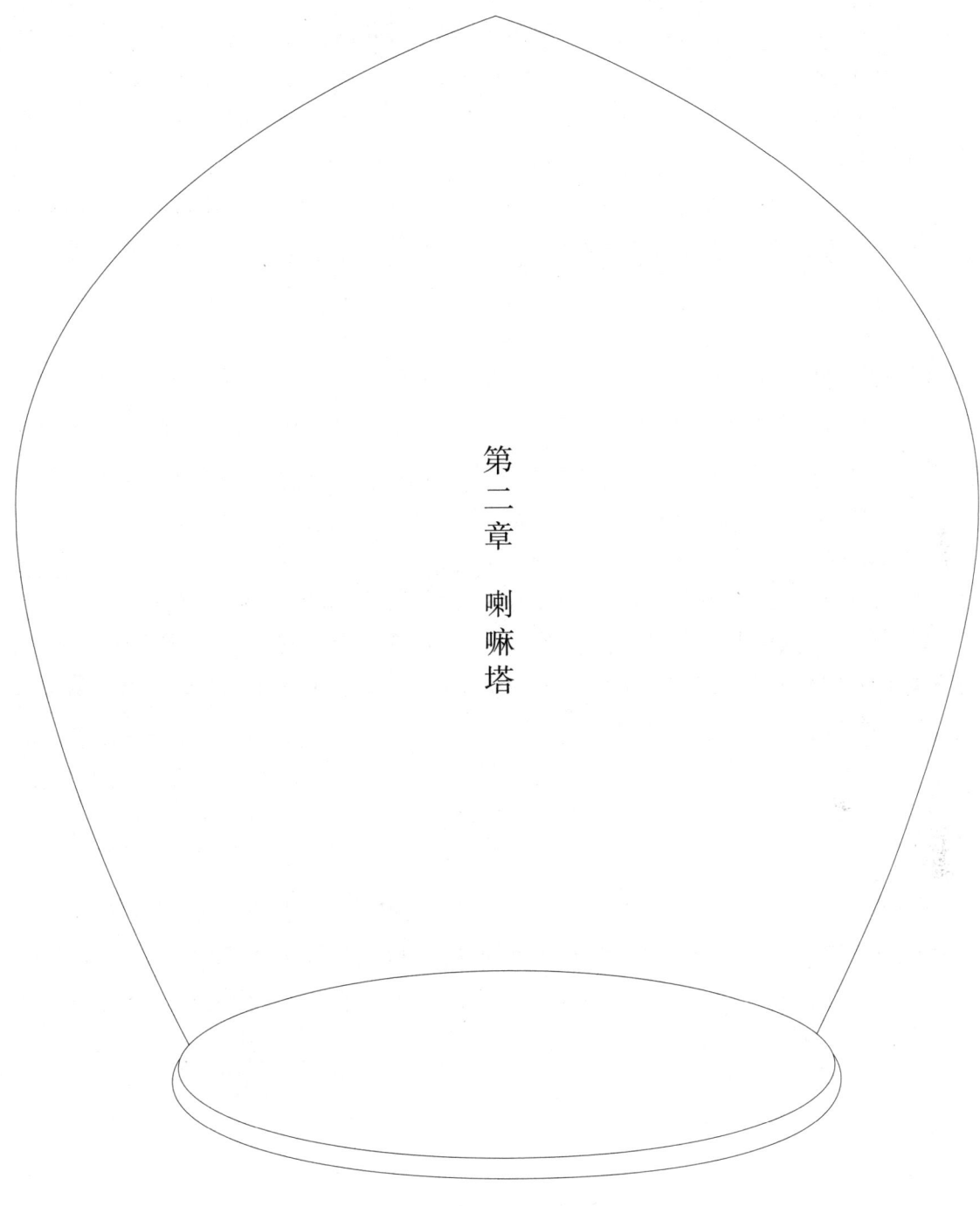

第二章　喇嘛塔

起源和价值

喇嘛塔是喇嘛教极富特色的藏族式样建筑，因而它同藏传佛教一样，主要存在于中国北方地区。覆钵式塔身与塔刹相结合，构成其引人注目的特征。中国藏族文化区的人们通常称这种塔或窣堵坡为"佛塔"（Tschorten）。覆钵式塔身很少表现为纯粹的球形，这类塔形态各异，有的塔身又长又高。不过绝大多数情况下覆钵式塔身接近瓮形，从底座起逐渐变宽，上方再次向内收缩。从轮廓上看，塔刹与塔身之间大多形成锐角，同时呈圆形，下宽，上方通常大幅变细。除了喇嘛塔这一名称外，无论是整体的塔身还是其具体组成部分的特定中文名称都令人感到陌生。由于覆钵式塔身形似某种瓶子，这一式样在英语中最早被称为"瓶形"，其他欧洲旅人也常将它称为瓶塔，不过最好以瓮形塔或花瓶形窣堵坡对其加以说明。

小型喇嘛塔在本书①中已有多次提及。例如宁波天童寺塔群，峨眉山和五台山铜塔，杭州西湖上的三座小型灯塔，以及变化丰富的墓塔。因而此处主要介绍这一独特建筑的共同特征及其重要价值，并通过实例加以论证。

最初的喇嘛塔是作坟墓使用的，参照骨灰瓮的外形。塔身采用规则的建筑学结构形式，表现为砖砌的圆柱体或半球体，放置于分层的长方形基座上，这是喇嘛塔最初的样式。在坟丘上插入一根高高的杆子，这种习俗在中国并不常见，仅见于山西一些地区，可能还有北方的陕西和甘肃等地区。然而在中国西藏地区，随处可见高大的经幡和坟墓上的杆子。借助从中国西藏和印度建筑传入的艺术元素，这里出现了瓮形塔样式的建筑。由于这一样式可追溯到印度的坟墓，最古老且最著名的例子出自桑吉②，桑吉的建筑群已展现出重要的喇嘛塔特征。不过这里的坟墓明显缺少杆子和过高的圆形塔肚，同时它们还需融入骨灰瓮或花瓶的外形，其轮廓上大下小，象征着西方和中国。

这种骨灰瓮，在《中国宝塔》（第一部分）第三章中已有过详细论述，尤其是作为某类墓塔的前身。人们安葬逝者的遗体，或仅将遗骸从废旧墓中取出改葬，这种习俗在中国整个南方地区十分流行，特别是广东。中国南方地区的坟冢一个挨着一个，成排地暴露在旷野中，有的也被安置在洞穴中或峭壁间。尽管如此，这里也几乎未形成过喇嘛塔。我只知道三座喇嘛塔位于长江及其以南区域，一座在广西桂林，一座在江苏江都，一座在湖北武昌。这三座喇嘛塔每一座中都藏有舍利或遗骸。

---

① 参见恩斯特·伯施曼：《中国宝塔》，1931年，第一至三章。或恩斯特·伯施曼：《天宁式塔》，2016年，第四章。
② 桑吉，位于印度中央邦附近。

根据塔的原始的用途——作为盛放遗骸或者舍利的容器，凸起的塔身所蕴含的意义在瓮形窣堵坡中体现了出来。所以塔身始终坐落在塔基之上，显得特别的突出。安葬的具体位置有时位于窣堵坡或塔下方，最终成为仅仅具有精神意义的纪念碑，不过丝毫不会改变它的神圣性。因为在这类情形中，雄壮的圆形外观依然构成具有象征意义的主要特征。喇嘛塔上其他组成部分的象征意义同样有着清晰的体现。

　　"地—水—火—风—天"这一著名的图示以几何或立体图形的纵向次序，展现了四到五种中式同时也是佛教建筑中的基本元素，这与瓮形塔的各个组成部分恰好一一对应。象征大地的正方形上坐落着代表水的圆形，其上为暗示火的三角形和喻示风的刹顶，后者同时也可指代天空，并以仰月①和圆光的形式加以呈现。这一图景将大地描绘成了高高的支柱，其余元素在此基础上构建而成。事实上，有无数的坟墓和宗教建筑是以四种元素为基础建立的。在喇嘛塔中，平台和基座象征大地，覆钵式塔身象征水，刹杆或刹身象征火，刹顶或塔尖象征风。平台由一层低矮的或稍高一些的正方形墙体构成，有时呈两级状，上方继之以塔基，通常为成形的基座，并带有数层台阶。圆形塔身下方还有一层侧面带有纹饰、象征莲座的特别的底座。

　　刹身同样有基座，基座位于刹身和塔身之间。刹顶立于圆形的宝顶或刹身宽阔的盘状宝盖上，由多个部分组成。最常见的组合便是仰月和圆光，它们常常一起出现在大型建筑物中。月亮用来指代风，最上方的圆光代表天空，后者在某些佛教学说中被作为第五种元素，此处还显露出工匠们某种跳跃的想象力。人们也可以将其直接理解为"日月"，只不过它们与建筑物中的艺术元素关联甚远。此处无法详细探讨这些元素的引申含义与组合搭配。透彻的苍穹同样通过最顶端的圆球或宝珠得到生动的展现。它们位于圆光之上，有时则在仰月上方。宝珠常常雕凿成三重珠宝或葫芦式样，有时饰以喇嘛教的火焰光圈。自地面不断上升，又经火珠直至融入苍穹，这种思想与天宁塔的含义相类似，其象征意义在讲隋代始建的北京天宁寺塔时已有过详细说明。

　　瓮形塔的象征性尤为明显，因为塔刹以直白的火焰形象生动地展现了万物净化的过程，不断向上攀升，最终实现彻底的神化。相轮和圆环体现了从下至上逐步完善的构思，它们环绕塔刹的核心成为不可缺失的存在。这与天宁塔的形象极为接近，尽管两类塔的外形乍看上去大相径庭。因为天宁塔的塔刹同样意味着不断向上实现神化的过程。将这两类塔的主体部分加以比较，便会发现这两种样式形成鲜明的对照。作为神圣的处所，天宁塔笔直的塔身从某种意义上而言完全对照着喇嘛塔的覆钵式塔身。二者最神圣的组成部分均以独特的形象加以展现，吸引着众人的目光。

---

①仰月，建筑术语。在佛塔的塔刹部分，有向天仰置的构件，其形状类似于弯弯的月亮，故称"仰月"。——译者注

对于喇嘛塔中所包含的象征意义，此处将简单提及一些要点，并同天宁塔的象征意义加以比较。在下文对喇嘛塔的具体描述中，包括本书第三章①涉及金刚宝座塔的内容，都将不断论及塔身不同组成部分的象征意义。只不过在喇嘛塔这一领域，连同整个喇嘛教，论及其象征意义显得尤为棘手。因为相较于中国其他的宝塔样式，喇嘛塔涉及更多错综复杂甚至含混不清的概念。这些概念恰恰来自中国的西藏和蒙古地区，在中国大乘佛教形成的过程中为佛教所吸收。若想对这些宗教原理和发展变化做出充分的解释，尤其是准确的描述，研究者必须对佛教学说及其在印度、中国内陆地区、中国西藏地区、中国蒙古地区甚至日本的不同教派有着深入浅出的认识。为此研究者需要掌握包括梵文在内的所有与之相关的语言，不过这首先是宗教和语言学研究者的工作。此处的论述仅涉及中国内陆地区，这样做的首要目的在于弄清楚以及比较喇嘛塔的外形构成，因此对其内在的精神思想不作探讨。在此我们迫不得已需要简单提及一下各类佛塔之间普遍存在的关联性。至于此处所提到的佛塔的式样，对其思想及象征意义的剖析只能留待日后语言学家在这方面的研究。

在欧洲的科学领域中，关于这一地区的宗教资料已很丰富，我们在研究中将偶尔利用相关文献资料，避免离题太远，破坏论述的整体性。本章的论述只涉及喇嘛塔，它们的地理位置几乎限制在中国的内地十八省，很少转向外国的。就像之前已指出的，这十八个省也仅限于北方地区，多为北京及河北、山西、陕西和甘肃这几省。除了选出一些小型的佛塔典范外，书中仅对大型的著名的喇嘛塔建筑遗迹进行具体论述。总而言之，本章以原本出自中国蒙古地区和中国西藏地区的喇嘛塔为题，这些内容仅能提供一个初步的认识，同时抛砖引玉，促进下一步的研究。

在此先来讨论一下喇嘛塔的不同名称。喇嘛塔作为最高等级的存在，这一普世性的名称有时用于所有的阐述中，不过对于体型较小者，如之前已在天宁塔中出现过的那般，则会优先以窣堵坡称呼，也会出现喇嘛窣堵坡或喇嘛窣都婆的说法。中国西藏地区称喇嘛塔为"佛塔"，这一名称大多出现在欧洲关于中国西藏地区、中国蒙古地区的文献中，"佛塔"不论及塔形的大小。依照费通起的研究，我们将"佛塔"当作阳性②词汇使用而非中性。中国蒙古地区的塔被称为苏博干③。我们将视具体例子对塔使用不同的名称，有时甚至在同一建筑物上交叉使用，因为对塔的名称的使用并不需要一直进行严格的区分。在样式、宗教、民族和地域融合的情形下，在名称方面保留一定的操作空间，效果可能会更为理想。

---

① 原书第三章打字稿已经佚失。
② 德语名词分为阳性、中性和阴性三种。——译者注
③ Suburgan，蒙古语。

第一节 小型喇嘛塔

一、三德庙和塔尔寺的佛塔

为了对喇嘛塔的样式有个初步认识，此处同样先论述由十八个古老省份所组成的狭义中华地区，从中国蒙古、西藏地区这些边境区域的三处例子入手。这一奇特的佛塔的新样式多半形成于此，并且直到今日这些地区始终分布着众多的喇嘛塔，被视为其最初的起源地。只有这样才会对古老中国北方地区那些结构设计均衡且有所进益的文物做出全面、客观的评价。

一处颇具启发意义的文物（名称缺失）

这幅图片最早刊登在1905年6月的《东亚杂志》上，之后再次出现于卡鲁斯（Paul Carus）的著作《中国思想》[①]第43页中。这座砖砌的塔，轮廓冷峻，几乎毫无修饰，比例与平面清晰，正与中国西藏地区光秃秃的山脉所呈现的壮阔自然风光相契合。立方体的塔基上有简单划分的叠涩层，共四级，再上方为覆钵式塔身，形似较为原始的外凸的陶制骨灰瓮，肩部最宽处有两道线圈，中轴线上设有壁龛。尖形塔刹霍然而起，最顶端冠以圆球、仰月与宝珠。最底层的门和台阶上的窗户令人推测该佛塔存在内部空间，可能为塔室甚至住所。所有这些都透露出一种极为原始的形态。唯一的装饰是一枚符合中亚和印度古老主题的符号，位于门上方梯形区域一对向后张望的狮子中间。

图188 绥远三德庙的大喇嘛塔。利贝伦茨拍摄

图189 藏式喇嘛塔的草图。见于卡鲁斯的著作

[①] 卡鲁斯：《中国思想：中国人的世界观念之主要特征的释义》，芝加哥：敞院出版社（Open Court Press），1907年。插图并未给出此图的所在地点，只称其为"西藏窣堵坡"。

三德庙的大型喇嘛塔

三德庙位于中国新划分的绥远省最西部大约北纬 41°15′、东经 106°15′ 处。寺庙临近宁夏,坐落于荒漠中的大型商路上,商路起自归化,经百灵庙通往中国新疆的哈密和乌鲁木齐。这个地方属于中国蒙古行道上少有的较大型人口聚集区,并且几乎始终都是喇嘛教的中心。此地经斯文·赫定[①]考察后再次为人所知,后者于 1927 年夏来到这里,为这座庞大的喇嘛庙及其喇嘛塔拍下了大量照片。此处复制的图出自参与考察的摄影师保罗·利贝伦茨(Paul Lieberenz)之手,发表在阿瑟·伯格(Arthur Berger)的《与斯文·赫定一起穿越亚洲沙漠》[②]一书中。

在一众塔中,尤其是大喇嘛塔已然展现出了中国北方样式的成熟的建筑风格。不过覆钵式塔身独特而令人惊讶的轮廓、弧线饱满的刹身及形态多样且沉重的刹顶,为其在中亚的艺术作品中保留了一席之地。喇嘛塔主要为砖砌,总高约 12 米。低矮的底座上以

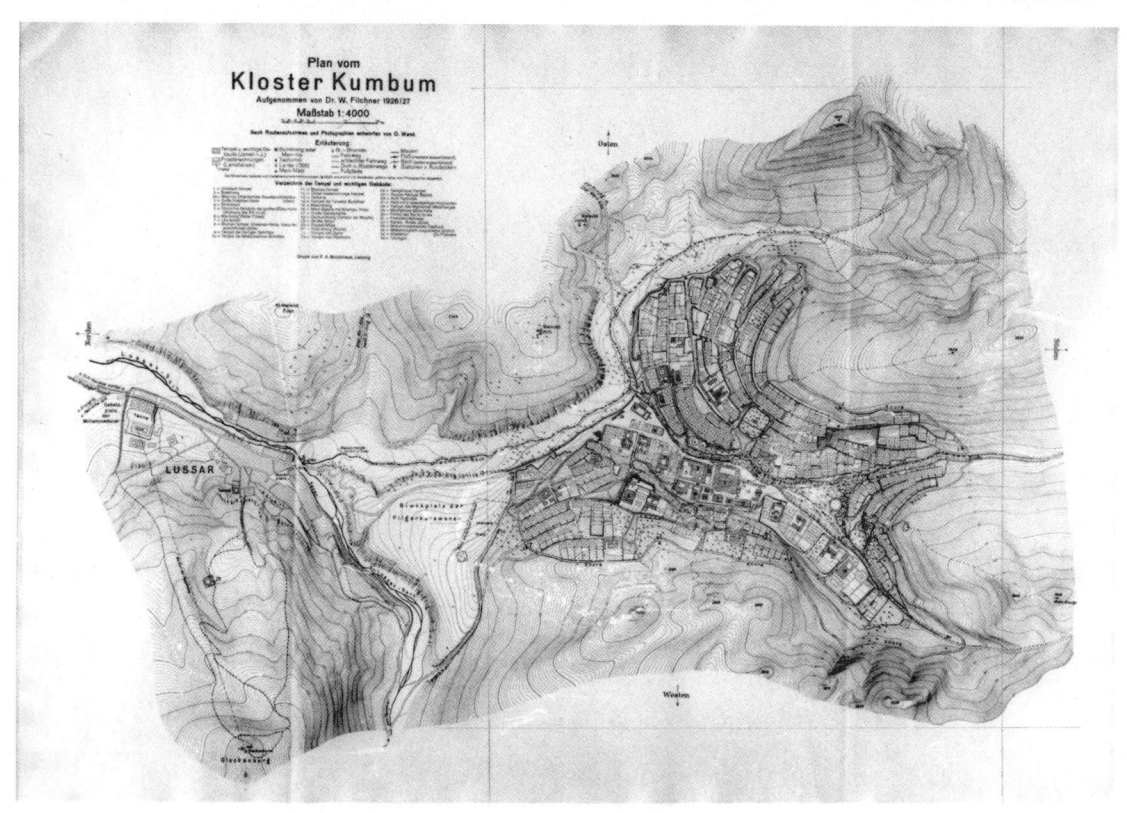

图 190　西宁塔尔寺的平面图。绘制于 1926 年 2 月 7 日。见于费通起《衮本贤巴林》

---

①斯文·赫定是中瑞考察团的一员,该考察团于 1927—1935 年在中国西北地区进行考察。
②阿瑟·伯格:《与斯文·赫定一起穿越亚洲沙漠》。参见考察团摄影师保罗·利贝伦茨的日记。柏林:指南出版社(Wegweiser Verlag),1932 年,共 383 页。

三层高大的台阶构成基座，最下方两层台阶的侧面垂直，最上层台阶的侧面向内倾斜，上面均饰以大朵的莲瓣，形成精美的浅浮雕。台阶之上，单独的立柱连同带有印度风格的立方体柱首托起单坡屋顶，形成回廊的样式。覆钵式塔身底座的高挑横饰同样饰以硕大且精美至极的莲瓣浮雕。相轮耸立于八边形刹座之上，上接刹顶，卓绝非凡。基座侧面的中间区域，上下各建有两处壁龛，其外凸的轮廓（印度样式）将中国西藏地区的时轮金刚咒（Namtschu wangdan）符号环绕在

图 191 绥远三德庙双喇嘛塔的侧面。见于费通起《衮本贤巴林》，图 78

内。我们将在探讨塔尔寺的喇嘛塔时对这一符号进行说明。旁边的两座小型喇嘛塔为大喇嘛塔提供了参照的比例尺和补充说明。

塔尔寺的喇嘛塔

中国西北地区著名喇嘛教圣地塔尔寺中的喇嘛塔令人印象深刻。寺庙位于西宁的西南方位。西宁原属甘肃，中国的区域划分重整后，西宁被划分到新成立的青海，青海也称库库诺尔，是蒙古语对青海湖的称谓。欧洲学者曾多次到访并描述过这座寺庙，其中以两本费通起的《西藏塔尔寺》（1906 年）[1]和在翁克里希[2]协助下写就的学术著作《衮本贤巴林》（1933 年）[3]最为详尽。

---

[1] 费通起：《西藏塔尔寺：一篇关于其历史的研究》第 14 卷，柏林，1906 年，共 164 页。"费通起中国西藏探险的科学成果"（卷一），1903—1905 年。
[2] 威廉·翁克里希：东正教神父，曾在中国蒙古地区传教，第一次世界大战后开始从事科研，任职于法兰克福中国学院。参见魏汉茂：《翁克里希（1883—1956）：生平及著作》，书中附有其蒙古学方面的文章，威斯巴登：赫罗索维兹出版社，2003 年，共 230 页（"柏林洪堡大学亚洲与非洲之研究"第 12 册）；魏汉茂：《翁克里希（1883—1956）：与福赫伯和斯文·赫定关于中国西藏地区、蒙古地区和中国内地的书信往来》，威斯巴登：赫罗索维兹出版社，2003 年，共 293 页（"柏林洪堡大学亚洲与非洲之研究"第 15 册）；魏汉茂：《翁克里希（1883—1956）：与汉斯·芬德埃森、英国圣经公会和其他人关于西伯利亚和喇嘛教的书信往来》，威斯巴登：赫罗索维兹出版社，2004 年，共 204 页（"柏林洪堡大学亚洲与非洲之研究"第 17 册）。
[3] 费通起：《衮本贤巴林：十万佛像弥勒寺》第 15 卷，莱比锡：布罗克豪斯出版社，1933 年，共 555 页。作品很大一部分是在翁克里希的帮助下完成的。翁克里希受雇从事本书前期的准备工作，但仅在书中前言部分简单提及。

书中不仅有一张出色的地图，还针对喇嘛塔不同组成部分的象征意义给出了详细说明。不过我们从书中还是未能获知这四座小型喇嘛塔，或这一组合的直接用途与最初建造的时间。这座寺庙的声望有一部分要归功于这些塔的存在，就连"塔尔寺"这个更为人知的名字也来自于此，中国地图上标注的也是它的这一名称。

图192 西宁塔尔寺的草图。见于费通起《西藏塔尔寺》，图21

这四座塔位于西北处的主道上，几乎排成一列：双窣堵坡，为一对喇嘛塔，位于朝圣道路之外——这条路环绕整个建筑群；第三处为上方建有窣堵坡的过门塔；后方不远处为大型喇嘛塔，与位于同一基座上的八座小喇嘛塔近在咫尺。下面将对费通起的原文进行部分引用。

双喇嘛塔由两座相同的砖塔构成，每座塔高约4.7米，正方形的塔基边长3米。覆钵式塔身各辟有一个朝向寺庙的壁龛，东边的窣堵坡壁龛开口内饰有极具象征意义的组合符号——时轮金刚咒。费通起在谈论大型喇嘛塔时对其形状、颜色及象征意义分别进行了说明。位于西侧的喇嘛塔上并没有这一符号，作为替代在其下方基座上斜着安放了一块石碑。覆钵式塔身坐落在共四级的正方形底座上，下方为带有素平束腰的基座，通过三层浅台阶过渡到塔基。两座塔基紧挨，塔刹由多重相轮组成，向上逐渐变尖，上面冠之以宝珠和刹尖。费通起在塔尔寺的平面图上还标注了一处双窣堵坡，其位于前文描述的双塔略西侧、大环路和僧舍稍北处，不过前文似乎并未详细描述这组建筑。

图193 西宁塔尔寺八塔

图194 恩斯特·伯施曼为西宁塔尔寺八塔画的草图

图 195 西宁塔尔寺大型喇嘛塔的近景。见于费通起《衮本贤巴林》，图 74

图 196 西宁塔尔寺八塔的远景。见于费通起《衮本贤巴林》，图 76

过门塔下方的塔台边长分别为 9 米 ×8.3 米，高 4.5 米。拱门宽近 3 米，门的内外两侧各有一组长方形区域。1904 年 6 月份费通起来此第一次考察时，门的内外两侧上面还刻有浅浮雕，下方为立于树下的匾额，并写有题款。费通起于 1926—1927 年的冬天第二次来此考察时，这里已是一片平坦之地，正如近来的照片所示。在这期间，塔台似乎被重修过，其顶部下方檐角之间的斗拱数由 6 减少为 4，原来的匾额也消失不见了。窣堵坡高 4.5 米，方形基座下方有三层宽大的石阶立于塔台顶部，其上为共五层的覆钵式塔身底座，修葺后的塔身代之以截锥体，也就是说塔身全都进行了简化。圆形塔肚上的壁龛朝向寺院内侧和其他佛塔，壁龛被铁丝网封住，上方覆以盘子状的圆顶作为保护罩，其上耸立着细长的塔刹。通道顶棚内可以看见坚固的框架，支撑着窣堵坡。塔台四个檐角处呈对角蹲坐的四只石狮，作为过门塔的保护神。过门塔总高 9 米。

大型喇嘛塔位于入口道路的右侧，自寺门向东南走一分钟即可到达，它也成为庞大的主寺庙漫长身影的终点。这一系列的建筑物从此处沿昆布河西岸向西南方向依次展开，分布紧密。整个建筑总高约 14 米，正方形的塔基起自一处土丘，边长 8.3 米，顶部覆以坚实而突出的花岗岩平台。其上以四层浅台阶连接，基座束腰被涂为白色，继之为两层叠涩和一块坚固的盖板。整个基座素平，无纹饰，仅作长方形构件。

基座之上为大型喇嘛塔的底座，狭长的分层上设有四级陡峭的台阶，覆钵式塔身就坐落在最顶层精美的平台上。四级台阶的正面被涂为蓝色，上面刻有金色的兰札文。由于风化腐蚀严重，细长的红色带子沿台阶内侧的边缘展开。砖砌的覆钵式塔身被涂为白色，向上展开呈抛物线状，接近半圆时又向内收缩，形成狭窄的颈部。其上覆以盘状的圆台，边缘处以瓦制的中式塔檐构成末端。台子上是圆形刹座，上方耸立着尖锐的刹身，刹身由十三重红棕色的相轮构成。根据费通起的观察，塔刹的底部构件带有一枚精巧的尖角饰物，位于小巧的基座上。构件的边缘则立于基座细小的栏杆上，对大型喇嘛塔的雕凿技术进行分析，远不如以图画的形式将其展示出来。这种设计使得悬浮的刹身成为某种抽象的象征。刹身以金属圆片作为末端，饰以真正的布块或以适宜的铜制变形宝盖作为垂饰。最后的刹顶多半如其他宝塔那般由人们熟悉的仰月、圆光和象征智慧的火焰组成，后者（火焰）发出柔和的光芒，并融入穹宇之中。这些标志大多由铜制成，在不同的节庆中还可与其他样式替换。

塔基角落前方高 2.6 米的分层基座上蹲坐着被涂成白色的石狮子，在寺门旁它们一般呈对角线排列，作为守卫者。

覆钵式塔身西南方向，即朝向之前提到的塔尔寺主寺建筑群处，"用一个 1 米高的马蹄铁状圆形雕饰代替了常见的壁龛，以蓝色为背景、立于绿色莲座上的'时轮金刚咒'构成其核心，外部绕以漆为蓝灰色、饰有金色线圈的马蹄铁状缘饰"。这枚在整个喇嘛教中常用的符号样式展现了宇宙与人类之间的对照关系，包括七个特定的兰札文字母和固定的颜色。费通起和翁克里希援引之前研究者的相关研究，尤其是阿尔伯特·格伦威德尔①与莱因霍尔德·缪勒②的，后两位学者利用一张彩色插图，对这一符号进行了详尽而准确的说明，可谓功勋卓著。此处附上其缩小版的研究成果。这里仅奉上费通起的主要成果。

图 197　四只狮子之一的草图。见于费通起《衮本贤巴林》，图 75

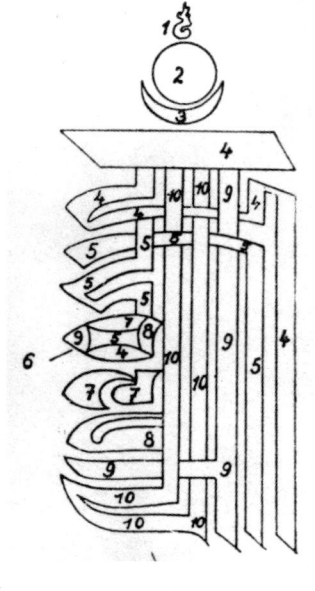

图 198　时轮金刚咒的示意图。见于费通起《衮本贤巴林》，第 161 页

---

①阿尔伯特·格伦威德尔（Albert Grünwedel，1856—1935），印度学及藏学研究者，柏林人类学博物馆负责人。参见阿尔伯特·格伦威德尔：《书信与档案》（*Briefe und Dokumente*），由魏汉茂编，威斯巴登：赫罗索维兹出版社，2001 年，第 37 卷，共 206 页（"柏林洪堡大学亚洲与非洲之研究"第 9 册）。
②莱因霍尔德·缪勒（Reinhold F. G. Müller，1882—1968），医生及医学史学家，专攻印度医学史。参见《屈尔施纳学者年历》1966 年、1967 年。

编号	颜色	象征	宇宙	身体部位
1	绿色	燃烧的火焰	罗睺掌管日月	中脉界
2	白色/银色	太阳	太阳	白色左脉界
3	红色	半月	月亮	红色右脉界
4	蓝色	哈 Ha	虚空	头顶
5	绿色	恰 Ksa	智慧界	喉至颈
6	五种颜色组合（绿色、黄色、白色、红色、蓝色）	玛 Ma	须弥山和四大部洲	脊柱
7	黄色/金色	拉 La	地界	大腿
8	白色/银色	哇 Va	水界	膝盖
9	红色	日阿 Ra	火界	小腿
10	黑色	洋 Ya	风界	脚心

对于受戒的喇嘛而言，这一符咒无论是作为整体，还是具体的每一小部分，都是需要认真研习的对象，在日常生活中也常被当作护身符或占卜符咒使用。在使用这些符咒的过程中，随着场合的不同也会有一些变化，不过并不明显。热河就提供了一个非常好的例子。

塔尔寺的大型喇嘛塔也被用于献祭。朝拜者和僧人将供品放在塔底处，扑倒在地面，接着祷告。

塔尔寺最特别的一组建筑就是广场中位于同一基座上的八座喇嘛塔。寺中普遍称其为"Geschegtscham"喇嘛塔，意为"向善之人所具有的平静"。喇嘛塔的建造源于八位喇嘛被一位残暴的汉族王爷杀害。不过据费通起和翁克里希所述，他们的遗骸几乎不可能被安葬在佛塔中。因为窣堵坡中若是装有由金银打造、存放逝者遗骸的容器，它便不会被置于露天，而是放置在佛殿中。独立式的窣堵坡通常仅在壁龛中砌入小型佛像和神像。然而正如前文已经多次指出的那般，喇嘛窣堵坡在许多情况下都是作安葬使用。对于其他佛教宗派而言，窣堵坡是否作安葬使用还需进一步研究。

这八座喇嘛塔均为 5 米高，真正的塔身立于边长为 3 米高的基座上，刹顶由仰月、圆光与火焰组成。各塔的构造细节多不相同。费通起对塔的相关部位进行了详细描述与说明，诸如台阶的样式、颜色和装饰，并承诺单独对此展开详细研究。塔身上的时轮金刚咒彼此相同，不过这八座喇嘛塔的符号背景为明亮的红棕色。所有符号均朝向西南方向——面向正殿的庞大建筑群。这些神圣的标志出现于塔所在的四处地方，仿佛宗教之镜一般形成防护。

图 199 时轮金刚咒的草图。参见费通起《衮本贤巴林》，第 161 页彩图

拉卜楞寺和兰州

拉卜楞寺[①]是继塔尔寺之后毗邻中国西藏地区的第二大著名寺庙。人们有理由相信，这里对喇嘛塔的使用情况与塔尔寺类似，然而却没有足够多的资料佐证这一猜想。甘肃与中国西藏地区相邻，但是前者已然汉化了。从这里远远向西延伸到最后一座较大的城市肃州（如今肃州重又以老名字"酒泉"相称），这片区域存在数量众多的喇嘛塔，且它们都具有喇嘛教的艺术元素。另一方面，在这一省份中同样早已存在经过演变的中式喇嘛塔，此处简要列举两例作为对纯中式喇嘛塔风格的展现，以完善这一系列的研究。

来自徐家汇博物院的喇嘛塔模型藏品现今陈列于芝加哥的自然历史博物馆[②]，藏品中就有位于甘肃皋兰县的两座喇嘛塔模型。两塔分别高 23 米与 24 米，已属大型塔之

[①] 参见保罗·寇科特·聂图普斯基（Paul Kocot Nietupski）：《拉卜楞寺：一个位于内亚边界地方的藏传佛教社区（1709—1958）》，拉纳姆：莱克星顿，2011 年，第 31 卷，共 273 页。
[②] 这些藏品包括 84 种木雕模型，由葛承亮（1854—1931）管理的徐家汇耶稣会职业学校的学生制作而成的，1915 年于巴拿马—太平洋万国博览会上展出。为此出版的小册子上介绍道："中国宝塔系列，由位于上海近郊的徐家汇天主教工艺学校制造，用于 1915 年巴拿马—太平洋博览会。"后来为菲尔德自然历史博物馆收藏，2007 年被卖出；2015 年由杰弗里斯家族于旧金山博物馆展出。参见《土山湾的宝塔》：http://www.flysfo.com/museum/exhibitions/tushanwan-pagodas-models-1915-panama-pacific-international-exposition。

列。慈恩寺塔建于1592年，共八级，塔身呈环形；白衣寺塔建于1631年，共十二级，塔身呈环形。从构造精美的模型来看，这两座塔与峨眉山顶的铜塔相似，不过前者是由砖和灰泥建造而成。这些塔和天宁塔的风格之间的关联不言而喻，具体信息不详。兰州为古老的甘肃省会，近来在欧洲亦广为人知。

二、北京周边的小型喇嘛塔

图 200　北京西山琉璃局附近的过街塔

将喇嘛塔置于城门顶部的做法在北京周边并不少见。琉璃局过去是生产琉璃件的皇家窑厂,其带有窣堵坡的城门建筑与塔尔寺的过门塔极为相似。前者展现了成熟的中国北方的建筑风格,但后者在建筑的大小比例方面更为出色。窣堵坡的塔座外部覆以石料,正中用平滑的方石砌出一座宽敞的拱门。窣堵坡主体部分的壁龛以琉璃瓦制成,其余部分采用石料和砖块,比如底座侧面、基座束腰、覆钵式塔身和刹身。窣堵坡的基座和底座每面各添有一块凸出的部分,使得十二边形近乎圆形。基座底部侧面的雕刻风格十分优雅,覆钵式塔身下方的底座分为四级,饰以小巧的佛像壁龛,每面计12(4×3)个,共48(4×12)个壁龛。覆钵式塔身上有4个较大的佛像壁龛,刹身上接窄边的宝盖和具有象征意义的标志性刹顶。整个建筑高约17米,建于清代。

以北京为研究对象的史书《日下旧闻考》中有一则记录,展现了中国人是如何看待这种瓶形塔的。城门建筑和喇嘛塔位于北京西山著名的碧云寺,寺庙坐落在天宝山(今香山)关口、静宜园以北处。"(七圣)庙右为过街塔,塔踞山巅,下为城关,以通行旅。关上建平台,中为塔,方基约高三尺许,中层圆上锐下,四面佛像各一尊,上层圆下锐上,以白玉石为顶。塔左有关帝祠,右有药王祠。"

北京以北的居庸关南口镇城门建筑是一处著名的关门。这座建筑因其上雕刻了四大天王的浮雕,和以六种文字刻就的碑文而闻名。我记得在一幅年代久远的画作中,城门顶部饰以一座瓶状宝塔,现如今这里仅留有一处平台了。城门建于1345年,是元朝最后一位皇帝元顺帝在位时期修建的,并于1445年重修。

北京周边大部分喇嘛塔多半出自元代和明代早期,包括北京西边最大的喇嘛塔——白塔。本章第二节将会在探讨北京大型喇嘛塔时对其进行具体的研究。白塔的塔基采用双重翘角,阶梯上的平台直接承托圆形塔身,而无其他构件。西山朝阳院中有一座极相似的喇嘛塔,建于明代万历年间。大觉寺位于北京的西北面,寺中有一座漂亮的喇嘛塔,该塔立于寺庙中轴线的末端、寺院中泉水前的山间平地上。寺院之前的名称便是由这汪泉水而来,自1068年起叫清水院,当时为辽代,从1191年起又改为灵泉寺。如今的名字大觉寺起自1428年。整个寺院建筑的历史兴许要追溯到1478年,当时寺院内大规模新建立的建筑已经完成,康熙和乾隆年间还对这里进行了重修。位于泉水下方的宝塔建筑,彰显出了整个建筑群中最尊贵的地点。这座塔极为优美,包括八边形塔基、覆钵式塔身及塔刹,基本可以确定其建于1747年。

北京周边常会见到带有喇嘛塔的僧人墓,比如戒台寺、碧云寺和其他众多墓地。后期的建筑风格中,最优雅精致的建筑是碧云寺金刚宝座塔最顶层平台上的两座喇嘛塔——建于1748年。

图 201 北京碧云寺的城关建筑。该建筑的拱门上建有塔

图 202 北京大觉寺喇嘛塔。见于锡乐巴《北京大觉寺》,插图 XII

图 203 北京大觉寺喇嘛塔。程尧拍摄,2021 年

玉泉山妙高塔矗立于之前已多次提及的静明园中，临近万寿山和西山的皇家园林。塔建在狭长山脊的第三处圆形山顶上，另外两座山峰上分别耸立着玉峰塔和琉璃塔。可惜几乎未发掘出有关这座奇特建筑的相关资料，就连它的建造时间也未能查明。根据细节和上釉情况可以判断，这座塔应该和玉峰塔一样建造于乾隆年间。这座文物建筑极具特色，尽管覆钵式塔身和刹身几乎已融为一体。组合式的造型尤为引人注目。方形塔台四面的突出部分辟有壁龛，上方为高耸的八边形塔座，空出的角落填以小巧的圆身尖顶塔。妙高塔无论从结构上还是审美上，都达到了八边形塔座巅峰时期的标准。塔台边长为6.42米，包括基座在内高6.58米，宝塔总高15米。基座的边缘和部分横脚线为石制，其他平面皆施以抹灰。凸起的塔身上嵌有黄色琉璃瓦组成的条纹，与灰泥齐平，塔座上方的横饰包括圆珠和涡卷形纹饰，部分以绿琉璃瓦制成。如今裸露的木制刹杆外的帽盖为铜制。从宝塔不同寻常的外形可以推断出，它以东南亚的宝塔范例为模本建造而成。李希霍芬将其与"纯正的锡兰塔加以比较，正如人们在缅甸毛淡棉所见到的漂亮宝塔一样"。众多小塔环绕位于中央的塔，形成了四边形的"小型塔"，它们构成的组合式造型将引出后文中带有多个塔楼建筑的组合式塔。

图204 北京玉泉山上的宝塔

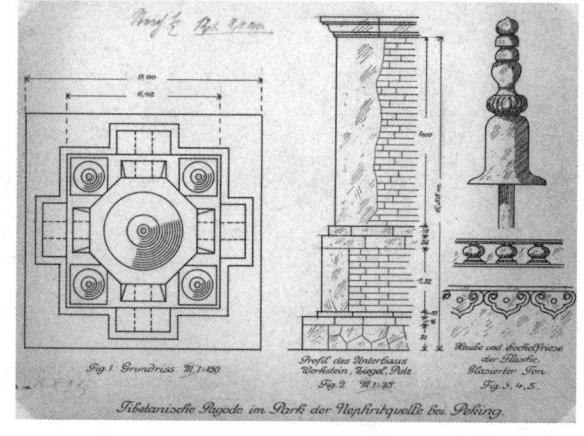

图205 北京玉泉山园林中的藏传佛教宝塔的草图

三、绥远、归化的喇嘛塔

早在论述绥远白塔时便已提到过，绥远位于北京到包头的蒙古铁路线上，该城市以一系列著名的喇嘛寺庙而闻名。这些寺庙中有几座中等大小的喇嘛塔值得一提，因为它们所处的位置绝佳，极具典型性，且构造极为精美，此外还饰有以兰札文书写的较长铭文。它们在历史和宗教史方面同样具有重大意义，因为中国的传统文化和喇嘛教在中国内蒙古地区的扩张与归化的寺庙紧密相连。

以下描述所依据的资料来源，主要采用我在 1934 年 10 月 23 日至 26 日于归化和绥远考察时的照片和发现，在本书第一章第六节关于绥远白塔的描述中曾有过简单的引用。手写史志与县城官员的报告，以及幸运得到的双城的绝佳地图，其中还有中国向导提供的可靠评论，新图便是以此为参照进行绘制的。考虑到第三章才会对金刚宝座塔进行详细探讨，以上这些因素为我们注意到归化喇嘛庙的整体意义提供了可能性。对于这处中国内蒙古地区喇嘛教的重要中心，将留待其他机会再做具体探讨，到时但愿多少能有一些文献用于分析。在此衷心感谢埃里赫·海涅什①教授，在我翻阅这些晦涩的文本时，他以自己的翻译和研究给予了我全力的支持。此处根据上下文的关联，我对这些成果进行了处理。中国人的华丽巨著《中华景象》②中的一些文章同样提供了有用信息。

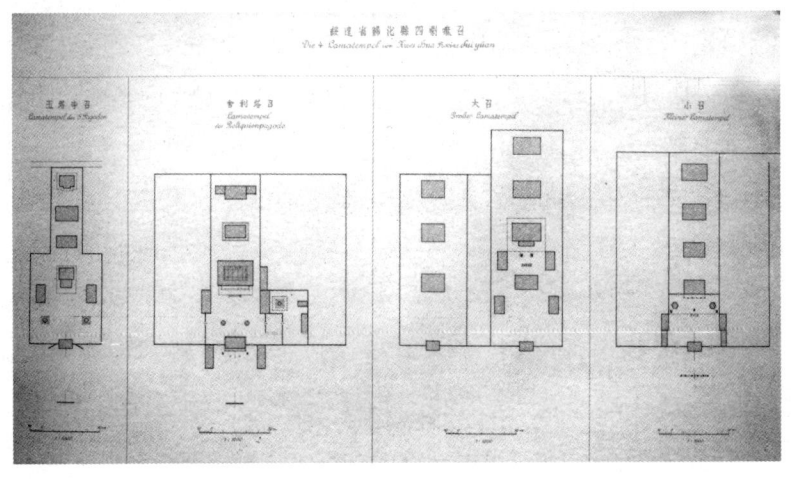

图 206 归化四座喇嘛庙的平面图

---

① 埃里赫·海涅什（Erich Haenisch, 1880—1966）：当时为柏林的汉学教授。参见尼古拉斯·波普（Nicholas Poppe）：《埃里赫·海涅什》，CAJ, 1968/1969 年，第 12 期，第 71—78 页；鲍吾刚（Wolfgang Bauer）：《埃里赫·海涅什（1880—1966）》，《德国东方学会学报》，1967 年，第 117 期，第 205—210 页，肖像照（Portraet）；魏汉茂：《1890—1945 年间柏林的汉学：福兰阁、福克、郝爱礼和海涅什文献合集》（书中还摘录了嵇穆所写的关于福华德的一篇文章），柏林：德意志国家图书馆，2010 年，共 228 页，"东亚新藏书系列"特别版第 23 册。
② 《中华景象》，上海：良友图书公司，1934 年，共 474 页。

自北京经山西北部大同，再至黄河北岸下游八头的铁道以南处，这里坐落着绥远、归绥两座城池。自城南流过的黑水河（西南流向），最终汇入黄河北部下游。这座火车站遵照省城的称呼同样取名为绥远城。这里涉及两座分开的城市，相距大约 2.5 千米。省政府及主要部门如今位于东北的新城，这座城原叫绥远，现称归绥，与两座城的合称同名。其位于火车站东面，火车轨道紧贴北面城墙铺设。这座城市近似边长 1600 米的正方形，空间宽广，却利用不足，郊区也没有什么建筑物。之前曾提到过，这座城市应为清太宗所建立，时间为 1632 年，尚在满族人 1644 年统一整个中国之前。直到乾隆元年（1736）才建城墙，之后这里成了将军和都统的驻地。

相对这座几乎毫无商业贸易的官府所在地而言，位于西南面的另一半城市则更为有意思。这座旧城名为归化，位于省会归绥和火车站的西南面，归化与其各相距大约 2.5 千米。边长只有 300 米，人口密集，贸易繁荣，尤其是南北向的主街道，如今唯有北门得以保留，另外三门连同城墙已然倒塌。城市向四面扩张，宽阔且人口密集的南部郊区的交通最为繁忙，尤其位于城市轴线延长线上的主街道。双城人口估计共 20 万。

归化作为贸易重地历史悠久，早在汉代时期就已形成，并在接下来的朝代中被命名为不同的"州城"。连同城墙、城门在内的城池保留了明代万历年间的原貌，据说忠顺夫人（三娘子）和阿勒坦汗在这里正式筑城。人们为了纪念三娘子将其称为"三娘子城"。早在万历初年便已开始了该城的建造工作，其建造的时间大约与喇嘛教封号呼图克图在库库和屯的确立时间相同，后者为蒙古族人对归化的称呼。呼图克图的册封仪式发生于万历六年（1578），早于后来的蒙古族喇嘛教中心库里教区的确立。有理由相信，归化的几大喇嘛庙在这一时期基本已经建成，并在之后得到了扩建。中国人称这种寺院为喇嘛寺，也将其简称为庙，比如在中国那部大型历史文献《亲征平定朔漠方略》中。这本书记载了 17 世纪末康熙皇帝出征漠北之事，此外还提到一些有关归化寺庙的信息。

中国蒙古、西藏地区对喇嘛庙的称呼在中文里读作"召"，蒙古语中的"Ju"大多作"召"，字面意思为可见、明显、信奉。这个概念可通过"丛林"得到更详细的阐释，考虑到喇嘛聚居在一处，故而便将"召"与寺庙等同。按照海涅什的观点，"召"为拉萨拉卜楞寺中大佛的名称，同样代表寺庙本身，后来成为著名寺庙的称呼。

归化四大喇嘛庙全都位于南部郊外，其中三座紧挨在一起，第四座在东南面稍远处。各寺庙及其住持的中蒙文名字，根据双城的平面图以 1—4 号记于总览中，其中蒙古语以中文转写。所谓的呼图克图同时也是寺庙中的领导者。此外，直到今日他们大约有上百人分散于中国蒙古和西藏地区，其中两人居住在归化。具体寺庙的分配应该早在教区建立时便已确定，即万历年间（1578）。显然，自此以后这一安排几乎未发生改变。至少我们从之前提到的记录战事的著作中可以了解到，1696 年便是如此，当时康熙皇帝亲自前往归化城，平定噶尔丹。①

噶尔丹首领被彻底击败并于次年去世。这部著作中提到了两位呼图克图和一位大喇嘛，以及康熙皇帝在主寺中居住了数日的事情。此前康熙皇帝曾下令将营帐移到城边，并继续向东移至白塔附近了。

四大寺庙中的西边三座自成一体，以最大的1号寺庙为首，也就是人们口中的大召，中文名为无量寺。寺庙位于大召街，范围超过4里，兴许有所夸张。这座寺庙历史可能最为悠久，为托音呼图克图的驻锡地，1696年康熙皇帝出巡归化时曾下榻于此。这也就解释了主殿为何采用黄色琉璃瓦和红色橡木，宛如皇宫一般。

中间的大殿为大雄宝殿，周围到处住着喇嘛，鼎盛时达上千人，平常也有上百人之多。空出的佛堂现在出租给当地的商人，这些人在划分密集的公共摊位上从事鲜花和香火交易。正门上的牌匾写有"九边第一泉"的文字。这处泉水位于庙前100步左右的地

图 207　绥远白塔

图 208　归化的舍利塔召

①参见中文版本的《亲征平定朔漠方略》。

方。相传当年康熙皇帝骑马到此,马因口渴而刨地,这时突然涌出一汪泉水。这处泉水被视为"锡",也就是御赐之物,从而和著名的"九锡"联系在了一起。主寺以西接有属寺①中的一系列佛堂,中间以一条狭长过道隔开。

这组寺庙的东面就是人们口中的小召,中文名为崇福寺。建于康熙年间,可能和皇帝到此地出巡有关,且一直作为大召的分支。当中的主体部分因两侧的属寺而扩大。主殿内可以看见精美的木雕、飞梁和经过雕刻的橡木,大气卓绝,无与伦比。如今寺中许多地方坍塌严重,就连侧廊中的佛像都已被拆除。不过主殿的状况良好,殿内有着丰富的藏品,此殿依然会举行法事。宽阔的殿前月台前方角落处各有一座敞开式的亭子,基座上分别蹲着一只上釉的陶狮。每座亭内各竖有一块大石碑,以汉满蒙梵四种文字记录了康熙皇帝的功绩,不过此处的梵文也许为兰札文。四种文字内容一样。

在1号和2号之间坐落着四座寺庙中最为奢华的席力图召,中文名为延寿寺。它是席力图呼图克图②的驻地,呼图克图意为活佛。寺庙便是以他的名字命名的,建造年份不详。不过据记载,1696年,寺庙在康熙皇帝出巡后于当时的席力图呼图克图的提议下得到修缮。那时它应该已经存在了很长时间,可能和大召同为最古老的寺庙,一同建于1579年确立教区的时期,当时为万历年间。

寺院格局恢宏壮阔,由三个平行部分组成。一座具有北京风格的三间宽大木牌楼开启了广阔的寺前空地。山门殿面阔五间,前方立有幡杆和狮子,内设四大天王像,两侧小门供日常出入。主院内有两座亭子,可将混以中国西藏、蒙古地区和中式风格的庞大主殿尽收眼底。前廊中有立柱,斗拱极尽华丽,连同一座新近涂刷、配有七个铜饰物的正方形砖砌建筑,几乎将中央大殿包围。内部所有柱子紧挨在一起,依照印度与中国西藏样式形成真正的柱林。第二座主殿后方以藏经阁为中路端点,两侧同样建有大殿。

我们下面要讲的舍利塔位于东面一处面积不大的别院内,可通过前院和多个讨人欢喜的小门到达,为此这座塔寺院有时也被称为舍利塔召。必须要弄清楚的是,舍利塔和席力图只是在发音上相似而已,实际上它们的含义各不相同。这座舍利塔必然和当时驻锡在这里的席力图呼图克图有着极为紧密的关联,席力图召在他的领导下位列归化所有寺庙之首。呼图克图似乎有着格外高的地位,我们有理由推测,附近的五塔召同样归其管辖,寺庙位于4号席力图召东南处,相距仅0.6千米,以两座喇嘛塔和金刚宝座塔为特色。这两座喇嘛塔和金刚宝座塔的具体细节将在第三章中探讨。不过,人们视五塔召的呼图克图为五台山文殊菩萨的化身,但是这一说法仅指席力图召的呼图克图,因为五塔召

---

①属寺,主寺旁边的附属寺庙,也称小寺。——译者注
②席力图呼图克图,清代蒙古佛教高僧。——译者注

的住持是级别较低的高级喇嘛。通过文殊菩萨的化身，归化的喇嘛教，与喇嘛教最重要的中心、文殊菩萨的道场——山西佛教圣山五台山之间建立起了紧密的联系。值得注意的是，五台山塔院寺的一处小型别院内同样为文殊菩萨建有一座小巧的舍利宝塔，正如席力图召的舍利塔一般。此外，中国的清代皇帝号称自己是文殊菩萨的化身。

毫无疑问，席力图召内的舍利塔与其中一位席力图呼图克图相关。我们有理由相信，席力图呼图克图正是1696年康熙皇帝出巡时遇到的那位。至于塔内是否真有这位圣者的遗骸，对于露天的喇嘛塔来说，这些传言并不可信。又或者塔内因为葬有其他舍利，所以呼图克图命人建造了这座塔，其中的缘由我们尚不得而知。从纯粹的建筑艺术角度而言，这座窣堵坡为喇嘛塔提供了极佳的范例，且其状态极佳。这座窣堵坡为何呈现如今这番光景，其原因可能要追溯到光绪十三年（1887）的一场大火，人们重修了遭受损毁的寺庙，喇嘛塔可能也是在这一时期得到了修缮。1934年10月在我考察期间，这一文物古迹的表面可谓光鲜亮丽，不免令人推测它于近期刚进行过重修。这一建筑的构造超然卓绝，具有高度的建筑艺术美，作为喇嘛塔的一种，它值得被更为细致地观察和研究。

图209 归化舍利塔召内的舍利塔基座

窣堵坡矗立在平坦的正方形塔基上，塔基的边长为10.75米、高1.58米，经一条双重阶梯可抵达塔基的平台处。塔基的上方回廊宽1.18米，四周环绕着极具艺术性的栏杆，后者由我们熟悉的望柱和栏板组成。塔基的平台上坐落着高大的石制基座，基座的边长7.56米，其底座由四级台阶组成，共三层平台，中间一层为莲瓣构成的中式卵锚纹线脚。平台于四个转角处各立有一根经过雕刻的圆形矮柱，柱子高1.07米，带有小巧的柱础和某种形象的柱首。这四枚柱首切入上方向外伸出的莲瓣线脚装饰，并与之结合，它们一同撑托起挑出深远的顶层平台。后者为石制，侧面高44厘米，上面刻满了由佛像、卷须和各种符号组成的浮雕。这一层次分明的基座总高2.82米，束腰内凹明显，与矮柱高度恰好一致，每面长

喇嘛塔 | 215

4.7米，饰有相同内容的浅浮雕，设色鲜明，雕刻手法十分精湛。其中极为引人注目的是：角落处饰以涡形图案，当中为如意宝珠，四周带火焰，由两只外形奇特近似狮子的动物或恶魔看守。它们看起来头脑简单，长有尾巴，多以后腿站立，高举前爪。如阿特拉斯[①]那般擎起上方的线脚。整个基座层次分明，添加上矮柱后，基座整体宛如某种华盖一般，不过基座的上方才开始算是真正的窣堵坡建筑。

真正的窣堵坡从底座平台到刹顶高约6.6米，加上塔基总高11米，由底座、覆钵式塔身、刹身和刹顶组成。正方形的底座下方有一层较为矮小、饰有卵锚纹的平台，底座由四层坚固且内收适度的等高台阶构成。它们与带有浅浮雕的基座顶部相融合并加以延续，形成了真正的平台。塔的主体部分——覆钵式塔身就坐落在这上面。台阶用于支撑圣所[②]，这一崇高的目的清楚地展露于文字符号中，四层阶梯的所有侧面均被其覆盖。兰札文的藏教经咒，其中大部分的音节表现为深红棕色，其他特定却不规律呈现的音节则为亮蓝色，整幅画面呈现出一种大胆、令人欢呼的气氛。

从此处开始，象征大地的方形元素转换为代表天空的圆形。覆钵式塔身立于精致的圆形底座上，与方形底座四层台阶以下的圆形底座相同，都是由覆莲状的卵锚纹构成。塔身优美而封闭的轮廓自此处展开，其内部的塔室中应藏有舍利。塔身为砖砌，涂以耀眼的白色。外部饰有重要元素——大型壁龛，向西朝向主寺庙和正殿。壁龛所有部分皆以琉璃制成，下方为双重莲座，四周以宽大的缘饰为边缘。缘饰沿壁龛轮廓向上，缘饰内侧收拢为挑尖拱，外侧呈直角状。缘饰的表面布满繁复的浮雕装饰，两侧为佛教八宝，上方有两条栩栩如生的龙，向着挑尖拱顶端的迦楼罗[③]飞去。壁龛内部进深较大，以内部背景上的一块长方形牌匾为主，周围环绕着繁复而精美的图案。图案的内容为穿梭于祥云中

图210 归化五塔召主院中的喇嘛塔。轴线对称处建有两座塔，此为其中之一

---

①阿特拉斯，古希腊神话中的神。他同宙斯争斗失败后，被罚用双肩顶住天。——译者注
②圣所，指外殿。外殿内的所有器物都用金包裹起来或涂金。——译者注
③迦楼罗，印度神话中的神鸟。——译者注

的飞龙和追逐着至高的火珠。经过进一步的美化与深入，我们可以过渡到圣所处，也就是舍利本身。圣所牌匾上的符号难以辨认，似乎并非时轮金刚咒，这个符号在讲到塔尔寺的喇嘛塔时对其有过详细的论述，它们可能是古老且现在已经褪色的文字。一条由璎珞组成的挂饰自壁龛环绕塔身，交替悬于大大小小的狮首和极小的圆形花饰下方，末端为小巧的圆盘，浮雕则由釉陶制成。此处同样在占主导地位的红色装饰物中插入蓝色。以白色的塔身表面为背景，这条优美的挂饰环绕塔身的肩部和胸部。这条挂饰与下方底座的四级台阶上一行行恢宏雄壮的文字，以及上方刹身的相轮相呼应，显得尤为隆重，且富有生气。

尖锐的刹身以十三重相轮象征心灵逐步神化过程中的提升与净化，以刹顶象征最终的解脱，并进入苍穹，同时为世俗世界的人们展现了飞升的过程。刹身矗立在方形的刹座上，同十三重相轮一样，四周饰有红、蓝两色的文字。狭长的锥形刹身下还有一层独特、精致的过渡平台，此处采用仰莲样式。根据费通起的观点，之前在塔尔寺的大喇嘛佛塔中也曾提到过，这一位置处于塔身的纵轴线上，多半需要穿过榫头（独特技术制造的）。后者位于平台和刹座之间，象征性地展现了刹身随着精神阶梯和火焰，逐渐冉冉上升，最终脱离尘世。其他类型的宝塔刹顶也表达了相同的思想，其带有相轮的刹杆同样象征着脱离和逐步净化。一对巨大的呈大波浪状的涡卷形饰物，自尖尖的锥体顶部向下方两侧肆意展开，与中轴线上神圣的壁龛相对称。饰物表面汇聚了密集的云纹和雷纹，多半暗示了佛祖显露真善时苍穹和大地的震颤状态，就像佛祖降生和涅槃时所发生的情景那般。这种不同寻常的样式仅出现在特定的喇嘛塔中，表明了其独特的作用。

最顶部的冠饰为外突明显的铃形铜宝盖，下缘悬有一些小巧而精致的风铎。宝盖之上的刹顶由常见的仰月、圆光，以及最上方带有熊熊火焰的宝珠构成。这座喇嘛塔包括塔基在内的建筑总高 11 米，展现出高度的清晰感，表明了建造者对塔的恰当的比例和样式有着敏锐的感知。装饰部分同样如此。这是一件虔诚的艺术作品，充满了对彼岸的热情与献身精神。

五塔召喇嘛塔

4 号寺庙俗称五塔召，如今由两部分组成。前面南边部分的喇嘛塔更为古老，主庭院中有两座外形相同、高约 10 米的喇嘛塔。根据向导所述，这部分寺院是由默尔根绰尔济喇嘛于康熙年间建造的，所以这座寺庙又叫卓尔齐塔召。史书中记载，康熙皇帝在出巡归化参观这座寺庙时，也曾提到过这位喇嘛。因此这座塔在 1696 年康熙皇帝出巡此处之前便应修建完成了。该塔在乾隆年间曾有过一次修葺。之后，归化的喇嘛庙似乎陷入了混乱。据说在嘉庆年间，呼必尔罕请求皇帝，可否从扎萨克的管辖区域分别任命一位大喇嘛以照看归化各寺庙。此事得到皇帝的准允，并引为惯例延续至今。呼必尔罕被视为席力图召当时的席力图呼图克图的化身，后者正如先前所言为文殊菩萨的化身。

有关这两座喇嘛塔的建造时间和目的不详。它们高约 8 米，与席力图召窣堵坡的结构一致，只是基座有所简化，去掉了阶梯和柱子。覆钵式塔身上的大壁龛中饰有时轮金刚咒的符号，朝向寺庙的中轴线处，塔刹的相轮上似乎并无题字。这两座窣堵坡成对地设于大殿前的主庭院内，看上去十分壮观，同时也极不寻常。也许它们是在寺庙北部所属的金刚宝座塔出现后（1732 年之后），才被建造出来的，以便与这座雄伟的建筑群达成平衡。我们将在下一章中介绍金刚宝座塔。

康熙皇帝出巡归化

此处有关归化喇嘛庙的一系列重要说明，均出自海涅什教授的研究。他所使用的资料便是前文已提到过的大型战事记录——《亲征平定朔漠方略》。此书有中文和满文两个版本，每版各四十八卷。第三十一卷记有康熙三十五年（1696）十月间的事情，其中有一条十分有趣的注释，因为它清楚地展现了喇嘛教及其宗教领袖在当时中国内蒙古地区的影响，现引用如下：

（丙申）驾自白塔往归化城，大排卤簿。归化城副都统阿迪等率官兵来迎。又老少男妇皆执香拥集路旁跪接。归化城大喇嘛陀音库图克图、西勒图库图克图率其下诸喇嘛排列幡幢，手皆执香，作乐来迎。上入览陀音库图克图庙（大召）、西勒图库图克图庙（席力图召）、默尔根绰尔济喇嘛庙（卓尔齐召）……十四日从托音胡图克图寺移入南关下营……十六日驻宿，遂于西勒图库图克图寺观看傩舞。

书中还写到，康熙皇帝又重新搬出寺庙，于露天宿营，以整理准备大宴。因为寺庙地方有限，无法容纳大批被噶尔丹驱逐、前来效忠以及寻求保护的蒙古族人。席力图呼图克图必定在御驾亲临期间，提出了拨款修缮寺庙的请求。

朱丽叶·布雷登[①]在她的著作《北京纪胜》第 224—225 页描述了西黄寺及其宝塔，同时她还写到康熙皇帝在出巡归化时，对呼图克图的逝世感到歉疚。呼图克图或活佛此前大概坐在自己的宝座上，以大不敬的方式迎接康熙皇帝。康熙皇帝的一个随从勃然大怒，一剑刺死了呼图克图，就此引发了双方之间的一场大规模杀戮，康熙皇帝费尽气力方才骑上骏马逃脱。不过这个故事并不可信，因为它完全不符合史实。

---

① 朱丽叶·布雷登（Juliet Bredon）：《北京纪胜》，第二版（英文修订版）。上海：别发印书局，1922 年，共 523 页。

图 211 北京西黄寺中白色的大理石宝塔

四、南方各省份中的小型喇嘛塔

我们从北京以及塔尔寺和归化这些地区所了解的喇嘛塔种类,在中国蒙古地区以及察哈尔、绥远、青海等地还有无数这样的存在,其中一些喇嘛塔的外形相当高大。前文已经论述过了,此处将不再对这条线做进一步的关注。不过在北方其他省份偶尔也会有这种类型,或孤立或与其他样式的塔相结合。我们从天宁塔的变体中已经发现了类似的产物,比如房山云居寺北塔,稍远的如蓟县和易县①,尤其是河南彰德天宁寺中的宝塔,其塔刹是一座真正的喇嘛塔。无论如何,就算在北方关内各省份中,独立的喇嘛塔的数量似乎也很有限。比如五台山和热河地区的一系列宝塔的存在,还有北京和沈阳地区的大喇嘛塔,都将在本书中做一一探讨。然而如果想完全了解喇嘛塔,在那些有名的塔之外,至少还应提到两个范例,这两座塔虽已算大型喇嘛塔,不过从其地理位置上而言,它们仍属于北方地区。

①蓟县的盘山塔、观音寺白塔,易县的千佛宝塔。——译者注

图 212 甘肃兰州慈恩寺塔与白衣寺塔的草图。见于徐家汇博物院的宝塔模型藏品

武昌喇嘛塔

在前文中提到的长江流域,以及中国南方宝塔的三个范例中,湖北武昌的喇嘛石塔位于长江岸边的黄鹤楼旁,同时与长江流域的另外两座石塔——栖霞寺和杭州西湖小岛上的天宁塔——形成关联,我们在第一章的结尾已对它们进行过探讨。武昌的喇嘛石塔坐落于举世闻名的黄鹤楼所在的平台上,黄鹤楼与一个著名的传说相关。旧楼曾多次修葺,据叶慈①称,之前黄鹤楼早就毁于太平天国运动中了。外形优美的黄鹤楼最近一次修葺大约是在1868年,1884年9月它再次毁于火中。现在的黄鹤楼是一座极其丑陋的全新的砖建筑。带有尖角的楼身破坏了精致的喇嘛塔所留下来的生动印象。从情感上讲,我希望这座新建筑尽快消失,因为它是过去那些人尽皆知的不幸回忆的代表,在这样著名的地点,它无法代表长江的形象。另外,码头旁新建的高大平台及其优美的阶梯建筑,幸运至极地成为设计这一地点的开端。

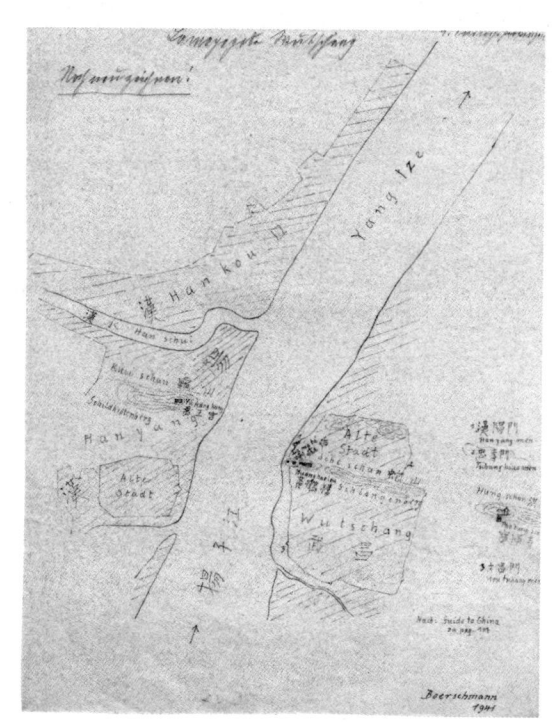

图 213 湖北武昌喇嘛塔的地形草图。绘制于1941年

---

① 叶慈(W. Perceval Yetts, 1878—1958):自1932年起为伦敦大学中国艺术史和考古学教授。参见奥瓦尔·卡尔贝克(Orvar Karlbeck):《叶慈教授》,《亚洲艺术》,1957年,第20期,第184—185页。

这处平台位于狭长的蛇山的西端，蛇山为长 2.5 千米的山脊，几乎直接拔起于地面和江面，不过基本可以算作是离洪山最近的一条支脉，这座闻名已久的山位于武昌以东约 1 千米处。山上雄伟的层塔早在《中国宝塔》（第一部分）中就已介绍过，它所在的位置对于武昌当地的风水有着重大意义，同三镇①的著名文物建筑之间有着密切的联系。多亏了海涅什教授②，我才得以重新检阅与武昌文物建筑相关的记录和重要的新资料。据海涅什教授说，老城仅包括蛇山以北的部分。旧城墙建于三国时期，也就是 3 世纪，自汉阳门沿山脊一路至忠孝门，汉阳门位于山脊西部前方长江畔，如今为宽阔的码头，忠孝门则在山脊东端的前方。蛇山以南的城区于元代之后，也就是 14 世纪末方才得到扩建，人们将这里的王府纳入城墙中，划入城内的还包括这里的一大片荒地。文昌门位于新城西南靠近河流处，如今这里的街道依然以它命名。显然文昌门附近建有文昌楼，文昌③为掌管文运与功名的神，其祠庙通常设于城市的东南处，此处则是让出了长江边的重要地点。

直至元代末期，蛇山西峰因为建有黄鹤楼，所以这里始终构成武昌老城西南方位的基准点，因而具有特殊的意义。西端顶部的平台和黄鹤楼为欣赏武汉三镇提供了辽阔的视野，三镇包括位于右侧东岸的武昌和西岸的汉阳与汉口，此处江水宽近 2 千米，为东西流向。西岸正对着一座走向相似（东西走向）的山，名为龟山，自西向东直抵汉江，将如今的汉阳市老城区同样分作南部和北部，汉江在此和它最北面的支流一同汇入长江。龟山东端位于江面上方的地方有一座著名的地标性寺庙——禹王宫。这座庙和长江东岸的黄鹤楼成为这片地区的一对基准点，二者位于最令人瞩目处，一同巩固了武汉三镇优越的风水。武昌黄鹤楼后方、蛇山山脊上有一片呈长条形的寺庙建筑群，一直向东延伸。而在黄鹤楼前方、江边一处稍矮的平台上独自矗立着这座小型喇嘛塔，其从四面均可以看见，为雄壮的山光水色提供了有力的加持，对其修建意图显而易见。

喇嘛塔外形为覆钵式，该样式出现于蒙古族人统治中原的时期，并且广为传播，因而这座塔肯定建于这一时期。因此这座建于 1350 年前后④的文物，可谓建筑史发展过程中的一件明确物证。《湖北通志》中写道："墓用塔，元制也。"《中国佛教史迹》引用了这句话。人们阅读该书后的第一时间便会想到喇嘛塔。

据民间传说，武昌喇嘛塔是元代一位王爷的坟墓。《江夏手册 II》（*Handbuch Buch II*）中有相同的说法，江夏为武昌旧时的县，之后原封不动地收录在《中国佛教史迹》中。墓主人可能为元威顺王世子，威顺王名宽彻普化。据海涅什的研究，所谓武昌喇嘛塔是

---

① 三镇，指湖北武汉的武昌、汉口、汉阳三个重镇。——译者注
② 海涅什教授毕业后曾在武昌担任德语教师多年。
③ 文昌，神仙的名讳，也称之为文曲星，民间称之为"魁星"。——译者注
④ 该塔建于 1343 年。——译者注

图 214 湖北武昌黄鹤楼的平台,下方是花瓶式宝塔。拍摄于 1911 年前后

图 215 湖北武昌黄鹤楼旁的下客码头

图 216 湖北武昌黄鹤楼旁的下客码头。格拉策(Glatzer)拍摄于 1931 年

王爷的墓这一说法并不准确。这位宽彻普化王爷的蒙古语名字为"Konce"或"Kolcebuha",根据乾隆时期引入的写法为宽彻普化。其中文含义表示力量和公牛,或者恐怖的恶魔,还有封地的诸侯的意思。这位王爷的传记见于《元史》卷一百一十七。他是元世祖忽必烈的孙子,脱欢王爷的儿子,1326年受封为威顺王,镇守武昌。他长期驻扎于此,直至1352年叛军首领徐寿辉进攻此地前撤离。3年后①威顺王再次被授予同一官职。1355年该城最终失守②,威顺王不得不弃城向西北行进。在西北地区的战争中,他的名字曾于1365年被提及,之后便不见踪影,3年后(1368)元朝也走向灭亡。因此他不可能回到武昌,并埋葬于此。

这座坟墓实际上应为其他高官或喇嘛而建。之所以非要将窣堵坡与这位出名的镇守王爷相联系,很可能在于该塔的建造与之息息相关。对此我们有充分的理由相信,这座窣堵坡是受命于威顺王太子而建造的,于1350年前后建成,为元代一位高官或喇嘛的坟墓。

相传在明代末期天启元年(1621),从塔下方一道巨大的墙体裂缝间升起了1寸多高的烟雾。这种现象显然和这座坟墓有关,其遗骸便是被埋在塔中或塔下。有关这一奇异现象的记载是否意味着这座蒙古族人的喇嘛文物开始显灵?尤其是近300年来,它所在的位置对武昌的风水以及蒙古族人旧时的统治有着重要的影响。有关1621年从坟墓中涌出烟雾的记载,是否象征着其后继者满族人开启了胜利的征程?他们于同年(1621)占领了沈阳和东北地区的其他大城市,并在23年之后明朝寿终正寝时,继承了蒙古族皇帝在中国的统治。若是如此,这座文物便和中国历史上的重大事件联系在了一起。它的名字同样指明了这一点,在佛教中叫作宝像塔,不过人们称之为"万年灯",塔下相应有千岁灯砌入墙内,其燃料可燃烧上千年。

中国文献记载,窣堵坡高约3丈,具体为9.3米,基座最底部直径为4.4米,大理石状的石灰岩石色润白。基座及上方一些部分因风化而损坏严重,更多则是在常年的战争中遭到明显的破坏,各式各样的革命和起义侵扰着这座文物。不过由于细节部位大部分保存良好,1934年7月1日我在考察时所获取的数据,仍可对该塔的基座部分做出细致生动的描述。基座的构成尤为引人注目,为我们在研究早期喇嘛塔建造准则方面提供了一些启发。由于基座存在剥落现象,我所考察到的数据虽不一定完全准确,但已经过细致的比对了。

---

① 实际威顺王于1354年(即两年后)再次被授予同一官职。——译者注
② 实际该城于1356年最终失守。——译者注

图 217 湖北武昌胜像宝塔。武汉彭先生供图，2021 年 12 月 13 日

图218 湖北武昌黄鹤楼附近的喇嘛塔。在此处可遥望汉阳

图219 湖北武昌黄鹤楼附近的喇嘛塔的基座。拍摄于1934年7月2日

　　基座高1.17米，有两道束腰和三层窄边，底座高32厘米，中间平台高11厘米，最顶部平台高10厘米。窄边20个角全部向上尖尖翘起，与束腰之间以浅平的莲花线脚装饰形成过渡。呈对角线设置的众多折角使平面形成丰富的层次。折角的等分方式如下，已知底座平面的外切正方形各边长为4.48米，将其等分成16份，每份为0.28米，先去掉凸出部分的4份共1.12米，再去掉两侧与之相连的缩进部分的2份共0.56米，最后去掉中间凸出部分的0.28米。也可以这样理解，底座由边长为12份即3.36米的（内部的）正方形各向外增加双重突出部分而来，突出部分的长1份达0.28米，宽分别为2份0.56米和4份1.12米。这种16等分的手法使得所有突出的角几乎一致位于内接圆弧上，通过纯数学的划分，方、圆之间实现了至为紧密的结合。之后还将看到，仅仅通过一张绘图，五台山大喇嘛塔的折角甚至与塔身的内接圆完全相接，这张图呈现了由内接圆展开并根据它确定折角的方法。另一方面，北京的大型喇嘛塔范例显然并不重视折角与圆的相接方式，不过上方覆钵式塔身与下方直角基座间的配合依然需要这种相接方式。然而除了技术上的要求之外，从武昌的例子我们可以断定，人们在等分基座的过程中试图找到尽可能完美地划分纯几何方式的答案，以解答方、圆之间的神秘关系。它们不仅代表着天、地，同时对于喇嘛教的象征意义有着重要价值。

　　据推测，基座下方为一八边形平台，虽然如今现场无法得到确定，但之前应当存在过。基座束腰部分于折角下方的20道棱边设计成迷人而娇小的壁柱，由圆柱、凹槽和上下两端的小圆盘构成。基座之上为逐渐变圆的过渡部分，覆钵式塔身位于饰有璎珞的莲花线脚装饰上，塔身的高度欠缺，但其轮廓线条十分克制、柔和。塔身由两部分石块组成,接缝处的线条使人想起骨灰瓮和盖子,也许内部当真辟有存放舍利的空间。无论如何,这种外形足以支撑起有关陶瓷的整个主题设想。塔刹以双重折角和束腰组成的直角成为构件的连接处,并以此为基座,刹身则由十三重相轮形成的宽圆锥体构成。刹身顶部以一朵莲花承托起向外突出的宽边石制宝盖,边缘处饰以纤巧的花瓣和翘角,刹顶由一只细长的花瓶和一对宝珠组成,它们可能为铜制。这一作品表现出高度的整体性,划分严谨、层次丰富的基座与柔缓的刹座形成意想不到的对照,使整个设计看起来异常生动。这两部分均采用直角,与圆润的塔身和缓钝的圆锥体形成对比。盘状的宝盖和高高的塔尖所构成的独特刹顶展现了必要而有力的收束,直指苍穹,予人希冀。这一建筑堪称喇嘛塔中的瑰宝。

扬州喇嘛塔

自古闻名的扬州也曾叫作江都县,位于江苏长江的北岸。那里的法海寺,一说出自"法海"一词,又说取自著名的僧人法海的名讳。寺内的喇嘛塔居于类似中国中原地区的风景之间,给人留下了不同寻常的印象。更为特别的是,塔身规模壮观,拔地而起,高耸于风景如画、享誉盛名的古典的中式园林之间。瘦西湖①与杭州西湖皆是世界闻名的风景名胜,全长3千米,为运河的产物。瘦西湖起自西北的山间,直至扬州城西北角,为护城河提供水源,最终汇入从城墙东部和南部前流过的大运河中。

花园、宫殿、寺庙、凉亭及各式各样精巧的建筑,遍布湖岸两侧和水上诸小岛。这些建筑令人回想起那段动荡的历史,尤其是隋炀帝时期,更多的则是不同年代间那些轻浮的人和事。如今每天仍有

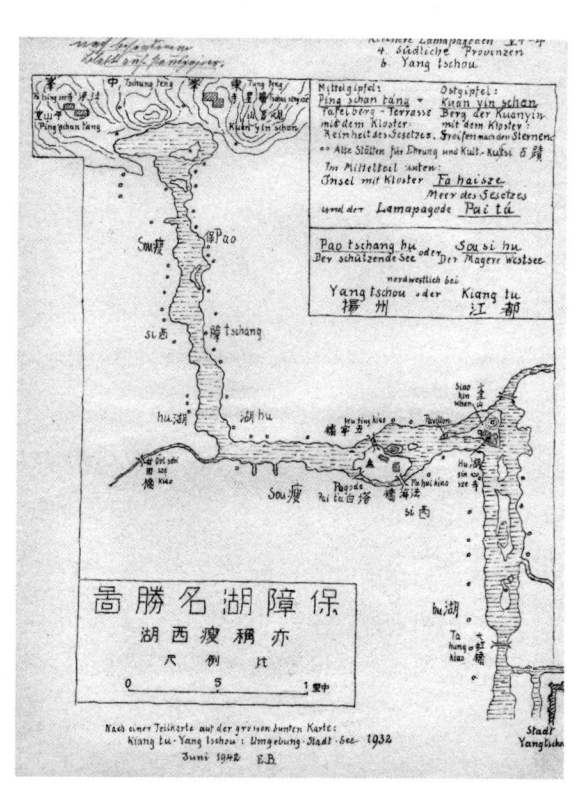

图220 江苏扬州(江都)保障湖(瘦西湖)各处名胜的地理分布图

---

① 瘦西湖,原名保障湖。钱塘诗人汪沆曾来到扬州后,将其称作瘦西湖。——译者注

成百上千的游客在此休憩消遣，流连于宜人的景色之中。这些景观沿岸堤依次相连，宛如珍珠项链上的珍珠一般，璀璨迷人。

图 221 江苏扬州瘦西湖旁边的喇嘛塔与五亭桥

图 222 江苏扬州瘦西湖畔。前往南京就职的友人麦哲纳博士在小船上。拍摄于 1934 年 9 月 16 日，星期日，背景中是小金山上的一座凉亭

我们所要讲到的塔位于接近湖中心处最大的岛上,通过两座桥与两岸相连。塔的北面便是独一无二的五亭桥。桥上有五座造型轻巧的方亭,一座居中,其余四座位于向外突出的四个角上,在这片迷人的景色中极尽风情,引人注目,常常出现在画作中,广为传颂。在下一座的岛屿顶部(该岛屿附近建有园林),五亭桥下方处,从最外侧亭子的窗户中可以享受到令人惊讶的双重视野,其中圆孔见桥,方孔现塔。不过这座塔却为这里愉悦的气氛带来了一丝凝重的气息。

图223 江苏扬州瘦西湖畔喇嘛塔。梅特泽内(W. Metzener)拍摄

图224 江苏扬州瘦西湖法海寺内的舍利塔。福兰阁拍摄,1892年

图225 江苏扬州瘦西湖畔喇嘛塔。牛军利拍摄,2017年

在清代入关后的第一位皇帝顺治时期，满族人经过艰难的斗争建立起了政权，此后很多死者的尸骨长期暴露于旷野中。相传一位虔诚的爱国者收集了这些尸骨，并从其他施主处筹集到一些资金，建立了这座塔，作为转轮藏①，内部存放遗骸。这个词（转轮藏）被视为轮回的标志，世间诸事上演于其中，此处也影射了那个动乱的时代。我们尤其需要考虑到其中的佛教意义，"轮"为世间主宰的标志，由"他"转动这一标志。由于人们又加入了佛教中称为"法"的自然定律，也就形成了"转法轮"，以此暗示佛祖对世人的直接影响，在佛祖的法力之下，佛教徒诸事顺遂，一如法轮转动。

选择瓮形的覆钵式塔身并以喇嘛塔作为转轮藏的外形，这种做法进一步强调了佛教中轮回的意义。至于塔身内或塔下方的地宫中是否葬有遗骸，此处同样暂且搁置不论。无论如何，整座塔按照佛教思想进行构思和建造，建造者选择覆钵式这一式样，多半考虑到由满族人新建立的清朝对于佛教，尤其是喇嘛教的格外青睐。塔附近的法海寺在康熙年间便已改名为莲性寺。它的名字令人再次想到慈悲为怀的观世音，别名莲驾。这些构想就这样交织在一起。如今法海寺和莲性寺这两个名称对该寺庙可以通用。

这座寺庙在清代十分有名并且直至近代还保存完好。1892年福兰阁考察这座寺庙时，整座塔依旧状态良好。②然而《闲话扬州》的作者易君左③于1934年初猛烈抨击了寺院的衰落和荒废之景，此书辛辣风趣，极善影射。此外还有谣传称，在乾隆皇帝下江南期间，一位扬州的盐商在一夜之间建成此塔，成为封建社会中璀璨而又夺目的珍品。乾隆皇帝还讽刺了那些团体——他们为建造夺人眼球的佛教建筑所做出的努力。1934年9月在我考察期间，许多大殿均得到修葺，并且很快就要翻修宝塔了。对于宝塔的描述将借用《中国佛教史迹》中的观点，同时参考福兰阁拍摄的老照片。

塔为砖造，主体部分漆以白色，因此得名"白塔"。唯有塔基和宽阔的阶梯用到石料，栏杆完全由木料制成。方形塔基带有平台和宽阔的回廊，上方耸立着层次分明的基座，基座呈折角状，侧面和横饰十分华丽，似乎为陶制。基座上为真正的窣堵坡，圆形底座分为三层，覆钵式塔身呈柔和的弧线状。塔身上有一处略窄小的壁龛，塔身上方的圆形区域称作"肩"。其上为八边形的刹座，接十三重相轮，向上逐渐变细。顶部覆以六边形出挑深远的宝盖，转角处以铁杆支撑，铁杆末端为花卉，下方悬挂风铎。刹顶为葫芦状，由两

---

① 转轮藏，佛教的法器。佛教的经书多藏于八角形的经柜中，此柜的中心有轴，可转动。佛教徒认为转动其可获得与念经相同的功德，故得此名。——译者注
② 福兰阁在1892年10月10日参观了这座塔。参见福兰阁：《"异国呀，请预告我吧"——东亚旅行：日记和照片（1888—1901）》，圣奥古斯丁：华裔学志研究所，2009年，第86—87页。
③ 易君左（1898—1972）：《闲话扬州》，上海：中华书局，1934年2月（第二版），共114页。参见安东篱：《中国城市扬州与1934年〈闲话扬州〉之争议》，《亚洲研究》，第53辑第4期，1994年11月，第1150—1174页。

枚巨型宝珠和最上方的刹尖组成。宝塔的大小不详,总高估计有 28 米。

桂林喇嘛塔

扬州喇嘛塔的出现在长江流域极为不寻常,同样独树一帜的还有现身于中国华南、具有相同外形的宝塔。最远的分支便是位于广西桂林的舍利宝塔。它在这座城市为数众多的圣迹中有着突出的地位,地处奇山之间是桂林最大的特色。这座城市十分出名,因为这一地区的锥形山将其环绕在内,四周尽是奇形怪状的锥形山的身影,城墙内的风景更加优美如画。我们有幸能够于重要的历史事件中了解到有关塔和寺庙的信息,因而此处可以在相对宽广的空间内对这一文物展开更为详细的研究。这座塔的起源早至唐代。据口述资料称,该塔如今的外形出自明初。我们可从塔的具体的情形中判断这一说法的正确性。

中国南部的南越,包括如今的广东和广西,在秦始皇时期被征服,在汉代期间逐渐和中原地区的关系紧密起来。尽管如此,桂林周边这片区域一如整个南部其他地区那般,在许多方面都有着自己的生活方式,始终存在脱离的趋势。来自北方地区的新的影响和变革,通常很久之后才会在此显现出来,且犹疑不决,不过之后这些影响和变革在此地便会愈发坚定地执行。佛教很早便渗入此地,甚至可能是从南部流传而来的。直到今天,相较于那些更传统的省份,原始的民族与宗教元素在这里有着相对更为广阔的生长空间。

与此同时,传统的国家祭祀仪式和自然崇拜在这里有着深厚的根基,并蓄有雄厚的力量。在此期间,佛教同样发展形成丰富的神祇系统,以及与之相关的建筑。1909 年 1 月在我考察期间,这里有着数量庞大的佛寺,尽管这里发生了各式各样的变革,但直至今日这些佛寺依然如常。这些不同的元素融洽地汇聚于城中各处,尤以东南门前的佛寺最为引人注目。我们要论述的宝塔就伫立于此。因此有必要先对聚集于此的建筑设施做一个大致了解,以便能够更好地理解这座塔及其寺庙的重要性。

名为"铁江"的小河从东南城墙前流过,形成一道自西而起的天然护城河,汇入名为漓江(桂江)的大型河流中,后者自北向南,是贯穿广西的主动脉。这片狭窄区域内极有威严的标志正伫立于它们的交汇处,对于整座城市(桂林)来说同样具有十分重要的意义。雄伟的象鼻山矗立在南部,宛如栅栏一般面朝自北而起的漓江河道。因坐落于南面,即位于河流的阳面,所以又将象鼻山称为漓山。山顶建有一座小型喇嘛塔(早在本章第一小节便已提到过,现在回到这座舍利塔来)。自东南门向北有一条街道,穿过铁江上面的桥,通往舍利塔。舍利塔由辟有十字拱形通道的方形基座和上方的喇嘛塔组成,因此民间也称之为"四圈楼"。塔隶属于附近历史悠久的万寿寺,古时称开元寺,接下来我们将会更为详细地讲到它。旁边紧挨着另一座佛寺——护国寺,街道桥梁均以其命名。

寺庙和宝塔附近有一系列卓绝的中国古代祭祀的建筑物,它们进一步强调了城前东南方位这块宝地的重要性。之前提到的东南门——位于南门和东门之间,根据北方范例称其为文昌门。文昌为掌管文运之神,通常也叫魁星,被单独供奉在附近城墙上的一座塔楼内。南面街道上有供奉土地神的祭坛。文昌门近前方为神祇坛。南面最远处、喇嘛塔对面为社稷坛,古时为合祭天地的祠庙,如今桂林的人

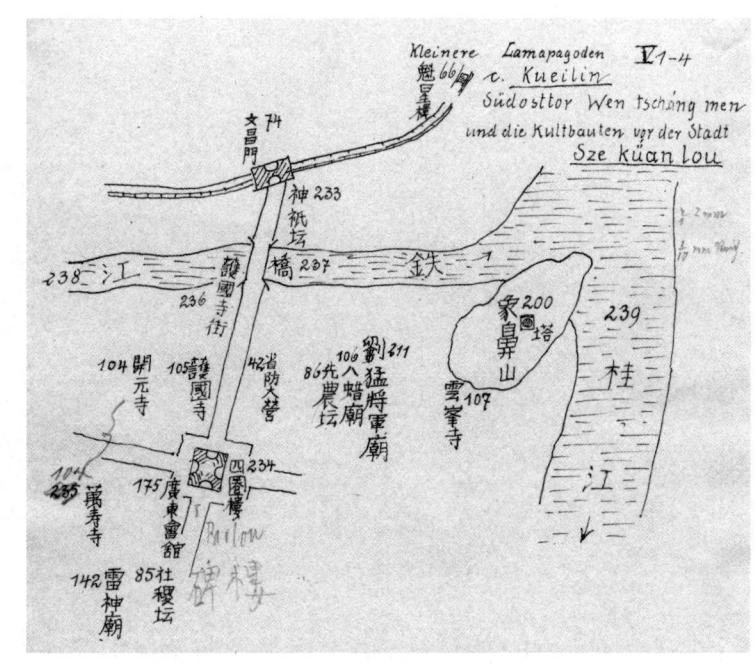

图 226 桂林文昌门(东南门)城楼前的祭祀建筑,以及四圈楼地理分布图

们仍这样口口相传。它在南方宗法制家族中仍具有极高的地位,连同附近中国古代的祭祀建筑一起,清楚地证明了旧时的祭祀思想和祭拜形式,在这片始终受到殖民统治的地区得到了严格的传承。社稷坛之外还有雷神庙。

在两座土地神庙之间、喇嘛塔的东北面、象鼻山附近有三座庙,其中最重要的当属先农坛,旁边是八蜡庙,近东面则为刘猛将军[①]庙。有关这位将军的具体信息不详,不过其显然和桂林的历史紧密相连。喇嘛塔塔楼南面坐落着一间气派非凡的同乡会馆,即广东会馆[②],装饰得金碧辉煌,宛如置身尊贵之地一般。紧挨会馆有一座多层的漂亮牌楼。

这座牌楼为纪念古代一位大夫而立。当时我并不能确定是哪位大夫,不过最容易想到的便是陆贾。汉初刚在南越设立官府时,陆贾曾于公元前 196 年和公元前 179 年两次被皇帝从长安派往南方驻守,使得当时在南越自立为王的赵佗对汉称臣。因此陆贾成为广东和广西两省的庇护者。如今在两省其他许多地方,人们依然在他的祠庙中设立大量的牌楼和石碑以示尊崇,桂林的牌楼亦属此列。

---

① 古代农业常遭受蝗虫侵扰,传闻中有几位专门治理蝗虫的将军,他们在民间被统称为刘猛将军。——译者注
② 现称"粤东会馆"。——译者注

图 227 自广西桂林独秀峰向南望,可以看见靖江王府和象鼻山

图 228 自广西桂林孔明台向东南望,可看见伏波山(东)和独秀峰(中)

最后在象鼻山间还有另一座寺庙——云峰寺。实际上其位于东南城郊处，这里不同的祭祀建筑联系紧密，并按照某种思想加以排列设置。

象鼻山塔和斗鸡台塔

东南这片略显狭窄的区域以之前所提及的、最引人注目且远近闻名的象鼻山为天然的最终端。此地因形似象首而得名，山体突出部分则如象鼻垂入水中，岩石间的距离刚好能够容纳船只通过。前文已经提到，它的名字"漓山"是从桂江的官方名称"漓江"或"漓水"而来。漓江自身同样闻名，它发源于广西北部的兴安县，和桂江同出一山，拥有同一个发源地。两条支流于发源地不远处分离，在兴安县内又通过一条运河相连，使船只得以在（北面的）长江和（南面的）西江①之间往来。漓山内部有一众小巧的洞穴，其中一些洞穴完全可供人于岩石间通行。类似的洞穴在城内外各锥形山和岩壁间有大量的存在，部分洞穴的规模十分壮观，常常设有宗教建筑，之前提到的云峰寺便属此列。

象鼻山塔位于大象头顶处，其双层基座、凸出的塔身及顶盖皆呈现出元代的风格。尽管规模小巧，但是它凭借露天显眼的位置，成为城市前部东南方位理所当然的标志性建筑。广东人张坤仪②为1933年逝世的画家高奇峰③的学生，从她近期的画作中可以明显看出，这座坐落于风光秀丽的城市景色中的古迹，以及其顶部的窣堵坡对中国艺术家有着怎样的影响，可谓既充满神秘，同时又坦诚相见。"感观派"认为，在奇特的岩石和肆意的流水所组成的迷人的光环中，人们可以感受到"灵气"的存在，这种"灵气"借助充满宗教意味的自然景象，以佛教神兽——大象④的形态对城市加以美化。象鼻山多半在明代时期建造了窣堵坡，并非元时便有的。这种感受对喇嘛塔的建造必然有着决定性的影响。

斗鸡台上的宝塔位于城南数里之外，靠近漓江。山崖孤立，外形奇特，参差崩岿，与宝塔共同构成城市风水最重要的一点。宝塔和形似两只斗鸡的山崖在城中及周边高处皆可望见。塔身不高，并非喇嘛塔，而是常见的七级层楼，其形制与山形更为契合。

作为象鼻山塔和斗鸡台塔之外的第三种塔元素，我们将对喇嘛塔进行更进一步的研究。它隐藏在平地上的楼房间，不过就内在而言，属于城市重要的风水内容，并具有相应的历史及宗教意义。

---

① 长江流域在江西九江至江苏南京的一段被称为"西江"。——译者注
② 张坤仪（1895—1969），中国女画家，字幼华，属于岭南派，广东番禺人。
③ 高奇峰（1889—1933），中国画家，名嵡，广东番禺人，属于岭南画派，被誉为岭南三杰之一。
④ 大象性格温顺、成熟老练，故在佛教中常用大象形容佛陀。——译者注

桂林的舍利塔和万寿寺

以下有关寺庙和宝塔的论述，主要以我在桂林期间（1909年1月19日至27日）的观察和记录为依据，同时又参考了两张中国古代城区图，眼前的城区图及东南部郊区的草图正是在这两张图的基础上绘制而成的。对于东南方位文昌门前不同祭祀建筑的描述同样以此为基础。柏林国立普鲁士文化基金会图书馆中的《广西通志》提供了诸多与此相关的细节，它们一并成为我的主要参考资料。盖洛在《中国十八省府》中对桂林的描述起到了重要的作用。[①]他在描述万寿寺的历史时使用了一篇碑文中的内容，这篇文章写于1791年，似乎并未收入《广西通志》中，盖洛在文中提供了一些新的线索，然而却并未提及宝塔。最后，《桂游半月记》[②]中的图片和描述并未提供任何关于寺庙和塔的线索，但是此书贡献了与桂林和桂江相关的动人概述。之

图229 广西桂林的喇嘛塔（旧塔）

所以会有这部关于游览桂林风景的半月游记，要归功于叶恭绰部长组织的精英团旅行，其成员由画家、文学家和考古爱好者组成。本文借用了这部作品中一些有关桂林宝塔的图片和注释。综合上述所有资料得出以下成果。

据盖洛所言，万寿寺作为桂林最老的佛寺，早在隋代时期便已建立。最初称为开元寺，具有开启时代之意，或从佛教角度而言，有成为教义源头之意。人们很容易将这第一座寺庙（万寿寺），同隋文帝于仁寿年间所建的83座宝塔中的一座联系在一起。出于政治考虑，当时刚统一的政权将焦点放在了这种舍利塔上，而桂林又是十分重要的地方之一。即使当时并未建造宝塔，也应在计划之中。史书中有关宝塔的确切记载最早见于公元657年，即唐高宗时期，且与一篇有关舍利函的记载相联系。当时的寺庙叫善兴寺，有关宝塔的重要内容总结如下：

---

① 盖洛：《中国十八省府》，伦敦/费城：利平科特·默克出版社，1911年。
② 叶恭绰：《桂游半月记》，上海：中国旅行社，1932年，共82页。

维大唐显庆二年岁次丁巳十一月乙酉朔十三日丁酉，于桂州城南善兴寺开发建立。此妙塔七级，耸高十丈。至显庆四年岁次己未四月丁未朔八日甲寅，葬佛舍利贰拾粒。东去大囗^①三十余步，舍利镇寺，普共法界，一切含识，永充供养。故立铭记。

之前提及的舍利函高 7.88 寸，大约 25 厘米，宽 9.8 寸，大约 31 厘米，当中部分盛放舍利。舍利函位于临桂县万寿寺，《桂林风土记》^②中记载，某位褚姓之人于显庆二年（657）调往桂州，写下塔前的《金刚经》和其他一些经文。这块石碑直至乾隆年间尚保存在寺中。不过后来被一位警察的助手统统弄走了。

这座建于公元 657 年的唐塔，共七级，用于保存隋代时期的舍利，后来应该与古庙一起消失了，这之后才出现了如今的喇嘛塔。有关宝塔建造时间的推测应与寺庙接下来的历史相结合。宋代时期寺庙名为宁寿寺和永寿寺，元代最后一位皇帝元顺帝赐名为圆觉寺。直到蒙古族人统治期间方才建成如今的城墙，由此形成了桂林这座城市，并在穆斯林叛乱危害这一地区时，为其提供保护。

图 230 广西桂林喇嘛塔的入口处

---

① 最初的打字稿中便是如此。
② 为唐代莫休符所著（在公元 899 年前后）。

根据盖洛所引的资料称，开元寺原本位于如今的城中心，就在独秀山南侧。独秀山完全孤立于城市中轴线上，构成这座城市北部的基准点及标志。1909年在我考察期间，这里为旧时贡院所在地。如今的万寿寺前身便应在此，并于元代修筑城墙时为一道内墙所包围。1368年蒙古族人被明代人驱逐，1369年在明代人戏剧化占领桂林的过程中，老寺庙化为了灰烬。据盖洛所言，老寺庙后来被改建成了一座堡垒，成为明朝王爷朱守谦的王府。由此开启了明朝王爷世袭王位的历史，他们驻守于偏远的南方，镇抚这片土地直到明代灭亡。城市附近设有这些明代王侯的墓碑，使得这段历史得以记录保留。如今依然可以清楚地辨认出城中王府当年的轮廓。独秀山以南的区域被围墙环绕着，并被划分成了很多小区域，后来将其改建成了前面提及的贡院，现在则是一处公园。假如这片地理位置优越的地方在之前真是寺庙最初的所在，那么寺院定是在火灾之后换到其他地方重建了，也就是如今的位置。

省志中亦有记载，寺庙于洪武二年（1369）化为灰烬，并于洪武十六年（1383）重建，不过并未提及它更换位置的事情。若老寺当时便已搬至如今位于东南处的新址，那么便不会与史书中的记载相矛盾。不过不管怎样，旧塔都毁于1369年的大火中，并再次得到重建，只是换了一种样式，这应该就是如今的喇嘛塔了。塔大约建于1385年，之前被抢救出的舍利（极有可能）重又放入塔中。我们决定相信这样一种可能，至少塔的结构像是明代早期的风格。

这座寺庙后来的命运与记载基本一致，并且也正如盖洛所言那般，史书中直至乾隆后期都未再提及过这座塔。明正德十六年（1521），靖江王命人修缮了这座建于1383年的寺庙，之后提督线国安①于清顺治十五年（1658）对其再次翻修，并将寺庙修建为如今的万寿寺。清代时，万寿寺的名称与皇室息息相关。最后一次大规模修缮发生在乾隆五十七年（1792），丰厚的修缮资金主要来自德高望重的学者——临川人李宜民，他还是一名虔诚的佛教徒，盖洛称其为李峰翁。临川在近代的时候是江西抚州所辖的县城，位于南昌府东南，如今是一个独立的县。李宜民是位真正的慈善家，曾捐银万两修缮万寿寺并为其树碑，盖洛引用了这些内容。

此后的信息不详。应当注意到……②端坐着一尊佛像，佛像有四张脸，分别朝向四个方位。塔室上方覆以由砖块砌成的高挑楔形拱顶。南面主门上方的一尊菩萨，其冠冕被勾画为三瓣叶子，上方匾额写着：舍利宝塔。冠冕两侧各辟一块区域凿有佛教经咒，总共8（2×4）块，每块皆与金刚名号相关。这些术语在佛教中最初意为金刚或金刚杵，是反抗敌对势力的武器，也是佛教守护者的标志。金刚在中国大乘佛教中为一对守卫者，在佛

---

① 线国安，明末清初时的一位将军。——译者注
② 文章在复制过程中缺失。

寺中这两座巨大的塑像作为守护神通常立于四大天王所在的位置,或与他们位于一处。这些术语在我们论述的这座塔(舍利宝塔)上出现了八次,始终与相对应且不同的守护经咒联系在一起。从这种将金刚分解为不同化身的特殊做法可以看出,南方人喜欢对这些神灵展开五花八门的诠释。值得注意的是,在北方的喇嘛教中也有类似的倾向,他们同样喜欢对佛教概念进行无尽的分解。以上这些行文肯定对我们所说的这座文物产生了影响。八块牌子上的不同经咒记录如下。此处略去具体且难懂的说明,否则那些广泛而错综复杂的概念将会离题甚远。

南面:大神、赤声

东面:净水、持炎

北面:紫贤、随求

西面:除灾、辟毒

在这些牌子下方,每面内缩形成两块宽而浅的凹槽,从而在寺庙入口的两旁形成壁柱的效果,这一效果到上方部分又重新形成连续的平面。

立方形塔台上方覆以平顶。在中国北方的过街塔中,这一部位通常接以阶梯状的构件承托覆钵式塔身的基座。桂林舍利塔于中间屋顶上设有八边形的基座,每面辟有一处壁龛,以尖角的矩形为终端,内设一尊坐像,显然是八尊罗汉像。基座最上方为划分精巧的横饰,花纹式样的带状雕饰由陶土制成,其上为分层的塔身环形底座,侧面饰有陶制的莲瓣和带状的雕刻。

上方的覆钵式塔身如塔台一般,相对辟有四个深邃且未必贯通的壁龛,应当是为四大菩萨而设。再向上为塔颈、凸出的边缘,以及由宝盖和宝珠组成的塔刹,这些元素组合在一起更像是一顶高挑且层次分明的帽子。整个圆形的塔身部分犹如一支硕大的、明代风格的瓷瓶,清楚地展现了建造骨灰瓮时的构想。这种明显以日常器物作为庞大建筑物构件的复制方式,无疑意味着某种雄伟精神的缺失,同时也再次证明南方人并不具备北方人在建筑艺术方面的塑造力。尽管人们想要在此建造一座冷峻且具有北方特色的纪念建筑,却也只能满足于以日常器物为模本,得出不同寻常的式样罢了。在建筑学上,基座独特的分层同样并不令人满意,若是北方人在此,他们肯定有其他解决方案。

这里所提到的三处喇嘛塔范例在长江流域和南方极为少见,不过它们全都突出了城市中的风景和优越的地理位置。这三处喇嘛塔范例在武昌成为历史性的地标,在扬州象征着严肃与威严,并立于明媚的湖面上,在桂林则为历史性的文物。这种独特的建筑样式结合特殊的历史事件形成了意想不到的艺术效果,其正符合中国艺术领域中那些令人出乎意料的创作手法。不过人们在这三处喇嘛塔范例中的不同感受是,它们缺乏创作的炙热，但是又让人充满流连忘返的热情。在纯正的喇嘛教占据统治地位的北方地区和团体中，正是这种奇特的宝塔样式令人清晰地感受到了这份独特的热情。长江下游地区并未受到来自中国蒙古和西藏地区文化的强烈影响，在画家、诗人和享乐者所在的地方，包括我曾前往的越南，这种奇特的宝塔样式只不过意味着一段怡人的插曲。尽管如此，这三座文物在其样式与形成的历史等方面的联系中，依然不能摒弃北方地区文化与它的关联。如此一来，其中的每一座宝塔都能自然地纳入中国建筑艺术的大框架之中。与此同时，通过喇嘛塔在北方大型封闭祭祀场所的应用，我们才能更加清楚地认识到喇嘛教对中国北方地区文化的整体影响。

第二节 北京和沈阳的大型喇嘛塔

喇嘛教与喇嘛塔的重要地区——北京

北京自古便是北方诸侯的都城，辽金以来更是如此。从元朝第一位皇帝忽必烈于1272年在此建都起，辽阔而统一的中国便始终以此为都城，只在明初时有过一次比较短暂的中断——明太祖洪武皇帝以南京为都城。后来，其继承者永乐皇帝又将都城从南京迁回北京。尽管地理位置偏远，然而北京最终仍成为文化中心，当然也包括喇嘛教。当时喇嘛教正在宗喀巴的带领下走向繁荣，不久便对高原各游牧民族、中亚地区、中国蒙古地区乃至中国北方其他地区都产生了巨大的影响。所以，喇嘛塔主要分布在大中华建筑艺术的起源地——北方，并且恰恰在北京得到较早且意义深远的发展。至少北京的大型白塔①在迄今为止的一系列著名喇嘛塔中历史最为久远。

倘若经证实，大型白塔早在元朝初期建立时便已具有如今的形态，那么其完美的式样和雄伟的外观便不可能为初次出现，此前必然已有一系列先例。一种比较有说服力的看法是，喇嘛塔所在地区原有众多年代更古老的文物，只不过已经消失不见。这种观点不免令人重新考量中国某些时期的文化价值，由于缺乏确切的证据，我们难以清晰地想象当时的文化图景。不过只要我们懂得如何对这些保存下来的少量范例做出正确的认识，那么继对小型喇嘛塔有过初步了解之后，同样也能从这些为数不多的大型喇嘛塔中获得有价值的信息。可以肯定的是，喇嘛塔这一式样几乎完全由中国西藏地区或蒙古地区而来，然而正是在北方这一雄伟建筑艺术的起源地，其外形达到建筑艺术高峰，这点恰可从北京的几处典范案例上得到体现。我们先从历史最为悠久同时规模最大的例子入手。

---

①北京有两处大型的白塔，此处指建于元朝的妙应寺白塔。——译者注

一、妙应寺白塔

位于北京北面的内城过去称为满城,妙应寺就坐落在内城西部,西侧的两座城门之间,即内侧的皇城西安门和外侧的平则门之间,平则门也就是今天的阜成门。妙应寺则紧临阜成门内大街北侧,位于帝王庙附近,俗称白塔寺。寺庙的中轴线为南北走向,贯穿纵向伸展的建筑群,经大殿和回廊构成的三进院落,通向一处高台,高台的建造应利用了一定的地势高度。台上为寺内最后一处大殿,紧邻大殿后方的四座角亭间矗立着巨大的喇嘛塔。

寺庙为塔做出铺垫,并从纯粹的审美角度提供了必要的标准。进一步观察寺庙格局,可以让人在典型的构造设计之外,注意到它与塔之间突出而不同寻常的关联。平面图的绘制基于以下材料,梅尔彻斯[①]1915年在一位建筑师的帮助下完成的初始拍摄和测绘,以及中国建筑师杨越在艾锷风博士督促下于1931年以宝塔为主要对象所取得的照片和草图。《中国佛教史迹》同样提供了一张平面图和一些有关塔的数据。

寺庙的山门临街,由面阔三间的大门和两道侧门构成。前院中轴线东西两侧对称建有钟楼和鼓楼。中轴线上为天王殿,面阔三间,通往第一进院落。院落尽头矗立着面阔五间的小型佛殿,殿前有露天平台,台前角落处竖立着两块康熙二十七年(1688)的御碑。封闭的回廊和开放的走廊环绕着两进院落,主殿东西两侧各有一间面阔三间的偏殿,同样相对而立。第二进院落大约中心处坐落着面阔五间的大殿,殿前角落处也有一对康熙年间

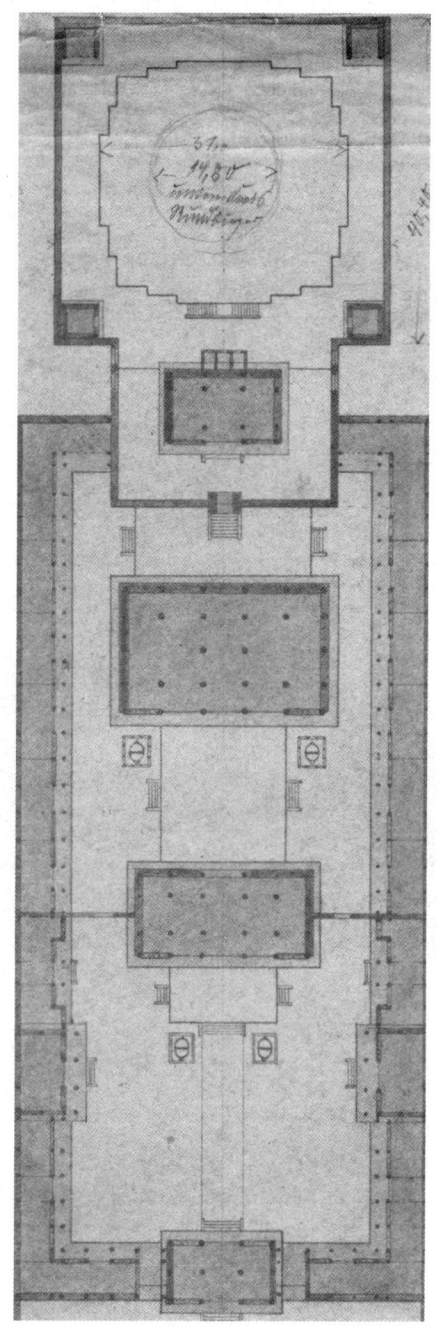

图 231 北京妙应寺的平面图

[①]贝恩德·梅尔彻斯(Bernd Melchers, 1886—1967),后成为卡塞尔教育参议,出版有《中国寺院建筑与灵岩寺罗汉——佛教雕塑的重要杰作》,哈根:富克旺出版社,1922年。

的御碑。回廊北端向来以殿堂作为尽头，此处则建有一片较高的平台，环绕以砖墙，当中以一条带小门的阶梯形成通向平台的入口。平台上坐落着最后一间面阔三间的小型佛殿，构成寺庙的末端兼宝塔的前殿。宝塔矗立在同一平台上，方形平面连同已提及的四座角亭为围墙所环绕。通过将中轴线上最后一间小殿设于平台上的艺术手法，宝塔和寺庙得以完美地建立起紧密的内外关联。

图 232 北京妙应寺白塔

图 233 北京妙应寺白塔。程尧拍摄，2021 年

宝塔历史

之前已经提到，妙应寺白塔应为中国北方乃至整个中国现存喇嘛塔中历史最为悠久同时规模最庞大的一座。然而其确切建造年份不详，因此有必要先来研究一下其起源问题。

史书中的记载虽不尽相同，却在一处重要的地方达成一致，由此可知这座塔建造年份应该很早，大约建于辽道宗寿昌二年（1096）。当时契丹人建立的辽朝自公元 986 年起就统治着包括如今河北、山东在内的北部地区，而宋王朝则统治着开封和洛阳地区。辽国在其位于北方的据点和西部蒙古族地区设立了五京，这五个城市位于包括中心在内的五个方位上。现在的北京为"南京"，当时被叫作燕京，然而面积只有如今京城的西半部分那么大。约50年前，同样在这座燕京城中，辽国人于北城墙内的天宁寺中建造了那座极具气势的天宁塔。后来新建造的塔，也就是今天的白塔，矗立在当时都城东北角以北约3千米处，因而距离三海和御苑不远，后者自辽朝起便开始扩建，并在金朝和随后的朝代中不断得到完善，至1651年清朝初年时，在辽朝白塔正东处，皇家御苑中的北海琼华岛上建造了一座姊妹塔，与之遥相呼应。

图234 北京妙应寺白塔。见于福尔曼《中国》，图43

图235 北京妙应寺白塔。艾锷风拍摄于1931年

我们从有关天宁塔的研究中了解到，辽国人对于建造佛教文物有着强烈的需求，尤其建造了大量的塔。不过很难相信，喇嘛塔的式样在如此早的年代便已形成，并通过这样庞大的建筑加以展现。在1928年日文版的《中国佛教史迹》中，常盘大定和关野贞以史书《春明梦余录》[①]和《长安客话》[②]为参考资料，对于两书将1096年作为现存宝塔的建造年份并未表示异议。然而在1938年的英文版中，他们放弃了这一说法，并以1279

[①] 孙承泽（1592—1676）：《春明梦余录》，北京，1992年。
[②] 蒋一葵：《长安客话》，北京，1980年，共180页。

年为建造年份,即元世祖忽必烈时期。英文版中写道:"根据《燕都游览志》①记载,元时五塔以五色立于城中及东南西北四区,除白塔外其余均已消失。白色对应西方,象征五行中的金。普遍认为塔建于辽朝并于元朝时(1271)重修,唯独《燕都游览志》坚持认为塔出自元代。从塔的式样来看,明显受到中国西藏地区喇嘛教的影响。由于喇嘛教在元朝建立后才引入,因而塔建于辽朝这一说法十分可疑。可能在辽朝时期存有基础,元朝时期加以重建。《元史》中记载:至元十六年(1279),为庆贺万寿节或新朝建立,于城中建圣寿万安寺。由此可以推断,这一日期最有可能解释塔的风格。"根据《中国佛教史迹》可以推测,辽朝人于1096年在如今的位置建造了一座塔,只是宝塔外形并不相同,而现在的喇嘛塔实际建于1271年忽必烈命人打开古塔时,又或者建于1279年修建寺庙时,其最初的名称彼时方为人所知。

有关打开宝塔的具体情况可从以下翻译过来的文章中得知。据记载塔内放有法宝,文章中有详细记录,可惜并未言明置于何处。寺中作于康熙年间(1688)的碑文迄今为止似乎尚未有全译版,据其记载,忽必烈命人打开宝塔,并将其装饰得富丽堂皇,就连殿中的佛像也被镀上了一层金。阶梯和塔基则配以汉白玉栏杆。单就上金一项便用掉超过五百镑的金子和两百镑的水银。塔刹高至夸张的270尺,即82米,饰以精美的铜浮雕,塔身则以碧玉装饰,并缠以璎珞,如今已不复存在。在元朝时期,这座寺庙意义巨大,当时它似乎还是与中国西藏地区交流的政治中心。寺中主要供奉文殊菩萨,文殊菩萨也是五台山的保护神。

《帝京景物略》中收有关于此塔的文章,篇幅较长且风格优美,尤为值得注意。除历史相关记载外,文中还包含建筑工艺,尤其宗教方面的信息,因此特将全文摘录于下,不做删减。需要注意的是,此文作于1635年前,当时仍为明朝,清朝入关后的第一位皇帝顺治尚未登基。

白塔寺

凡塔级级笋立,白塔巍然蹲也。三异相,二异色②。下廉以栏,为莲九品相③。中丘以圌,

---

①元朝人孙国敉撰写,本书为北京历史的重要资料。
②三异相,指三处特别的组成部分为基座、覆钵式塔身和宝盖。文中既称之为独特、不常见、非典型,足以证明这种塔在当时极为少见或很新颖。二异色显然指白色的涂料和红色的砖块,尽管朝代更迭,历次修葺始终以这两种颜色为主色调。刘侗、于奕正在童谣中还提及此事。
③刘侗、于奕正将三层及多重折角的基座连同栏杆比作神圣的莲花。"为莲九品相"指莲花从发芽到结果的九个成长阶段。

为佛顶光相①。上盖以溜,为尊胜幢相②。其白垩色,非石也,今垩有剥而白无减。铜盖上顶,一小铜塔也③。盖铜色青绿矣,顶灿然黄黄。

塔自辽寿昌二年,相传藏法宝种种,有光静夜,疑是塔然。

至元八年世祖发现之,舍利二十粒,青泥小塔二千,石函铜瓶,香水盈满,前二龙王跪而守护,案上无垢净光陀罗尼五部,轴以水晶。金石珠琢异果十种,列为供,瓶底一钱,钱文至元通宝四字也。世祖惊异,乃加崇饰,铜网石栏焉。

元初有童谣曰:塔儿红,北人来作主人翁。塔儿白,南人作主北人客④。世祖时,塔色焰赤。及我太祖兵起淮阳,塔白如故。

天顺元年,赐额妙应寺,更造百八灯龛也。塔上有树生之,花时亦花,高不甚辨,久久落熟烂果,其核杏也。岁元旦,士女饶塔,履舄相蹑,至灯市盛乃歇。

或言辽主于燕京五方,方镇以塔,塔五色,兵燹后惟白塔灵异特存。今四色中,黑塔、青塔废,其寺在,人呼黑塔寺⑤、青塔寺云。

我们了解到一个重要的事实,辽朝人在老燕京城的五个方位上建有五座塔以巩固城池,这五座塔颜色各异,应象征着普贤王如来,与五台山的五座山峰有异曲同工之处。佛教以这种方式融入风水学的思想中,然而在大型城市,风水通常可能仅体现在那些具有象征性的中国古建筑中,它们依照五个方位设置,象征着星辰和自然力量。如今的北京城和古苏州城以及其他许多大城市均是例证。史书中的记载同样可以证实这一点。佛教之所以能融入风水这一循环的体系中,在于它和道教一样,与自然景象之间有着直接的联系,并且以一种类似的方式视自然和精神为一体。周期性和象征性的建筑艺术在喇嘛教中得到了显著的发展。它通过建筑设施对以精神世界为基础的外部世界体系做出清晰的展现。其宗教想象体现在生动的描述与绘画中,并转化为建筑艺术作品。各种式样相互汲取,因此喇嘛教不仅在单独的建筑群中构成极富韵律的组合,同时在城市和风景中形成规模庞大的群体。

---

① 为佛顶光相指整个圆形塔身象征着舍利的神奇法力。舍利可能砌于基座内,也可能在覆钵式塔身中。此处将塔身比作佛祖的额头,代表着灵魂和圆满所在。五台山大塔在圆形塔身的最高处按四个方位设有珠宝。
② 为尊胜幢相指佛祖法力无边的旗帜。华盖最初为帝王威严的标志。
③ 白塔以一小塔为塔刹,其镀金刹尖可能用来指代三宝,即佛法僧。
④ 这首童谣出自《草木子·古今谚》。童谣大意为,当南面的汉族人统治此地时,宝塔受到忽视,塔身灰泥剥落,遂变为红色。之后北方的游牧民族征服了中国,以白色抹灰修缮此塔。不过这一转变很难同历史进程相符,因为自辽代末年1096年起,也就是宝塔所谓的初建年代,直到1271年元朝初年时,忽必烈打开宝塔,并且可能重建,这期间唯有契丹人、女真人和蒙古人统治过北京。童谣的真正含义有待进一步验证。
⑤ 这座寺庙的具体信息不详。然而从一旧一新两张北京城区图来看,黑塔寺位于内城西北角最远处。对于这座在此期间已经消失了的寺庙,北京系列的宝塔介绍将以寺中宝塔的图片和描述作为收尾。

图 236　北京妙应寺喇嘛塔　　　　　　　　　图 237　北京妙应寺喇嘛塔。艾锷风拍摄

　　值得注意的是，辽国以及后来的金国均设有"五都制"，从而将"五"这个数字所蕴含的思想甚至施加于整个统治地区。另一方面白塔加上其四隅的角亭同样为"五"这个数字，可谓贯穿始终。按照《中国佛教史迹》的说法，《燕都游览志》将围绕都城建造五塔的做法归于元朝人，这一古老传统则是从辽朝人处继承而来。白塔在北京的象征体系中应为辽城中的西塔，然而这种观点充满了矛盾，因为塔并不在西面，而是在离之较远的东北处。白塔象征西方，对应五行中的金，此塔越是适宜元朝时的北京内城，其颜色便越与地处老燕京城北部的位置不符，因为此处本该对应黑色。在对已消失的黑塔寺喇嘛塔的研究过程中发现，这座塔直到我们这个时代仍存在于城市的最西北，且与辽国时期的五座旧塔必然存有一定的关系。更确切地说，1096 年辽国统治时期所建的第一座妙应寺塔为另一式样，当时这座塔为北塔，并相应采用黑色。当忽必烈在现在的位置上新建元大都，也就是如今的北京城时，将位于新城西部的老塔命名为西塔，并以在此期间流行起来的喇嘛塔式样对其加以重建。直到这时，即 1271 或 1279 年时，它被称作白塔才符合情理。原来的黑塔及其所在寺庙迁往了城北一处新地，并且由于元大都的中轴线已因新建的钟鼓楼而偏离，因此这座塔位于西北角的较偏远处。可以想象，这座新白塔伫立在刚建立的圣寿万安寺中，于整个元朝时期都闪烁着白色的光芒，直到 1368 年。

明朝推翻了蒙古族人的统治，先是定都南京，直到1421年永乐年间方才正式将都城迁到北京，白塔多半受到忽视，因此白垩甚至忽必烈时期的旧饰物逐渐消失。明英宗令人重新修缮寺庙并赐名为妙应寺，却并未以白色的灰泥涂抹塔身。小型铜灯龛可能源自这一时期，它们位于塔基的栏杆处，与五塔寺中五座塔的罩亭大致相符。其数目在《帝京景物略》中为108个，在朱丽叶的《北京纪胜》中则为800个。据我从图上的计数来看，如今四处立面上各有48个灯龛，扣除角上重复多算的四个，共计188个。另外南面入口处缺少两盏，如此则有186个。

图 238 北京妙应寺白塔的草图。见于《中国佛教史迹》

图 239 北京妙应寺喇嘛塔。哈同拍摄

图 240 北京五塔寺

直到清康熙年间，宝塔方迎来大规模的修缮，彼时塔身才重新变为白色。康熙皇帝亲自在之前提到的两块石碑上记录下此事，石碑位于大殿前，设立时间为康熙二十七年（1688）十一月二十日。除了已提及的史实外，文中尚提到："其制如幢，为白银色……计塔寺创始于辽，距今五百九十二年矣。历岁既多，渐就圮墁……不欲使数百年旧迹一旦颓落倾弛，爰命鸠工庀材择日而葺治之。凡丹青黝垩垣槛栏楯之制，皆焕乎一新。无改旧观,无增侈饰,特以修举废坠昭示来兹而已。"尽管有后来这番修缮,然而康熙皇帝在约20年前便已转移走了寺中最大的宝物,即历史久远的著名檀木佛像。康熙皇帝曾亲自作文记下其神奇的现身和灵验的法力。1666年,他派人对御苑北海附近的弘仁寺进行大规模重修,并将这座著名的佛像从妙应寺中取出运往前者。弘仁寺始建于明初约永乐年间。不过寺院于1900年化为灰烬时,佛像亦从寺中消失不见了。白塔寺似乎在1753年和1785年得到重修,因为乾隆皇帝在这两年命人竖碑记载此事。寺中碑文全部收录于福兰阁、劳费尔合著的《中国碑刻铭文》(*Epigraphische Denkmäler*)[①]一书,共有汉、满、蒙、藏四种文字。最后一次修缮发生于1816年。寺院于1900年遭到严重破坏,此后逐渐衰败,不过外观依然庄严肃穆。

宝塔描述

如前所言,喇嘛塔耸立在一处高台上,构成整个寺院建筑群的北端。南面有一条带小门和台阶的阶梯,高约0.9米,通向月台前部。月台宽29.6米,深20.2米,承托着最后方面阔三间的大殿。殿后升高15厘米、大约一个台阶处为正方形的主台基,外部边长为40.4米,通过四周的围墙与前部台基合为一体,围墙上覆屋瓦,外部总高3.5米。两处月台沿中轴线计算,总长60.6米。喇嘛塔就坐落在正方形台基的中央,台基四角各有一座接近正方形的小型塔亭,平面大小为11.1(3.7×3)平方米。四座角亭加上一座大塔构成数字"五",南面两座角亭门朝中央,北面两座向南开门。角亭因平缓的四坡型攒尖顶而显得格外低矮,但其通过长方形窗户、藏族式风格精髓和感观卓越的构造而形成统一。四座角亭的小巧益发衬托出中心喇嘛塔的高大。不免让人想起八里庄天宁塔过去也曾有四座相似的角塔环绕,而我们将会看到,五台山大型喇嘛塔所在的塔台四角同样设有大型转经筒,从而形成"五"这一组合。

对白塔及其所属寺庙的绘图和比例以梅尔彻斯、艾锷风、杨越以及关野贞在《中国佛教史迹》中的草图和照片为依据。对于数据间的些微差异,通过比对、加以英尺与米制之间的换算达成一致。

宝塔的基座坐落在正方形台基的月台上,由分开的两部分组成,即塔基和自身基座,下文将简称为基座。两部分相加高达12.4米。基座上面为覆钵式塔身的圆形底座,塔身之上以分层构件为刹座,再往上则为敦实的刹身,最顶部为宝盖和刹顶。包括整个基座和高出寺庙地面的台基在内,宝塔总高度为47.8米。

[①] 参见赖纳·冯·弗兰茨(Rainer von Franz):《福兰阁、劳费尔未曾研究之北京碑文》,威斯巴登:赫拉索维兹出版社,1984年,VIII,共259页,插图(《亚洲研究》第86册)。妙应寺部分在第18—94页(共4篇碑文)。

图 241 北京妙应寺宝塔的基座。艾锷风拍摄于 1931 年 9 月

塔基和基座

庞大的塔座由两部分组成,一部分为高 3.5 米的平坦塔基,外伸明显,可视为底座,另一部分为其上方的真正基座,又可分为上下两部分,于厚重的叠涩层间各有一道束腰。平面为典型的正方形,每侧由于宽阔的双重突出部分形成常见的折角。南侧前部设有双重阶梯,每道阶梯穿过一扇砖砌的小门,上方平台处另有一扇小门通往上部宽 65 厘米的回廊。回廊位于厚 45 厘米的塔基栏杆和基座底部之间,为改造原本的塔建筑提供了空间,使得改变首先可以在宽大的月台上环绕塔基底部展开。此处上方狭长的游廊确实可以通行,而在天宁塔中通常仅以栏杆示意,徒具象征性。

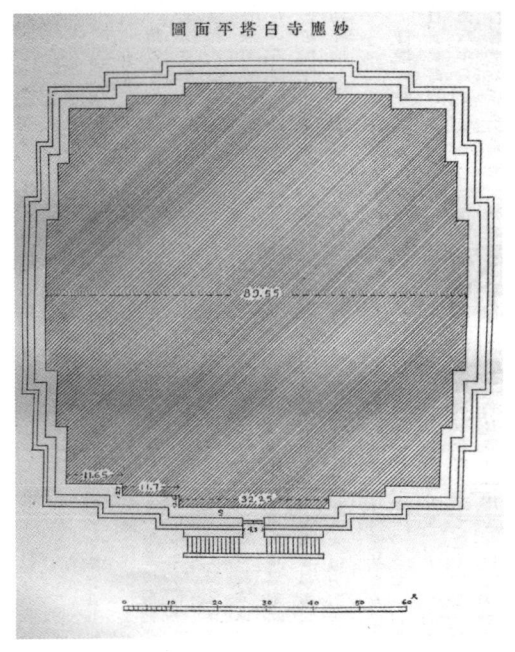

图 242 北京妙应寺宝塔的平面图。见于《中国佛教史迹》

喇嘛塔 | 247

从平面图上的折角设计来看，与武昌的喇嘛塔相比，正方形每边于两端各有 2 个折角，中间凸出部分占有绝对优势。具体宽度如下：塔基 12.6 米，基座底边 10.4 米，两层内凹的束腰 8.4 米，在这之间还有外伸的窄边和平台，二者发挥了重要的作用，以及不同线脚上的纹饰。各边内缩部分统一宽 3.7 米，深度同样都为 0.9 米。这两个尺寸于各凸出部分均保持不变，且与中间部分毫无关系，后者的宽度并不相同。这种设计导致塔身下方的圆形线脚装饰未能与底座凸出的各角形成如武昌喇嘛塔那般紧密的结合，而是向后保留了一段距离。此处并未试图将圆形和外切正方形加以结合同化。

塔基又可分为几乎互不关联的三部分。最顶部为高约 1.5 米的护栏，承托着上文中提到的铜制灯龛。中间部分各有 20 只，两侧各 7 只，总共 188 只，之前已有所提及。这一数字还需减去南侧梯阶入口处省略的两只。若如《帝京景物略》中所言，明英宗时仅有 108 盏铜灯，那么可以推测，必定在日后的重修中有所增加才形成了今天的数目。

从杨越拍摄的照片来看，巨大且分层壮观的塔身基座始于底部硕大的反曲纹饰和稍小一些的圆凸线脚，继之以带有较小反曲纹饰的高挑束腰，终于窄边的平台。上半部分基座重新自底座和反曲纹饰起始，接以第二层带有相同反曲纹饰的低矮束腰，至平台终结，为带有折角的正方形画上句点。每层束腰于各段缩进处形成边框，外侧转角处于折角底部和精美平台下方的弧形过渡层间设有半露柱，内侧角落施以对应的短柱。我们在武昌的喇嘛塔上已见到过相同的角柱设置，这座塔仅比白塔晚约 70 年，同样建于元朝，大约 1350 年前后。这类角柱的运用可追溯到元朝时期。归化的喇嘛塔在这一位置上使用了圆柱。

塔身、刹身和刹顶

基座平台上矗立着喇嘛塔巨大的覆钵式塔身，底部圆形线脚由 24（4×6）枚硕大的砖砌莲瓣组成，呈覆莲状，与一级较高的台阶相对，继之以四级小台阶，每级仅两层高。由此展开塔身笔直的轮廓，底部直径为 14.8 米，向上扩展至 17 米，到达塔肩最外侧，然后急剧内缩。塔身表面环有约 7 条水平平行的线条，可能分别出自上釉的砖层，将整个平面划分成相应的区域。这些线条经过反复的涂刷多半已不可见。此外，它们在具体的砌筑和涂刷圆形塔身的过程中也可起到辅助作用。之前曾提到的白色涂料上方缠有璎珞的碧玉装饰出自忽必烈时期，这种形式我们在遵化的塔中已有所认识。如今约 7 条砖线之间未被涂刷的表面各形成一道宽阔的区间，下面四部分各有 8 层砖，上面三部分则为 7 层。平缓的锥形刹身划分为十三重相轮，并再次运用了分区的构想。这种在宗教上逐步升华的形象参考了天宁塔的构造，通过插入塔身与刹身之间的常见底座得到突出与强调。刹座的折角式样与分为两部分的塔基相同，就连角柱也得到保留。

从审美的角度来看，塔身和刹身之间的轮廓比例对整座喇嘛塔而言十分重要。本书中所探讨的小型喇嘛塔的刹身大多呈极细长状，接下来要论述的北海白塔的刹身十分尖锐，宛如古墓中突起的老旧墓杆。五台山那些最著名的喇嘛塔正相反，它们的塔身和刹身的轮廓线条互相平行。妙应寺白塔的刹身轮廓线条则异常倾斜，所呈现的圆锥体给人以钝感，效果几乎同于武昌喇嘛塔，可以认为这种风格与元朝存在联系。不过尚不能确定，这三种不同的外形为不断发展的结果，还是并立存在的风格类型。

刹身的冠饰，即刹顶，由一枚巨大的宝盖和一座小型喇嘛塔构成，二者均为铜制。宝盖水平直径为 7.1 米，通过八根铁杆支撑刹身。边缘处悬有 33 枚透雕且装饰精美的大铜盘，排列紧密，各饰一只风铎。数字"33"象征着佛教的三十三重天。铜制窣堵坡于宝盖上方融入苍穹，其基座延续了刹身倾斜的线条，窣堵坡的外形几近于花瓶。

这座文物体量巨大，对整个城区产生了强大的影响。就连具体的构成也显露出一种雄伟的精神，建筑结构方面则展现了笃定而自信的高超技巧。它是中国北方坚固建筑结构的卓越证明，在北方这些中式元素用于高雅的建筑艺术，容易落入奇异与繁缛的窠臼。此外这还证明了，即使喇嘛塔这一奇特的式样也能设计出优美至极的比例。

二、白塔庵中的喇嘛塔

这座喇嘛塔矗立于北面的西直门外，地处八里庄天宁塔附近，如今独自暴露于旷野之上，夏天时这里长有茂盛的高粱。塔所在的小型寺庙早已消失不见。其建造时间和目的不详。民间传言，此塔为明朝开国皇帝朱元璋的孙子——朱允炆的坟墓。朱允炆继承其祖父皇位，成为明朝第二任皇帝明惠帝，年号建文。不过因遭到叔叔朱棣，也就是明朝第三位皇帝永乐皇帝废黜，不得不逃亡在外，此后下落不明。后来在北京十三陵中修有其墓，因此不可能安葬在这座塔中。可以看出，民众在这类无中生有的事件构想中何其草率，尤其此处事件的事实确凿。

不过这段传言确有其真实处，这座窣堵坡应出自 15 世纪初，大约永乐初年，也就是 1403—1407 年间。我们还会看到，当时大太监杨昇在其他塔之外，还重修甚至可能重建了五台山的大型喇嘛塔。这座喇嘛塔也可能建于永乐末年，即在 1421 年最终从南京迁都北京后。彼时喇嘛教在北方正值兴盛，因而可能于北京城外修建喇嘛塔。其早期的结构样式同样支持这一看法。作为大型喇嘛塔的典范，北京妙应寺的白塔到所推测的永乐时期至少已过去 130 年之久。

对于白塔庵的喇嘛塔，我只是匆匆考察了一番。其外形大小和图片要归功于艾锷风

图 243 北京白塔庵宝塔。位于西直门外的万寿寺附近。艾锷风拍摄于 1931 年 9 月 2 日

图 244 北京白塔庵宝塔。程尧拍摄,2021 年

博士,他于 1931 年在北京与建筑师杨越一起完成了拍摄和绘图。新图以这些草图为参照,比例为 1:100。

　　整个建筑总高 27.1 米,已够大型塔的标准。其中典型的正方形塔基高 3.6 米,真正的窣堵坡连同基座高 23.5 米。塔基边长为 17.7 米,基座的外切正方形边长约为 13.4 米。塔基四角和上方平台边缘处嵌有平滑的石料,侧面其余部分以砖砌成,如今裸露在外,过去多半被涂为白色。根据斜置的角柱可以推断,各面在升高的过程中明显存在倾斜。平台上坐落着层次丰富、折角明显的基座,与上方的台阶和塔身底座形成有机的整体。每面通过水平叠加双重凸出部分,形成 4 个熟悉的折角,表现为凸出的直角形式,总计 16 个。加上 4 个转角,因而共有 20 条棱边。其内角并未如武昌喇嘛塔和将要看到的五台山大型喇嘛塔那般与内接圆紧贴,而是于对角线上稍向外移,因为突出小于内收的一半。折角始于基座带有丰富精美纹饰的底层和起伏生动的叶状花饰。其上为转角起翘明显的坚实底座和莲瓣线脚装饰。上方部分呈低矮的带状,或宽或窄的平坦竖直方格中饰有叶状图案,有如横饰一般,两旁为细小的线条,顶部有棱角。这是最为抽象的莲瓣装饰之一,同一元素将在五塔寺和五塔召金刚宝座塔中作为栏杆再次现身。此处作为基座的构成出现在这样奇怪的位置,应该同样是对栏杆的替代。这条狭窄的横饰几乎与束腰上平坦的方格及壁柱齐平,宽阔的束腰为基座增添了自己的特色。

图 245 北京白塔庵宝塔。位于八里庄附近。照片由哈同拍摄,艾锷风提供

　　中间束腰的角柱连同底部和顶部均雕有精巧的叶状饰物,彼此之间以精美至极的璎珞进行分隔,当中的光滑平板向内凹入。上方以仰、覆莲组成的双重线脚形成遮盖,它们位于宽阔的横饰上,其收束处在阳光照射下产生浓重的阴影,从而形成清晰的水平线条。然而这一元素更适宜基座底部,底层部分的覆莲在此并不自然,束腰的完结缺少一道清晰的横向构件。与之相接的基座顶部同样另有作用,因为它同时又是六层台阶的底座,这些台阶带有折角,内收明显,上方直接承托覆钵式塔身。各式各样的风格和美学元素就这样混合在一起,彼此间并没有严格的连贯性。

图 246 北京白塔庵宝塔,艾锷风拍摄于 1931 年

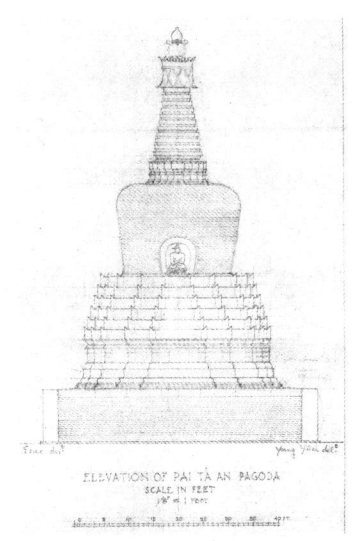

图 247 北京白塔庵宝塔正视图,绘于 1931 年夏

图 248 北京白塔庵宝塔。艾锷风拍摄于 1931 年

基座高挑的顶部于20个转角处向上翘起呈尖角状，塔身下方相连的五层台阶上同样出现了这一元素。底座和下方基座这两部分建筑构件融为一体，难以区分。仿佛基座直接延展成分为六层的角锥体，每层带有20枚尖角，共120（20×6）枚，显露出生机勃勃的动感。相同的元素我们已在武昌的蒙古族样式的喇嘛塔中有所认识。迄今为止尚未发现其他类似的存在，这种相似性可能要归于二者建造时间的接近。整个基座到此处为止皆覆以石料。雄壮的砖砌覆钵式塔身自最上方平台"生长"而出，当中仅以一层低矮的莲瓣石雕线脚分隔。塔身于四面底部辟有四个佛龛，同样为石制，每个佛龛内各有一尊手印不同的佛像。壁龛的边缘由两侧宽大且饰有动物形象的带状装饰和上方逐渐变宽的弧形装饰构成，后者内侧轮廓凸起，外侧呈扁平的挑尖拱，正面饰有迦楼罗和二龙戏珠的图案。

笔直的边线和近乎圆形的塔肩构成覆钵式塔身外展的轮廓。其顶部承托着刹座和刹身，依然由石料制成，并采用下方基座的样式，底座顶部同样带有上翘的尖角。再向上为精致的莲瓣线脚装饰和分为十三重相轮的尖锐锥形刹身，多半同样由石料或烧制坚硬的陶土制成。冠饰由陡峭的铜宝盖构成，下部弧线呈铃形。拱形的外表饰以璎珞浮雕，上部边缘如王冠般以透空的棕叶饰围成花环。上方既无仰月、圆光，也没有宝珠，最上方的刹顶更像一支敦实的带盖花瓶，缠以织带，于两侧呈把手状。这种花瓶为佛教八吉祥之一。由于这一内涵丰富的标志不无暗示性地出现在建筑物的最高处，象征脱离尘世进入空旷的苍穹，不免令人推测这只位置尊崇的容器内藏有舍利或其他宝物。

三、北京北海的小白塔

北海琼华岛

妙应寺喇嘛塔的姊妹塔在民间同样被称为"白塔"，只不过在前面加了一个"小"字，塔位于北京皇宫西苑中，矗立在北海著名且秀美至极的琼华岛上。琼华指宝玉"琼"中的红色脉理和花朵，"琼"听上去宛如绣球花，具有长生不老的功效，人们正取此意。这座岛闻名已久，有着漫长、著名且引人注目的历史。塔建于1651年，也就是清朝建立之初。在这处例子中，由于历史和地理条件有助于确切理解这座名塔的建造情况，甚至对其当下的重要性产生影响，所以下面我们将具体研究一下选在此处建塔的整个前提。

琼华岛地处三海中的北海的东南区域，三海位于皇宫以西，自北向南依次相连，建有难以计数的寺庙、别宫和各式各样的建筑物，组成了令人惊叹的旧时皇家御苑。最近虽然被改造成公园，魅力却丝毫不减，岛顶雄伟的喇嘛塔依然展现出一幅迷人壮阔的景象。

三海总长接近 2.7 千米，超过以前皇城的总长，水引自西山和颐和园，此外还有玉泉山中的玉泉。三海具体包括北海、中海和南海，总称为太液池，其中北海长约 1 千米，宽至多 600 米。北海南部以一条长长的九拱桥与中海相隔，这座桥名为金鳌玉蝀桥。桥横跨水面，东端坐落着椭圆形的琼华岛，周长 913 米，通过两座小桥与堤岸相连。主道自南起，经同样壮观秀丽、名为堆云积翠桥的三拱桥。桥通往北面，指向岛山的中轴线，山因顶部的塔亦称为白塔山。书中又称为金山，根据传说中的金鳌命名，金鳌如阿特拉斯一般擎起大地。它同时还被称为蓬莱。琼华岛满足了人们对蓬莱的构想，岛上华丽而令人向往的建筑使其今天看起来依然如童话世界一般。

　　三海在如今的位置上存在已久，且多半呈不规则状，随着北京发展为帝都，这片水域方才逐步形成固定的形态，最终在元朝时期作为御苑纳入皇宫中。唐朝末年以前几乎未见有关三海的记载。关于琼华岛只有一个离奇的传说。据说一位唐朝的公主要嫁给一位维吾尔族的王侯为妻，作为交换条件，需要将一座能带来幸福的仙山从蒙古地区运至北京。传说称，仙人施展法力将这座山分为碎块运往北京，岛上的岩石及所有石块都收集自蒙古地区。

　　然而事实上这应该与女真人有关。不过这种关联仅与攻占开封相关，学者完颜麟庆在其《鸿雪因缘图记》中的评论更为准确，他道，岛上的石头全部来自"艮岳"。"艮"这个古老的概念是对都城东北角的旧称，宋朝第八位同时也是最后一位在开封统治的皇帝宋

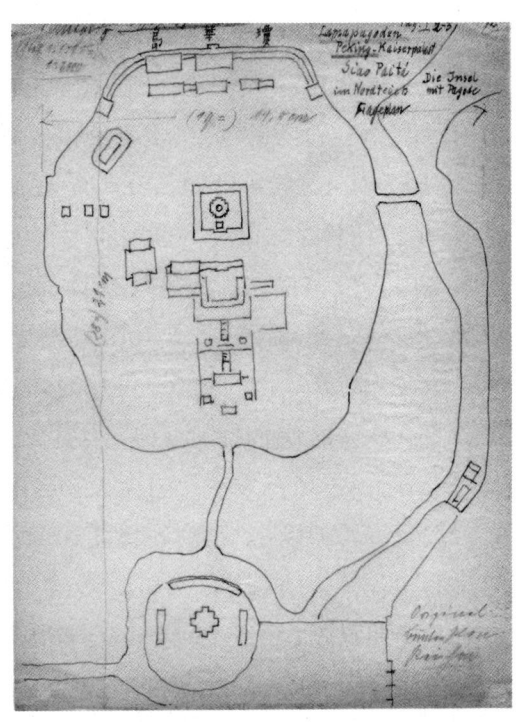

图 249　北京北海小白塔的平面图

图 250　北京北海小白塔。自西南方向的视角拍摄

喇嘛塔 | 253

徽宗将之变为现实。他在1100年即位不久后，根据道士的建议，在都城汴梁也就是开封城内的东北角堆起一座巨大的假山，并于政和年间对其加以扩建，命名为万寿艮岳，意喻王朝万代。然而这种美好的寓意似乎并未发挥作用，1125年他在开封的统治便已土崩瓦解，金国人在1126年占领了开封并在次年将其掳走，之后金国人成为中国北方的统治者，甚至将开封立为金朝的"南京"。不过他们的大本营设立在北京。

金国人最先在北京大规模兴建三海园林，比较可信的是，他们从宋朝开封已经被毁的华丽园林中选取了一些美观的残迹运往新都城，其中就包括"艮岳"这座奢华的园林建筑中人工堆叠的山石遗存。可想而知，这些石头，包括开封御苑中的山洞用石，被用来建造北京北海这座独特的岛屿，从而在风水方面提升了这处佳地在整片壮阔景色中的重要性。

按照传统的风俗习惯，后世朝代总是将自己新造的宫殿园林与周、汉、唐等前代王朝的经典杰作联系在一起，甚至直接使用过去的名称。金国人同样延续了这种做法，正像之前北魏在洛阳嵩山所做的那般，意在使自己的帝位合法化。"琼华岛"这一纯正的中式名称出自金代，意为在这座岛上名为"琼"的红宝石中那些绽放着希望的纹理有如纯洁的花朵一般夺人眼目。这一名称中蕴含着对都城和帝国福运的深深用意，历经元朝并沿用至今。岛上其他建筑的一系列名称同样可以追溯到过往朝代。喜仁龙在其关于北京皇宫的著作中对三海宫苑有着出色的描述，对此亦有涉及，更多的可以参考阿灵敦在《古都旧景》①中对于琼华岛的详细描述。此外稍微提及一下从南方运来的石头，它们被设计成

图251 北京北海小白塔。赫罗德拍摄

① 阿灵敦、卢因森：《古都旧景》，北京，1935年，共382页。

奇特的形态，看上去如同龙麟一般。出自乾隆年间（1751）的一块巨大方形石碑上记有此事，只是翻译显然错将"艮岳"当成负责运送这些石头的人，而非艮岳这座山。不过早在金朝之前由契丹人建立的辽朝时，便已留下打造都城前方东北区域的线索，北京当时还被称为燕京。我们已经了解到，他们于1096年在此建造了如今妙应寺大型白塔的前身，因而可以推断，附近的三海，尤其这座小岛在当时已具有一定的重要性。如今塔所在的位置曾有过一座建筑物。著名且乐战的睿智皇后萧绰自公元982年起成为皇太后，替其子圣宗皇帝摄政，她在岛顶处建了一座梳妆台。金朝以北京为中都，从这时起才有更多关于园林和三海设计的信息。金朝太祖派人从西山——如今颐和园前方的玉泉山、万寿山和圆明园中引水，经今日依然名为"金水"的重要运河，汇聚于北部的中都。参照开封园林，人们应是立马开始扩建三海，首先应是小岛。这座岛作为天然的岩丘必然一直存在，就像北京平原上经常出现的那些山丘一样，皇宫中轴线上的景山便是如此。鉴于之前提到的辽代时的山顶梳妆台，人们大可相信这一点。许多记载都称，这座山为三海挖出的土经人工堆建而成，这一说法并不完全正确。其核心必然由坚固的山岩构成，如果没有这样坚实的基础，不可能建成小型白塔这种规模的塔。尽管马可·波罗也称之为人造土丘，但这只能证明，三海的建造持续了百年，这座山因频繁的堆土而不断地升高变大。

积云堆翠桥以南、主桥金鳌玉蝀桥东端为团城，也称圆城。这里如今坐落着多座新建的大殿，整个建筑最早出自金、元时期。所种植的松树、柏树和杉树仍蓬勃生长，构成一道独特而壮丽的风景。这些树自那时起便被誉为此地独有，乾隆皇帝曾在诗中加以赞颂，也至少有一册诗集出自金朝时期。关于这个地方还有一联著名的诗句，由金章宗和他漂亮且博学的妃子李宸妃共同创作，两人在诗中分别将自己比作光芒四射的太阳和冉冉上升的满月，当时二人于夜间并肩坐在这里。皇帝给出以"土"为题的上联，李宸妃的下联则以星辰对答：

二人土上坐，一月日边明。

这位李宸妃一如之前的辽国太后，同样在又称"琼屿"的琼华岛广寒殿中有一处梳妆台，关于这些建筑仍有一些传说甚至遗迹。

成吉思汗的铁骑于1215年便已攻占并毁坏了金朝中都北京。在蒙古族政权建立之初，成吉思汗将这座岛赐予深受其宠信的谋士兼侍从道士邱长春，后者在此建造了一座道观，之后他被葬在进行修行的白云观中，道观在城外以西处。1267年忽必烈决定迁都北京，兴建新都城大都，并于1279年灭南宋后建立大一统政权。他将三海及园林规划至新城墙内，并加以重建，大致形成今天的模样，并将金国人旧称的琼华岛更名为万岁山。

马可·波罗对这座岛的描述广为人知,他长期居住在位于北京的元代皇庭中,为我们记录下三海不断变深变宽的过程。岛中的植被装饰尤受其称赞。"皇宫北面不远处,距城墙大约一箭的地方,有一座人造小山,高 100 步,周长大概有 1.6 千米。山上遍植树木,秀美绝伦,四季常青。不久皇帝听说某地长有一棵十分漂亮的树,便命人连根带土挖出,无视其庞大与沉重,用大象运到了这座山上。由于这座小山常年碧绿,因此被称作'青山'。山顶建有一座秀丽的凉亭,同样通体绿色。山、树和建筑,所有这些东西构成一幅精美甚至神奇的景象。"

自岛山可观望三海、园林,远眺宫殿、城池及附近的西山,景色直至今日始终冠绝京城,因此这里成为著名的燕京八景之一。马可·波罗所描述的凉亭,可能为山顶一间较大的殿堂,元明时期尚存,直到清初建造宝塔,为景色增添了新亮点。当时这座山亦有新名,称作白塔山。继续探讨之前,此处有必要放上一段完整的摘录,来源为一篇已用过的原始资料。所引段落出自《宸垣识略》卷四第 12—13 页,本书大概作于乾隆末年(约 1796)。摘选部分要归功于已故汉学家郝爱礼博士[①]:"北为积翠堆云桥。过桥为永安寺,即金元琼华岛,踞太液池中⋯⋯其引胜亭内勒御制白塔山总记及四面记⋯⋯自永安寺至庆霄楼,为塔山南面。琼华岛多叠奇石,巉屼岈崿。其巅古殿相传本辽太后梳妆台。历金、元、明皆有宫殿,为游观之地。今残石壤础,犹刻云物及广寒殿宇。"

明朝时期岛上的大部分建筑便已出现,也许就包括如今围在岸边长堤上的白色大理石栏杆。那座将北海与中海分隔的九拱长石桥同样出自明朝,因桥西牌楼的匾额"金鳌"与桥东牌楼的匾额"玉蝀"而被称作金鳌玉蝀桥。身为金国人的后代,完颜麟庆这位博学的游人于多年游历与数省公干后,在道光年间再次回到家乡北京完成了他的著作。他以一大篇华美的文字书就这座四季常青的小岛,并题以"金鳌归里"四字,借此将自己的灵魂寄予这片令他魂牵梦绕的迷人风光。

喇嘛塔的建造及其在琼华岛上的位置

如今琼华岛的山顶上仅剩凉亭和大殿作为中国古代的标志,在清朝初期这里的景观曾发生过重大变化。作为 1644 年清军入关后的第一位皇帝——顺治皇帝建造了这座大型喇嘛塔,远远望见便可知晓其对喇嘛教的优待。塔建于顺治八年(1651),契机在于首位中国西藏地区宗教领袖的到访,顺治皇帝隆重地册封其为达赖喇嘛(第五世),这次

---

① 郝爱礼(Erich Hauer, 1878—1936):1902—1918 年间担任外派口译。1923 年于柏林大学授课,1930 年成为副教授。以满学见长,节译《皇清开国方略》,并出版《满德字典》,东京,1952—1955 年。参阅埃里希·海涅什:《埃里希·郝爱礼(1878—1936)》,《德国东方学会学报》,1957 年,第 107 期,第 1—6 页。

访问自数十年前、尚在明朝时便已展开准备。自此喇嘛教在中国北方的影响再次得到大幅提升，出于政治和宗教原因，喇嘛教得到清朝皇帝的大力支持，然而始终受到中国传统文人的反感。这座塔于清朝而言意味着帝国和北京的守护神，与地处北京西部、出自辽金时期的姊妹塔一道，成为喇嘛教统治地位的标志，同时也是十分重要的政治和历史文物。与塔相关的永安寺中有两块石碑，其中一块为顺治时期（1651）所立，记录建塔事宜，另一块为雍正时期（1733）所立，有关重修之事。第三块石碑上记有一首乾隆皇帝赞美岛上四周景色的诗作。碑文似乎尚未有完整翻译和评价。

喇嘛塔位于山顶接近岛中央处。在山腰一众奇形怪状、风景如画的石头间有多条小路通往山上。主路穿过前方永安寺，沿其南北走向的中轴线直至最高处，喇嘛塔于此构成整个建筑群的终点。大理石桥积翠桥共有两道弯，桥北端为寺前空地，空地上有一座三间牌楼和两尊北望的石狮。进入山门为第一进院落，院中有钟鼓楼和一间大殿。在下一进双重院落中，一条壮丽的阶梯通往上方的平台，台上有两座碑亭，另有一间存放两块石碑的亭子立于偏院中。中轴线上又有一条露天阶梯通向宽大的寺院平台，四间大殿及回廊围出一处正方形的内院。西侧接以两组由大殿和院落构成的建筑群。1934年9月我最后一次来这里考察时，寺中敞开的大殿和轴线上的露天台阶遍饰富丽的菊花，众多游人于花间愉快地向着宝塔攀爬。

这座长110米的寺庙以最后方的大殿为尽头。其后有一条宽大的阶梯，通向最高处的双重平台和宝塔，塔前为一正方形砖亭，下方底座颇不寻常。

宝塔突出了岛上与中轴线相交的横轴。在北海的东岸上，有一座短桥自皇城的小西门经北海狭长的支流通往位于两条阶梯间的圆弧形突出建筑。这便是般若香台，与岛西主码头上的甘露殿相对。宝塔位于东西横轴和南北中轴线的交叉点上，后者于岛北岸尽头处有一座更宽阔且更大型的建筑，同样带有码头。中心的宝塔和两端分别为桥及码头的坐标轴按照五个方位对岛加以划分，自成一个小宇宙。即使东北、西北、东南、西南四个偏方位，也于岸边借助独特的建筑、亭子和行政设施加以突出，这样一来岛被划分为八部分，加上处于中心的宝塔便得到了数字九，从而形成了一幅太极八卦图。琼华岛上的建筑体现了佛教和道教理念的不朽。

塔下方的平台

描述主要依据照片和附加的绘图展开。这些图片以最初的拍摄和图样为基础，北京的艾锷风博士在我的请求下，与中国建筑学家杨越共同完成这些工作，图样比例为1∶96，以英尺为单位。不过由于照片有些矛盾的地方，为了前后一致，改以米制按1∶100的比例重新计算大小，在此基础上得出新的数据。

图 252 北京北海白塔。来自柏林民俗学博物馆图集

图 253 北京北海白塔,图中是它的另一视角

塔楼本身坐落于高2.8米的双重平台之上。下层平台为39.5米×43米大小的长方形。自永安寺经之前提到的那列主阶梯可抵达平台南面，北面则可由山顶处直接通过一对级数较少的阶梯前往。四周围以低矮的砖砌栏杆，边缘处采用石料。东面和西面于栏杆间还各设有一个简单的入口。

在第一层长方形平台之上坐落着第二层的正方形台基，边长为31.5米，北、东、西三面的回廊宽度相同，均为3.3米，南面平台的宽度则被加长至6.5米。增添处即为上方月台凸出的部分，面积为46.24（3.4×13.6）平方米，一段短小的台阶沿中轴线通向两层砖石结构的佛殿，月台正是为其而设。北面对应设有一道台阶。上方平台的栏杆仅设于南面及两侧与其相邻的一小段地方，也就是佛殿四周。栏杆由熟悉且充满艺术气息的透空汉白玉栏板构成，置于雕有纹饰的汉白玉望柱之间，其余部分设以低矮的墙体。在方形台基和凸出部分的六个转角上，作为滴水嘴兽的螭首于月台高度处呈对角线向外伸出。它们守卫着圣所，不过自身被压制于栏杆之下。

此外，整座建筑为7根巨大的旗杆所护卫，旗杆高约20米，位于牢固的石头基座上，其中2根竖立于底层平台南面，靠近佛殿，另外5根直接立在底层平台以北的地面上。对于嘛呢杆这种令人印象深刻的藏、蒙族的建筑，费通起在他的两本有关塔尔寺的著作中分别于不同处进行了详尽的论述。这7根旗杆环绕着雄壮的宝塔及高处的舍利，远远便能望见。每根旗杆大约以12个铁环加以划分，顶部覆以琉璃护盖。这些杆子经常更换，用于悬挂旗帜、经幡和灯具。

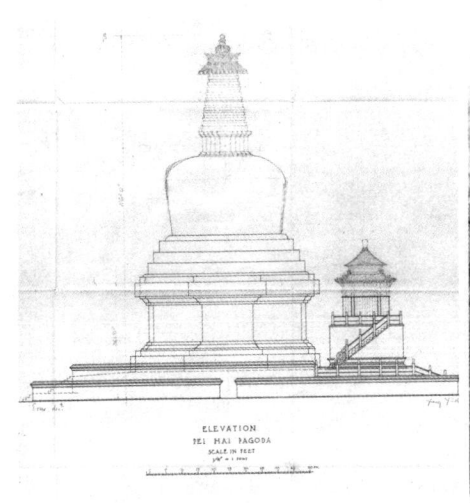

图 254　北京北海白塔图纸，杨越绘制

图 255　北京北海白塔

图 256 北京北海白塔　　　　　　　图 257 北京北海白塔

善因殿

　　喇嘛塔南面紧前方的两层砖石结构佛殿可谓一件精美卓越的瑰宝，同时为这座体型庞大的雄伟文物提供了合适的参照。真正的佛殿位于上层，其经坛上供有一尊令人怖畏的喇嘛教神祇。据格伦威德尔于《佛教神话》[1]中所言，应为大威德金刚像。

　　其装饰为寒林八饰，与佛同等，又为文殊菩萨的忿怒相，曾降伏令西藏人口减少的死神阎魔罗阇。大威德金刚有十六条腿，三十四只手中持有不同物件，共九头，当中为长有两角的公牛头，另外八只位于两旁及上方，分别为蓝、红、黄、白、灰、黑几种颜色，戴人头项链。立于倒地的人像上，后者暗示坟地，代表那些被降服的恶魔。"善因殿"其名意为种下善意因缘的佛殿。善因尤指行善事，首要在于克服恶，这是得道的前提。位于塔前的大威德金刚像代表着佛祖本身，其法力存于塔内，兴许通过相应的舍利显灵于这方土地。

　　整座建筑由边长7.1米的正方形高台和上方同为正方形、边长4.7米的佛殿组成。高台加上南北两侧的狭长露天阶梯宽9.6米。南北两侧于中间区域各辟有一个庞大的拱形入口，上方有五个凸起的弧形，墙面平滑，多半被涂为红色。高台内部可能仅有两个深入的壁龛，或者中间为筒拱结构，具体信息不详。上方大殿设回廊，四周和阶梯外侧饰有秀丽的汉白玉栏杆，与下方月台栏杆风格相同，只是尺寸稍小。将两张不同年份的照片进行

---

[1] 阿尔伯特·格伦威德尔（Albert Grünwedel）：《西藏与蒙古的佛教神话》（为奥赫托斯基亲王喇嘛教陈列馆所作的导览手册，书中有亲王所写的前言和188幅插图），莱比锡：布罗克豪斯，1900年，共244页。

比较可以看出，大约 1920 年时，大部分栏杆受到损坏，而到 1930 年时则已经过精心的修葺。

上方的正方形佛殿外部，连同双层屋顶、所有横饰及斗拱皆以琉璃制成，或以其镶贴，颜色以黄绿为主。立面分为三部分，中间宽两边窄，与大殿被划分为九个开间相一致，外柱及梁架显露于外墙面，同样为琉璃材质。唯有南面中间区域为木结构，由四副门扇构成，兼作窗户，可看到室内。此外，在虚柱间的底座外部，带圆花饰的六边形横饰形成地毯的图案，上方则以 20 厘米 ×23 厘米大小的规则琉璃砖构成长方形的主墙面，每块砖上带有相同的佛像浮雕，纵向 7 排，水平分别为 11 列和 4 列。即中间区域为 77（11×7）个，两侧各有 49（7×7）个浮雕，去掉门扇部分，共计 455 个。中国人又称其为千佛殿。供有喇嘛教佛像的佛殿极有可能覆以藻井，上方耸立着圆形屋顶，因为立方体大殿上为双重屋顶。额枋上有四层繁密的斗拱，以此支撑正方形的屋顶，檐口和屋脊略微翘起，屋脊中间以同样的斗拱层承托圆形攒尖顶下方的围脊结构。屋顶呈大弧形展开，逐渐变尖，以坚固且比例讲究的宝顶珠为终端。

佛殿自上层平台至攒尖顶总高 13 米，其中底座高 4.4 米，大殿本身高 3.9 米，斗拱层、双重屋顶和宝顶共高 4.7 米。佛殿是否与塔同时建造尚不确定。佛殿建筑位于宝塔紧前方的设计，入口阶梯与寺庙第三条及最后一条长阶梯间过窄的距离，上层平台的开口设置，此外上方佛殿优雅的外形，与后来建筑之间的相似性，以及其他不同的建筑细节，包括第二层平台的大理石栏杆仅设于南侧围绕佛殿的现象，最后还有喇嘛教神祇的独特构想，所有这些都令人推测，这座佛殿并未与宝塔同建于 1651 年，而是直到雍正时期甚至乾隆时期方才建成。之所以会有这座构造秀丽的佛殿，除去某些宗教原因，可能首先出于之前已提到过的目的，那便是为这座体型庞大且孤立的塔提供适宜的参照。

宝塔结构正视图

塔楼本身高 33.7 米，位于上层平台的正中心。外部边缘和宝塔基座的底边之间相距 6.9 米，由于栏杆，基座四周的回廊宽仅 6.7 米，大理石部分只有 6.5 米。塔楼几乎全部由砖块砌成，方砖高度约为 12.5 厘米，唯有基座四周的边缘和角落及连接部分由光滑的石灰岩制成，塔肚上的壁龛为琉璃材质。宝塔由基座、塔身底座、塔身、刹座、刹身和刹顶构成。

基座

基座的平面图为正方形，底边长 17.7 米，各边于中心处向外突出，突出部分大小为 4.15（8.3×0.5）平方米。基座各水平面上均有类似凸起处，或窄或宽，视立面挑出部分的不同而定，两侧部分的长度保持在 4.7 米。基座各面划分为长方形，因明显的挑出和收分而形成有力的中断，看起来异常简单，却更显气势。底座高 1.6 米，上接高 0.5 米的平台，再上方为底部起伏显著的反曲花饰，与高 3.7 米、凹入明显的基座束腰相连，束腰等分为宽 4.70 米的三部分。这条高大环绕的横饰平面如今被涂上灰泥，不过之前可能饰有类似于归化喇嘛塔上的浮雕，归化喇嘛塔的建造时间应早于康熙皇帝出巡归化时（1696），即比北海白塔晚约 45 年。横饰上方为顶部的反曲花饰，与底部的花饰形成对称，其上继续向外挑出，突出的平台高约 1.45 米，正与底座上方高 0.5 米的平台水平对齐。再上方以高 0.6 米的过渡平台承托塔身底座，不过从相同的正方形平面和突出部分来看，依然属于基座。基座自月台至平台上边缘总高 9.5 米。对于这处建于 1651 年的基座而言，其不同寻常的结构和高大的束腰横饰尤为值得注意，后者完全不同于年代更久远的基座所呈现的丰富双层横饰，比如忽必烈于 1271 年（或 1279 年）所建的白塔、武昌建于 1350 年前后的喇嘛塔以及我们将要看到的建于 1403 年（或 1579 年）的五台山喇嘛塔。

图 258 北京北海白塔的平台　　　　　图 259 北京北海白塔近景图。胡德曼拍摄

塔身及其底座

覆钵式塔身的底座同样为圆形，分为五层，总高 4.2 米，不过并非等分。最下方不明显处为简略的莲花线脚装饰，在妙应寺白塔中则体型巨大，上方承托分层明显、样式相同的圆形台阶，通常依照定制应为五层，此处减为三层，鉴于台阶体型庞大，这其中应有审美方面的考量。由于这座塔从远处观望方能取得更好的效果，因此底座的分层应当简单清晰。上方继之以更加显著的莲花线脚，其上坐落着真正的塔身部分，为典型的覆钵式，轮廓走向笔直，肩部弧度明显，高 8 米，底部直径 11 米，肩部直径 12 米。

必须承认，整个轮廓给人留下深刻至极的印象；塔身出色地融入其余庞大构件所组成的独特构造中。如今满族人撤出后，按南方传统汉人的准则行事，塔身恢复为砖的原色，或灰或如童谣中提到的红色，一如妙应寺中的宝塔，并且两座塔如今再次被错误地称为白塔。塔身南面隆起处辟有一处神圣的壁龛，以相同的陶土为材料，装饰不胜华丽、细致入微。边缘以宝珠镶边，呈三叶草状，顶部为挑尖拱，四周环以宽阔的椭圆形缘饰，向上变宽直至顶端，表面布满文字和交织的卷须形成的装饰。可惜没有具体的照片，这样的照片大约只能从远处拍摄。不过依然可以辨认出，壁龛内部背景下方为喇嘛教符号——时轮金刚咒所填满，上面为一尊佛像，正象征着此塔尊崇至极却不为人知的内容，喇嘛教的大威德金刚像作为其副手或守卫立于塔前的善因殿内。

塔刹部分

覆钵式塔身于顶部以连接构件作为底座承托刹身。材质为石灰岩，高 2.5 米，与塔身下方的大基座相似，呈正方形，各面突出部分极宽，角落处有极细长的插销。底部和顶部矮小的叠涩层为圆形，线脚装饰由紧密排列的莲瓣构成，上方线脚装饰本身即为花萼，看起来格外柔和。刹身从中而起，呈陡峭的圆锥状，至宝盖下方共 6.7 米，到其底部边缘则仅有 5.3 米高。相轮由十三重环形砖层构成，顶部直接承托出挑深远且悬有风铎的镂空铜宝盖。上方安装的镂空铜花萼使其看起来宛如双层的喇嘛教转经筒。宝盖总高 2.2 米。仰月和圆光组成的标志从花萼中生长而出，二者朝向中轴线，其上以火珠或位于火焰圈中的宝石象征苍穹。这组标志较花萼边缘还要高出 2 米。整个塔上至刹顶下连塔基总高 36.5 米，超过山顶的高度。

就设计、轮廓和具体构造而言，北海琼华岛上的小型白塔完全无愧于其在皇宫中的显赫历史意义。在此以前，定已有一系列的先例，方才造就出这座明朗且高度适中的成功的艺术作品。可以看出，这其中必然涉及一系列纯粹的建筑艺术领域的思考，只有与地理环境和建筑设计的各项条件达成一致，方能找到合理的解决方案。

四、黑塔

图 260 北京的黑塔。见于柏林民俗学博物馆

北京今日的地图上于内城西北角仍有一处标为"黑塔寺"的地方。寺庙本身已然消失不见,唯有那里的街道还保留着这一名称,使人想起曾经的寺庙。此寺便应是讲述妙应寺白塔时所提及的那座同名寺庙的延续,尽管两者大相径庭。因为老黑塔寺出自辽代,史书中于1635年曾有提及,两者建于完全不同的地方,如我们所推测的,老黑塔应在如今白塔所在的妙应寺处。寺庙定是在忽必烈统治时期迁到位于城西北的现址,同样必定新建了一座黑塔,且如史书所载,早在明朝末年(1635)便已消失许久。满族人在统治初期于发祥地沈阳建四塔以求庇佑,并仿造庞大而古老的妙应寺白塔,于1651年在北京琼华岛建造小型白塔,同时在黑塔寺中新建一座黑色的喇嘛塔,以完善旧日的景观。这座黑塔矗立于妙应寺老白塔的正北面。在1907年一次仓促的考察中,我看到了立于寺院主院落中的喇嘛塔,四周为低矮的殿堂,正如当时所拍摄的照片那般。后来我没能再见到它。从北京该处获知,至少自1931年起,便已没人知晓这片城区中有这样一座塔,之前在此的喇嘛塔连同其所属寺院大约在此期间被人拆除。凭借地处城市西北角的特殊位置及其构造,这处消失的文物古迹极为引人注目,因而还需要进一步的研究,并通过少有的几张照片与其他著名的范例加以比较。在以下对宝塔的描述中,假定其如今尚存。

假设塔基台阶一级高度为18厘米,以下有关塔的数据仅供参考。塔基:基台高1.6米,边长为13米;基座束腰:高1.7米,边长为6.8米;塔总高17米。宝塔初看给人以高大率直、质朴简洁的感觉,这一特点贯穿塔基及塔身底座。因为此处底座的四级台阶并不像北京的两座大型白塔一样为圆形,而是呈正方形,如同归化的喇嘛塔一般。覆钵式塔身下方可能建有少量精巧的叠涩层构成底座,塔身并非从下方的飞檐处开始升高,而是直接耸立在最上层正方形台阶的平台上。

沿院中石板路经一道清晰的台阶可抵达塔基所在的平台。第一道四级台阶从东西两侧通往当中升高的路面,这条道位于寺院中轴线上,从这里沿轴线再上五级台阶,即总共走过九级台阶后,便可到达平台。平台边缘绕有一圈砖砌的栏杆,下半部分呈镂空的棋盘状,上半部分为白色的镶边和匾额组成的横饰,内容可能为兰札文。塔基各面中间部分稍向外突出,长度为整个边长的三分之一,栏杆上方形成遮挡的横脚线,各外伸的转角和凸起处冠以火焰宝珠,其下有莲座。雄伟的白色基座四周绕有回廊,各面中间三分之一处同样向外凸出,连同折角延伸至高而平滑的束腰、上方的莲瓣纹饰和高挑的砖砌平台。其上以层次分明的四级台阶为塔身底座。最下面两级每层紧密地排列着陶制佛像浮雕,上部边缘呈三叶形。每级台阶的四角处都设有一座小巧的窣堵坡。底座最上面两层有兰札文大字,可能为釉陶材质,形成连续的横饰。最顶端各空阔且外伸的角落呈对角线安有一副面具,由蔓延开的漩涡纹饰和顶部的火焰宝珠组成,有如船首尾花纹装饰一般,多半同为琉璃材质。

覆钵式塔身凸起明显,呈浑圆状,南面有一处显著而神圣的壁龛,其内为喇嘛教的时轮金刚咒。尽管有着少许差异,这处壁龛与北海小型白塔的壁龛极为相似。两座塔不仅时轮金刚咒的背景同样深邃,而且内侧挑尖拱和外侧弧形拱尖的轮廓,以及宽阔的带状缘饰均有相同处,只是黑塔的缘饰以珠宝排列成漩涡状。黑塔寺中喇嘛塔的侧面尚有一处装饰保存完好,在归化的塔身上表现为华丽的垂饰,然而北京的两座大型塔身上都已不见这种装饰。与壁龛顶部内侧同高、远低于肩部处有一圈色彩各异的圆珠组成的稠密细带。其余三处基点各被一个硕大的八边形椭圆雕饰所打断,雕饰立于顶部,中心饰有一枚巨大的宝珠,四个方位上各有一枚小珠,总计五枚。材料显然为彩色琉璃,宝珠为五行的颜色。

覆钵式塔身的圆顶上以常见的衔接构件为刹座,承托细长而略显弧形的锥形刹身,刹身分为十二个圆环,四周写有兰札文。冠饰由窄边的宝盖构成,可能为铜制,下部边缘悬有十二枚风铎。宝盖的双层构造再次使人想起喇嘛教的手摇转经筒。塔刹顶端内侧与安于肩部上方的圆珠间斜拴着四根略弯曲的铜制链条。链条在其他类型的塔上十分常见,对于喇嘛塔而言则极为罕见。宝盖上的刹顶由仰月、圆光和火珠构成。

宝塔整体形象极富魅力，塔基和基座清晰的线条与平面轮廓透露出明显的喇嘛教风格，与院子四周形制简单的中式殿堂类似，不过却以一种近乎自然的方式，使之升华为一种高雅而独特的建筑设计。光滑的基座上方，各式各样的喇嘛教想象化作无数的个体形象和符号，不过却始终受制于台阶和轮廓的简洁线条，以便热烈的元素最终于顶端形成令人雀跃的结合，将我们从安宁稳固的大地迅速而惊人地送入狂欢与沉醉，融入苍穹之中。

从建筑外形和具体情况来看，塔应建于1650年前后。万分遗憾的是，塔倒之后，我们几乎无法进一步从资料中获取有关建筑的相关信息。因为这座塔同样堪称北京喇嘛塔中的典范，其精美的建筑构造拥有极高的水准，然而迄今为止人们尚未有充足的认识。

五、沈阳地区的四座喇嘛塔

为了更好地理解北京地区古老的塔建筑，作为有益补充，我们在喇嘛塔这一类型上同样将越过河北，去往关外。

东北地区不仅有着众多辽金时期的天宁塔范例，同样还能见到相当数量的喇嘛塔。又称奉天的古都沈阳便有这样一

图261 辽宁沈阳法轮寺北塔。见于罗克格尔（C. Rothkegel）的明信片

组建筑，由四座喇嘛塔构成。这座城市如今为辽宁的省会，旧时又称盛京。这座大型城市在四个方位上各建有一座塔用以佑护，从而为我们提供了一个清晰的实例。在谈及北京时已提到，早在辽国时期，其统治者就以五座不同颜色的塔来庇护当时名为燕京的新都城。然而这些塔中唯有妙应寺的大型白塔得以保留下来，其余各塔仅剩一些推测，前文我们已简单提过。自北方部落同中原文化圈和蒙古族的佛教信仰形成紧密的从属关系后，这种以特定建筑物突出五个或至少四个方位的思想便深深地扎根于此，并得以优先保留下来。因为无论辽国还是金国都在其统治范围内建有五京，这些都城显然具有宗教意义。清朝军队于1644年开始占领关内，与此同时建造了四座喇嘛塔，用以庇佑故都沈阳及周围地区，这些塔大体同建于1643年春至1645年夏这段时间。

图 262 辽宁沈阳护国法轮寺北塔。戴锦禹拍摄，2021 年

以上及下列历史信息要归功于福华德博士，他长期在沈阳地区从事教学研究工作，对当地的省志、县志颇有心得。这些资料中并未记载建塔的外在动机。由于满族人继承了辽金的传统，当时已全然信奉蒙古族的佛教，因而选择了喇嘛塔这一正流行的式样。根据西塔碑文记载，大喇嘛悉不遮朝儿吉和毕力兔朗苏受皇帝委任，主持四座寺院及塔的建造。四座塔的碑文为 1651 年逝世的著名学士冈林所作。

四座塔及所属寺院如下：北塔位于法轮寺，南塔位于广慈寺，东塔位于永光寺，西塔位于延寿寺。每座寺院中都有一篇作于顺治二年（1645）仲夏时的碑文。碑文中各寺院名前还有"敕建护国"四字。这表明，宝塔及所属寺院显然被当作清朝新政权的守护者而加以建造。值得注意的是，四座塔早在 1643 年，即满族人统治中国前便已开始建造，当时天聪皇帝尚在世。其父天命皇帝努尔哈赤统一了东北各部，于 1625 年定都如今的沈阳，并改称盛京。天聪皇帝继承父业，更为频繁且严厉地进逼关内及北京，后来在 1636 年称帝。胜利使他充满自信，从而想要借助宝塔象征性地将其位于东北地区的都城变为整个政权的京城。他的儿子兼继承者顺治皇帝，在 1644 年将政权即刻迁至北京，不过依然完成了故都四座塔的建造，并赐名护国。之前的都城暂作留都，后于 1657 年更名为奉天。

图 263 辽宁沈阳法轮寺北塔的基座。福华德拍摄于 1930 年

图 264 辽宁沈阳法轮寺北塔。福华德拍摄于 1930 年

图 265 辽宁沈阳永光寺东塔的基座。福华德拍摄于 1932 年

沈阳旧时内城近乎正方形，边长1250米×1200米，中心为老皇宫。内城被外部的圆形城市环绕，中心直径约为4350米，如今其城区甚至突破环形的围墙继续向四面扩张。四座塔与正方形内城四边的距离如下，以米为单位：北塔3000米，南塔3200米，东塔3750米，西塔3500米，它们几乎构成一个十字，尽管不太规则。第五座塔则要算上天宁式的白塔，塔紧挨北城墙，位于崇寿寺中轴线偏西处，构成另外四座塔的中心。这座塔在第一章第四节中已有论述，其历史显然久于另外几座塔，最早出现于唐初，传说为尉迟恭所建，他是唐朝第二位皇帝忠诚而功勋卓著的守卫，逝于公元658年。

在原先较为狭小的都城紧挨北部处竖立一座中心塔作为遥立于东南西北四座塔的中心，这一设计显然与辽国时期的北京极为相似。因为当

图266 辽宁沈阳永光寺东塔。福华德拍摄于1932年

时天宁寺中的大型宝塔正伫立在城内北部，大致位于辽代宫殿的中轴线上。此塔初建于隋朝时期，1048年辽国正兴盛时，又重建了这座无与伦比的天宁塔。它和沈阳唐初时期的老天宁塔一样，构成具有象征意义、地处四个方位且颜色各异的四座宝塔的中心，遗憾的是只有如今的白塔，当时也许被当作黑塔，有可能与原塔一样。

四座宝塔的寺院

沈阳四座寺院的建筑现状大不相同。东塔所在的寺院如今仍保存了相当大的一部分，人们可以根据1931年的中国城区图加以判断。事实上，据福华德的消息称，这座寺院同西塔所在的寺院一样，后者除少量遗迹外大部分都已消失，只剩一些微小寒酸的僧舍，已无供奉用的大殿，那里似乎也已见不到和尚的踪影。南塔所在的寺院尚有部分保存下来，原本较大的宗教建筑已不复存在，只有某僧舍内还设有一处不大的供坛，仍有八至十位蒙古族僧人定期举行法事。保存最好的为北塔所在的宽大寺院，包括寺中花园和大殿，还有四到六位僧侣在此负责事务。据福华德在《亚洲要闻》（1930年第6期）中的研究，北寺自1643年开始兴建以来便由蒙古族僧人管理，1778年时被乾隆皇帝改成满洲寺院。直到1930年寺中仍然保存着大部分极为稀少的、以满文写就的三藏经。完整的经文于日俄战争（1904—1905年）时尚在，但是那时已只剩一部分，后来全部毁于东京。

四座宝塔的描绘

对宝塔的描述一度以赫罗德和福华德所拍摄的极富启发性的照片为依据,此处只能选取其中的一部分附上,尤为重要的依据还有建筑学家洛塔尔·马尔克斯(Lothar Marcks)在我的请求下于1931年12月对沈阳西塔所进行的精准测绘,比例为1:100。对西塔的测量并非易事,因为很不幸宝塔的建筑状况已十分糟糕。然而马尔克斯通过计算砖层和其他测量方式成功得出精准的结果,为宝塔的研究做出十分重要的贡献。可以看出,四座宝塔大体相似,尤其在建筑结构上几乎完全一致,只有基座上的狮子浮雕存在细微差异。宝塔或大部分或整个笔直矗立,几乎从上到下均有着严重的朽坏,尤其基座上的叠涩处,不过最重要的雕塑装饰部分仍保存良好。南塔和东塔的覆钵式塔身风化尤为严重,西塔仅部分损坏,相反北塔则状态良好,其寺院同样保存得最好。每座塔的塔刹和透空的铜宝盖均完好无缺,唯有西塔刹尖的仰月、圆光和火珠保存良好,其他塔皆受到损坏。根据现有图纸和不同照片足以对西塔进行描述。①

西塔的描述

塔总高约27.2米,由三个主要部分构成,高度如下:基座高7米,塔身连同底座高9.5米,刹身及宝盖高8米。作为塔基的平台高仅1米左右,刹尖最顶端的圆光高1.7米。

基座饰有图案和狮像,看起来庄严而华丽,明显以琉璃制成。基座划分出的各正方形立面中心略微向外突出,基座束腰部分高3.2米,横饰宽大壮观,正方形立面宽度恰好占整个横饰长度的三分之一。向外突出的底座高约1.05米,中间突出部分有一柄简单竖立的金刚杵,四周为粗壮的卷须,自角落内呈对角线设置的太阳逐渐蔓延开来,太阳仅露出一部分并带有光环,或者也可以理解成出自长在地面上的向日葵,此处被塑造成宝石或珠宝的样子。主要角落中有同样的宝珠,仅为卷须所组成的精美花环所环绕。顶部角落处同样能看出类似的边饰,但是其宽阔的正面部分已经严重风化或受到毁坏,只能看到裸露出来的砖体,所有塔均是如此。最上方平台的线脚装饰同样只能看出硕大的莲瓣遗迹。

笔直的断面间为高3.2米、环绕基座的横饰,其全部12条棱边均嵌有极不寻常且细节精美的柱形装饰。柱子呈竖立放置,当中仿若以一枚圆球连接,球周围有莲瓣线脚,从中分别朝上方和下方笔直涌出涡卷形装饰,并且向着顶部和底部对称展开。各棱边装饰

---

① 最新研究成果参见马丁·嵇穆(Martin Gimm):《蒙古玛哈嘎拉崇拜及清初时期——实胜寺(1638)碑记》,《远东学报》,2000/2001年,第42期,第69—103页。

相同，将每面横饰的三块区域围住。各角落承重壁柱的纹样形式在中国其他地方尚无实例，这种方式令人想起典型的木雕艺术，此处极有可能直接以印度或中亚某些真实的木雕为原型，转而用中国祥云式样的涡卷线条呈现并以陶土制作。

图267 辽宁沈阳延寿寺西塔基座。赫罗德拍摄

图268 辽宁沈阳延寿寺西塔。福华德拍摄于1930年11月

图269 辽宁沈阳延寿寺西塔。赫罗德拍摄于1915年

图 270 辽宁沈阳延寿寺西塔。戴锦禹拍摄，2021 年

各中间区域，也就是凸起处饰有一枚比例适度的主题图案，即被火焰光圈所环绕的闪电形象，光圈尖尖的轮廓表现为一众燃烧的火焰。这种活泼优雅的图像在风格上与高大的承重壁柱相得益彰。闪电和下方位于外伸的基座台阶正面的金刚杵共同营造出雄壮的气势。更为惊人的当属两尊异常壮硕、用于守护的狮子浮雕，它们位于高挑的横饰两侧区域，乍看上去略显笨拙，每头狮子高2.7米，宽仅3米，显得极为敦实，刻画以侧身为主，同时头胸外凸，朝向正面。涡卷图案形成宽阔的尾巴，爪子紧搭在一起，头颅十分奇特，朝向外侧的角落，而并非中间的符号。整体布局全然不协调且不合逻辑，尤其角落内斜对的两只狮头，当中除一根技术性的角柱外再无他物。可以看出，负责设计的艺术家放弃了原本要让每对狮子面向中间的构想，他本人或其上级采用了有所欠缺的模本，又或者按描述行事。然而狮像本身具有巨大的象征意义，它们从属中国东北这片艰苦的地域，展现出特有的创造力，介于象征符号和独特的自然主义之间。左侧狮子于面庞、额头和胡须间展现出一种人类的特征，尽管极为夸张，但整体来看，当初基座完美矗立于此时，它们必然富丽堂皇，对这一文物的整体效果起到决定性的影响，给人以既生硬同时许多地方又精巧细致的印象。

尤为值得注意的是覆钵式塔身上的壁龛和作为顶饰的宝盖。塔身立于三层简单砌就的圆形素平台阶上，台阶下方以凸出带莲瓣的平台为底座。从被毁坏的部分可以看出，塔

图271 辽宁沈阳广慈寺南塔的局部。福华德拍摄

身的砌造以外壁为主，因而会出现大面积的剥落。西塔上的壁龛深入，内有时轮金刚咒，其他几座塔似乎也都有，壁龛仍保存良好，收束处的三叶形装饰和宽阔的边饰构造和用陶极尽华丽。宝盖位于细长的相轮上方，造型同样最为富丽，采用透雕，支撑着前文已提及的仰月、圆光和火珠等象征。

可以相信，四座宝塔中的塔室均朝城中心而设，据推想那里的皇宫中有一座圣所，可能象征着皇帝本人。也许在早期他便已将自己视为菩萨的化身，正如后来的乾隆皇帝自视为五台山文殊菩萨的化身。北京和沈阳地区的喇嘛塔成组出现且与方位相关，对于这两座都城的研究将我们引向大型的喇嘛教修行场所，那里的塔以庞大而富有韵律的群体形式同壮阔的自然形成紧密的结合。

图272 辽宁沈阳广慈寺南塔。福华德拍摄于1932年

第三节 山西五台山（清凉山）喇嘛塔

一、五台山及其喇嘛塔的重要性

五台山是中国佛教名山，在佛教中也被称作清凉山，它坐落在山西北部的五台县，距离河北边界很近，是中国佛教，尤其是藏传佛教中最重要的名山。五台山是佛教四大名山之一。[①]在其五座巨大的圆形山峰中，最北边的一座最高，台顶达 3050 米，高耸于苍茫的群山之间。五座山台环绕着一个长 3000 米、宽 2000 米的高地山谷，谷中溪流汇于清水河，清水河则向南流淌注入著名的滹沱河[②]中。这片高地山谷本身海拔便在 1700 米到 1800 米之间，谷中及附近其他山谷和山坡上坐落着数目庞大的各式圣迹。仅主山谷及其邻近区域就有约五十处，且大多数是较大型的圣迹或大型寺院。这片圣地主要供奉的是四大菩萨中的文殊菩萨，通常以骑狮的形象出现，大多数寺院主殿内供奉的文殊菩萨皆为此形象，不过也有许多其他造型的文殊菩萨像。这些寺庙大部分属于藏传佛教形式的寺庙，藏传佛教甚至还融入了山区的佛教寺院之中，并在那里与汉传大乘佛教建立起紧密联系。藏传佛教的存在，使得五台山也成为蒙古族人的主要朝圣地和与中国西藏地区建立宗教联系的桥梁。几百年来，每年都有无数来自中国西藏地区的高僧在他们游历的途中来这里朝圣，有关他们的记载不计其数，俯拾即是。各朝各代的皇帝也都曾多次登临于此，而且通常他们都会在这里居住一段时间。因此，五台山远比另外三座佛教名山更为出名，在中国的北方尤为如此。因此，五台山所建宝塔的数量也远远多于其他任何一座佛教名山。

前文《中国宝塔》（第一部分）已介绍过 2 号显通寺[③]和清凉石寺的铜塔与五座山台的关联，也提到了墓塔和墓林，以及 59 号竹林寺中的级塔和 46 号观海寺附近的明月池天宁塔。在后面有关北京五塔寺和碧云寺金刚宝座塔的介绍中，还将在宗教和地域方面阐述另一些与五台山相关的重要渊源。本章主要观察研究的是在五台山各式宝塔中占绝大多数的喇嘛塔。

[①]其余三座为九华山、峨眉山和普陀山。有关普陀山的内容可参阅恩斯特·伯施曼：《普陀山——观世音菩萨道场》，柏林：乔治·莱默出版社，1911 年，XVII，共 203 页。
[②]俗称糊涂河，发源于山西，向东流经河北后入海。——译者注
[③]编号援引自恩斯特·伯施曼的地图。有关各寺庙的详细记录可参阅恩斯特·伯施曼的《山西省五台山平面图集及其建筑设施目录》，《东方学论文集》第 80 卷，魏汉茂编，威斯巴登：哈拉索维茨出版社，2012【2013】年，共 118 页，附收录地图的 CD。

图 273 从山西五台山南部俯瞰高地山谷。拍摄于梵仙山山顶

图 274 山西五台山的全景

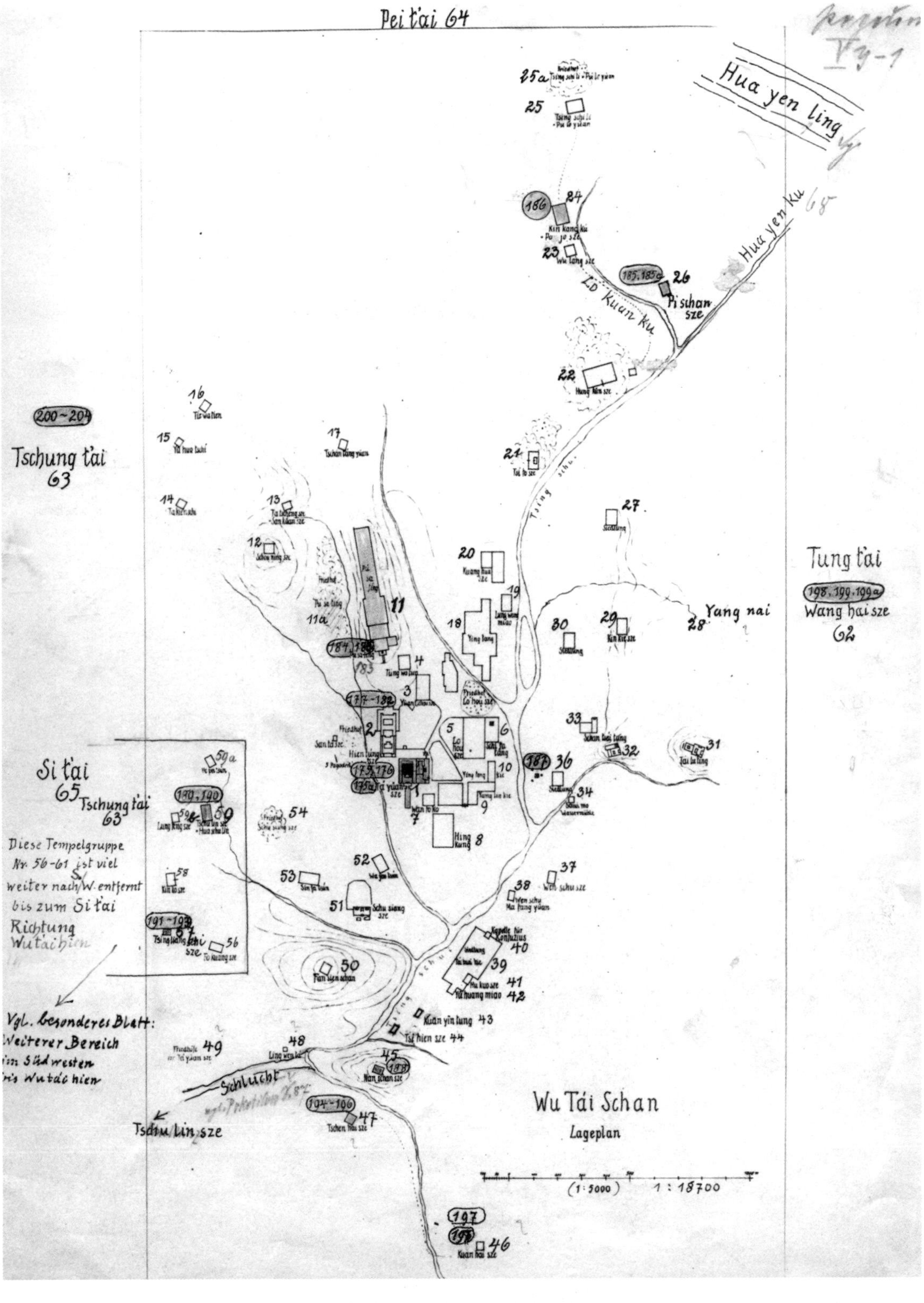

图 275 山西五台山的平面图

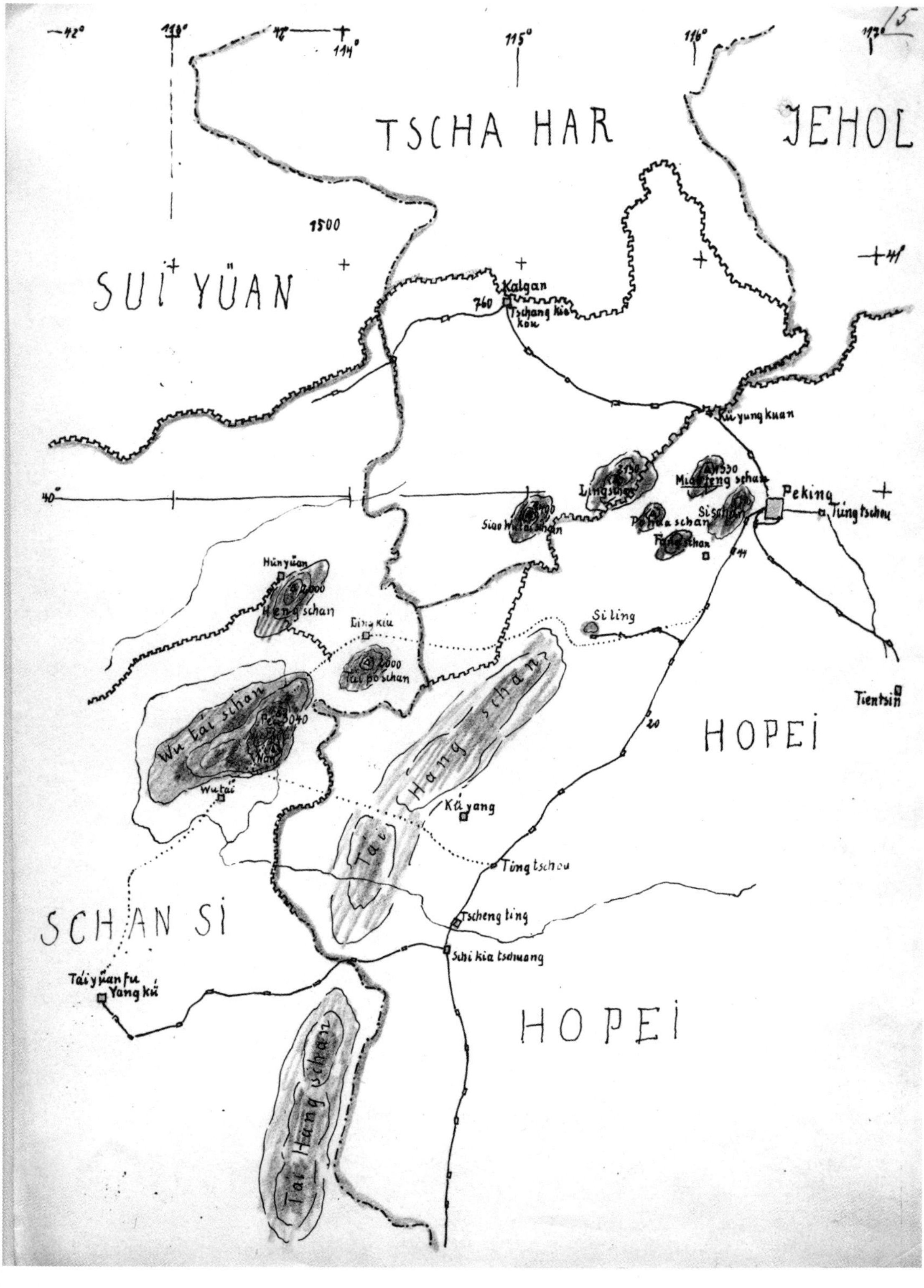

图 276 山西五台山的总览图

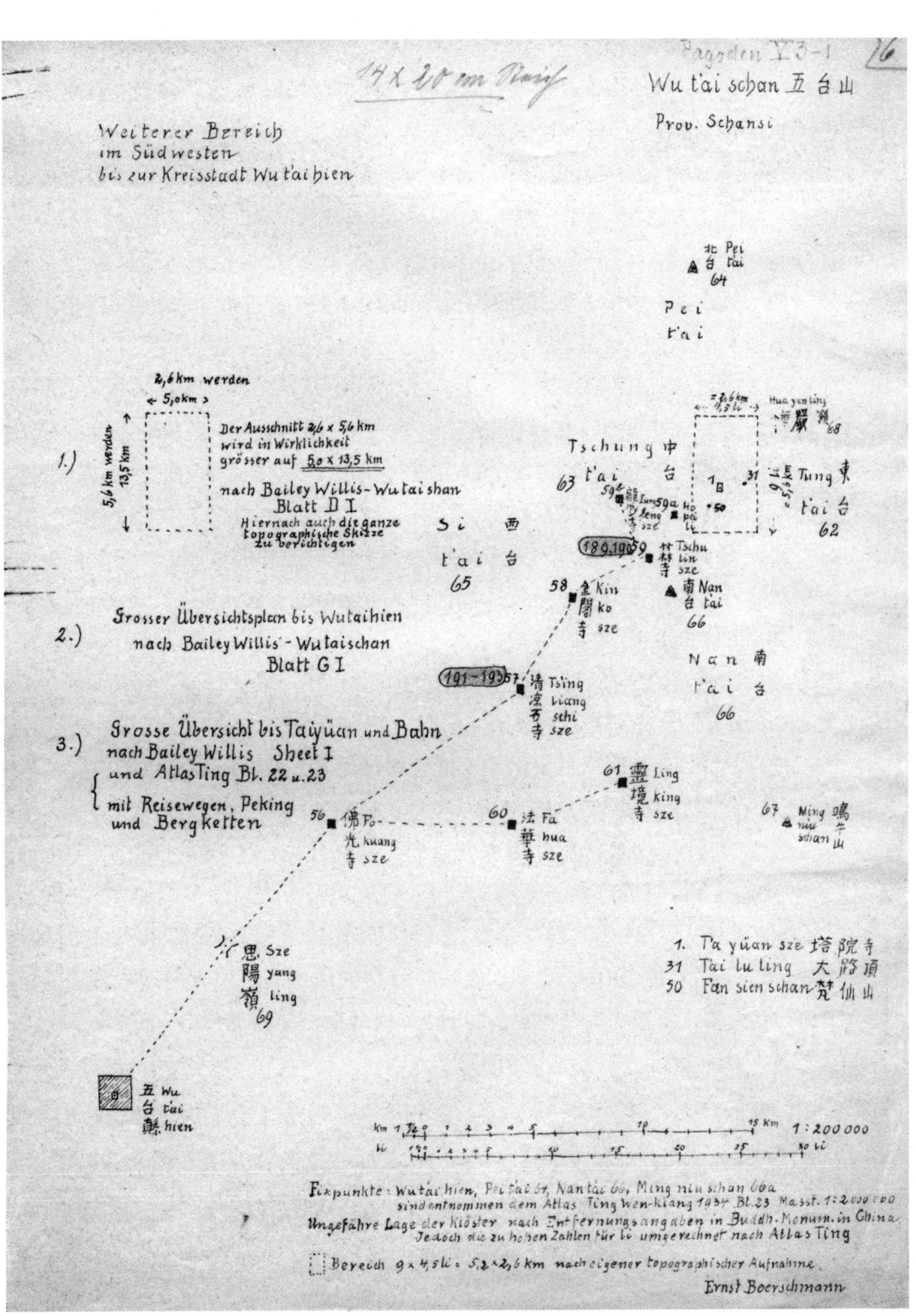

图 277 山西五台山的西南区域至五台县的地理分布图

首先，本章将对这一大型宗教场所的一般性意义予以说明，这些观点摘自藏传佛教上师章嘉呼图克图·业希丹毕准美①和俄国公使璞科第②的作品，前者曾为五台山撰写过一篇描述性文章和一首圣诗，后者则于1889年的一篇文章中详细描绘了五台山的景况。这里参考的是格伦威德尔的翻译手稿③以及翁克里希的译文。那些作品主要以五台山和山西编年史为依据，同时也参考了一些古老的蒙古语和藏语文献。翁克里希的著作《五台山及其寺院》④本质上是一篇璞科第俄语作品的译著，但文章中也对各种原始资料展开了更为详尽的论述。本书中，笔者还参阅了大量其他资料，其中最重要的一部著作便是常盘大定和关野贞合著的《中国佛教史迹》，此书借30幅画页，详细描绘了五台山和五台山中的宝塔。另外，在1907年8月29日至9月6日的考察中，我也拍摄了大量的照片，并记录下可观的研究成果。当时我住在塔院寺，对寺中宝塔以及许多其他寺院进行了精准的测绘，并通过平板仪测图法绘制出一幅高地山谷及其寺院的平面图。后根据贝利·维理斯（Bailey Willis）1908年出版的《中国北方研究》⑤一书中的精美测绘地图，又对这幅平面图的大致编排进行了相应修正。最终成果便是本书中的地形示意图。上文提到的山体高度也是摘自此地图集。书中记载的北台最高点为3050米，这与1934年丁文江在中国地图集⑥中3040米的描述几乎一致。

　　五台山是文殊菩萨的居所。文殊菩萨最初为头顶五髻的童子形象，而五髻恰与五台山的五座山峰相对应。这里将自然拟人化，同时，也对自然景观的神圣化发挥了作用。早在如来佛祖的预言中，便已提及五台山和文殊菩萨的示现。人们看到或以其他方式感知到的文殊菩萨通常是身着白衣的五髻童子，不过其他显圣形象也十分常见。据说，早在古老的周王朝统治时期，即公元纪年尚未开始的久远年代，便有一位皇帝在五台山修建寺庙，并在寺中建造了文殊童子像。当然这只是一个传说，因为佛教在周朝之后才传入中国。然而可以推想，中国在古代时期便已出现了对这座山的祭祀和礼拜。在汉明帝统治时期，佛教自公元67年起传入中国。当时，迦叶摩腾和竺法兰二位僧人与那队著名的出使使团一道由印度而来，到中国讲传佛教。迦叶摩腾提请皇帝关注五台山，并亲自登临，后

---

①章嘉呼图克图，清代掌管蒙古藏传佛教格鲁派的最大转世活佛。——译者注
②璞科第（1865—1908），外交官，1905—1908年在北京任驻华公使。参见霍赫洛夫（A. N. Chochlov）：《璞科第》，《历史杂志》，2011年，第5期，第36—54页；璞科第：《五台山的过去与现在》，1893年，圣彼得堡，《俄罗斯皇家地理学会会刊》，第22辑，第2期。
③格伦威德尔：《一篇三世章嘉呼图克图·若必多吉用藏语描写五台山寺院的文章》，现发表于恩斯特·伯施曼的《山西省五台山平面图集及其建筑设施目录》，第63页。
④翁克里希：《五台山及其寺院——1889年对当地情况所作的一次历史地理学概览》，《汉学专刊》，1939年，第38—89页。
⑤华盛顿哥伦比亚特区卡内基研究所，1907年。地图已于1906年先行出版。
⑥丁文江等：《中华民国新地图》，上海申报馆，1934年，内含53幅地图。

来还通过天眼准确发现了阿育王所建之塔,皇帝便在那里修建了一座寺院。于是,五台山之门就此打开。五台是五方佛的化身,相当于佛陀的窣堵坡。它们分别对应绿、红、白、黑和黄五种颜色,以及五种神圣的动物,即东方是伟岸的大象,南方是休憩的骏马,西方是舞动的孔雀,北方是虔诚的鹏鸟,中间是目光冷峻的狮子,也就是文殊菩萨的坐骑,同时这座山作为整个祭祀活动的中心,正是供奉文殊菩萨的地方。

下文将仅对与宝塔相关的各个寺庙、历史事件以及地形构造加以论述。所有能被确认存在的寺庙和建筑均已被连续编号,以便于后续对五台山的概述。我们目前的观察研究进程依宝塔的布局和重要性推进,而舍利宝塔作为整个祭拜场所的标志,位居所有宝塔之首。

二、塔院寺三座宝塔

舍利宝塔

重要性和布局:大白塔是五台山上最为宏大的圣物,同时也是最高的一座建筑。据传,最初建成的大白塔是该地区最早的一座建筑物。时至今日,成群结队的朝圣者仍源源不断地来此祭拜。日复一日,从早至晚,这里始终能看到人们祈祷的身影,以及朝拜者献上的供品。白塔高于周围所有的建筑,它既是其他圣所和所有誓愿的源头,同时也是它们的最终归所。

图 278 山西五台山塔院寺舍利塔的手绘正视图

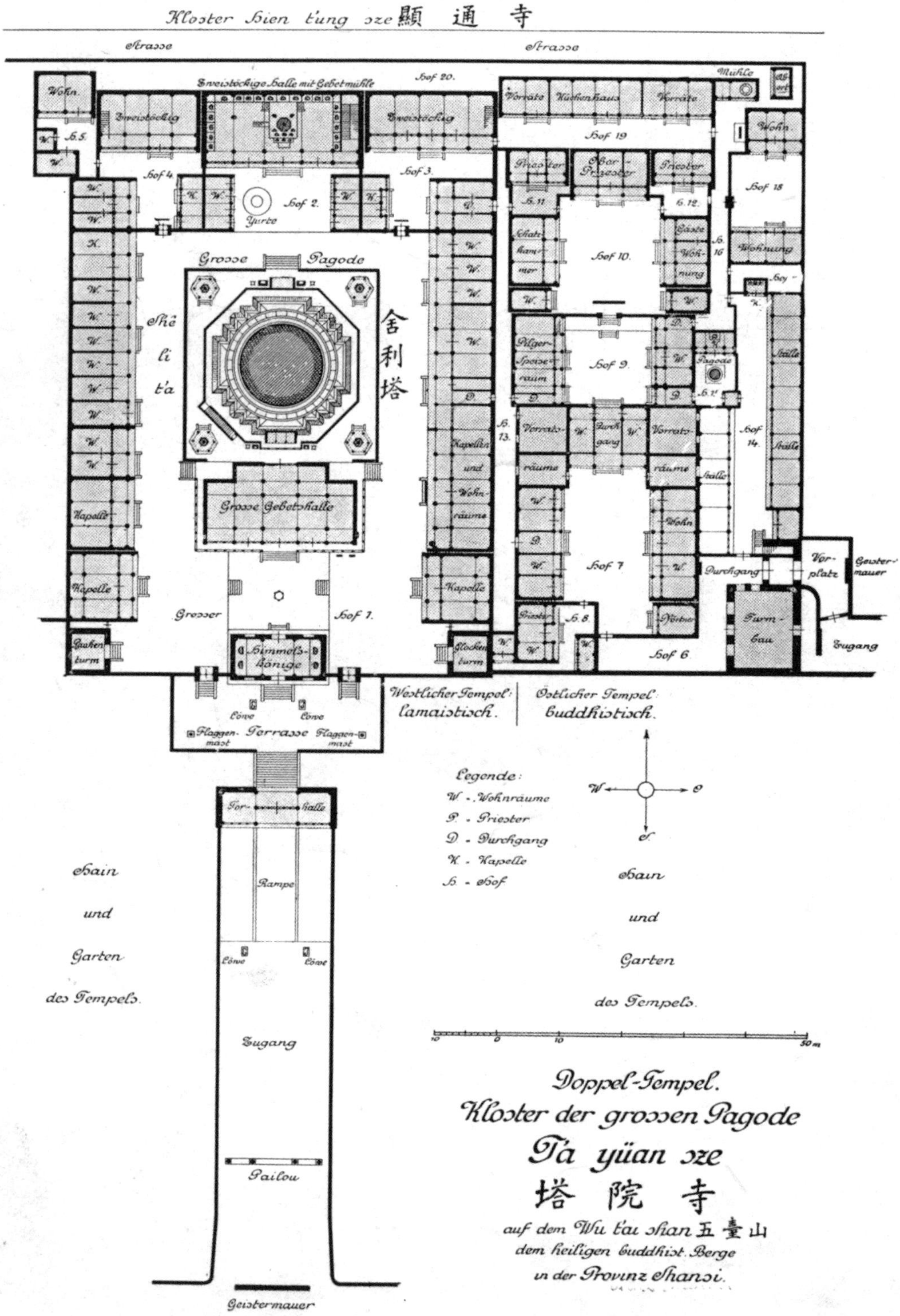

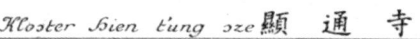

图 279 山西五台山塔院寺的平面图

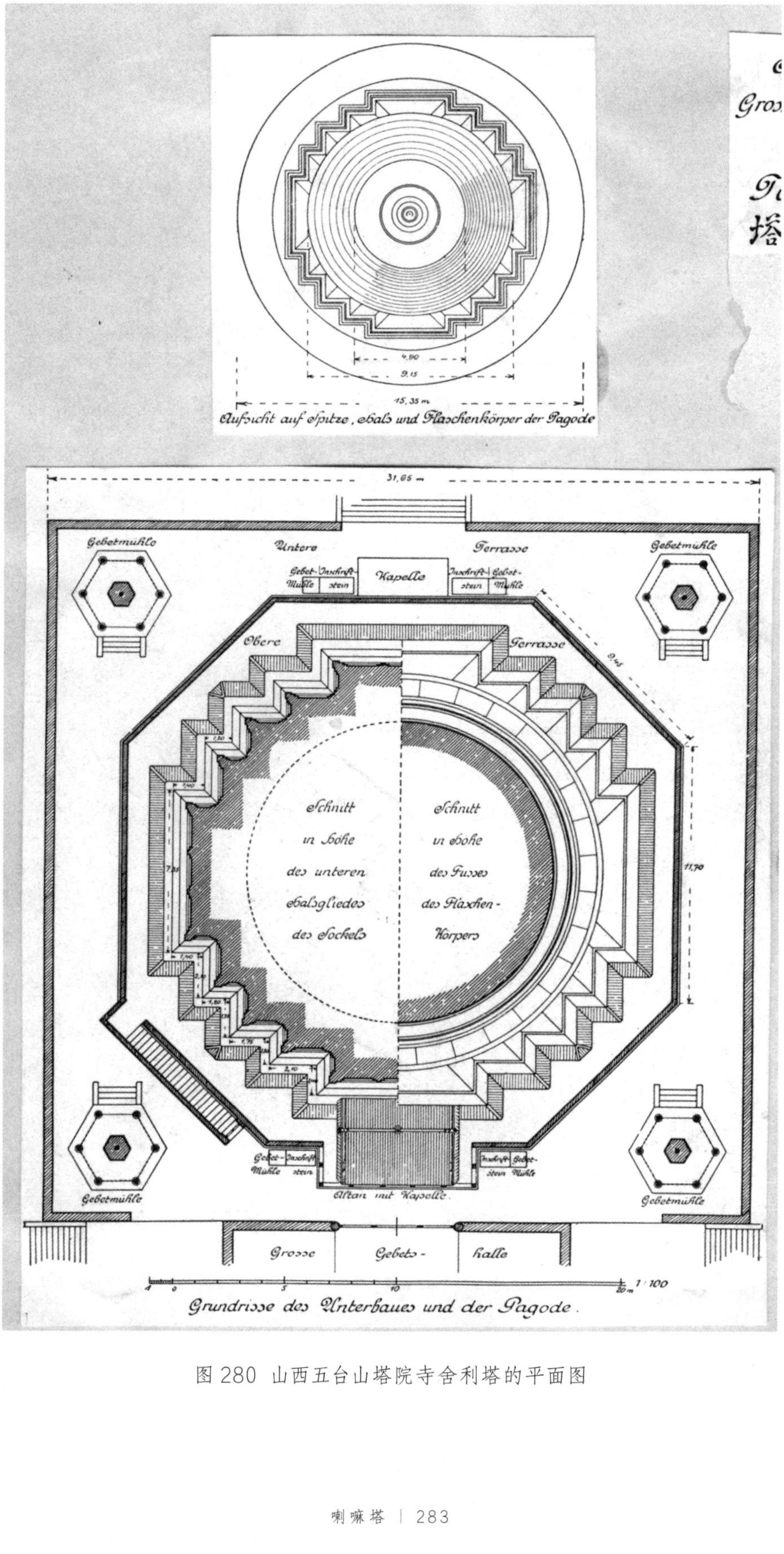

图 280　山西五台山塔院寺舍利塔的平面图

喇嘛塔 | 283

1号宝塔所在寺院大致坐落在山谷中部的西侧，位于中台东部的一座小山丘之下。山谷中分布着几座主要寺院。其中，距塔院寺北部不远处，是前文已经介绍过的2号显通寺，寺内有五座铜塔；再向北，盘踞于前凸山脊上的，是11号主寺院——菩萨顶。有关这座寺庙建筑群的详细情况只能另找机会加以描述，本书内容仅涉及大白塔的位置和意义。塔院寺及其中轴线为正南朝向，由并排的两部分组成，西路区域是纯粹的藏传佛教建筑，包括大白塔、其他殿堂圣所和供朝圣者居住的客房，东路区域则偏向汉传佛教风格，包括寺院的主要活动场所、方丈与僧侣们的居所、一些用于生活生产的院落、各种小佛堂以及安置朝圣者的房舍。寺院东侧的一个院落中还建有一座小型宝塔，里面藏有文殊菩萨的头发。关于这座塔，本章也会深入研究。

位于中轴线上的寺院西路实际上由一座塔院构成，其绵长的中轴线以山谷中的影壁和牌楼为起点，不断向上抬升。途经夹在围墙和两座石狮子之间的一条陡坡，再穿过第一座殿——山门殿，便是起承有序的露天台阶、前院和侧门。此处，第二对石狮子驻守着第二座殿——天王殿，从殿内可以看到主院和一座更大的殿堂[①]，以及这座殿后方耸立在宽阔平台上的宝塔。中轴线的尽头——也就是整座建筑群的末端——是一座两层的建筑物，其内部藏有一个形似可旋转宝塔的巨型转轮藏。

历史背景：如前文所述，据说在汉明帝时期佛教传入中国时，迦叶摩腾发现了塔院寺的这座宝塔。但是史料并未记载，那是一座真实存在的建筑物，还是只是一种对圣迹的精神感知，或者是对在那里修建宝塔的一种决定或预感。不管怎样，传说汉明帝时期那里就存在一座宝塔，而且这座阿育王塔是当地的第一处圣迹。五台山的僧侣曾明确地将它描述为汉朝的宝塔。如果对其内部核心进行研究，便会发现支持这一结论的有力证据。《古今图书集成》[②]中摘录了山西省志的部分原文，这部史书中便有如下记载与上述结论相符：大宝塔院寺在显通之南、五峰之中有阿育王所置佛舍利塔，及文殊发塔，因为名。章嘉呼图克图的文章中也曾提到了这座藏有珍宝的喇嘛塔：这座庞大建筑的内部是关键所在，所以当迦叶摩腾通过天眼发现了这座藏有如来佛祖舍利、由阿育王所建的窣堵坡时，便领会了其全部意义。从汉朝直至当代，历朝历代总是对宝塔可能出现的朽坏予以修复，并以此来证明他们的崇拜敬仰。即使在今天，五台山的这座建筑仍表现出无上的魅力，它能使所有信众都感受到发自肺腑、直上云霄的幸福喜乐。

显通寺和塔院寺分别伫立在北部和南部。在《中国佛教史迹》中，常盘大定和关野贞对这两大寺院进行了详细论述，其中便清楚地记录了寺院的历史，并且与传说相一致。

---

① 即大慈延寿宝殿。——译者注
② 即《钦定古今图书集成》，是皇帝命人编写的一部百科全书，完成于1726年，共10000卷，初版为活字排版印刷。

图 281 山西五台山塔院寺舍利塔。拍摄于西侧

图 282 山西五台山塔院寺舍利塔。徐原拍摄，2006 年 4 月 21 日

图 283　山西五台山塔院寺舍利塔

　　根据书中内容，五台山上最古老的寺庙就是现存的显通寺。据宋朝《广清凉传》记载，显通寺建于东汉明帝永平年间，寺址就在如今的寺院所在的灵鹫山上，也就是上文所说的中台东侧的一个分支。显通寺最初名为"大孚图寺"，"孚"在这里的意思是"信"。这一名称又可与山名合在一起，称为"大孚灵鹫寺"，可理解为灵鹫山大信之寺或灵鹫山浮图寺。所有证据都表明，当时那里存在着一座佛塔，即上面提到的阿育王塔。该寺最初的规模极为庞大，而阿育王塔的所在地便只是它的十二院之一，即十二个下属寺院中的一个。当然，寺院和窣堵坡是否真的在汉朝时期就已经存在，这很令人怀疑。在唐朝《古清凉传》中，这座寺院也仅仅始于北魏孝文帝时期。很有可能后来的宋朝编年史将所记载的事件年份大大提前了。但是，多处文献都提到过一座阿育王塔，该塔至少在六朝时期就已存在。鉴于已有证据表明，阿育王塔自3世纪开始便存在于中国，那么根据多处文献记载可以推断，人们或许也为五台山这一历史悠久的佛教圣地修建了一座此类佛塔。公元550年，一位三皇子的记述中提到原大孚寺当时已经消失，后由他重建，但并未提及阿育王塔。然而后来他又明确说到，在唐朝时期，带有阁式大殿的阁院殿前矗立着一座八边形的两层阿育王塔，这座塔十分宏伟壮丽，美得宛如一颗明珠。而在这座塔下的土地中，人们无法看到的地方，则埋藏着真正的佛舍利塔，它是阿育王所铸造的八万四千座佛舍利塔中的一座。

图 284　山西五台山塔院寺舍利塔，在宝塔东侧连成了一排的院落。拍摄于 1907 年

图 285　山西五台山塔院寺斋堂对面的东偏殿

根据这些证据可以断定，也许早在汉朝，或者至少也在 3 世纪，曾有一座藏有真正佛舍利的阿育王塔现身于五台山，后来它作为圣物被埋葬在地下，其上方则另外修造了一座特别的宝塔。该塔建在一个特别的院落中，它是那座大型寺院后来所建的十二个别院之一，这座大寺即是今天的显通寺，其始建年份或许还要早得多。后来到了明朝初期，那部分建筑便改建成如今的塔院寺，其名称则来自阿育王塔中的"塔"和别院中的"院"。通过此二字，古老的传说被鲜活地保存了下来。至公元 500 年前后，寺院和窣堵坡均有史可稽。唐朝时期，已经可以确定地下的阿育王塔上竖立着一座宝塔，其北侧也有一座阁式大殿，其形制已类似于现今宝塔北侧藏有巨型转轮藏的两层大殿。呼图克图的阐述不无道理，只是该塔与汉明帝和迦叶摩腾存在关联的说法，暂时只能算作一个传说。

图 286　山西五台山塔院寺舍利塔

图 287 山西五台山塔院寺舍利塔环形线脚装饰

图 288 山西五台山塔院寺舍利塔的基座,其上有入口

图 289 山西五台山塔院寺钟楼一侧的入口。拍摄于 1907 年 9 月 1 日

喇嘛塔

图 290 山西五台山塔院寺天王殿入口处台阶

图 291 山西五台山塔院寺入口处坡道和第一座大殿

图 292 山西五台山塔院寺入口大门和宝塔。拍摄于 1907 年 8 月 30 日

  据山西编年史载，在明永乐元年（1403），朱棣命太监杨昇重修佛舍利塔，并在 5 年之内建造了这座寺庙，也就是 1403 年至 1407 年之间。万历七年（1579），皇太后命大太监范江和李友重新修复寺院，二人还于同期建造了释迦文殊舍利宝塔。张居正撰写碑文。这项工程于 1582 年 7 月完工。

  文献明确指出，1403 年至 1407 年，塔院寺作为独立的寺院得以扩建，寺中宝塔也加以修葺。或许此次重修后的宝塔建筑已与现存的大宝塔并无二致，因为这次寺院营建工程耗时多年、规模庞大，与此相应地，几乎不可能仅对宝塔进行一次无关紧要的修缮。然而至今仍不确定，宝塔现在的外形产生于 1403—1407 年还是 1579—1582 年。《中国佛教史迹》认为是后者。必须承认的是，如果考虑到政治情况，那么确实更可能是较晚的年代。对一座如此巨大的藏传佛教风格建筑来说，明朝的第一次修建期并不太适宜，尽管当时在南京的永乐皇宫中已经出现了喇嘛，并且如前文所述，他们已共同参与了瓷塔的建造。喇嘛们还为万历皇帝带来了一种由五座塔构成的宝塔样式，它借鉴了菩提伽耶的经典塔形，我们在后文即将见到。

不过，这种样式直到后来才在北京的五塔寺建造完成。在遥远的五台山修筑一座巨型宝塔少不了皇家的资助，而各种各样更为紧迫的事务使得万历皇帝在建造寺庙之余，几乎不可能另拨大量款项。而在明朝末期国家开始衰落之时，时机则适宜得多。当时，各地权势极盛的大太监大肆修建佛教寺院，并且万历皇帝本人和皇太后也对大型宗教建筑的修造予以资助。因此，本书赞同编年史中的记载和关野贞的观点，认为现存宝塔建于万历年间，即 1580 年前后。编年史和关野贞所记载的年份一致。当然，还有一种可能存在，甚至概率极大，即在永乐年间那次重修时，宝塔已经具备喇嘛塔的形制，或者在那时被修建成了喇嘛塔，而该形制早在很久之前便已出现在北京妙应寺的白塔中。到了万历年间，人们可能只是将其尺度加以扩大。正如许多中国宝塔那样，这座塔确切的修建年份最终也无从考究。可以肯定的是，人们仍在对宝塔进行极为频繁的修缮维护工作，最后一次修整可能在 1906 年。《中国佛教史迹》中有一张拍摄于 1904 年的照片，画面中的宝塔表层损毁相当严重。而当我 1907 年考察五台山时，宝塔各处均已经过精心修复，洁白无瑕，光彩照人。

根据有关阿育王塔的明确传说可以推测，这一神圣的舍利塔既然在唐朝时就已经在一座宝塔底下，那么在至关重要的新塔中也应得到妥善的保护，也就是说，它至今仍在塔下，甚至是在如今这座大宝塔的内部。根据后面的描述可以看出，香龛恰好位于基座南面，这一位置证实了上面的猜想。在其拱形的底层内，必定藏有被墙封住的可通向地宫的入口，它所处的位置想必在宝塔正中、大约与基座等高的地方，并且里面一定藏有阿育王塔，那可能是一个特殊的拱形空间。不然，这种富含寓意的空间安排便无从解释。底层香龛处的烟雾通过排气道漫入塔内，仿佛隐喻般不去寻找天然的出口，而是冲刷浸润着神圣的地宫，地宫上方则耸立着雄伟的宗教符号——喇嘛塔。上层佛龛供奉着三尊佛像，启示着内在的真谛，这便是龛室的意义所在。

宝塔结构：宝塔建于低矮的正方形台基之上，此台长 31.65 米，高 1.5 米，通过三级台阶可以登临。塔基上筑有八边形基座，其边长分别为 9.45 米和 11.7 米。基座上方置有双重须弥座，每个须弥座均由束腰分为上下两部分，其平面同样为八边形，不过四个对角面呈现出厚重的折角,其轮廓与内接的圆周相接。折角八面体上方则是藻瓶形塔身的圆形底座,它承托着光滑的宝塔主体。塔身向上越来越宽,就像一颗水珠。在这之上是连接部分,其外形再次呈现出一个折角八边形须弥座。再向上,一个小凹槽连接着相轮,那是一个浑圆粗壮的锥体,上面带有十三重圆环。相轮之上是以扁平金属圆盘制成的宝盖,边上饰有大型垂檐。塔顶装饰着一座似是铜制的小型喇嘛塔,其最顶端象征着宝珠。大白塔的轮廓,对体量的权衡,由正方形、八边形和圆形等不同平面所组成的精巧构造,简朴而清晰的细节设计,紧凑、统一而略带严肃的风格——这是冷肃的藻瓶形宝塔所体现出的典型特征,这些因素汇集在一起,令人赏心悦目,而且颇具震撼力,使得53.7米高的宝塔在周围庄严崇高的自然环境中毫不逊色。这座建筑成功将基本形制明确的小型喇嘛塔放大到了极致,堪称典范。

细部特征:一些局部细节值得特别关注。在巨大的双重须弥座上,底部横脚线和两条带状装饰处均雕有叶状花饰,作为横饰带和枋板之间的过渡。横饰带以凸起的角线镶边,面板分为几格,上面饰有喇嘛教风格的铜制火焰宝珠。须弥座的主要横脚线处,以及在相轮下方连接处的上半部分,都悬挂着可随风而鸣的细长风铎。伞盖上的垂檐约有30个,同样为铜制,雕刻得十分精细。藻瓶形塔身和相轮的外表面光洁平整,上面分布着一些小孔和金属环状物,它们可能是修缮时留下的孔洞,也可能是一些具有象征意义的点,其意义仍不明了。无论如何,塔身在四个主方位上的最高点处标有四个纽扣状图案,它们必然象征着四颗宝珠,代表四大方位和四大菩萨,也许还涂有相应的四种颜色。最引人注目的装饰当属一圈莲瓣纹饰,它是瓮形塔身底座上的巨型圆线脚装饰,其浓重的颜色与宝塔的白形成鲜明对比。它大概为琉璃陶瓦质地,代表着卢舍那佛的莲座。每片硕大的莲瓣上雕刻着相同的图景:一尊佛陀端坐于莲花之上,身边有两位胁侍和两朵莲花,开有莲花的藤蔓从大莲瓣的底端一直延伸到顶部。一篇碑文或许记载着每座佛像独特的外表,各造像的手印均不相同,其风格有明代早期的特点。圆线脚装饰之上有一圈垂直的环形带,它是圆形塔身的起始处,环带上的刻线组合成一圈素面方格,里面或者刻有已经消失的文字,或者只是象征着棕叶纹饰。

附属设施和宗教文化:宝塔脚下南侧紧邻一座扩建的小型两层塔室。底层为筒形穹顶,后墙的一处佛坛上方有一个小型孔洞,已经被烟熏成黑色,旁边还有一个排烟道,可以通向塔内高处。前面已经提到,这个烟道无法排气,尽管僧侣们声称,宝塔内部的烟会不断上升,最后从塔尖排出。毫无疑问,向上升腾的烟气也会有一部分进入藏有阿育王塔的地宫之中,但是随后必然又从前面的孔洞逸散出去。在塔室的上层,宝塔须弥座前的位置上端坐着几尊佛像,正中间供奉的是释迦佛。位于塔室正前方的主殿内同样供有释迦佛,文殊菩萨位列其右,普贤菩萨在其左侧,观音菩萨则在其前方脚下的位置。如此一

图293 山西五台山塔院寺菩萨殿大门

来，佛祖与三大菩萨共同守卫着宝塔和舍利。其他摆设则进一步渲染神圣的氛围，保护圣地不受外界侵扰。塔室的侧面和北部的背面有一些小型砖房，里面竖立着一些写有碑文的石碑，遗憾的是拓片已经无从获得。其中一篇碑文写于康熙三年，也就是1664年，上面记录了寺院的一次修葺，而且主要是关于宝塔的修缮。平台台阶的八边形墙面上交替饰以假门，对角面上设有小型壁龛，玻璃面板内放有陶制彩绘祈福牌、佛造像、小牌匾、转经筒和花朵等。八边形墙面顶部砌有砖石护墙，它将须弥座折角外的廊道围住，使得直接绕行宝塔最为神圣之处成为可能。这里还有一处最独特的风景，那便是一排排转经筒，它们也直接环饰着设想中的地宫。

转经筒：折角主基座底部的垂直墙面上缘设置了一圈铜制小转经筒，转经筒2—3个一组加固在边框之间，可轻易转动，上方建有环绕的单坡屋顶，总计超过300个。转经筒正好与人额头齐高，其上刻画着神圣的人物和经咒真言，特别虔诚的朝圣者会以额头转动经筒，通常人们以手抚动进行祈福。事实上，人们整天都可以看到男男女女围绕着回廊，拨动着每一个转经筒，当转到诸如人物或铭文等具有特殊寓意的位置时，还要特意用额头触碰。就连乞丐也是如此，因为圣地也允许他们进入。参加这种绕佛活动的还有一名布里亚特人[①]，他谈吐不凡，有政治背景，结识过一些地位很高的俄国人。他住在

---

①指主要分布在中国、蒙古国和俄罗斯等地的蒙古族人。——译者注

图 294 山西五台山塔院寺舍利塔旁边的转经筒

寺院已有 8 个月,而且还想再逗留数月。他会按时在早、中、晚多次来此,沿着一排排转经筒漫步,让其中一些转动起来,不过并没有用到头部。还有一些年纪较大的人可能被雇佣于此,他们每天来 3 次,每次最多可转到 50 圈,也就是每天能转 150 圈。他们做得如此卖力,以至于头上都出现了严重的肿块。我们注意到有一位拿着拐杖的盲人也在进行这项活动。另一些人沿着宝塔周围的平台行走,其间,他们向前伸展手臂跪伏在地,摩擦着地板,虔诚地趴在地上,行五体投地礼,然后再起身,将脚挪到之前放手的位置,再俯身下去,如此用他们的身体丈量整段路程。为了保护手掌,他们用一块略大于手掌的木板作为特殊的"手套",上面附有交叉的皮带以使其固定在手上。我们是应该为这些人所耗费的时间感到震惊,还是为那朝拜背后的热情而感动?这种礼拜似乎常常演变为漫不经心的空洞表演,因为被雇佣的人员每天要无数次地重复伏地礼拜的动作,容易使得这种庄严的行为更像一场闹剧。不过,此处不得不考虑到泛灵论以及佛教的观点。在其世界中,外在的行为,甚至是纯粹的形式或姿势,都被赋予了强制性的作用。信徒借此获得精神上的镇定,其对自信和意志的内在活动产生作用,并由此招来神佛仁慈的护佑。

在宝塔南北两侧,石碑附近立着四个被罩起来的大转经筒。台基四角上还有四个金属质地的巨型转经筒,它们分别被安置在通透的凉亭中,亭子雕梁画栋,具有典型的中式风格。它们属于宝塔建筑的一部分,与宝塔共同构成了数字"五"。

图 295 山西五台山塔院寺的一处墙壁

足印：格外引人注目的还有佛足印。宝塔南门的东南角有一个石龛，龛内嵌着一块石碑，碑上以雕凿彩绘的形式刻画出三尊小型佛陀和两只巨大的佛陀脚印。地面上的脚掌和脚趾与在中国很多地方发现的一样。这一足迹被看作是五台山的一大圣物。无数的朝圣者持佛珠、香篮和其他礼佛物件，伫立在石碑前祈祷，有些人也会寻个舒适的姿势坐下，进行长时间的祈福。呼图克图将这一场景视作五台山最盛大的奇观，专门写下了一长篇研究性文章。

宝塔的西侧，也就是现在的东南侧有一块刻有释迦牟尼佛足印的石头。在那远古的年代，当释迦牟尼在涅槃之前向着拘尸那迦①出发时，他将自己的脚印印在一块大石上，并且预言："所有业障深重之人，将来只要来此瞻仰，便可在佛祖的圣域获得重生。"这对足印在地面上留下了彩色的千辐轮相②，脚趾上则留有寓意吉祥的符号。长长的线条呈现出十六种颜色，而平面只有六色。这块足印石便安放在摩揭陀③人的窣堵坡中。唐朝时期，一位博学的僧人前往印度，后成为金刚座的方丈。他准确地复制了一份佛陀足印，并将它交给皇帝。自此，佛足印便成为中国历代瞻仰供奉的对象。明朝时有两位有名可查的僧人，他们得到了能带来福祉的宝物，于是将其与这对足印一同刻于石上。它代表一种祈愿，祝福此地成为福地，为来五台山朝拜的人们增添功德。

塔院寺大转经塔

我们已经论述了围绕着大型塔与塔内圣迹阿育王塔的小型转经筒。而在这座纵向排布的 1 号寺院建筑群最末端，对经筒的崇拜随着一座大型转经轮的出现而达到高潮。在那个寺内唯一的主院内，最北侧坐落着三座均为两层的大殿。中间的一座为主殿，耸立在寺院和宝塔的中轴线上，宽 26.2 米，深 12.7 米，面阔五间，共有三层富丽堂皇的斗拱，立面设双层单坡顶，主屋顶为双坡顶。殿内的转经塔依然精准地落在中轴线上，并且贯通了殿堂上下两层。毫无疑问，中间这座大殿的前身是唐代那座古老的阁院殿，当时这个别院便是因它而被冠以"阁院"之名。显而易见，被封在大型喇嘛塔内的那座阿育王塔，现今必定仍留存在原来的位置上。现在这座大殿的样式和装潢，包括转经塔在内，均源自 1579—1582 年的那次寺院的大修。不过，大殿可能于 1906 年被修饰一新，加上了琉璃瓦屋顶和华丽的彩画。

这座大殿的唯一用途便是存放巨大的转经轮，因其外形又可称作"大转经塔"。转经

---

① 拘尸那迦，印度四大佛教圣地之一。——译者注
② 如来佛三十二相之一。经书从足、辐轮、手指、皮肤等三十二相来描述如来的法身。——译者注
③ 摩揭陀，古代中印度王国，佛陀住世时印度四大国之一。——译者注

塔通体木制，借助中间夹层的孔洞贯穿上下两层，上层洞口处设有木制栏杆。从底层的地面到上层天花总高11.2米，中心转轴总长13.7米，其中地下1.5米，转轴在地底和超出顶层天花的部分分别通过榫头嵌入坚固的支撑木料中。此塔设有转轮室，那是由搭建的箱体所形成的抬高空间，内高为2.15米。此间内设有十字形转盘，转盘木把手嵌在50厘米厚的转轴之中。通过四个人推动，转经塔便可转动起来。有时，朝圣者们也会亲自操作。

转经塔的外壳贯通两层楼体，呈八面倒棱锥体，莲花座——或因卢舍那佛而被命名为卢舍那座——上方的底座直径为2.3米，塔顶有一圈由涡卷边裂片状叶构成的环形冠饰，此处下方的塔体直径为3.9米。其上以一层类似塔室的建筑为顶，上覆攒尖顶，转轴穿过塔顶，与榫头相接。

大型转经轮的主体在此需理解为塔身，它被分成18（2×9）个同为30厘米高的环形塔层，各层由雕画着山水云纹的檐壁隔开，转角处饰以向外探出的龙首。每一个小型塔层的正面中心处均设有一个顶部装饰着门形纹饰的开敞格间，每层8间，共计144间，其中放置着佛像和供物。它两侧的空间越向上面积越大，因此根据可供使用的面积大小设有一至三个小隔板，隔板可以移动，上面雕刻着图案，它们即是内部柜体的封盖。在我考察期间，这些抽屉中的一部分曾处于开启的状态，里面存放的是佛教经文。艾约瑟①在1872年时看到的转经塔仍是完全闭合的，他猜测里面可能藏有完整版的《大藏经》经文，这一猜测极为可信。因为恰巧在明朝时期，著名的《大藏经》被分发到各大寺院，并被保存在各处的旋转式图书馆，即转经塔中。在艾术华的著作《中原佛寺图考》（1937年，哥本哈根）第55—58页中，详细论述了寺院中的藏经阁，更是着重介绍了具有转经筒造型的转经塔。此类转经塔也叫转轮藏。它们早在公元544年便已问世，当时为佛教倡导者梁武帝统治时期。直到今天，转轮藏上仍常常出现其虔诚的发明者傅翕的画像。在其他文献中，还提到过一座苏州的转轮藏，它于公元863年由日本人所制。此外，艾术华也曾以北京的一座转经塔为例，此塔建于1443年，却并不能转动，它只是以转轮藏为模型而建造的一座实体结构建筑物。

转轮藏每转动一次可产生等效的宗教作用，其内部经文随之转动，便相当于信徒念诵了同等次数的经文。在喇嘛教寺院的转轮藏中，有时还放置着一摞摞经文，它们有的写满了同一句不断重复的真言，有的则摘自某一佛经段落。塔院寺这座转经塔的外表面活动隔板上均绘有一幅雍容华贵的喇嘛教风格佛画像，十分精美。整个龛形建筑的结构异常牢固，因为在每个低矮的环状塔层中，各支承梁分别牢牢嵌入坚固的中心转轴中，

---

① 艾约瑟，著名汉学家，英国爱丁堡大学神学博士。曾任中国海关总税务司的海关翻译。——译者注

图 296　山西五台山塔院寺藏经阁

支承梁悬空的末端则通过轻薄的木料固定在一起，围合成环状。顶部的龛形塔室被划分成八间向前敞开的龛室，各龛后壁背靠中心，呈中心式风格，且各置一尊坐在莲花座上的佛陀。龛内隔墙绘满了喇嘛教佛像，其风格与塔身隔板上如出一辙。

大型转经塔位于寺院北部尽头、雄伟的喇嘛塔之后，这种布局方式展现了一种强烈的宗教思想，即希望通过持续而虔诚的佛教祷告活动来抵御北方的凶邪。在藏传佛教的信仰中，建筑设施经常会护住北方，有时也以宝塔镇在北面，例如富有的蒙古族人会在其院落建筑群的北部建造宝塔，又如藏传寺庙的北端也常常设有宝塔。转经塔的这种重要内涵也与另一事实相符，即它与至高无上的神佛概念和形象具有同等地位。这一现象首先体现在其宝塔样式上，它倒置的塔形通过上部的佛像与天空相连；此外还体现在殿内陈设的大量人物造像和法器上。对于这一内容，本书有必要稍加介绍，因为这样才能更好地理解转轮藏，甚至是大型喇嘛塔的意义所在。

转经塔塔身看似建在一块低矮的平台之上，其实此台被设置为佛坛。具体可参见图279（282页）。1号转经塔四周拱卫着四大天王像，它们共同构成了数字"五"。这几座造像全部面朝南方。转经塔正前方端坐着编号为3、4、5的三座佛像，中央为毗卢佛，右侧阿弥陀佛，左侧阿閦佛。这三尊佛前另有一组编号为6的佛像，即三尊接引佛（阿弥陀佛）。背面中央的三个佛龛中供奉着 7、8、9 号佛像，端坐于中间的还是毗卢佛，其右为南渚佛①，左边为宝生佛。西北角处供有 10 号弥勒佛，北面东侧的佛龛 11、12、13 号内则是三大菩萨，即观世音菩萨、普贤菩萨以及中间的文殊菩萨。3.8 米高的墙体上布满了大大小小、按不同顺序排列的壁龛，每个龛室深 1.3 米，里面除了上面提到的佛像外，还有许多其他造像。

大殿可分为东西两半，东半边因留出了通向二楼的楼梯空间，所以比西半边窄小一些。在它们各自的中心区域，所呈现出的景象最为独特。大殿西侧，一位头戴冠冕的菩萨，或为度母，端坐在一个硕大的枕形莲座上，造像食指伸展，且两手食指与鱼际两两相合。莲座分三层，上面的莲瓣有数百之多，每个叶瓣都托着一尊小型佛像。大殿东侧立着佛灯树，无数尊坐佛分布于其上。每一尊佛像前都有一个小灯盏，它们是由树干伸出的弯曲臂状物或枝条的末端。这种表现方式使人联想到燃灯佛。在神圣的峨眉山以及整个四川地区，燃灯佛经常被塑造成身体中长出灯臂的形象。藏经阁这棵树的冠顶还装饰着一个宝塔形饰件。树下祭坛上摆放着一座小型铜制喇嘛塔，旁边有一施蓝红色彩绘的岩洞，洞窟中坐着一尊冥想姿态的佛像，造像的下巴和双手放在立起的左膝盖上。这是观世音菩萨的一种形象，被称作"Tiyüszeku"。另一尊佛像卧于树下，其左侧跪着一只羚羊，右侧是一位虔诚的僧侣。

身处这座殿堂，当中央的转轮藏如法轮一般转动时，仿佛可以看到佛陀之光普照万物、神佛的形象启示着神圣佛经的真谛，明了禅思入定为修佛之前提，以及涅槃这一真正的解脱，是进行不懈修行礼佛的最终目标，而大型转经塔便是这些宗教活动的象征。在南向不远处，高大的白色喇嘛塔拔地而起，光芒四射地预示着希望。它通过塔肚上的四色宝珠，向世界的四个主方位发散出内部舍利那令人振奋的力量，宝珠就像是安奉于塔内的圣物之眼。这件无上的圣物便是古老的阿育王塔，它是五台山圣域内所有宗教活动的核心。

大型转经塔奇特的倒置塔形，是由引人注目的雄伟宝塔发展而来，前文也曾简要提及。彰德，也就是今天的安阳，位于河南北端。彰德城内有座八角天宁塔，其主塔身之上有四层低矮的塔层，塔檐向上挑出，檐下构造十分华丽，顶部塔层以平台封顶，平台高 21 米，另在台上设一座 6 米高的喇嘛塔作为塔刹。因为安阳这座大型宝塔的始建年份可追溯至隋朝，现在的塔形最晚出自明代，而五台山上的大型转经塔大致建成于同一时期，所以显而易见，这种上大下小的形制可能与大型转经塔，或是尚不知晓的类似实例存在联系。通过进一步确证，便可以更清晰地了解转轮藏在藏传佛教世界的发展和影响。

---

① 根据其他几座佛像推测，此处或为不空成就佛，几座佛像共同组成五方佛。——译者注

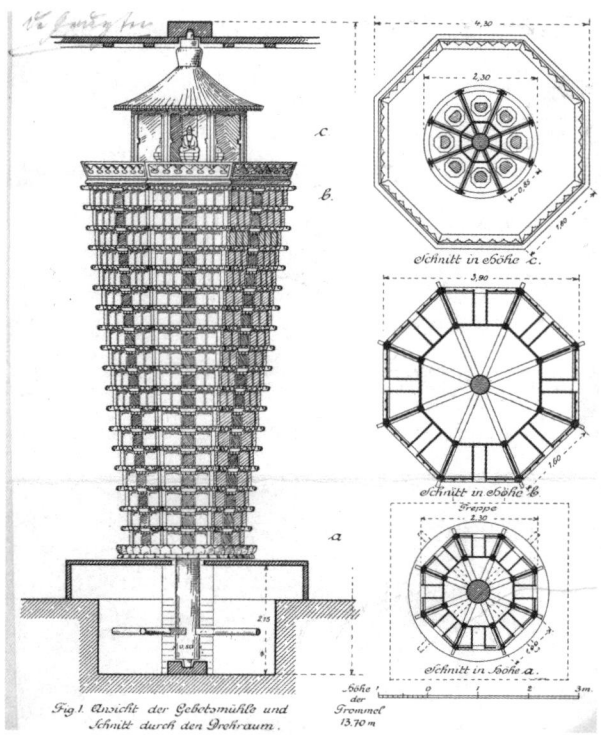

图 297 山西五台山塔院寺转经筒的筒外观及转轴处的各侧剖面图

图 298 山西五台山塔院寺藏经阁

图 299 山西五台山塔院寺的转轮藏

图 300　山西五台山塔院寺的转轮藏

在五台山上，除了塔院寺以外，其他寺院中也设有许多小型转经筒。这些寺院除了少数特例，均是佛教和藏传佛教文化的结合体。璞科第曾在论及显通寺和观海寺时，提到两寺分别存有两座数米高的转经筒。另外，斐士[①]也列举过显通寺那座宏伟砖石主殿中的四个大型转经筒。我本人未能前去参观，但是为其他一些寺院中的各式转经筒拍摄了照片，其中包括十方堂中一对约3米高的转经筒。

塔院寺文殊发塔

在塔院寺东路的15号小院，大白塔的正东方，静立着前文提到的小型喇嘛塔——文殊发塔。尽管文殊发塔尺寸较小，位置隐蔽，但因它与五髻文殊童子的传说有着直接的联系，所以也被列为五台山的重要圣物之一。关于其与文殊菩萨的渊源，可在呼图克图的描述中找到如下答案：文殊发塔立于大型塔东侧。古时，它是一位显圣贫女的神圣发塔。到了明朝，当人们趁翻修期间将塔打开查看时，发现头发的光华并未消失，而是闪耀着光芒。根据璞科第的描述，在公元386年至公元534年的北魏时期，那名女子剪下了她的头发，她实际是文殊菩萨的一个化身，她的头发就埋藏在现在宝塔的位置，而且无疑是在一座更古老的窣堵坡中。打开宝塔发生在万历年间，大概就在1579—1582年重修寺院之时。金色的头发闪烁着多种光芒，有可能是红、白、黑、绿、黄五色，它们与五台相对应，并且文殊菩萨的启示也分别蕴含其中。宝塔本身并无他色，确切地说只有白色。与大型塔相比，瓮形塔身与相轮的线条走向更为倾斜，但它们仍交互平行，形成一种简洁紧凑的轮廓。塔顶由类似宝瓶的双层宝珠构成。

介绍过承上启下的文殊发塔，下面将开始探讨其他小型喇嘛塔。此类塔队伍庞大，分布在五台山数不胜数的寺院、山谷、山坡以及其周边地区中。从内涵上看，它们与这座圣山的宗教礼拜密不可分。

---

① 斐士（E. S. Fischer）：《神圣的五台山，关于从太原府经过五台山到蒙古边境的现代旅行》，上海，1925年，共37页（与此处相关内容可参见第13—15页）。

中国宝塔 II

（下）

［德］恩斯特·伯施曼 著

［德］魏汉茂 整理

赵省伟 主编

张胤哲 代荣欣 译

北京日报出版社

三、五台山小型喇嘛塔

具有喇嘛塔形制的宝塔在圣域内随处可见,其中有的是墓塔,有的是独自竖立在旷野中的圣物。它们通常成群出现,有时也现身于寺庙院落或大殿内。所有这些塔或多或少地以处于中心位置的巨大白塔为原型,而大白塔则是整片高地山谷的特色和标志。为了对这些喇嘛塔中的一部分有个大概的了解,我们根据外形将它们分为几组,以便在一定程度上对其多样性的造型进行系统的了解。不过,这种分类研究并不遵循空间与时间的相关性或发展过程,因为各种不同样式显然是人们随意选择的结果,也是各个时代的品位和需求所致。尽管如此,某些主要类型,甚至较长时段内某一风格的变迁,仍可加以辨识。

显而易见,这些古迹的用途依然如故,因为它们始终被用来安放舍利或是遗体,或象征着坟冢,或是纯粹作为某个伟大圣人的纪念碑。一些宝塔已在前几章中论及,其式样有别于喇嘛塔。在此将对其中某些宗教或历史背景予以补充,因为这些内容也可归为主要关联性的范畴。

不同寺院中的喇嘛塔

有一座寺院俯瞰着山谷全景,那便是前文中提到过的菩萨顶(11号)。菩萨顶原本指的是中台上突出的那座山脊峰顶,纵向延伸的寺院就坐落于此,它原来常被称作大文殊寺。该寺庙的源头可追溯到唐朝时期,当时是五台山最重要的场所之一。这里曾多次出现罕见的宗教景观,因而之后的历朝历代都对它予以特别看护。在顺治皇帝时期,蒙古族的喇嘛首次进驻五台山,菩萨顶的住持开始监管山区所有其他寺庙。菩萨顶是康熙皇帝个人最喜爱的寺庙,他曾经数次登临于此,并拨巨款将几座较大殿宇的屋顶覆上了黄色琉璃瓦,而早在唐朝时,主殿屋顶便被施以铜瓦。大概在康熙年间,寺院住持获封札萨克大喇嘛。就连乾隆皇帝也对这座寺院表现出了热切的关注。

相传明朝期间(1515),明武宗将一位亲眷遣至五台山,此人在菩萨顶这座寺院看到了一个闪着耀眼光芒的巨大光圈,光环中一座七层宝塔的轮廓清晰可见。寺院中轴线两侧耸立着一对喇嘛塔,其修建年代可能为清朝早期,大概是康熙年间。

从南面到达第一座大殿,首先要爬上绵长而陡峭的108级露天石阶,石灰岩台阶两侧的护墙上雕刻着像龙一样的波浪线条。接下来是一段较短的台阶,通向殿前平台。台级

图 301 山西五台山的文殊发塔

图 302 山西五台山东山山谷中的三座喇嘛塔

两侧为分段式大理石栏杆,中间沿中轴线铺设较宽的大理石御路,上面雕有仿皇宫式样的九龙浮雕图案。台阶两侧各有一块中等大小的平台,台上各立一座通体白色的小型喇嘛塔,塔呈常见形制,底部为五层间距较小的叠涩基座。塔身坚固饱满,带有独特的外摆弧形,南面镶嵌着一个宽边壁龛,塔顶冠以铜制宝盖,宝盖之上是象征着仰月、圆光和宝珠的刹顶。人们在这里建塔可能是为了保存很久以前曾在此居住的大喇嘛的真身舍利。

1号塔院寺东侧为东台,台上有坐落在半山腰处的善财洞(32号)和台顶的台麓顶(31号)两座寺院。在辽阔的山谷中部,塔院寺与东台之间,伫立着引人注目的喇嘛塔群(36号),这组塔共三座,中间一座较大,两侧塔较小。大型喇嘛塔底部为四角呈折角状的双重基座,它与塔院寺那座明代巨型主塔的须弥座造型完全一致。基座之上的结构由塔身、相轮和刹顶组成,矫健有力,且比例协调。另外两座小型塔较为纤细,基座仅有一重。三座塔的式样表明其建造时间为清朝时期。五台山上还有很多地方都能看到这种塔群,它们三个或五个为一组,在占地面积广阔的众多墓地中自然最为常见。

双重须弥座是大舍利塔乃至整个佛教圣地中主要历史文物的独特元素,它在这一地区的出现频率似乎更高,至少还有两个范例。竹林寺(60号)①略微偏离五台山中心寺庙区,位于这片房屋密集区域的西南侧。紧邻竹林寺有一座喇嘛塔,根据沙畹在《北中国考古图录》中的插图,其基座同样为双重须弥座,沙畹在书中称此塔为墓塔。低矮而宽阔的方石平台上筑有一层扁平、坚固的八边形台基,上面承托着层层叠叠、四角呈折角状的双重须弥座。基座之上省略了常见的中间过渡部分即五层台阶,塔身几乎直接衔接着塔座,看着仿佛悬浮在空中一般。这座建筑以完美的球体代替了常见的藻瓶样式,它形似水珠,象征着佛教教义中的万事皆空。缩减的连接部分和缩短的相轮、塔刹更加凸显了球体的外形效果。这座别具一格的古塔可推断为明朝所建,大概也在万历年间,即塔院寺大白塔大兴土木甚至是重建之时。有关这座造型奇特的宝塔,暂时没有更确切的详细信息。不过,为了明确这座寺院的宗教地位,在此可简要对其历史沿革和寺内那座八角级塔的情况加以介绍,因为之前在第二小节中,仅谈到此塔的外形特征和建造年代。

竹林寺位于建筑密集区的西南侧,仍在中台之内,不过也有人将它划入西台。寺院在九龙岗附近一个山谷上方依山而建,其创立得益于唐朝时文殊菩萨的一次显灵。有位名叫法照的僧人,居住在湖南南岳衡山峰顶处的云峰寺。他多次在那里看到一座宏伟寺院的幻影,而幻影中的景象将他指向五台山。最终,他在71岁时来到了此处,并且真的见到了一座气势雄伟的寺院,其内院落、佛像不计其数,佛塔林立,它便是今天的佛光寺(56号)。法照在此地落脚后,又看到了新的幻象,文殊童子向他亲口许诺了西方极乐世界的

---

①恩斯特·伯施曼:《山西省五台山平面图集及其建筑设施目录》,与59号出处相同。

图303 山西五台山文殊发塔。郭跃拍摄，2016年5月

存在。后来为纪念圣迹，一座新寺在此地落成，宋朝时得名"竹林寺"。以上为《中国佛教史迹》中的记载。另外还建有一塔，也许就是那座球形塔。明朝成化年间，一位老农在翻土时发现了一个石函，石函中有一个银盒。这位老农边祈祷边打开盒子，只见一个青金石制成的琉璃净瓶中，成百上千颗舍利闪闪发光。从那神圣的外表便可看出，它是安奉先贤在天英灵的容器。他对瓶中舍利的发现再次引起人们对竹林寺的广泛关注。弘治年间，笃信佛教的人家与德高望重的僧人一道修建了那座级塔，并将它命名为舍利塔。嘉靖年间，竹林寺由僧人古灯重建，又于万历年间再建。关野贞认为，此时才是舍利塔（级塔）的建造时间。以上内容参考的是呼图克图和璞科第的作品，以及《中国佛教史迹》。

双重须弥座的另一例证则出现在寺庙区北部的圣谷起始处，清水河便是从这里的两个岩谷中发源的，一个是华严谷——此山谷向上通往华严岭，一个是楼观谷。两山谷分别从北台和东台的连接处向内深入。在它们的夹角处坐落着碧山寺（26号），也称北山寺。该寺现为喇嘛庙，建于明朝成化年间，清朝时期香火鼎盛，尤其在康熙年间，因其位置得天独厚，周围景致秀丽宜人，而始终声名远扬。到了当下，寺庙却衰败严重，日渐式微。紧挨着寺院处有一座纤长的喇嘛塔，其外部轮廓和短小的宝顶都显得极其紧凑，主体结构陡峭地向上伸展，显得与众不同。双重须弥座四角的折角极其夸张，使得四个主方位上所看到的基座面积被压缩到极小的尺寸，并且八边形台基和圆形塔身都与基座紧密排列在一起。塔身同塔刹一样，以极大的斜度指向天空。此塔或许建于明朝末年。在这座寺院中还有一座石塔，但是具体信息不详。

值得一提的还有另一座宝塔，它坐落在不远处的一座寺院中，具有藏式塔的特点，因而与喇嘛塔的风貌有些近似。在楼观谷旁侧一个山谷高处，最北部一座寺院的南边，便是般若寺（24号）。公元767年，僧人无著①从福建经南京来到五台山，他在此亲自向文殊菩萨求教，寺院也因此而闻名于世。显圣事件发生在寺院附近的金刚窟中，据传说，窟内深不可测，文殊菩萨至今仍居于其中。因为这一石窟，僧人们通常将现已破败不堪的整个寺院区域称为金刚窟。那里矗立着一座引人注目的宝塔，其他参观者并未提及这座宝塔的名字，我也只是匆匆画了一幅速写图。它的折角须弥座大概相当于圣所，座上没有圆形塔肚，而是直接承托细长的塔刹，最上方是宽大的宝盖以及尖尖的莲花花苞形刹顶。僧人无法给出与宝塔的建造和用途相关的信息，然而不难猜测，无著求教文殊菩萨的事件或许与宝塔有关。

---

①无著，温州僧人，于749年得度。其事迹见载《广清凉传》。——译者注

图 304 山西五台山菩萨顶

图 305 山西五台山竹林寺的墓塔

五台上的喇嘛塔

在与五台山有关的历史事件、佛教故事和传说中,与上述宝塔相关的一部分已经有所涉及,它们展现了这个佛国圣境的内涵和意义。按照中国佛教传统,这里最重要的几个地理位置,也就是五座最高的山台,必然被赋予了神圣的宗教色彩,并通过相应的建筑使其与众不同。然而在东台和中台上,只有很少的一些遗迹,其中包括几座宝塔。我们通过游客提供的信息,以及璞科第、关野贞和林普里希特的著述,看到了一些相关信息和图片。

北台很少有人登临,其平台周长大约有1千米,璞科第在那里看到一些遗迹和一个池塘,而西台和南台,似乎还没有进行过考察。尽管如此,人们终有一天会发现五台上一直矗立着的宝塔,并揭开那些神圣的往事。关于东台和中台上的宝塔,《中国佛教史迹》提供了相关研究资料。在此,本文也将附上一些属于它们的传说,这些故事可作为五台山众多宗教幻想的例证。

东台海拔高约2640米。以前此处大量的建筑物现在只剩下寥寥几个,即一间石屋和两座石料建造的宝塔,它们隶属于望海寺(62号)。根据璞科第的介绍,此寺名来自中国人想象的画面——"蒸云寝壑,爽气澄秋,东望明霞,若陂若境,即大海也"①。当然,这种景象所指的可能就是东海,那里是佛教的发祥地之一,因而观世音菩萨的一个形象便是由东海而来。因此,整个台顶也叫观海台,即观佛法之海的台顶。东台东侧有一个那罗延洞。洞中有一个正面设壁龛的石塔,塔顶有一个宝塔形刹尖。坐在塔内、望向东方太阳升起之处的正是那罗延,即创造之神梵天。后来,文殊菩萨与其等位,据说居住在此洞中。洞内,60米深处仍寒风凛冽。菩萨不时显化真身,或者通过某些圣迹显示其存在。峰顶的两座石塔便是佐证,它们都与发生在宋朝的奇异事件有关。东台东南部的居士塔距离小石屋不远,此屋为碎石料所造,它是原先那座寺庙遗留下的唯一完整建筑,现在偶尔还会被刷上白色涂料。

这座宝塔的建造源于以下事件:1090年,一男子同其妻子登临东峰时,尽管有位僧人已告诫过他,但他仍表现出对文殊菩萨塑像不敬。他们与一同出行的百余人一起留宿在寺院中。这天夜里,一场大火烧毁了大殿,留宿的人们也未能幸免于难,那对夫妇更是被烧成了灰烬,只有一位虔诚的百姓除外。他本打算也在寺院中过夜,但在日落时被一位白发老人带去了他的住处。那老人很明显是文殊菩萨的化身,而那住所便是那罗延洞。这位香客在那里度过一夜,避免了灾难。为了感谢菩萨的救命之恩与恩赐,他建造了这座

---

① 摘自《清凉山志》。——译者注

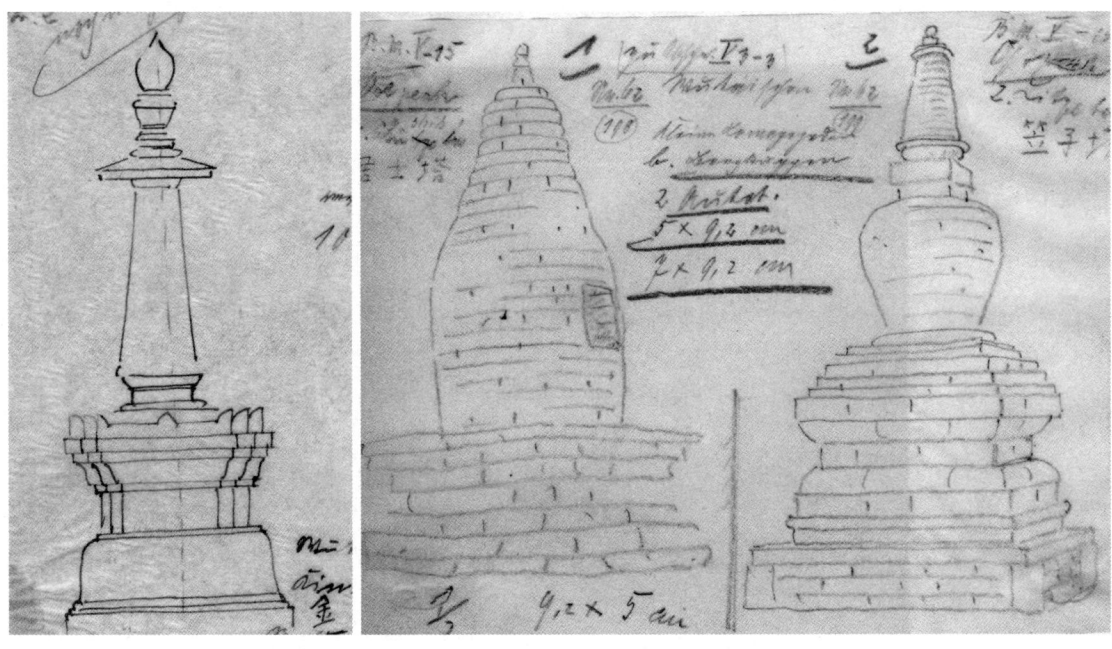

图306 山西五台山金刚窟的草图　图307 山西五台山居士塔（左）、笠子塔（右）的草图。刊于《中国佛教史迹》

宝塔。塔的造型极其简单，呈（弧形）圆锥体，由等高的方石层叠垒而成，塔身上有一小壁龛孔，刹顶很简洁，由三层宝珠组成。其外形就像是一个简单而高大的骨灰坛，因此可以被视为是喇嘛塔最原始的形式。方形基座十分宽阔，同样由七层等高方石层筑成，中间的束腰向内深深凹进。

第二座塔名为笠子塔，坐落在古寺的东南角，紧邻石屋。其台基和基座尺寸巨大，结构简朴分明，圆形线脚上装饰着少许莲瓣浮雕。基座上方的部分则呈现出一种精美绝伦的喇嘛塔式样。其浑厚而雅致的外形表明其可能建于元朝或明朝初期。

根据篇幅庞大的《宋史》记载，有关建塔的传说可追溯到宋代。1126年5月，时任州牧[1]的武僧赵康弼[2]同另一位僧人来到五台山，第一天登临的便是东台。当时正有很多人游览那罗延洞，只有赵康弼停留在洞外并提醒大家小心。后来在众人的请求下，他独自一人进入其中，直到极窄处时，他双手掩于袖中，径直走了过去，仿佛畅通无阻一般。众人皆大惊，待呼喊他时，已听不到任何回答。人们只发现了僧人的一顶笠子和几块干粮。很明显，他也是文殊菩萨的化身。人们怀着崇敬之情撰写了一首诗，后来又修建宝塔以示纪念——塔上有一个帽形物，它以刹顶的形式被清晰地标志出来。

---

[1]州牧，汉朝至宋朝的一种官名，指一州之长。——译者注
[2]据《清凉山志》记载："宋宣和间，代牧赵康弼同慈化大师，见异僧入那罗延窟，留笠子，建塔藏之。"——译者注

关于那个掉落的斗笠的故事，后世又出现了几个版本。了解这些内容，对理解东部地区时常变化的宗教传说很有启发性。呼图克图用如下方式记述了这个故事。宋朝时，一位戴着斗笠的僧人来到了那里。此时，洞中传出一句笑语："德高望重之人不应戴此帽，有失妥当。"闻言，僧人扔掉了斗笠，毫不迟疑地走入洞内。当他进行内观①时，竟神奇地发现了自己作为献身者的使命。于是，他自己拿走了帽子并建造了一座宝塔，其刹顶的形状则与帽子吻合。

这则故事无疑与很久之后出现的另一个关于宗喀巴——中国西藏地区黄教（格鲁派）的创始人——的故事存在联系。故事发生在中国西藏地区：一位大喇嘛走入这位年轻改革者的帐篷中，宗喀巴始终在诵经念佛，尽管来人频频用问题干扰他，企图指出他的错误，但他始终不为所动。然而，当大喇嘛感觉到脖子上有一只虱子而用指尖将其碾死时，宗喀巴用严厉的言辞斥责了他的罪过。大喇嘛感到十分难堪，夺门而出，却在匆忙中撞到了帐篷顶，于是高大的帽子掉到了地上。对藏族人来说，这预示着代表旧教的红帽派必将衰落，而宗喀巴创建的黄帽派将取而代之。（上述说法出自费通起）有关黄帽派有一种传说，即宗喀巴立下誓愿时，用不同颜色的花朵装饰自己的帽子。然而所有花朵尽数掉落，唯独一朵黄色的花留在上面。因此，他后来便将黄色的帽子作为追随者的标志。（上述说法出自克彭）

建造宝塔的故事或许只是基于一个简单事实，那就是相轮的尖形圆锥体与刹顶确实呈现出一种高大的喇嘛帽样式。有关这种外形衍生出许多传说，它们又与其他故事相互结合在一起。因此，引用此类信息时一定要极其慎重。不过，帽形塔顶的故事说明了一件事，那便是在传说产生时，宝塔必然已经存在了很长时间。我们推断，由于这座宝塔为年代较晚的喇嘛塔样式，不可能在1126年前后便已建成，而是像之前所说的，极有可能初建于元、明时期，所以只能说明那个帽子的故事被大大提前了。此外，传说是何时、以何种方式被载入《宋史》，仍有待考证，此书自1343年便已开始修撰。

一座极为奇特的石塔矗立在中台（63号）的封顶。中台海拔约2840米，山顶由一块平坦而宽广的平台构成，平台面积约有100亩。根据璞科第的记载，其周长达2千米。平台上有一座远处可见的白色小石屋以及一块墓地。林普里希特在1912年8月考察时曾猜测，从那些工艺精湛的花岗岩碎片来看，那里曾经存在着一座大型寺庙建筑。根据伊东忠太教授1902年拍摄的照片，这些经过加工的建筑部件以不自然的方式出现在这座随意搭建的石屋中，它们显然出自古老的建筑物，其中可以看到迦楼罗、龙的形象和一些屋面瓦片的遗迹。相同的建筑风格与更为精致的建筑细节则出现在多层结构的宝塔上，伊

---

①内观，观察事物本来的实相。是印度最古老的修禅方式之一。——译者注

东忠太认为此塔初建于明朝。石塔竖立在石屋正前方。花纹装饰的多层正方形平台上方连接着一个圆形双层莲花座，基座上耸立着竖直的塔肚，塔身上辟门洞，里面有一个关闭着的大门通向塔室。门洞旁雕刻着两个天王浮雕，门楣上装饰着裂片状门拱和龙纹，再上方雕有一个迦楼罗和两个那迦少女。八边形相轮共有七层，整体向上逐渐变细，收分明显，轮廓呈直线形，隐约向外凸出，各处均施以雕刻，上面置一宽大的宝盖和三重宝珠。这一建筑将喇嘛塔和密檐塔（天宁塔）的建筑特点融为一体。但是在这件艺术品中，喇嘛教风格似乎更为突出，而坚固的花岗岩塔基更为其增添了宏伟的气势。在大壁龛的底部可以看到一个带有宝座的小佛龛，在它后面的塔身内据说藏着一座唐代铁塔，塔内存有舍利。此塔之造型或许无与伦比，是所有宝塔中的孤例。因为中台作为这个大型宗教场所的中心，地位最为显赫，所以理应配以特殊之物，加以突出。塔尔寺中的一些塔与此塔形制类似，由此可见，这座宝塔上的壁龛或许同样指向高地山谷中的主要圣物，即大白塔。根据伊东忠太的记载，附近一座倒塌的大殿上有一块古老的牌匾，上面写着"翠岩峰"。

根据日本僧人圆仁法师于公元814—840年所写的旅行游记，中台的山顶平台南侧还有三座铁塔，他在文中描写了它们的情况。此外，在乾隆年间，章嘉·若必多吉在记述五台山的文章中也曾提及这三座宝塔。它们位于三塔寺中，现已与该寺一同消亡。根据圆仁的记载，这三座塔没有分层，也没有相轮，只是一座钟形物。中间一座平面为四边形，高约3米，两侧的为圆形，高约2.5米。在同一片区域的西南侧还有两座宝塔，一座据说是为一位虔诚的宋朝将军而建；另一座则能够反射光线，据说此塔为明朝的一名高官所建，他曾在这里看到一种独特的光辉，并由此感受到了文殊菩萨的恩泽。最后，章嘉·若必多吉还曾提到一座尼泊尔式塔，然而没有进一步的详细资料。所有这些信息都使我们了解到，中台一度是佛事繁盛之地，且存在过许多重要的建筑。

图308 山西五台山中台宝塔的草图，刊于《中国佛教史迹》

图309 山西五台山中台极乐寺（南山寺）仲华塔的草图，刊于《中国佛教史迹》

三座出类拔萃的宝塔

继外形具有深意的中台石塔之后，我们将以三个塔例结束有关五台山小型喇嘛塔的介绍，这三座塔因其艺术造型的另类美感和独有特征而从一众宝塔中脱颖而出。此外，其中两座为近代新落成不久的宝塔，因此很适合为这一介绍大型宗教圣地的章节收尾。这两座宝塔与山中其他喇嘛塔的区别在于，其台基、基座、塔身、相轮和刹顶的风格更为活泼灵动，装饰设计上也更为丰富，总体上表现出对塔饰和醒目造型的追求。这完全与时代的发展相符——在这个时代，过去的美好受到新势力的胁迫，不得不靠凸显其光辉荣耀来得以存续。在此，人们选择采用那些辉煌建筑的古老意象和装饰，甚至将它们带到了偏僻的深山老林中，而在那些地方，就连最简单的建筑也偏向于明显的古拙雄浑之风。这种变化在下面几座新建宝塔中体现得淋漓尽致。

仲华塔：三座宝塔中的第一座，始建于元朝早期，其现存大部分建筑构件仍为同时期所建。此塔位于极乐寺（45号）中，极乐寺坐落在主山谷南部、清水河尖形弯道处一座秀丽的小山丘上。这座山叫南山，因为它大致处在灵鹫峰主寺菩萨顶的中轴延长线上，与其相距1800米，并且相当于充当了那一主位前的影壁。此外，大型舍利塔也几乎位于这条想象中的轴线上，确切地说是紧挨着这条轴线。

因其卓越的地理位置，这座寺庙在民间大多被称为南山寺，可能早期便具有十分重要的地位。一处可信度存疑的评述称，寺院始建于唐代。而真实的建造年代被证实为1296年，即元成宗铁穆耳统治时期。他任命著名的僧人仲华为寺院住持，不过仲华在寺院建成第二年，即1297年便已离世。为了纪念仲华，寺中庭院内不久便修建起一座宝塔，此塔应该是他的墓塔，与现存宝塔相差不大，因此可称为仲华塔。塔中必定藏有仲华的遗骸。此地对整个圣谷的风水来说尤为重要，而通过这种方式，他对这里的影响将会一直延续下去。所以璞科第在1889年考察寺院的过程中，看到人们在对寺院进行大修的同时也对此塔进行了修葺。

据《中国佛教史迹》记载，寺院必然坐南朝北，也就是面向宝塔和菩萨顶，因为低矮的天王殿坐落于院落的北部，而在其南侧有一座两层楼阁式大殿，其底层呈拱形结构，这座大殿在此也起到作为巨大风水轴线南部隔断的作用。寺院主殿立于东部，面向西面。整座寺院建筑在宗教圣地中的意义一目了然，而宝塔便是其中重要的组成部分。寺院还有另一个名字——"大万圣佑国寺"，这一名称的来历还不是很清楚。长期在京城修习的章嘉·若必多吉是中国西藏地区的学者，亦是乾隆皇帝的友人。1767年，他正是在这座寺院中写下了赞美五台山的圣歌。他亲自注释并且述及极乐花园。翁克里希翻译了这篇诗歌手稿，并且很热心地将相关详细解释和论断都提供给我使用。

仲华塔通高约18米，其台基呈雄浑的阶梯形结构，每层台阶均由平整但已风化严重的石灰岩层筑成。双重须弥座立在一块方形平台上，此台仅在插图中略加标明，实际高度大概不超过1米。每重基座均设疑似八边形的束腰，上面装饰着由方形浅浮雕板组成的横饰带。其上下两层石板的角落处以敦实粗壮的方柱支撑。在建筑结构中，每两级向上逐渐收分，直至最高台级上方的上部结构，建筑由此转为砖砌。在上部结构起始处，占据四角的四只小狮子被置于纤细精致的台座之上。在它们中间，弧形的藻瓶状塔肚向上延伸，经刹座承托着八重相轮。刹顶似为陶制，一圈屋瓦状结构四周悬挂着八个铜制风铎，再上方为宝珠或蓓蕾式刹尖，最顶端配以尖顶饰。这座古迹将厚重与纤细、分解式结构与令人赞叹的轮廓、紧凑的整体及自由的搭配汇于一身，也由此成为一件真正的艺术品。

台基和基座因结构特征清晰生动，可以确定仍是原始建筑。它们与第二章中武昌那座1350年左右所建的小型喇嘛塔基座大致类同，后者仅比南山寺这座宝塔的建造时间晚50年左右。那座塔上也设有双重横饰带，尽管其结构样式截然不同。不过，在这两座年代如此之近的文物中，对石料的应用和处理方式显然是类似的。这解释了一个疑问，即南山寺中的宝塔在初建时，其上部建筑是否已经为喇嘛塔形制。现存建筑显然带有近代特征，或许正是最近一段时期修建的。但由于武昌喇嘛塔已被证实同样建于元朝——尽管其塔肚造型十分简单，仍可据此推断，建于1297年的仲华塔最初可能也采用了喇嘛塔的形式。这一论断意义非凡，因为通过实例确定最早出现的喇嘛塔样式始终是十分重要的课题。

第二座出众的喇嘛塔形墓塔同样位于狭长寺庙区的南部，就在刚刚论及的南山寺塔不远处，即清水河右岸，也就是西侧的47号镇海寺之中。镇海寺建在一片林木葱郁的山坡高台上，此处还有另外两座重要的墓塔。镇海寺与南山寺类似，同样位于塔院寺中轴延长线上，其重要地位或许也归功于这一情况。因为从200多年前直至最近一段时间以来，每当章嘉呼图克图从北京的府邸来到五台山，便将镇海寺作为避暑之地。"章嘉呼图克图"是一种封号，类似于我们的采邑主教①。

在中国西藏、蒙古地区和中国北方地区共有160多位呼图克图。"呼图克图"通称"活佛"，是喇嘛教中的高级精神领袖，同中国西藏地区级别最高的僧人达赖喇嘛和班禅喇嘛一样，通过转世的方式来确定。在那些呼图克图中，有14位常驻北京，其中3位最重要者就居住在北京。这几人中，又以章嘉呼图克图地位最高。他是喇嘛教在朝廷和政府中的真正代表，也是达赖喇嘛和班禅喇嘛最直接的政治代理人，此外，他还担负着一项特殊任务，即在呼图克图职衔空缺、需要新的继任者时，辨认出下一位转世活佛，

---

① 教会主教兼任拥有领地的世俗领主。

并通过金瓶掣签仪式加以认定。毫无疑问，此事需经过清朝政府的批准。章嘉呼图克图原本在漫长的传承过程中一直常驻中国西藏地区。大约在康熙初年，即1662年前后，其驻地迁至北京。第一世章嘉呼图克图禅克朗塞拉（又译：扎巴俄色）（已转世至第八世）逝世于1641年。

第三世章嘉呼图克图是著名的罗赖毕多尔吉，也称"若必多吉"，他与乾隆皇帝结下深厚的友谊，于1786年①逝世。我们十分感谢他在一系列著作中，还留下了一篇描写五台山的文章以及一篇1767年为赞颂此地而写的诗歌，它们分别由格伦威德尔和翁克里希翻译。这些仍是手稿的译文，与其他文献一样，也在我们的论述中多次用到。章嘉·若必多吉作为五台山喇嘛教的直属领导，大力推动了一些寺院的扩建工程，自然，对作为其夏宫的镇海寺也给予特别关注。正因为此，镇海寺至今一直保存完好。这里矗立着一座别致而珍贵的喇嘛塔，是乾隆皇帝命人在寺院南部一个独特的院落中为其博学的友人建造的，塔高约6米，若必多吉的遗骸便安放于此。

如果说那座宝塔在修建和造型上有什么特殊的话，尽管更为详细的信息尚不明确，但是一些相互关联以及宝塔那引人注目的外形特征已指明了一条非常重要的相关线索，并明确地揭示了建筑物的原型所在。这一原型便是乾隆皇帝为了即将于1780年来访北京西黄寺的班禅喇嘛而建的大理石宝塔。此塔样式十分独特而新颖，文中还会对它进行深入的论述。可以确定的是，五台山镇海寺中为章嘉呼图克图所建的宝塔比北京那座塔的建造时间要更晚些，它大概在章嘉呼图克图离世4年后才落成。很明显，乾隆皇帝想表示对友人特别的尊敬，因而下令模仿班禅喇嘛塔的新式造型来修建此塔，只是外形稍稍简化。显而易见，镇海寺的建筑是精简后的版本，而非较小的原型建筑，北京那座更大的宝塔也不可能参考此塔而建。因为无论是三尊佛像和八大菩萨这一重要主题，还是基座上精致华丽的浮雕，抑或是由宝盖、云纹垂带和双重宝珠组合而成的巨大刹顶，都不可能是为了这样一个狭小的院落而被始创。镇海寺喇嘛塔塔身和相轮之间的连接部位比北京的建筑要简化得多，而且北京那座塔塔身与基座间的连接部位呈四层台阶状，层次丰富，纹饰精美。镇海寺喇嘛塔中则完全没有出现这一结构，这座塔基座下的台基四边几乎围有同样属于乾隆时期风格的石墙。我们在介绍北京那座大理石宝塔时，还会对这座塔的各个样式加以回顾。在此只需明确一个事实，那便是在呼图克图最喜欢的居住地有一座为他修建的巨大墓塔，这位尊者和中国西藏地区的那位班禅都与乾隆皇帝交情匪浅，这座塔则清楚地说明二者地位相当。

根据璞科第的记载，在镇海寺若必多吉喇嘛塔所在的院落西隅，建有一座小型殿堂，

---

①德语原文为1776年，应是作者笔误。——译者注

殿内还有一座小型墓塔,此铜塔中存放着另一位章嘉呼图克图转世者的遗骨,也就是土观·洛桑却吉尼玛,他生于1737年,1802年去世,有可能与若必多吉是师徒关系,并且也同样喜爱五台山。他必定就是那位1780年陪同班禅喇嘛大师前往热河(今河北承德)觐见乾隆皇帝的人。铜塔高2米有余,上面雕刻着极为独特的浮雕图案,甚至装饰着宝石。另有一塔隶属于同一寺院,那是院墙后方最上层平台上的喇嘛塔,石制平台建于山坡较高处,承托着此塔。其规模比另外两座要大得多,但是建筑风格却十分简单朴素,没有华丽的浮雕。遗憾的是没有插图可供参考。此塔也是一座墓塔,可能是为下任章嘉呼图克图伊希丹毕扎拉参而建,他撰写过一部包括他本人在内的历代章嘉呼图克图传记。翁克里希曾在波茨尼耶夫(Pozdnejew)所作研究的基础上,在1934年的《汉学特刊》中论述过这本著作。①

在镇海寺,可能连续有三位同被尊为章嘉呼图克图的转世活佛被以墓塔的形式怀念祭奠,并且还以庄严高贵的建筑风格来彰显其中一位的重要地位,这实为罕见。

五台山地区还有第三处以庄严的宝塔向圣僧致敬的实例,那便是普济塔。不过无法完全确定的是,我收集的被转让的宝塔照片是否就出自这一区域,而且寺院的名称不详。1934年,一名中国摄影师在北岳恒山所属的浑源县将照片转让于我,他向我保证,这张照片不久前拍摄于五台山。事实上,照片中的寺院建筑与五台的建筑风格完全一致,所以暂且将这一建筑群划入本章范畴。此处涉及的宝塔显然是众多崭新的建筑物之一,从各种渠道的消息来看,这些建筑均建成于最近一段时期。屋顶、木构件、木雕以及偏殿的建筑结构,无不展现出十分精细的艺术工艺。在一个小院落中,一座喇嘛塔竖立在带有围栏的平台之上,通体明亮发光的石料显然是大理石。八边形双重基座表面布满了华丽的浮雕图案,上层基座各角均由力士像支撑,基座上设数层新式的环形台座,上承微微鼓起的圆形塔肚,上面的四个佛龛中各有一尊佛像端坐其中。厚重的八角楼檐十分平坦,搭配匠心独运、棱角分明的斗拱和椽木,塔檐将圆形塔身与短小细长的相轮分隔开来。相轮下的刹座由一层较宽的横饰结构和细窄的双层莲座组成,相轮上承接着一个巨大的刹顶,它与归化席力图呼图克图的三座塔、北京班禅喇嘛塔以及镇海寺章嘉呼图克图墓塔中的刹顶样式相同,这种形制似乎是喇嘛教中地位极高之人的标志。两侧的垂带向上形成尖顶,独具风格,它们与镂刻精美的伞盖、挂于其上的小型风铎以及顶端莲花蓓蕾形的双重宝珠,似乎均为铜制。

根据"普济法师宝塔"几个题字可知,这座塔是为普济法师而建。由于"普济"这个名称十分常见,所以很难确定具体指的是哪一位法师。可以想象,这大概是一位十分有名

---

① 翁克里希:《蒙古章嘉呼图克图传记中的北京》,《汉学特刊》,1934年,第45—57页。

图 310 普济法师宝塔，可能位于五台山

望的僧人。从塔的外形来看，他的地位应该相当接近本书之前提到的那些拥有墓塔的著名大喇嘛。宝塔的样式显示出当下流行的风格，它虽然使用了类似的老式元素，但其纹饰却呈现出重大变化。小巧的基座和精美的圆形塔身组合在一起，与雄伟庞大的上部结构明显极不相称，这一点或许便是现代设计理念的产物。如果此处古迹不是由老建筑彻底重建而来，那么可想而知，这位受人尊敬的高僧或许是距现代较近的一个人物。无论如何，这里的建筑设施以及墓塔本身完全符合五台山的精神风貌，因而被编入这一章节。

本章的一系列宝塔以五台山的大型舍利塔为开始，以三座造型更加亲切可人、自由活泼的小型喇嘛塔为结尾，而它们所代表的正是新的时代，以及距今不远的那些受到世人尊崇的人物。目前只余两处宝塔范例需要作为本章的简要补充，它们仅在广义上属于五台山，因为其中一座位于以前五台山所属的行政区首府，另一座则距离山西省会不远。

四、代州①和太原县②的喇嘛塔

除了五台山周边区域，大型喇嘛塔似乎很少出现，就连毗邻中国蒙古地区的山西北部也不例外。至少为人所熟知的就只有下面即将介绍的两例，这两座宝塔都具有重要的价值。据推测，它们所属的寺庙与五台山及其宗教文化有着直接的联系，也是出于这一因素，它们才被建造成喇嘛塔形制。这表明五台山的喇嘛教文化尽管十分重要，但在中国的大环境下，确是一种孤立的宗教产物，其发展壮大主要归功于各朝各代信奉佛教和喇嘛教的皇帝的关注。

清朝时代州原是一个独立的小型行政区，五台南麓的五台县及五台山的大部分区域均归其管辖。它紧邻五台山西北部丘陵地区，旁边有条道路从山西太原府——今阳曲，自南向北再向东延伸，在弯曲处围绕五台山。今天的代州只是一个小县城——代县。《古今图书集成》中的一则注释称，根据《山西通志》的记载，代州喇嘛塔位于城市东北角的圆果寺——也叫圆果禅林之中。根据这部历史典籍记载，宝塔为砖石结构，一百二十尺高（即约40米），与现在的记录相符。据拍摄这张照片的中国摄影师描述，它被称作阿育王塔。这表明，它同五台山大型舍利塔一样，内部同样藏有舍利，是众多古老的阿育王塔中的一座。由此，代州宝塔升至较高的等级范畴。显然，这种情况使得宝塔拱门立面的装饰手段更加丰富，上面的几处题字尤为显眼，它们连同几块匾似乎都是由琉璃陶制成。中轴线大拱门上方的匾额及两侧的牌匾四周，均饰以华丽的纹饰边框，框内写有如下题字：

---

①代州，今忻州市代县，位于山西省东北部。——译者注
②太原县，今山西晋源区，为太原市的市辖区。——译者注

图 311　山西代州圆果寺的阿育王塔

皇图永固,帝道遐昌;佛日增辉,法轮常转①。下面一行各写有两字的牌匾位于小拱窗之上,这种拱形窗上填嵌着几何形窗花格,使人联想起附近古老的山西黄土窑洞的建筑风格,另有一些壁画、花瓶、象征性图形、枝条和人物形象点缀其上。左侧可以看到一座殿堂,宝塔与之同在一条轴线上。大殿山墙顶部向外伸出,檐边装有外露的博风板,山墙顶端饰以装饰板,大片的山墙表面建成砖砌的阶梯形样式。

图312 山西太原净明寺的宝塔,重建于1385年。刊于《中国佛教史迹》

这些特征均属中国传统建筑的大殿元素。由此可见,这座寺庙确实年代久远,或者至少沿袭了流传下来的古老风格。这一特点也出现在那座威严庄重的宝塔之中。

宝塔的圆形塔身位置极高,因其台基十分高大。塔身之上为折角式连接结构,其样式——相轮以及敦实的圆柱体刹顶与五台山大白塔相似。所有特征均表明,宝塔建筑历史悠久,其年代至少同建于1350年左右的武昌石塔相近。当然,这种样式是否可以追溯到更早时期还不确定,但是早在1000年左右,已有关于这座塔的记载。②据说,宋太宗和宋真宗统治时期的一位著名将领杨延昭,曾将三支箭射到塔顶之上。野史中曾多次提及射向宝塔的箭,其意义尚不明了,不过大概谈不上任何宗教含义。最简单也最可信的解释是,这位将军想要证明其射术,于是挑选出这座宝塔,向塔顶射箭,射入的几支箭则形成一种完全对称的装饰。这一事件极不寻常,甚至被载入编年史中。然而,尚不能断定当时那座塔正是今天这座喇嘛塔,只是当时看似已经存在一座有名的宝塔。后来,大约在蒙古族人统治时期,此塔被改建为现存的喇嘛塔样式,而五台山大舍利塔在明朝时也经历了这一过程。无论如何,从其"阿育王塔"这一名号来看,便值得对这一建筑结构展开更为详细的研究。

---

① 根据图311,题字应为"护国皇图巩固,慈光帝道遐昌"。——译者注
② 圆果寺阿育王塔,始建于隋仁寿元年(601),原为木结构。唐大中元年(847)重建,后又历经多次重建。——译者注

关于山西两座喇嘛塔中的第二座，常盘大定在《中国佛教史迹》中已对其历史做了详细的论述。书中确切地记录了寺院和宝塔变化无常的命运。接下来在介绍它的主要情况时，我们将遵照日语文本的内容，因为英语版仅摘录了其中一小段内容。此塔的最初形态极有可能是隋文帝仁寿年间所建的83座宝塔之一，并且是仁寿二年（602）敕造的第二批51座宝塔中的一座。直到明朝，它才成为喇嘛塔样式。其所属寺院净明寺位于小县城太原县北部、省会太原的西南方，距太原县1千米有余，与太原市相距约16千米。

  如前所述，自国民革命（1927年）后，太原县又被改为汉代旧称阳曲。阳曲县，史称"三晋首邑"，地处忻州与晋中盆地之脊梁地带，为晋地要冲，"晋"这一名称还被西晋和东晋两个朝代所用，并且山西至今仍保留着这一传统称谓。这一地区还有一个别称，它从远古时期一直延续到近代，那便是"并州"。尧帝最早将古代中国划分为九州，舜于公元前2255年承其位后将天下划分为十二州，其中之一即并州——舜以冀州之北广大，分置并州，并州范围大致包含现今山西，且最北边一直延伸到渤海附近。冀州包括北岳恒山周边地带，如今的太原、大同和一些其他区域，以及今天的北京、承德及其部分接壤地区，即正定和保定。在周、汉王朝统治下的漫长时期内，并州行政区划在大体保持不变的基础上做了一些调整。至东汉时期，明确规定晋阳归并州管辖。而晋阳至少自周王朝统治中期，便是我们在此提到的今太原县曾用名。后来，其名称和区划一直沿用至晋魏末期。隋朝，这一区划概念被大大缩减，原太原府改为并州。此制从隋朝一直延续至唐朝中期。

  并州所代表的区域大小一直在变动，这里深入探讨了其名称的发展过程，是因为根据常盘大定在《中国佛教史迹》中提供的信息，有一篇谈舍利功用的隋朝时期的古文，其中写到，并州地区第一座舍利塔设立在旧无量寿寺中。常盘大定提到的正是立于太原县外古并州要地的那座净明寺塔。由此可见，在隋文帝为藏最初的31颗及后来的51颗舍利而下令建造的宝塔中，净明寺塔最早的前身便是其中之一，甚至是第一座舍利塔。旧无量寿寺和新建的净明寺之间的关系仍有待考察，但根据其他实际情况来判断，二者有可能是同一座寺院。

  隋朝的建立者、再一次统一中国的隋文帝，可能将太原府附近这处地点作为其在全国范围内大规模建造舍利宝塔的起点，这与当时其他一些情况相符。在自尧舜直至晋国的长久岁月中，此地一直是重要城市，而晋国祠庙的古老象征晋祠及其圣泉，就坐落在太原府不远处。初唐年间，晋祠的正南方修建了一座佛教寺庙——奉圣寺，直到乾隆年间，寺内才有敕造七级宝塔。在同样位于近旁的天龙山岩谷，佛教自魏朝时起便在此落脚，自北齐及隋文帝统治初期，这里便开始兴建佛教石窟，后来到了唐代又继续开凿。如此一来，在太原县外建造另一处采用一种新式舍利塔形制的特殊佛教圣迹，便不足为奇。

图 313 山西代县圆果寺阿育王塔。郭蔚嘉拍摄，2021 年

关于寺院和宝塔的历史，下面摘引一些常盘大定书中的记录：

1. 隋

仁寿二年（602）修建寺庙，即现存的净明寺，极有可能是第一座舍利塔建筑，也是隋文帝修建的 83 座①宝塔中的第一批舍利宝塔之一。不过其建造年代仅记录为隋朝。

2. 宋

太平兴国四年（979），即宋太宗统治时期，宝塔倒塌，后重新修建。

宋真宗时期（1003），宝塔因地震而受损，不过很快就被修缮。（1006 年）修缮完成。当时宝塔有九层，据说高 158 英尺（约 50 米）。

宋神宗时期（1085），吕惠卿曾在一本书中论及舍利宝塔，僧人惠素为宝塔立碑。此后，宝塔大概完好保存近 300 年，并闻名于世。

3. 元

元朝末年（约 1368），宝塔和寺庙彻底被毁。

4. 明

洪武皇帝（1385）下令重建寺庙和宝塔。此塔即为现存宝塔。此前的宝塔必定不是喇嘛塔形制，当时一定是出于某种特殊缘由才将它建造成喇嘛式。

明武宗正德年间（1521），宝塔被重新修缮。

5. 清

康熙年间（1662），宝塔受损于地震之中，塔尖折断。（1699 年）宝塔重新修整完好。

不考虑某些翻修之处，现存宝塔建于 1385 年，即其喇嘛式建筑首次落成之时，通体为砖砌。塔下为高大的方形台基，其上垒起层次分明的五级方台构成基座。最上层平台承托带有低矮线脚的藻瓶状圆形塔身，笔挺的外形轮廓分明，塔身的圆角形肩部较短，上接一圈造型显著的凹槽。在这之上的七层莲瓣构成厚重的线脚装饰，像一个真正的莲花座一般，上承纤长笔直的圆锥形相轮，相轮为十三层，层高较大，各层由五层砖砌成，直至刹顶。相轮之上置圆盘形华盖，其四周悬挂铜制小风铎，顶端凸起形似喇嘛帽，最上方的双重宝珠与其他塔顶类似，为琉璃瓦所制，但表面似乎镶有铜饰。

从整体外形来看，宝塔的轮廓和比例显得十分优雅高贵、浑然天成，比同类建筑更具独特的美感。此塔通高据说约 21 米。历史悠久的代州喇嘛塔埋藏着一段有关传说中古老阿育王塔的回忆。如果这座塔内确实仍供奉着隋文帝时期众多舍利中的一部分，那么它将是此种喇嘛式式样中独一无二的一座，且与代州喇嘛塔的地位不相上下。

---

① 德语原文为 81 座，应是作者笔误。——译者注

第四节 热河喇嘛塔

一、寺庙的意义与布局

避暑山庄是清朝皇帝的避暑胜地，位于热河地区的群山之中，在省会承德、北京东北方向，距离北京 180 千米。在《中国宝塔》（第一部分）的论述中曾介绍过两座大型琉璃塔，一座是园林内的永佑寺塔，一座踞守于须弥福寿之庙北线。论述期间，已对避暑山庄的地理、建筑和宗教意义做了简要说明。那两座大型宝塔所呈现的精湛釉彩工艺，同样使用在那些寺庙建筑的许多其他构件中，此举既是为了颂扬喇嘛教教义，也是乾隆皇帝巩固其在蒙古族和藏族地区政治力量的间接手段。热河地区的喇嘛塔自成一体，它们虽然尺寸较小，但是各种样式和组合却十分独特，并且均建自乾隆年间。

大型喇嘛塔同样出现在五台山的一众寺院中。正如我们所见，它们以独特的藏式风格，分布在广阔的宗教圣地之中。它们紧密依附于各自的寺院，总的来说对该地区的整体布局和风水影响很小。只有五台山塔院寺的大型塔是个例外；此外便是最高峰上的几座塔，然而它们也不外乎是远处的几个点而已；其余一些数不胜数的墓塔则分布杂乱，相互之间毫无固定的内在联系。热河的喇嘛塔群则截然不同，它们虽然也与相关寺院联系紧密，但在布局上遵循着一种整体的韵律感，使得寺院本身以及建筑群的远景和整体布局都有了一种属于自己的韵味，且一并影响了这些景物的宗教内涵。即使对其分别研究，仍会出现这一情况。为了全面评估此现象，有必要借助一张清晰明了的地图，将整个园林及其周边寺院的整体布局一一还原。首先需要对文献资料和寺庙的情况加以说明。

以下描述所使用的文字资料以及草图和照片资料，主要来自我在 1907 年 5 月 15 日至 6 月 6 日对热河地区的考察结果。其中，5 月 20 日至 6 月 2 日这段时间专门对热河当地进行了研究、测绘和拍摄。当时，福兰阁于 1902 年完成的《直隶热河地区简介》[1]对我来说已经成为一本必不可少的手册，它对理解热河的历史背景格外有帮助。后来，本书还参考了福兰阁和劳费尔合著的《中国碑刻铭文》中一部分关于热河地区原始碑文的内容。[2] 此外，

---

[1] 福兰阁：《直隶热河地区简介：中国国土民俗之详细研究》（附 1 张地图和 16 幅插图），莱比锡：迪特里希出版社，1902 年，第 103 页。
[2] 福兰阁、劳费尔：《北京、热河和西安喇嘛庙中的碑文》，《中国碑刻铭文》（第一部），柏林：迪特里希·赖默尔出版社、汉堡：弗里德里希森出版社，1914 年。附 81 张影印图集。

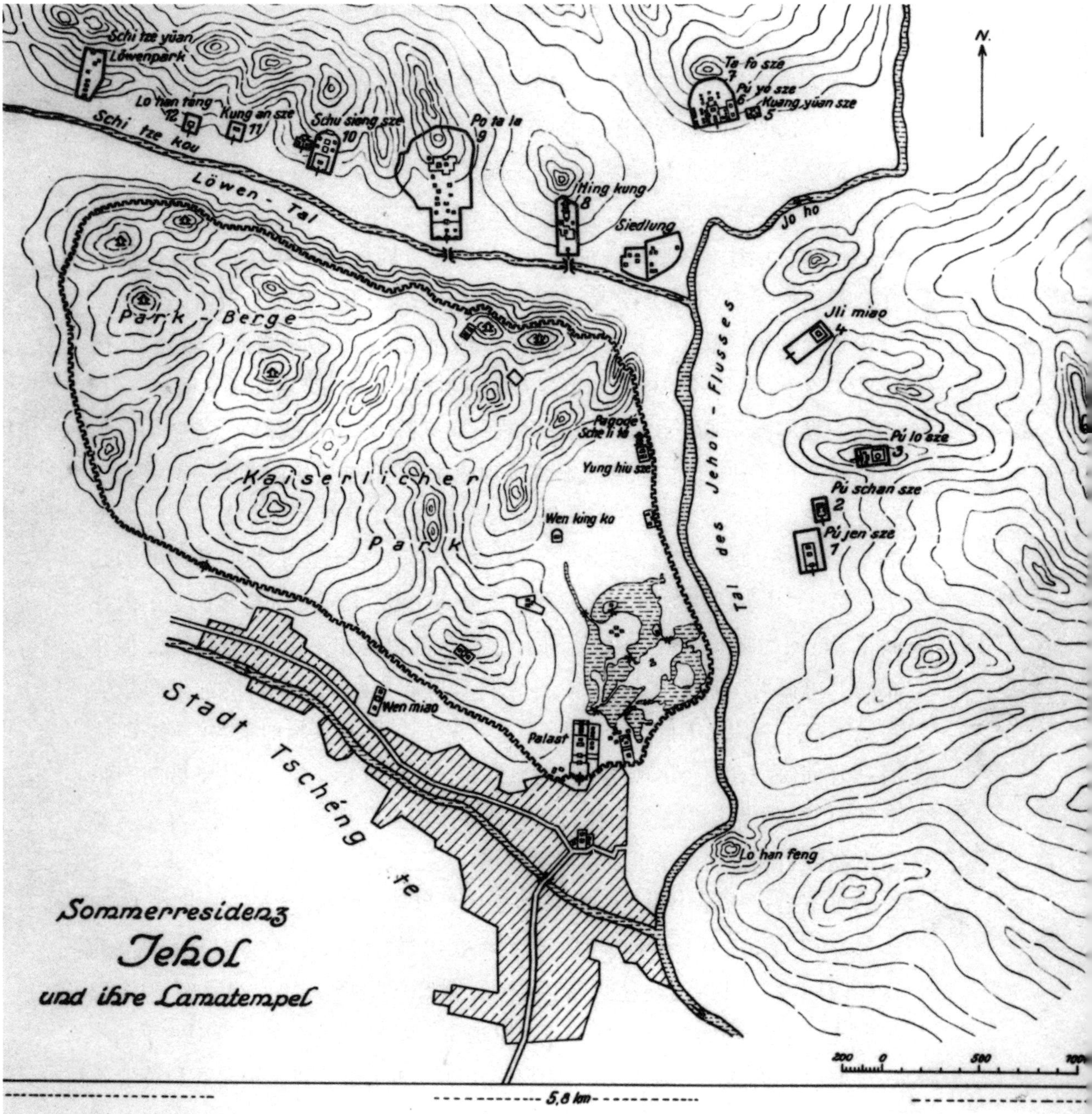

图 314 热河避暑山庄与喇嘛庙的地理分布图

仅列举几部最重要的文献：斯当东在1797年出版的《英使谒见乾隆纪实》①，及其1798年出版的德语版本；斯文·赫定在1932年出版的《帝王之都：热河》②，其中收录了雷兴③的几篇详细介绍性的文章；还有最重要的一部有关建筑史领域最新研究成果的文献资料，即关野贞和竹岛卓一在1934年出版的四卷插图本日文巨著《热河："伪满洲国"最辉煌且值得纪念的文物》④。1937年，该书出版了详细的日语文本卷，书中又进一步补充了相关图片——20张囊括所有大型喇嘛庙的精确平面图以及1幅包括周边大片地区的行宫平面详图。⑤我之前制作好的照片只有一部分发表于《中国建筑》和《中国建筑陶艺》之中，而这本书中的平面图极好地补充了我的摄影作品，并且远远超过了我的。

关于文物古迹的现状，或有几点主要事项需要注意。热河行宫为康熙皇帝自1703年开始建造，至乾隆年间，历经了长达几十年的辉煌时期。乾隆皇帝可以说是那片金碧辉煌的"无忧宫"及其喇嘛庙的真正缔造者，在其执政的60年中——这一数字在中国代表一个完整的轮回，他每年夏天都在那里处理政务。自1796年正月初一（2月9日）退位时起，至1799年2月7日去世，这段时期乾隆皇帝仍十分喜欢居住于此，且他的第十五子，也就是他的继承者嘉庆皇帝每年夏天都会来此探望。后来，嘉庆皇帝同样年复一年地来热河消夏，甚至于1820年9月在行宫中去世。直到那时，热河仍旧一派辉煌。即使到了后来的道光和咸丰年间，中国在政治上屡遭不幸，影响了皇帝到热河休养的兴致，但那里的建筑和艺术珍品必定仍得到了悉心照料，因为自1810年起，宫廷直接委派一位都统掌管那里的事务。咸丰皇帝在离世前不久仍居于热河，他于1860年英法联军占领北京期间逃亡至此，只不过1861年8月22日便在那里去世了。随后，其贵妃叶赫那拉氏，即著名的慈禧皇太后为辅助其子同治皇帝而垂帘听政一事，同样发生在热河。

这一事件之后，便再也没有皇帝来过热河，但热河的建筑在各个都统的管理之下差强人意。自1899年义和团运动爆发之后，由于缺乏维修，特别是缺乏修缮寺院的资金，热河行宫的迅速衰败似乎开始显现。那一时期的很多外国参观者都一致提到过这一点。在1907年的一次旅程中，我在去热河途中看到的皇帝行宫已彻底成为一片废墟，行宫内的建筑十分荒凉，反而是寺庙建筑状态尚佳。由于此期间喇嘛的数量及其收入以及宫廷

---

① 乔治·伦纳德·斯当东：《英使谒见乾隆纪实：包含穿越古老帝国和一小部分蒙古地区时根据粗略的观察所得的信息》（全两卷，附版画，一卷为对开本插图），伦敦：尼科尔出版社，1797年。
② 斯文·赫定：《帝王之都：热河》，莱比锡：布罗克豪斯出版社，1932年，共211页。
③ 雷兴（1882—1961），柏林人类学博物馆管理员，后任加利福尼亚大学伯克利分校汉学教授。参见魏汉茂：《雷兴（1882—1961），汉学家、蒙古学家和喇嘛教专家——生平、作品及与斯文·赫定的书信往来》，奥斯纳布吕克：策勒出版社，2000年，共425页。
④ 关野贞、竹岛卓一：《热河："伪满洲国"最辉煌且值得纪念的文物》（四卷插图本），东京：昭和出版社，1934年，第254页。
⑤ 关野贞、竹岛卓一：《热河》，文本卷，东京：昭和出版社，1937年。

的资助都急剧缩减，所以再无金钱用于维护建筑，而且从后来几年的照片来看，就连值钱的建筑部件、喇嘛塔的铜制刹顶、琉璃瓦以及一些较大的祭拜用品，都被那些生活寒酸的僧人变卖了。自1911年辛亥革命发生之后，维修寺庙大殿之事几乎无人问津，亭阁、游廊和一部分室内区域逐渐坍塌，那些之前还对维护建筑物足够小心的当地政府官员，后来也参与到进一步的破坏行动之中。

在这样令人痛心的情况下，最后一任都统弃城逃亡，将城市和行宫全部留给了日本人，日本军队于1933年3月3日进驻并占领了热河地区。很快，他们开始关注这些已破败不堪的文物古迹。在关野贞的带领下，他们对所有主要建筑设施进行了详细记录，但是其原始状态的许多重要细节已无法辨认。然而那部宏大的著作曾宣称，日本有意进行大规模的重建。书中称，通过如此浩大的工程，清朝统治者的传统将在热河的建筑文物中生动地传承下去，同时将为"伪满洲国"创造一个守护神。事实上，有报道显示，从过去的几年直到1940年①，热河地区的大规模重建工作一直在进行中。②

我们在描述中将还原建筑文物以前尚未受损时的状态，并在叙述口吻上，使人感到那些建筑在现实中仿佛依然完好无损一样。此处将在《中国宝塔》（第一部分）第二章第六节第四小节内容的基础上，以日本区位图为参照，简要勾勒出行宫周围寺庙建筑的总体平面布局。更加详细的信息及历史事件将留待介绍各寺庙时予以阐明。

热河行宫由园林和宫殿组成，坐落在由南部的承德、东部的热河或武烈河以及北部的狮子沟所围合的区域内，向西则延伸至沟壑纵横的高山之中。园林的整个狭长区域被一面围墙环绕，南北最长2.3千米，东西最长约3.5千米。除了东南部大门入口处的大片宫殿以外，园林内还有着众多各种规模的建筑设施。东部平坦地带属于河谷流域，湖泊、小岛和草地遍布其中，这里的界墙处耸立着永佑寺宝塔。自1761年起，它便成为山谷的象征，同时与一座山崖的奇特标志物相对应，《中国宝塔》（第一部分）第二章中曾简略谈及过这座山崖。在此不得不简要介绍一下这个自然的标志物，因为其中蕴含了楼阁建筑、中式宝塔和喇嘛塔共同出现在行宫禁区的内部缘由。

广袤而原始的黑山山脉高1300多米，其北部和东部仍高出山谷近1000米。在这崎岖而荒凉的山间，园林围墙和大型宝塔以东约2.3千米处耸立着这处标志性岩石，它俯瞰所有邻近的山峰，造型极为引人注目，使整个地区都带有它的特色，也令所有的参观者印象深刻。那是一个平坦峰顶上的圆形石柱，由旁边的立方体在冲蚀作用下形成，至少有12米高。欧洲人在描绘中通常将此石柱称为洗衣棒，它确实与古代中国洗衣服时用的

---

① 这一叙述清晰表明，作者的原稿至少增补了直到这一日期的最新内容。——编者注
② 作者的表述也是基于日本人的报道，真实的修整与规模有待专业学者考证。——编者注

棒槌十分相似。事实上，这也是中国民间对它的称呼——棒槌山。关野贞在《热河》中同样也使用了这一名称，不过写作不同的汉字——棒锤山。这一描述更为形象，因为岩柱与一侧的立方体组合在一起，就像是锤子一样。紧挨着方石还有一块被侵蚀形成的小山岩，它的外形轮廓极像一只青蛙或蟾蜍，所以被称作蛤蟆石。马戛尔尼曾带领使节团于1793年9月来访热河，并于1797年绘制当地地图，图上便明确将这两处自然景观标注为蛤蟆石和棒槌山。二者产生一种联系，仿佛蛤蟆石正从棒槌山前面逃开一样。对如此奇特的自然景观加以想象在中国喜闻乐见，有时也可看到追逐石蛙的石狮子。在热河，这种奇特的岩石景观有着重要的作用，因为在它们的影响下，这里的楼阁、宝塔均展现出多种多样的本土特色，完全与行宫附近的自然风景协调一致。喇嘛庙则服务于此，它们于南北两方围绕着行宫，如同一个神圣庄严的拱形，创造出极好的风水条件。

　　本书在论述宫殿园林区永佑寺和须弥福寿之庙的两座大型琉璃塔时，已谈及东侧和北侧的一排寺庙，它们位于热河和狮子沟对面，从较远的距离环绕着园林。所列举的九个数字仅包括其中的大型建筑群，实际上两个区域共有十二座寺院或寺庙。本章中，寺院和寺庙这两个概念将会被交替使用，因为根据建筑的特点和寺院建造目的，"寺庙"这一表达往往比"寺院"更加贴切。这些寺庙多建在山腰上，也有一些位于山坡向谷地延伸的峰顶上。其中轴线平均长200米，有一些寺庙的更短，也有像小布达拉宫这样的大型寺，其中轴线长达600米。东部区域有四座寺庙，北部有八座寺庙，它们的中轴线基本指向行宫园林，只有东部寺院区靠南的两座例外，它们的年代最为久远，建于康熙年间（1713），其中轴线为南北走向，因此与行宫不存在位置关系。在乾隆皇帝的推行下，这里的建筑才开始出现中轴线指向中心的统一的风水布局。

　　虽然我们只详细研究三座带有喇嘛塔的寺院，但仍将列出现存的所有十二座寺院，以建筑的空间顺序提供一个固定框架。①

位置	寺庙名称、编号	建造时间	其他
园林内	永佑寺	1751年	舍利塔（1754—1764年）
东部寺庙群，从南侧开始	1号溥仁寺	1713年	
	2号溥善寺	1713年	
	3号普乐寺	1766—1767年	喇嘛塔
	4号安远庙/伊犁庙	1764年	

①原文还有时间顺序列表，与空间顺序列表内容多有重复，故此省略。——编者注

位置	寺庙名称、编号	建造时间	其他
北部寺庙群，从东侧开始	5号广缘寺	1780年	
	6号普佑寺	1760年	
	7号普宁寺／大佛寺	1755年	喇嘛塔
	8号须弥福寿之庙／（班禅）行宫	1780年	喇嘛塔
	9号普陀宗乘之庙／小布达拉宫	1767—1771年	喇嘛塔
	10号殊像寺	1774—1775年	
	11号广安寺／戒台寺	1772年	
	12号罗汉堂	1774年	

热河为研究与宏伟建筑群相关的长排式喇嘛塔及其对宝塔理念的应用，提供了一个独一无二的机会，这些建筑的意义、历史渊源和建筑风格对我们来说都十分熟悉，它们共同构成了一个统一体。因此，后文将把这一实例作为一个整体详加论述，以便展现在迥然不同的政治宗教前提下所产生的中国部件可达到如何之高的连贯性。

二、普宁寺（大佛寺）

普宁寺（7号）是北部寺庙群中从东数第三座寺院，因主殿大乘之阁中供奉着巨大的观世音菩萨造像，民间也称之为大佛寺。它建于1755年，是乾隆皇帝在其行宫园林之外建造的众多喇嘛式寺院中最古老的一座。当时，在后来的东寺庙区南部早已存在两座建筑群，即溥仁寺（1号）和溥善寺（2号），这两座寺院是1713年诸多蒙古王公贵族为庆贺康熙六十大寿而修建，那恰好是康熙皇帝1703年开始规划修建避暑山庄的10年之后。42年后，乾隆皇帝选择在这两座老寺所在的南北线上修建一座新寺院，不过地点选在此线最北端，即热河对岸的北部山脉阳坡，那里也是热河由东向南的转弯处。随后不久，那里又成为璀璨的北部寺庙区八座寺院的开端。

普宁寺内建有四座布局独特的喇嘛塔，该寺的修建主要源于政治因素。在长期动荡的西陲，在蒙古和伊犁地区，康熙皇帝已征战讨伐了数十年。1753年，各方又爆发激烈冲突，乾隆皇帝出兵干预。1755年，他首次获得全面胜利，使准噶尔暂时归降，承认其最高领导权。为缔结和平，乾隆皇帝于同年秋天征召参与平叛的蒙古王公贵族来热河朝觐，在避暑山庄为厄鲁特四部贵族封爵，至此海内一家。据说，乾隆皇帝仿照先帝在喀尔喀来降后在多伦淖尔建汇宗寺的先例，为来自蒙古地区的客人们修建了热河普宁寺，而且为使蒙古族人虔信黄教，特依照藏族三摩耶庙建寺。三摩耶是指与现实世界脱离、适于惊觉或禅修的时间。这座寺庙建筑实则代表皇帝的一种宣言，它借喇嘛教及其神圣的寺庙样式表明，蒙古部族应更紧密地依附于皇室和大清。

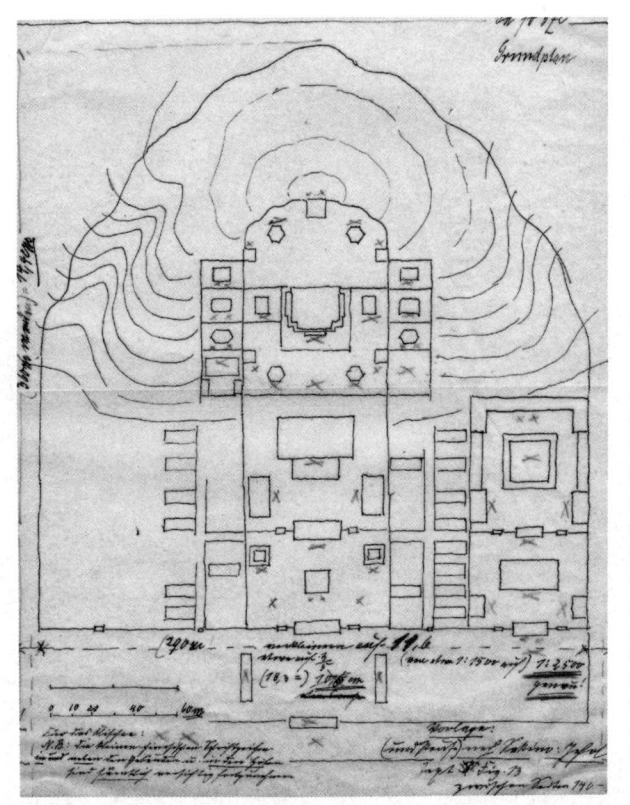

图315 热河普宁寺（大佛寺）平面图

在此无法具体描述这座极为出色的寺院建筑。从区位图中足以看出，原寺庙依三条平行的轴线布局。中间的中轴线上，前方庙宇为汉族传统建筑风格，后方为中心对称式的主体建筑，它随山势层层而建，北面围以弧形围墙，中轴线末端还有一个可供通行的小型建筑。两侧轴线上的各建筑物相继排列在各平台上，东南和西南角上的封闭区域内有一些平行分布的居住建筑，那是喇嘛和准噶尔部族人的住处。

在此，我们只研究寺庙后半部分的主体建筑。寺庙前半部分的尽头是一座长形大殿，它同时也是后面藏式建筑的起点，殿内供奉着三大师①——过去佛、现在佛和未来佛。在主体建筑的平面图中，布局的固定规律便已表明这是一座井然有序的佛教世界建筑，而前面的三尊佛像则为其拉开了序幕。从整体来看，中心建筑大致呈边长约70米的正方形，随着北部山体急剧抬升，建筑也仅在此处自然加宽，围墙随山势自由延伸，其线条类似龙形。最北边五座建筑物的位置显著升高，但仍精确地嵌在这一严整的平面图中。

这一佛教世界建筑的中心便是前面提到的雄伟壮观的大乘之阁。它既是真正的主殿，也是整个寺院中远远就能望见的标志性建筑，殿内藏有巨型观世音菩萨立像。造像贯穿全部四个楼层，按中国常用的计量方式，其高度为72尺，共有36只手臂。事实上，

---

①应指"三世佛"。——译者注

图 316 热河普宁寺（大佛寺）

图 317 热河普宁寺（大佛寺）西南侧。刊于关野贞和竹岛卓一合著《热河》第二卷，插图 42

图 318 热河普宁寺（大佛寺）侧面。刊于关野贞和竹岛卓一合著《热河》第二卷，插图 43

我测量了包括造像基座在内的总高，正是 21.5 米，不过手臂有 42 只，36 大概是其中组成背光的手臂数目。每一只朝向前方的手掌上都有一只眼睛，且每只手上都拿着众多法器中的一种。这尊观音慈眉善目，秀美异常，头戴一顶雍容华贵的冠冕，冠前挂着一条纤细的白色哈达——这条丝巾是中国西藏和蒙古地区欢迎客人时的礼物，哈达一直垂至额头中间半睁的竖眼处。另有一条巨幅哈达长 5 丈，即 50 英尺或 15 米，从观音像前方两手处一直垂到地上，它是蒙古王公贵族所献之物，为向这位象征和平和悲悯的菩萨表示深厚的敬意，而这里的观世音菩萨已在皇帝的护佑下，成为新政治结盟的庇护者。因为造像塑造的形象不但是闻名于世、以慈悲为怀的观世音菩萨，而且还是千手千眼大慈大悲的观世音菩萨。这位慈悲的菩萨是佛教世界法则的化身，而中国中原地区、蒙古地区和西藏地区皆尊崇此道。在此标志下，这里出现了一些与之相伴的佛教世界建筑中的象征符号，那些构建出数字"五"和"八"的图景则最能体现出佛教世界建筑的全貌。

雄伟的长方形阁式大殿顶部覆有五个攒尖顶，中间的一个方形攒尖顶较为高大，四角的方顶则相对矮小。如此一来，大殿的屋顶就像由五座塔组成的金刚宝座塔一样，出现了象征宇宙起源的数字"五"，殿内则是宝塔所供奉的神像，而攒尖顶上的五个巨大宝顶更是清晰地突出了数字"五"。在显得格外宽阔的大殿稍远处，围有八座砖石材质的楼

图 319 热河普宁寺（大佛寺）大殿内部的大佛。刊于关野贞和竹岛卓一合著《热河》第二卷，插图 66

图 320 热河普宁寺（大佛寺）的大佛

图 321 热河普宁寺（大佛寺）

图 322 热河普宁寺（大佛寺）塔殿和两座喇嘛塔。刊于关野贞和竹岛卓一合著《热河》第二卷，插图 1

式建筑，它们以四个为一组，对称分布，形成造型各不相同的两组建筑。

编号为1—4的四座楼阁式建筑伫立在大乘之阁的南北两侧，共两层。底层平面均为边长3.2米的六边形，南面设拱形大门，内部有向上的楼梯。南部1号和2号建筑的第二层则为方形平面，外部设有回廊，墙上有藏式假窗，南北两面均辟小拱门。北部3号和4号建筑的第二层与下层同为六边形平面，外面没有回廊，而是直接立在檐坡上方，墙上同样辟假窗，但是仅南面有一个拱形小洞。1—4号这几座楼阁式建筑顶部为平台，外墙被刷成白色，因此被称为白台，这个贴切的名称被用在热河寺庙群的所有此类建筑中。其外形或长或方，体现出藏式建筑的特点。

在此主要介绍的是位于大殿东西两侧的1—4号喇嘛塔，每座塔都建在一座方形白台的上层平台围栏内，白台的南面和北面均可出入，墙上配有假窗，内部设有楼梯。

八座小楼中北边的四座所在的平台要高得多，八座建筑构成的整体可以想象为一个八边形，不过各对角线上的两座建筑距离更近，因而所产生的图形又像一个四角呈斜角的长方形，其主边位于东南西北四个主方位上，间距较大，而平面为六边形的四座小楼和平面为方形的四座喇嘛塔塔楼又分别组成两个十字相交的矩形。于是，大乘之阁四周围绕着由长方形、正方形、八边形和圆形构成的几何形系统，以及数字"一""二""三""四""五""六""八""九"，它们共同创造出一个充满活力的有机体，它通过建筑艺术，对处于核心位置的大殿和如同一个力场中的其余平面区域进行了和谐的划分。

佛教和喇嘛教思想世界的呈现有着明确的依据，因为这一思想世界能够将所有散发着无穷魅力的现象和力量随意分解得细致入微，但又维持在一个固定的结构框架之中。大佛寺的这张简图便说明了这一点，尽管无论从总体上还是细节上，仍不能阐明其全部内涵。

四座喇嘛塔的造型清晰地表现出塑造不同样式时的喜悦。其起决定性作用的主塔身各不相同，只有一系列伴随特征相一致。所有塔均设向内两重折角的厚重基座，圆形相轮仅略呈锥形，最底层相轮为一个大的圆环，上面十二层则为小圆环。

此外，四座塔的刹顶构造完全一致，即包括一个悬挂着风铎的宽大伞盖和一个承露盘，二者结为一体，上面雕凿着镂空图案，再向上置仰月、圆光和五重火焰宝珠，所有构件均由绿色或镀金的铜制成。四座塔的塔肚也呈相同的结构，都分为上下两部分，且上层塔肚南面中部都设有一个华丽的壁龛，内有时轮金刚咒，或称十相自在图，那是代表十种无上力量的藏式符号。象征符号的这种排布与整座寺庙的南北轴线相一致，也与大量白台建筑严整的立方体形貌相协调。四个壁龛全部朝向南面，而非面向中心的大乘之阁，说明在壁龛的设计上，更优先考虑的是建筑学上的轴向布局。

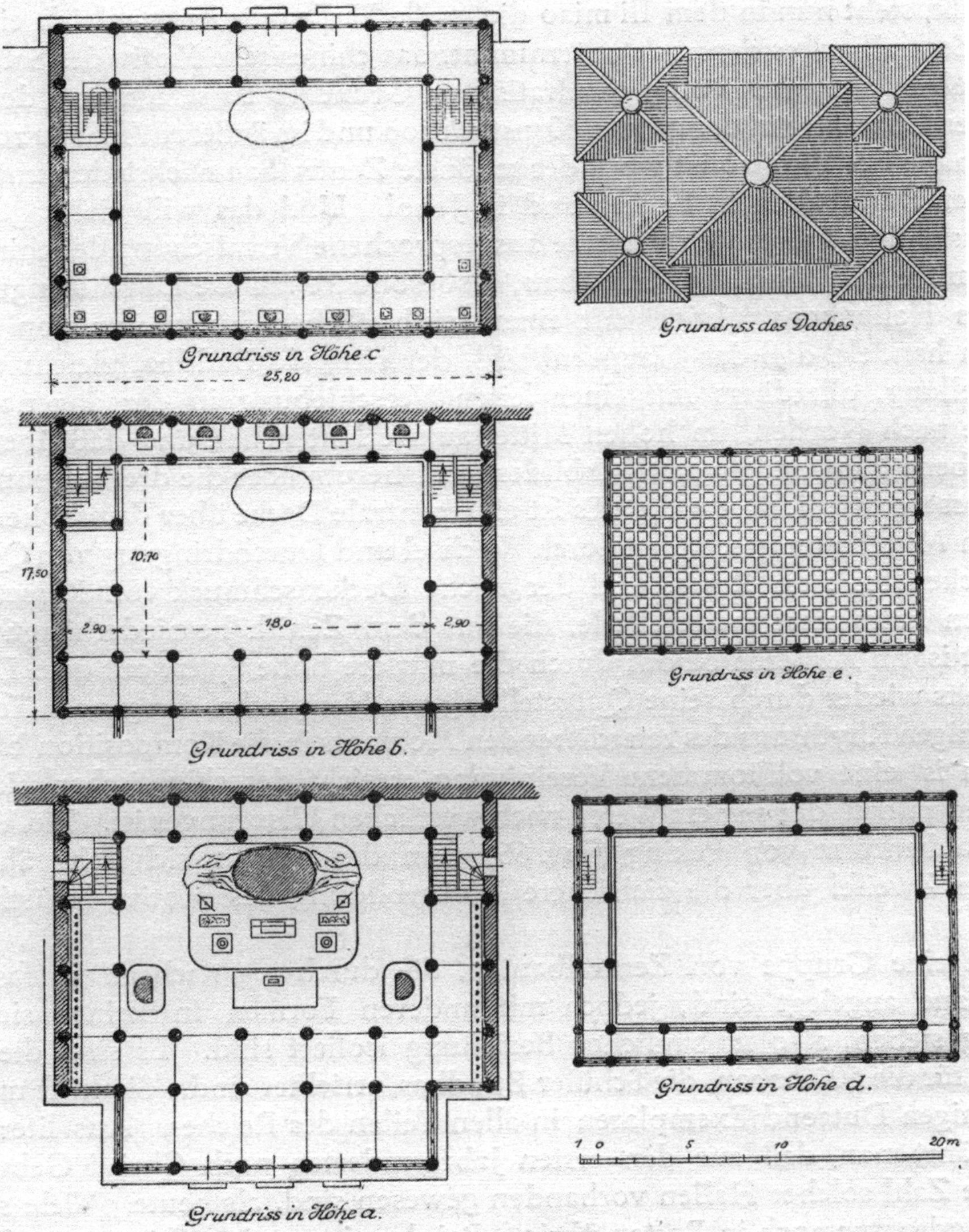

图 323 热河普宁寺（大佛寺）大殿的平面图。刊于《中国建筑》上册，第 56 页，插图 18

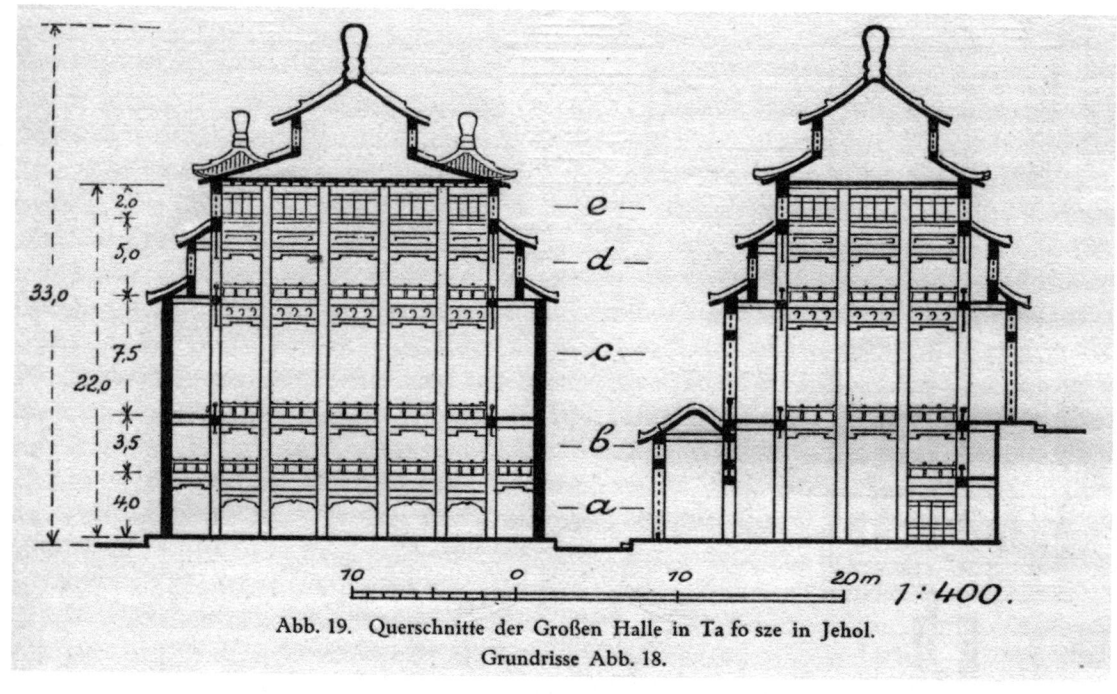

图 324 热河普宁寺（大佛寺）大殿的剖面图。刊于《中国建筑》上册，第 57 页，插图 19

四座塔的双层塔身之间，以及塔身与下方基座和上方相轮的连接处，均通过双层莲花线脚装饰加以分隔，这是大家所熟悉的仰莲覆莲须弥座，简称仰覆莲座。其他喇嘛塔中常见的束腰在此完全省略，由仰覆莲座同时构成上下塔身的边饰。只有中部两个莲座间的束腰位置上还有第三圈凸起的装饰，它从属于下方覆莲座，但略显突兀。

除了这些一致的特征以外，四座塔的双层塔身在造型和装饰以及釉彩的颜色上都各具特色。这种处理方式背后的象征意义暂时还不明了。

东南部 1 号塔被分解成两个倒锥形塔肚，类似于一种花盆的样式。锥形的平面上规则地装饰着三排交错分布的莲花图案。这些莲花又称莲华，花朵向前方盛开，能够看出最早开放的莲瓣，象征圆满。南侧因时轮金刚咒壁龛的存在而省去了几朵莲花。相轮底层的粗壮圆环，即相轮大轮，及其下方的塔颈上，布满了雄浑有力的涡卷形和卷须形浮雕，这些藤蔓浮雕从中间的一大束向两边延伸，直至末梢，其线条明显出自乾隆时期宫廷中的耶稣会建筑师之手。相轮环和塔颈上的这种醒目浮雕也以同一式样重复出现在所有四座塔上。

西南部 2 号塔的塔身被分解成两个多面水晶样式塔身，它的平面数因各角上的双重折角和多个上下斜面而被大大增加。双重塔身的八个主要平面以及两条宽带的竖边上都镶嵌着边饰精美的小壁龛，龛内各有一个造型华丽的独股金刚杵，且均为同一式样。它有破除魔障之功用，共 32 个。上半部分塔身中间的小壁龛再次被时轮金刚咒壁龛代替，

西洋镜：中国宝塔 Ⅱ（下） | 342

它与其他外形相同的小壁龛相比是最大的一个，自然而然占据着主要地位。

西北部3号塔的莲座间的塔身由下层底部宽大的半球体和上层的小型球体构成，底层的半球体形似覆钵，上层的球体就像真正的至圣之所，代表水球，即象征所有生命的终极境界——"空"。两个塔身的曲面上各装饰着六个较大的轮形符号，上层塔身的南面的一个轮同样由壁龛替代。轮毂处有一圈花饰，八个轮辐穿过轮环后的末端均为三重宝珠。

东北部4号塔上出现了与东南方1号塔①相同的圆锥体塔身，不过这里的两个塔肚宽面在下，其整体轮廓与相轮近似。因此下层塔身底部只有一层莲座，上层塔身的底部莲座悬空露出，因此这几个位置没有形成底座结构。两个锥面各装饰着十二个因陀罗所执的二股金刚杵，且分为两组，即六个垂直、六个水平，整个序列看起来极具装饰性，对比强烈。上层塔肚壁龛处同样缺失了几只金刚杵。

四座塔分布如下：

西北：球形和半球形塔身（饰以金轮）

东北：两个立锥塔身（饰以二股金刚杵）

东南：两个倒锥体塔身（饰以莲花）

西南：两个水晶样塔身（饰以独股金刚杵）

如前所述，在此无法对不同位置的宝塔所选的各装饰元素做出确切的解释，尽管其背后必定存在某种特定意图。

遗憾的是，关于四座塔及其塔身和相轮底部建筑构件上的釉彩分布问题，关野贞和竹岛卓一在其著作《热河》中只是做了大致说明，而我本人在短期的考察中，甚至没有来得及对此加以注明。根据书中的记载，主要使用的颜色包括黄、绿、紫、群青②和黑色。闪耀的琉璃彩将视觉效果发挥到极致，那些发光的点、构件和符号又在折射出的五彩光线中，映现出佛祖的伟大光辉。此外，旁边的大殿殿顶及其饰件上同样施以琉璃彩，而琉璃顶正脊上的装饰除了各种不同的象征符号外，也有一些小型的琉璃喇嘛塔。整座寺庙的平面设计气势恢宏、排列有序，山坡上的区域因大范围分解成这种形式多样、色彩鲜艳的建筑体，而增添了令人欣喜的魅力。这是喇嘛教"内在宇宙"的真实反照。

---

①德文原文为"5号塔"，原文应有误。——译者注
②群青，一种绘画颜料。群青色是一种较为鲜亮的深蓝色。——译者注

图 325 热河普宁寺（大佛寺）佛塔

图 326 河北承德普宁寺(大佛寺)佛塔。查杉拍摄,2013 年

图 327 热河普宁寺（大佛寺）2号佛塔西南面。刊于关野贞和竹岛卓一合著《热河》第二卷，插图 71

图 328 热河普宁寺（大佛寺）4号佛塔东北面。刊于关野贞和竹岛卓一合著《热河》第二卷，插图 73-1

图 329 热河普宁寺（大佛寺）3号佛塔西南侧的喇嘛塔。刊于关野贞和竹岛卓一合著《热河》，插图 72-2

图 330 热河普宁寺（大佛寺）3号佛塔西北面。刊于关野贞和竹岛卓一合著《热河》第二卷，插图 72-1

图 331 热河普宁寺（大佛寺）1号佛塔

三、普乐寺

在修建上文所讲的普宁寺9年之后,乾隆皇帝于1764年下令在其南部、热河对岸的山上建造另一座寺庙,即安远庙(4号),以纪念边远地区的平定。1759年,遥远西部的新一轮战乱得以终结,当时这一有着一千两百人的准噶尔的另一部族便从他们的家乡伊犁迁居至热河。他们在这里得到了属于自己的寺庙,而且是一座以他们家乡最重要的圣地固尔扎都纲①为原型的寺庙。固尔扎都纲位于原准噶尔汗国首府固尔扎、伊犁河北岸,但已毁于战争。

因此,热河这座替代寺庙安远庙又俗称伊犁庙,至少我在那里打听到的情况是这样。福兰阁称其为"榆林庙",对此,尚无法证明它们之间存在相应关系。寺庙的标志是一座高耸的四层楼阁式建筑,它同时也与河对岸7号普宁寺的那座楼阁式建筑遥相呼应,令人印象深刻。

安远庙中并没有独立的喇嘛塔,仅在楼阁式建筑的高大屋脊上装饰着一个小型喇嘛塔。特别提到这个建筑群,是因为它的创立同样是为了表示对降服并迁居于此的准噶尔人的政治关怀,而且其建筑地点和楼阁式主题的选择直接影响了两三年后建于附近的普乐寺(3号)。安远庙的建设实则为按喇嘛教风水全面规划行宫周边地区,迈出了决定性的一步。因为由此一来,东侧寺庙群的建设一举敲定,楼阁式的建筑理念也最终成型,特别是在行宫东墙内侧、紧邻河谷处新建的永佑寺大型塔,也同样于1764年结束了工程。自此,这座宝塔同普宁寺和安远庙中的楼阁构成一个和谐的三角,而东侧风水的完整就只差普乐寺中的圆形建筑。这座建筑正是下一个建造对象,它建于1766—1767年,也大量运用了喇嘛塔建筑。

新寺庙(普乐寺中的圆形建筑)的中轴线向东恰好直指约1000米外的棒槌山奇石,向西则与同样相距1000米远的永佑寺宝塔相对。这座寺庙伫立在该地区最重要的两个

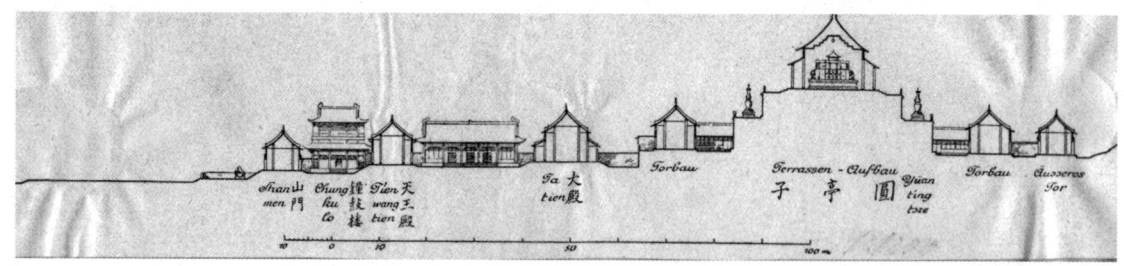

图332 热河普乐寺的剖面图

---

① 亦写作"固勒扎都纲",又名金顶寺。其所在地固勒扎因该寺而得名,现属新疆伊宁市。——译者注

连接点之间，但稍微向南偏离出两点相连的直线，因为这样既与山脊的位置协调一致，又符合风水的规定，即不允许在起伏多变的地形中，把不同种类的建筑作为重要的点，排列在一条直线上。自然环境中存在着能量不等的作用力，因而几乎始终应遵循离心式或非线性的排列规则。

普乐寺大致位于东寺庙区的南北连线上，与南端建于康熙时期的最古老的寺庙距离极近。普乐寺坐落在一座小山之上，此山为横向走势，耸立在热河河床明显变宽处的正东方，其走向与寺庙中轴线的方位一致，即大概指向西边行宫园林的中部。具有象征性意义的主建筑前立有一通柱形石碑，碑上用四种文字刻着有关建寺情况的御碑文。根据碑文内容，这座寺庙建造于乾隆三十一年（1766）正月至次年八月。建筑风格上紧密融合了传统汉式寺院和喇嘛庙的特点。普乐寺之所以声名远播，是因为其宏伟的圆形大殿在样式上模仿了北京的那座圆殿，因而俗称圆亭子，并且这一通俗易懂的称呼也被用作整座寺庙的别名。建筑设计上似乎有杰出的专家共同参与，其中自然一定包括汉族人。但除了他们，据碑文记载，还询问过章嘉国师的意见，寺院也是根据他所提供的信息而建成。这位国师不是别

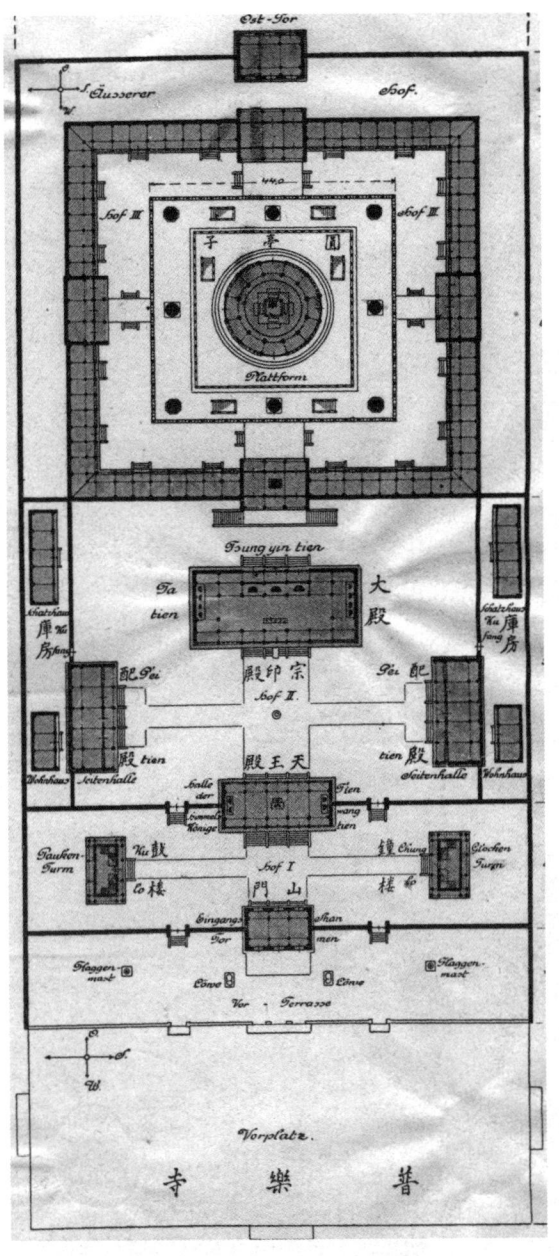

图333 热河普乐寺的平面图

人，正是我们在五台山那部分内容中了解到的章嘉·若必多吉，那位常驻北京和热河地区的喇嘛教领袖，也是乾隆皇帝十分信任的朋友。在此项工程中，他负责使建筑遵循准确的喇嘛教符号体系。因为这座寺庙自然也应对中国新疆、蒙古和西藏地区部落民族的安定团结起到促进作用，他们应该在皇室宫廷的所在地重温他们熟悉的宗教习俗和礼拜仪式，并通过礼佛活动，使他们在中原地区就像在自己的家乡一样。关于寺庙建造的缘由，碑文中的记载如下：

图 334 热河普乐寺（圆亭子）的主佛坛。刊于《中国建筑》，图 71—72

图 335 从东南部山脉望向热河普乐寺

乾隆乙亥，西陲大功告成，卫拉特各部长来会时事，尝肖西域三摩耶，建寺曰普宁……越岁乙酉，复于迤左，仿伊犁固尔札都纲，建庙曰安远……而新附之都尔伯特，及左右哈萨克，东西布鲁特[1]，亦宜有以遂其仰瞻，兴其肃恭，俾满所欲，无二心焉。

福兰阁称，碑文中还提到了不久前刚发生的准噶尔部落归降一事：

惟大蒙之俗，素崇黄教，将欲因其教，不易其俗，缘初构而踵成之。且每岁山庄秋巡，内外扎萨克觐光以来者，肩摩踵接……自西人之濒于涂炭也，揪隘贴危，不能终日，朕则为之求宁焉。既宁之后，奔奏徯徠，室家还定，朕则为之计安焉。既宁且安，其乐斯在。

总而言之，在遥远的新疆地区，在准噶尔和伊犁，必然有过旷日持久的战事，现在则即将进入长久的和平期。在某种程度上，普乐寺这座建筑便代表着摆脱战事、获得胜利的高潮。因此，它同时呈现出传统中式建筑和喇嘛教中的象征符号样式，特色尤为鲜明，值得进一步阐述。其中，喇嘛塔扮演着十分突出的角色。

整座寺庙中，至关重要的便是构成后半部分主体的象征性文物建筑。它的前方是一个典型的汉式寺庙区，样式简单，寥寥几座大殿坐落其中，相互之间并无联系。所有的大殿均为礼佛而建，只有很少的几间房屋是僧侣住所，狭小的别院中还有两间极小的小屋可供一些看守居住。所以整座建筑群不应被称作寺，而是庙。寺庙规模相当可观，其建筑面积总长214米，宽92米。广阔的前半部分寺庙区包含两个前院和两个正院，长为133

图336 热河普乐寺南侧立面。刊于关野贞和竹岛卓一合著《热河》第三卷，插图12

---

[1] 布鲁特，柯尔克孜族。——译者注

米。这里只有最必不可少的建筑设施，包括两座正门建筑——第二座内供奉的是弥勒佛和四大天王，旁边的小侧门可供出入，入口两侧置钟楼和鼓楼。主院内，两座配殿倚墙而建，它们的另一边是独自耸立的主殿，面阔七间，进深五间。殿中供奉的是分别代表过去、现在和未来的三世佛，两侧分列八大菩萨。我在1907年5月24日考察时，入口的后面还有五个乾隆年间的精美青铜容器。

这座正殿被称作宗印殿，或许也与皇帝及其修建普乐寺的政治意图有关。这一名称在此不应简单理解为佛陀的圣迹或是佛祖，而是代表准噶尔人远方先祖及其信仰的印记与遗愿，更是皇家的证物与标签，证明对现已迁移至中原的准噶尔人来说，此后皇室才是其"宗"，并由此成为其信仰的资助者和庇护人。紧邻宗印殿后，两段左右对称的台阶通向上方的主体建筑，即一个边长为69米的正方形建筑。这层方台与围廊处于同一高度，比前半部分的汉式寺庙主院的地平面高3.42米。底层台上又起两座中央方台，分别高6.24米和4.82米，最高处平台共高出前半部分的汉式寺院14.48米。在那之上仡立着一个圆形大殿，高约18米。整个建筑总高约32.5米，这一数字本身并不过分，但由于建筑坐落在小山之上的空旷环境中，而且四周围合的建筑设施与中心的圆形大殿组合在一起，共同构成了一个独特的轮廓，所以整座建筑便显得尤为雄伟壮观。

整个用以祭祀的方形平台的北、东、南三面围有三个狭长的院落，其外墙又同前半部分的汉式寺院建筑结合为一体，整座寺庙的东端还有一个山门通向外面。中轴线指向西部，然而在整座建筑群内，则相当于传统意义上的南向轴线。前面提到的双向台阶就位于中轴线上，通向四个门殿中的主门。最外层方台四周环绕着廊庑，四个门殿便分布在廊庑的四个主方位上，它们实际上暗指佛教世界建筑的四方天门。那座最重要的门殿中央有一座雄伟的大理石碑柱，正方形平面边长1.35米，碑体总高4.61米，基座和碑首处雕满了图案。碑柱边缘装饰着条状纹饰边框，四个碑面的大片光滑处以汉、满、蒙、藏四种文字，雕刻着前文提及的乾隆皇帝手书碑文，文中记述了建寺缘由。我们收集了大量此类以四种文字撰写的碑文，且均出自乾隆年间。此处这座石碑给人的印象最为深刻，它刚好出现在象征性建筑中轴线上的入口处，而且如乾隆皇帝要求的那样，已经位于这座建筑的范围之内。

与亚洲其他国家情况类似，我们在中国所见到的此类奇妙而独特的建筑，是佛教教义与中国思想符号的结合体。须弥山尤为如此，那座山位于神话中的世界中心，同时也是每个佛教世界的轴心和诸天之根基。它在此被塑造成一种符合建筑这一表达方式的抽象形态，但与此同时，其精神内涵对了解它的人来说，反而体现得更加清晰透彻。宗教经典中环绕须弥山的七重山变成了这里带有四方天门的方形回廊，海水被省略掉了。外围方台正中的另两层方形平台便是须弥山本身，两座台无论在东西方还是南北方，均可通过内

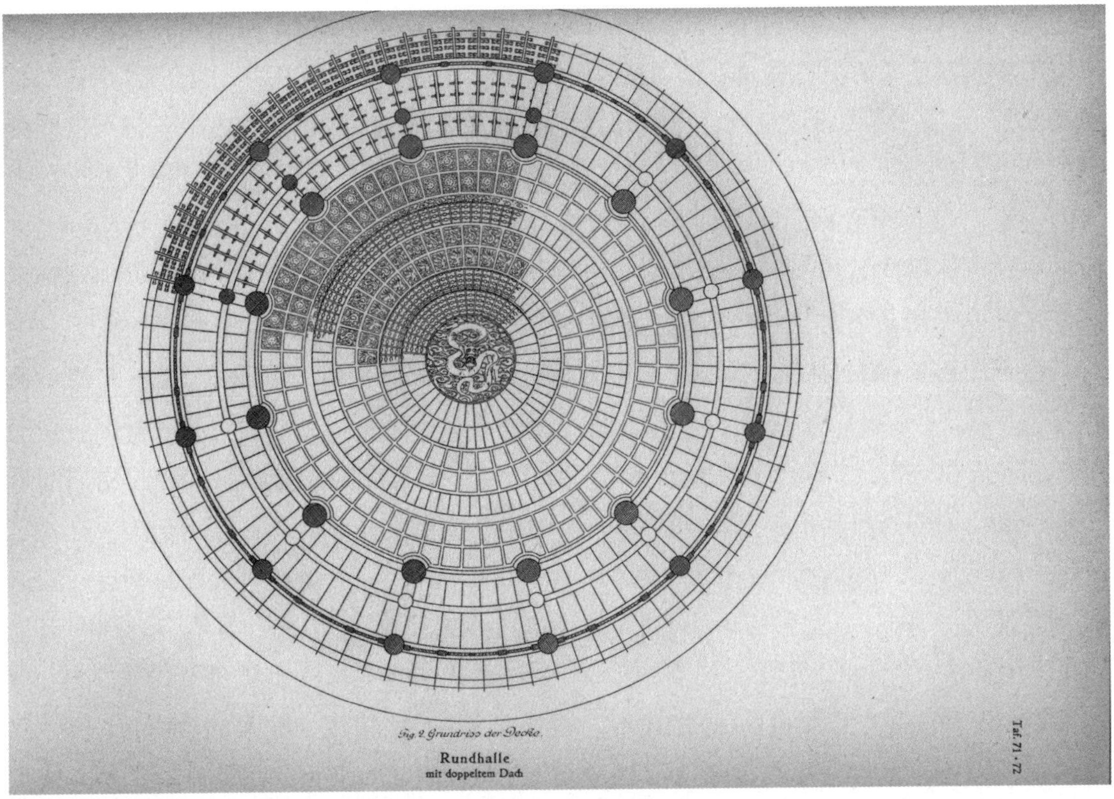

图337 热河普乐寺（圆亭子）木穹顶的局部平面图。刊于《中国建筑》上册，图71—72

图338 热河普乐寺屋顶结构　　　　　　　　图339 热河普乐寺主佛坛

部的台阶登临，出口处建有相应的庑亭。下层台护墙上砌雉堞，台上四角和各边中点置琉璃喇嘛塔八座，对此还将做进一步介绍。上层台四周环以大理石栏杆，此台为主平台，称为经坛，台顶设三层圆形台阶承托圆形大殿。大殿平面可等分为十二部分，顶部为重檐攒尖顶。前文已经提到，其外形模仿了同一类型中等级最高的一座建筑，即北京天坛内宏伟的三重檐攒尖顶圆殿，此殿为明朝永乐皇帝于1420年开始建造。就连殿顶的巨大宝顶也与北京那座建筑以及其他同类的古老中式建筑完全一致。此外，这种巨大的宝顶早已在热河——也就是在普宁寺主殿上的五个正方形攒尖顶之上出现过。

根据中国人的传统观点，双重方形台基可理解为"阴阳"，与之对应的还有两重檐的攒尖顶。此外，圆形大殿建在方形台基之上代表着天在上、地在下，同样表达的是阴阳结合的思想。被十二等分的大殿平面则代表黄道十二宫和十二个月份。因此，中间的这一建筑所描绘的是古代中国的宇宙世界。这个圆形的大殿有着不同寻常且意义深远的名字——旭光阁，就好像随着它的建造以及伟大中国的保佑，一个新的时代即将开启一般。在这座建筑中，中心理念贯穿始终。北京天坛的祈年殿为祭祀祖先和自然界的神明而采用了一种祭坛布局，相比于中心的圆，它优先关注中式的巨大轴线及其重要的基准点，例如天空、皇帝的祖先和北极[1]。而在普乐寺的圆形大殿中，相较于隐含的中式宇宙观，佛教和藏传佛教的宇宙世界则重新取得优势。因为大殿内部几乎被一座完全占据中心地位的佛坛所填满，它完成了由圆至方，再从方经过另一个圆达到中心点的转变。

此佛坛生动地阐释了佛教世界系统，它伫立在圆形大殿内富丽堂皇的木穹顶正下方。穹顶上布满格状天花和斗拱，它们是在内部巨型木柱网的基础上搭建而成。佛坛通体木制，底部为木制圆形台基，它仅为圆殿立柱内的空间留下了一条宽1.1米的狭窄通道，并占据了余下的整个面积。台基外表面总高1.75米，由圆形线脚、束腰和带状装饰构成，所有部位均雕刻着华美的莲瓣和卷须。上部边缘围以极矮的栏杆，造型无比精致。台基平台上，正方形高坛与圆形栏杆之间摆放着大量小型塑像、各式物品和象征物，如欢喜佛和众多神像、罗汉、天神、战士、树形小珊瑚、矮柏、矮松、蛇、吊挂着的人、祭祀用品、镜子、火焰、神剑等。所有这些物品都是现世的象征物，同时能够驱除邪魔，保护供奉在佛坛中、降临在人世间的神明。

在被完全填满的有限空间内，可用于拍摄的只有很小一段距离。在这种条件下，无法拍到佛坛的全景图，甚至没有能够说明情况的照片。幸运的是，5天之后，我在小布达拉宫找到一个普乐寺主佛坛的模型，上面呈现出所有的局部细节，而且显然这是一个原始模型，1766年由乾隆皇帝敕造、在章嘉呼图克图若必多吉的督导下完成的圆殿大佛坛

---

[1] 中国古代认为"天圆如张盖"，而北极是天的最高点，也是其中心。北京天坛祈年殿的设计蕴含这一象征意义。——译者注

便是以它为原型。借助于对这一模型的测绘，通过佛坛自身的细节情况和绘制的图示，我们得以详细了解这件作品的全貌。它作为须弥山的又一抽象化形象，可看作是整个雄伟的寺庙建筑群的中心点。下层台上的八座喇嘛塔也以它为中心，并由它衍生出自身的含义。

真正的高坛由另一个类似立方体的基座和上方开敞式的神龛构成，前者边长5.5米、高2.3米，后者高5.2米，因此将内坛的底部圆形台基包括在内，建筑总高为9.45米。通透的龛体由简单的框架搭建，底面为边长4.5米的正方形，到主檐上缘高3米，檐上覆以露天的正方形攒尖顶。神龛每个侧面都由角柱和两个排列紧密的内侧支柱划分成三个敞开式区域。两侧的面积较大，以大网眼的铁丝栅栏封住，但又确保足以看清内部。中间的区域较窄，但没有遮挡视线的物体。各面前部均建有一门，为典型的印度风格，且门所在之处的基座向外凸出，上面有五级象征性的台阶从底部圆形平台延伸至神龛的地面。台阶的凸出部分前还有两段台阶通往高处，每段十八级，如同皇宫或高规格寺庙大殿入口处的御道那样。不过这里的中轴以龙凤图案的大理石板为标志，而在小布达拉宫则使用了一种极为独特的式样——四根弧度饱满的拱形木棍侧面带有棱角，向前逐渐变细，从上、下、左、右四个雕有华丽纹饰的金属托座中延伸出来，交汇于五级台阶中间一级的前方，中间的十字交叉点上有一个四面的钮形物。对这些拱形最合理的解释是象鼻，也就是说每个门前有四头大象。这十六只象保护着台阶处的入口免受魔障侵入，同时也象征性地承托着佛像。

大门建筑本身为人们所熟知的典型印度式造型。宽阔的门洞两侧各有四根中间膨起的细长立柱排列成紧密的一束，它们的细节部分并非完全按照模型制作而成。这些立柱支承着层层铺砌、向上高耸的梁架结构，其间点缀着若干球体，最高处的梁木上以纹饰精美的木条封顶。门洞内缘装饰着雕刻精美的边框、引人注目的飘带和字牌。在大门和神龛之间，竖立着一个开口窄小的独立构件，就像是中间的一座门，其主檐上同样布满了大量精心设计的棕叶饰，这一纹样的无穷重复极具印度特色，神龛周身装饰的也是此种元素。在主檐的四个转角，以及四座大门各自最高的两个角上，分别竖有红绸绣花宝盖，共计12处。神龛顶部中心处为攒尖顶，顶端饰以佛教中以八条轮辐构成的金轮。木穹顶上布满了繁复华丽的彩绘和镀金云纹浮雕，一条正面的龙在此盘曲着身体，它紧闭的大口向下探向藻井中部，似是渴求，又似保护那颗从穹顶垂下的巨大白色宝珠。宝珠象征着圆满，正从龙口中落向攒尖顶上的法轮，也落向佛坛内部的神祇。

龛内供奉的佛被称作上乐王佛，是一尊白身立姿像，大约为真人的1.5倍大，共有三面十二臂。其中两面向侧，中间一面与其姿态相应，朝向中轴线所指的西方，即相当于通常情况下的南向。这是圆形大殿和佛坛内唯一与轴线产生些许关联的地方，所有其他各处均呈中心式排布。菩萨额间有第三只眼，头戴一顶五佛冠，每一冠叶上又有一个小型佛像。小佛像显然就是文殊菩萨，五台山的保护神。这位菩萨出现在这里，可能与清朝皇帝自称是文殊菩萨的化身有关。在所有皇帝中，乾隆皇帝曾多次提及这一观点，而在普乐寺，他则通过这尊造像，再加上与准噶尔人相关的历史事件，以极不起眼的方式使人联想到这层关系。此外，这尊菩萨在此显现为喇嘛教中的形象，但容貌并不狰狞，也没有佩戴骷髅项链或骷髅冠，不过他拥抱着他的女像——娇小而优雅的夏克提，她的右腿缠在他身上。此类菩萨与其女性力量、怛特罗众神之力的结合，在藏传宗教文化中十分常见，这种表现意指某种创造，是对世界秩序的特殊干预，其目的或许是为了在陌生的国度守护藏传佛教的信仰。在准噶尔人回归中国的历史转折点，这一思路或许对造像及其位置的构思发挥了一定作用。在我考察期间，这种愿望得到进一步证实。当时龛室内还有两组类似的双身造像，也就是俗称的欢喜佛，为镀金铜像，比真人略小。另外，神龛每个转角处的外部主檐下方还有四尊舞姿小造像，共计十六尊，其数量与四面象鼻之数一致，它们在祥云之上翩翩起舞，栩栩如生，仿如陶醉于灵界。从形式上来看，佛坛上属于纯藏传佛教的部分并不多，但是足以为传统中式和印度佛教的氛围带来至关重要的藏传佛教特色。

从地理位置、寺庙平面、圆形大殿，直到最后须弥山平台上的高大佛坛，纵观所有参与构建普乐寺的各种因素可以发现，无论是空间与数字上的理念和规律，还是几何图形的排列和意义，这里遵循着一种由圆形、正方形和中心点组成的中心对称型模式，堪称完美。之前已经提到，就连各部位呈中心对称式的北京天坛及其圆形大殿，也将中轴线思想，特别是在祭祀中，摆在举足轻重的位置。而在普乐寺，中轴线完全消失，直至仅剩造像处，造像必须按轴向布局，代表人类有机体的必要参与。这里甚至举行不了摆放供桌、献祭供品的祭祀活动，因为没有足够的空间。

人们只能在绕行圣迹的过程中想象这种活动，而此举又是在一个新的同心圆中进行。于是可以总结得出，这里追求的是佛教思想的中心化，不过它需要同时汇集印度和中国西藏、蒙古地区、中原地区高度发达的建筑和宗教元素，以便为最终的组合体找到一种一致而又清晰的建筑表现方式。这只有在乾隆时期才有可能实现，因为在此时，它们各自的发展已达到最高水准，但仍保持着足够的创造力和典雅韵味，可以由传统要素构筑出一个新式且内容丰富的整体。如此看来，普乐寺这座封有佛坛的圆形大殿正体现了宝塔的理念。确切地说，这里的"宝塔"指的是古天宁塔中的圣所，此塔上开四门，也以类似的中心式造型表现出来。只不过普乐寺圣坛上方不是指向天空的塔层，而是两重天顶，一重是直接覆在佛坛龛室上方的方形小攒尖顶，另一重则是圆殿本身的重檐大攒尖顶。辟有四方天门、内部藏有佛像的神龛则相当于窣堵坡，其内部神祇清晰可见，但仍被保护在传统中式祭祀建筑——圆形大殿之内，因而圆殿则代表着宝塔。

图 340 热河普乐寺的两座宝塔

图 341 热河普乐寺宝塔的近视图

图342 河北承德普乐寺的两座宝塔。徐原拍摄，2006年6月25日

这一整座奇特的建筑体因下层平台上八座琉璃喇嘛塔的布局，而处在一种更为宏大的关系之中。中央的佛坛与这八座喇嘛塔构成了经典数字"九"，由此暗示的是世界的八个方位，完全处于最神圣之地的力场中，那里自中心向外发散着光芒。八座喇嘛塔的外形十分优雅，相应地又显得庄严而隆重。琉璃的颜色自有其象征意义。前半部分寺庙的屋顶便施以华丽的琉璃彩，附属建筑为绿，主殿为黄，其高大的屋脊带上以绿底配黄色琉璃龙，另饰有八个施黄色琉璃釉的佛教象征符号。平台上呈中心对称的八座异色塔则更是大放光彩，直至紫罗兰色的重檐攒尖顶和巨大的金色宝顶将这场色彩的盛宴带向高潮。主殿圆形的墙面由门窗组成，呈鲜红色，梁架结构则使用中国宫殿建筑中常见的各种色彩。

图 343 热河普乐寺宝塔的刹顶

图 344 热河普乐寺宝塔的刹顶。从东南方向拍摄

八座琉璃喇嘛塔被安置在四角和正方形各边的中心处，形制完全相同，只是有些与造型无关的细微差别。我们首先研究其颜色。每座喇嘛塔底座的正方形边长为2.57米，塔总高6.15米，其中基座1.37米，圆形塔身的底座0.8米，瓮形塔身1.4米，塔颈0.38米，相轮1.4米，铜制刹顶0.8米。坚固的大理石基座所在的地面装饰着一种经过修饰的高浮雕叶状花饰，这一点明确地展现出乾隆时期的基座特点。上下枋及莲座之间有一圈束腰，其整个平面，包括卵锚饰的凸起部分都装饰着或深或浅的浮雕。基座之上是圆形塔身的底座，上施琉璃釉，十分华丽，座身呈显著的金字塔形，整齐垒起的五层中式卵锚饰圆环向上逐层缩进。底座的两种颜色随着不同的喇嘛塔而变化，但最上方的第一层与最下方的第五层颜色始终相同，中间的第二到四层为另一种颜色，这三层的颜色为主色，塔身、相轮及二者之间粗壮的塔颈也使用同种颜色，而塔肚上的壁龛边框、其所属的基座、塔刹两侧的棱条装饰以及相轮和塔颈之间的一个小环，则重复第一层与第五层底座的颜色。颜色的分布如下：

结构	具体位置	颜色			
铜刹顶	宝珠	镀金			
	圆光				
	仰月				
	铜伞盖	绿色			
十二个风铎	四座喇嘛塔的转角处	四座中心喇嘛塔			
/	四个转角	东	北	南	西
相轮	白色	黑色	蓝色	黄色	黑色
边棱、连接处四个构件	黄色	黄色	黄色	绿色	黄色
塔颈和塔身	白色	黑色	蓝色	黄色	黑色
壁龛底面和壁龛装饰带	白色	白色	白色	白色	白色
符号	蓝色	蓝色	蓝色	蓝色	蓝色
壁龛基座和壁龛边框	黄色	黄色	黄色	绿色	黄色
五层环形底座第一层	黄色	黄色	黄色	黄色	黄色
五层环形底座第二至四层	白色	黑色	蓝色	黄色	黑色
五层环形底座第五层	黄色	黄色	黄色	绿色	黄色

在标记宝塔的颜色时，最醒目的颜色为主色，汇总时用下划线加以强调，具体出现在相轮、塔颈、塔身和环形底座的第二至四层；此外的次要颜色被标记成斜体，具体位置为四个边棱、连接部位、壁龛边框和基座以及环形底座的第一层和第五层。由此便可得出面向北方时的上述全景图。

使用到的颜色只有五种：白色、黑色、黄色、蓝色、绿色，这里完全不见红色。转角的

图345 热河普乐寺宝塔的塔刹

主要颜色为白色，东部塔和西部塔的为黑色，北部塔的为蓝色，南部塔的为黄色。①黄色始终作为附属颜色出现，只有南部塔例外，黄色是其主要颜色，绿色是其次要颜色。这些颜色所在的方位与中国任何一种排列规则都不相符，是何种象征因素导致了这种选择，目前尚不清楚。特别是东部塔和西部塔用黑色作为主要颜色，尤其引人注目。壁龛内部颜色相同，即底面背景和珠线边框均为白色，藏式的十相自在符号为蓝色。十相自在符号意指十种无上的能力，这里的十相自在图并不是彩色图案，其外形与塔尔寺喇嘛塔所展示的不同，而是与北京琼华岛小型白塔上的符号线条一致。这里的每一座塔都望向平台的中心，向着圆形大殿佛坛内的造像，所以总是内面朝里。转角处的四座塔位于对角线上，为了使其建筑构造满足这一主题，它们的大理石基座被建造成了八边形。

关于喇嘛塔的局部外形还有以下几点值得注意。瓮形的塔身上布满了莲瓣形图案，它们将塔身分为四个区域，从底座到肩部，各区间高度从30厘米过渡到34厘米，再至38厘米。莲叶之间的小叶尖暗示着饱满的花蕾，而塔肚上也出现了这种形象。十二层环形相轮呈棍形，直竖在加粗的塔颈上，四根黄色的边棱沿着相轮向下延伸，形成对角之势，末端以双涡卷纹饰收尾，它的边缘甚至到达塔身的肩部。连接部位构件纤巧，与边棱同色，为优雅端庄的窣堵坡增添了精致之美。铜制伞盖上方还有一相仿物件，可看作露盘，二者则更显做工之精细。两个构件的圆形平面上镂雕细密的卷须图案，工艺严谨细致。露盘内伸出刹棍，上承最后的象征符号，即逐渐变大的仰月、圆光和最顶端的镀金宝珠，宝珠外镶有四片火焰形边饰。从照片上看，所有这些喇嘛塔的铜刹顶在最近一段时间内均已被盗走，而在我考察期间，这些装饰尚处于完好状态。

八座喇嘛塔内部有可能藏有舍利，大概是准噶尔人从故乡转运至此。无论如何，此地的喇嘛塔完成了作为建筑作品的使命，它们对整个须弥山构筑体来说不可或缺，并赋予其高贵的内涵。普乐寺的这座喇嘛教建筑自成一体，展现了内敛的建筑风格同时又光芒四射。权衡得当的体量、明亮的颜色和简单的象征理念，无不体现着乾隆时期的伟大思想，以及宁静自信和醇厚积淀中透着冷静与审慎的优雅。

普乐寺身处壮美的大自然和皇帝行宫周围一系列宗教建筑群的包围之中，其建筑更显庄严雄伟。平台明亮的石砌围墙上点缀着锯齿形的城垛和大理石栏杆，台上的琉璃喇嘛塔熠熠生辉，色彩斑斓，圆形建筑闪烁着木构的红、琉璃攒尖顶的蓝、巨大宝顶的金，四周还环绕着绿色和黄色的回廊和殿堂，其间随处可见绿色的灌木和草丛，整座建筑处在一片生机勃勃之中。风铎在清新的空气中发出悦耳的声音，群山和山谷之上则是中国北方那澄澈的天空。

---

① 四角的四座塔为黄色，四面的分别为黑色、紫色、青色、白色。五种颜色代表藏传佛教的五行，即地、水、火、风、空，五色塔象征五色土，寓意普天之下莫非王土。——译者注

图 346 热河普乐寺宝塔的局部塔身　　图 347 热河普乐寺宝塔，根据彩图绘制

四、普陀宗乘之庙（小布达拉宫）

普乐寺落成于乾隆三十二年（1767）八月，同年二月，热河最为宏大的建筑群已开始修建，那便是大型寺院——普陀宗乘之庙（9号）。对所有游客而言，该寺因其地理位置、雄伟壮观的外形和藏式风格而有别于热河所有其他寺庙，给人的印象最为深刻。喇嘛塔分布在寺内六个绝佳的位置上，或以群组的形式出现，或单独出现。喇嘛塔虽然仅作为其他大型建筑的陪衬，但是却在整体效果中起着至关重要的作用，不可或缺。因此，鉴于有足够的信息可以提供更为详尽的解释说明，它们的样式和用途也必须结合整座建筑群的设计和意义进行讨论。

寺院于乾隆三十六年（1771）九月竣工，也就是耗时约四年半时间建造而成。乾隆皇帝特立碑记录此事，并在碑文中强调，这座寺庙是为颂扬原本的佛教教义而建，且以印度一个最重要的圣地"普陀"为原型。但是具体指的是什么地方，还没有定论。根据碑文记载，那处圣地太过遥远，无法抵达，所以便把与之完全相同的拉萨布达拉宫作为参考。福兰阁认为，依照这种描述，热河的小布达拉宫完全等同于印度的原型以及浙江的普陀岛，而普陀山之名同样源自中国西藏地区。①乾隆皇帝借此

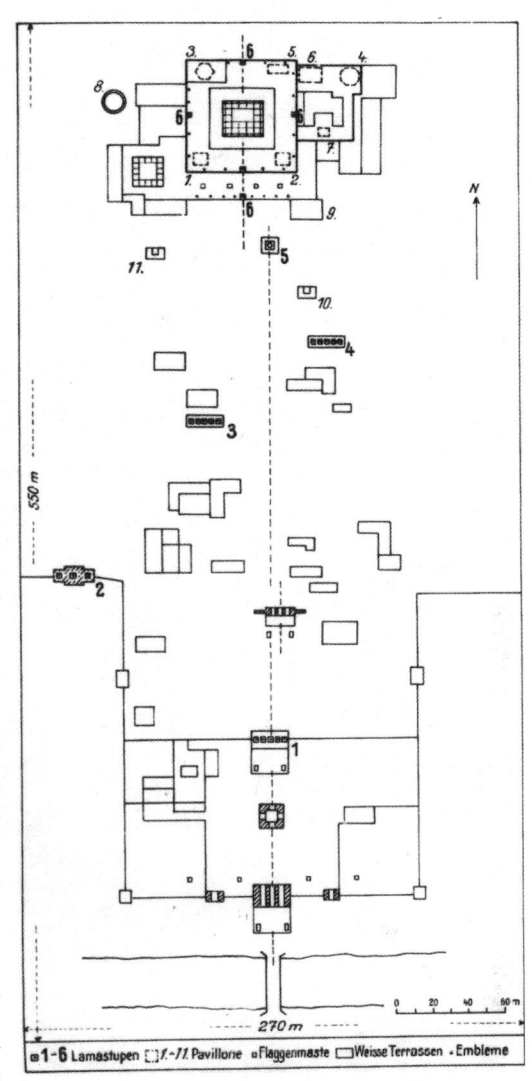

图348 热河普陀宗乘之庙的平面图。图中标明了喇嘛塔及亭阁的方位

规划方式至少向中国蒙古族和藏族人民表明，藏传佛教应与原本的印度佛教具有相同的地位，同时他也希望普陀宗乘之庙的设立，可以使回归的各部族更紧密地依附于皇室。在这里，宗教和政治合为一体。事实上，乾隆皇帝大概颇为得意，因为他以睿智的政治手段和征战遥远西部的军事手段，将整个蒙古地区划入清王朝的统治范围，使得大清帝国

---

① 福兰阁：《神圣普陀岛》，《地球》，1893年，第65期，第117—122页。

的疆域扩大到了历史之最。因此，热河周围的所有寺庙不仅仅是歌颂藏传佛教的存在，同时还应理解为一种政治推力。100多年间，康熙皇帝与乾隆皇帝为实现统一蒙古族和藏族地区的目标而使用了所有政治和战争手段，如今，乾隆皇帝所建造的热河普陀宗乘之庙与中国西藏达赖喇嘛的居所遥相呼应，成为整个藏蒙民族在北京附近的又一固定据点，这也为他的所有努力画上了圆满的句号。在此过程中，同样掌管热河地区的章嘉·若必多吉必然一直扮演着倡议人和皇帝参谋的角色。

在热河地区修建普陀宗乘之庙的直接外部原因是为庆祝乾隆皇帝六十大寿以及其母皇太后孝圣宪皇后八十大寿。这位皇太后是一位虔诚的佛教徒，她同其子乾隆皇帝于1761年游览五台山并在那里祭拜，此后也继续大力推行藏传佛教及其寺院建设。

1771年夏天，当热河这座大型建筑即将完工时，发生了一件事，它是乾隆皇帝对蒙古族所有政策的证明。那便是土尔扈特人从俄国迁回中国新疆地区，重新回归到中国皇帝的统治之下。厄鲁特四部之一——土尔扈特在17世纪初被东蒙古族人驱赶出他们位于青海湖边的牧场，在1616年时以约三十万人的规模向乌拉尔山迁移，自此居住在伏尔加河下游地区。后来由于受到俄国政府的压迫和不公正待遇，这些伏尔加河附近的卡尔梅克人——俄国对其称呼——决定在1770年即将到来之际返回祖国，毫无疑问，这也因为他们对乾隆皇帝统治下中国的盛世之名心生向往。只有西部约十万族人留在了伏尔加河右岸，仍作为西土尔扈特人生活在那里。所有东土尔扈特的十几万人于1771年1月5日动身返回家乡。迁徙途中，他们历经了难以名状的磨难，主要因抗击紧追不舍的俄国军队而被消磨得筋疲力尽。残酷的旅程之后，存活下来的土尔扈特人在1771年8月踏入了中国领土，暂居中国新疆伊犁河畔，与准噶尔人为邻，并等待中国政府的接收。他们的首领及其他领袖被乾隆皇帝邀请前往热河，当时恰逢普陀宗乘之庙的落成典礼。乾隆皇帝在寺庙碑文中欣喜地记录了这一事件，即最后一支缺失的部落土尔扈特部自愿回到中国的西部地区，归顺于他的保护之下。了解这一伟大的历史和宗教背景，有助于对这座雄伟寺院的平面设计和修造工艺进行更好的评鉴。马戛尔尼的英国使团于1793年9月来访热河，当时有八百位喇嘛居于普陀宗乘之庙。与此相应的是为数众多、形形色色的建筑物，在此仅以简洁的轮廓标出，以便对了解喇嘛塔有所助益。

普陀宗乘之庙中令世人赞叹不已的主建筑被称作大红台，呈雄伟壮观的立方体结构，立面及两侧建有多座台式侧楼。大红台位于寺院的尽头，同时也是寺院的最高点。寺院狭长的建筑区大致构成一个长约500米、宽约160米的长方形。它位于避暑山庄的北部群山之中，对面的狮子沟向东与热河转弯处相汇，南部山谷向北延伸，形成绵延起伏的北部山脉，而寺院所在地就在众山中一座尤为独特的山脊上。寺院的中轴线总体上为南北向，然而却并非完全遵循这一走向，而是各部分建筑向西平移，因而与山脊的东南—西

图349 热河普陀宗乘之庙的正视图。许尔利曼（Hürlimann）博士拍摄，1931年2月，刊于《亚特兰蒂斯》杂志，第2期，第95页

图350 热河普陀宗乘之庙。柏林国家艺术图书馆藏

喇嘛塔 | 367

图 351 热河普陀宗乘之庙的远视图

图 352 热河普陀宗乘之庙

图 353 热河普陀宗乘之庙。水门之上有三座喇嘛塔，后方西侧有五座佛塔。刊于关野贞和竹岛卓一合著《热河》第三卷，插图 77

图 354 热河普陀宗乘之庙立面。刊于关野贞和竹岛卓一合著《热河》第三卷，插图 56

北向大致相同。在此基础之上，建筑物及各组喇嘛塔的布局在顺应自然山水的同时又不失艺术性，其中喇嘛塔正好点缀在整个建筑布局的要点，此外也与最北端主体建筑上的几个亭子形成某种和谐的意境。所有自由排布的寺院建筑被一座院墙环绕，它将南部排列规整的寺院前部区域围成一个长方形，而寺院北部的后半部分则被蜿蜒曲折的院墙围成一片开阔的圆形区域，甚至两侧的山谷也被圈入其中。整个寺院宛如佛祖真正的堡垒。从前，寺院的庭院和边界墙以内的山坡上全部种满了林木，甚至连方形建筑大红台后最高的山顶都掩映在葱郁的林海之中。现如今，这座山也与其他山脉一样，变成了光秃秃的一片。

寺院前部是唯一的大型院落，此处围墙上设有三间宏伟的拱形大门，带有典型的中式堡垒风格。接下来出现在中轴线上的方形碑亭和第二座三间式大门同样雄伟壮观，门前有两头伏地的石象守护在两侧。同一院落中已经开始出现藏式风格的建筑，它们呈立方体外观，几乎通体为白色，因此人们称之为白台。在规模宏大的普陀宗乘之庙中，这种建筑风格统领全局，它与中国的楼阁式防御性建筑以及砖石结构大门搭配得天衣无缝，这里的入口处也使用了这种大门建筑，从总体和本质上来看，其堡垒属性必定与藏式的方体白台建筑存在着因果关联。各个白台上通常装饰着成排的窗户，且几乎全部为假窗，房间位于平坦立面的内侧，并在那里被设计成中式的殿堂和庭院。呆板而抽象的立方体外形和毫无变化的立面决定了各建筑体的自由组合形式，因为无数的个体若按照中国典型建筑中那样对称布局，将令人难以忍受。于是，从普陀宗乘之庙的宽广山坡直至大红台，大小不一、造型各异的白台建筑相继出现，看似无规律地分散于各处。然而其基本原则十分明了，即根据价值和地位，并按某种分布规律，对所有建筑互相加以权衡。最后，这种随意自由的布局方式同样适用于庞大的主体建筑本身。初看之下，它似乎是由不规则建筑经随机排列组合而成，但是通过进一步的观察，便显现出极为精确的艺术构思。

所有这些建筑各式各样，零星分布，却又协调一致。这种内部的和谐通过凉亭和喇嘛塔形式的台上建筑得以凸显，它们为原本难以理清头绪的众多重复建筑带来了风姿和韵律。

此技巧在主体建筑大红台中展现得最为明显。大红台内有一个正方形的中心院落，院内沿外墙内侧环绕着高耸的殿堂式三层围廊，即连为一体的楼阁式大殿——群楼。它们向内部敞开并且围绕着院子中心的一个小型中心对称建筑——这是一座高贵典雅的正方形大殿，仅一层，为方形重檐攒尖顶。此殿如今仍保存完好，是普陀宗乘之庙最重要的圣地——万法归一殿。因顶覆鎏金铜瓦，它自公使马戛尔尼来访以来一直被称作"金殿"。这一名称因斯文·赫定制作了一个与此殿完全一致的等大模型并在芝加哥展出，而在西方世界一举成名。①

这座珍贵大殿上的攒尖顶代表世界秩序的中心，照例由高台四角的角亭环绕于其中。但考虑到东侧紧邻一座必要的较低平台，已经造成了不规则性，因而产生了如下解决方法。仅在高台南侧两角上置两座相同的正方形角亭，即1号和2号，西北角的3号亭建在一个还要更高的平台上，呈六角形；而4号八角亭则坐落在东侧相邻的较矮平台的东北角，所有四座亭均为重檐顶。空中产生的巨大缺口以三座低矮的长形小殿填充，一座（5号）在高台的东北角，即原本4号亭应占据的位置；一座（6号）体量较大，与前者紧邻，设在低处平台上的西北角；一座（7号）十分小巧，位于同一平台中轴线处的立面上。这种布局实现了空间上与高层建筑北面山顶的平衡与和谐，平台上所有的楼阁和屋顶高低错落，仿佛与群山的轮廓融为一体。

此外，西侧另建有一座圆形碉房，进一步增加了平衡之感，它位于大红台西南角一组台式建筑的尽头，同时与之形成柔和的对比。大红台东南角还有一个独立的多层立方体平台吸引人的目光，不过它已是中心堡垒四周巨大平台建筑向外的一个过渡。继续向南，院落中各有一座小碉房自由分布在这座建筑及西南平台前，它们体量轻盈，甚至以一座秀气的开敞式殿堂为顶。这些建筑没有一座与其他建筑或主建筑存在固定的轴线关系，但是它们的位置却十分和谐，令人赏心悦目，此外还起到独特的突出强调作用。因为从平面图中可以看出，在这些零散建筑和主建筑之间的要点上耸立着一座单塔（5号），塔下是一座两层碉房，每面三排窗。这座塔的地理位置十分重要，不仅仅是中心平台前零散建筑物合集的对位点，而且即便不与它们存在任何外部轴线关系，也与整个寺庙建筑群建立了轴向联系。确切地说，它恰好处在前部寺庙区的中轴线上——也就是两座三间式拱门所在的轴线上，其中一座大门承托着之前所说的楼阁式大殿，另一座顶部则是五座喇嘛塔（1号）。借由这两座建筑——北部的单塔和南部大门上的五座喇嘛塔，作为整座建筑灵魂的宏大轴线得以确立和显现，并且对中心建筑及其平行轴线同样发挥着作用，尽管这条轴线从主轴向西平移了15米。第二座大门北侧、围墙向东西两侧的空旷山地延伸处，有一座精美华丽的琉璃牌坊，前置两座石狮子。为了不影响到那条无形的寺庙的中轴线，连牌楼及石狮也略向东偏移，附近碉房的位置和结构纷纷与之相衬。

寺庙宏伟而缜密的布局堪称隐秘，无法一眼参透，但它确实存在，并将建筑物在位置和数量上所达到的和谐平衡状态与中国风水学联系在一起，由此可见，它与相似的美

---

① 雷兴：《斯文·赫定复制了一座寺庙》，《环顾》，1931年9月5日；约斯塔·蒙特尔：《中国喇嘛庙——热河普陀宗乘之庙》（斯文·赫定博士探险队成员约斯塔·蒙特尔博士的历史和民族学收藏品展览，由文森特·本迪克斯赞助）；《世界进步博览会（1932）》，芝加哥：当纳利出版社，1932，共64页。

图 355 热河普陀宗乘之庙西侧的五塔。从北侧拍摄

图 356 热河普陀宗乘之庙五塔门上五座喇嘛塔背面。从北侧拍摄

学基本规律互为依据。然而，这种规律性的法则仅向能够洞悉的知觉显示其内涵，这在佛教层面上又可称作"第三只眼"。很明显，要想正确完成不同建筑物在布局和尺寸方面的规划，需要依靠一个总体模型，在此模型中，人们为整体建筑群的效果而互相权衡建筑与不规则地形的关系，并成功使其协调一致。毫无疑问，此模型必然是这个庞大而错综复杂的建筑工程的基础与前提。

五塔是一种为人所熟知且令人印象深刻的建筑形式，象征着佛教和藏传佛教的一系列教派。第二座大门上的五塔通过这一主题，为寺庙中所有建筑物的和谐统一奠定了基调。中轴线两侧的另外两组五塔则继续了这一主题，它们分布在符合和谐规律的关键点上，且自然地与附近的白台处于类似关系之中。寺庙中轴线向西约 30 米处伫立着西侧五塔白台（3 号），再向北约 40 米、中轴线向东 20 米，矗立着东侧五塔白台（4 号）。这三组五塔建筑分别出现在第二座门殿、西侧白台和东侧白台之上，在普陀宗乘之庙雄伟壮观又严肃生硬的景观中，无论从何种角度观望，这一富有韵律感的组合都展现出生机勃勃的动态感，与抽象的白台建筑构成了必要的对比，由此表现出一幅生动活泼的画面。这些象征性数字和充满变化的样式向我们呈现出佛教世界建筑之义，全面理解其内涵想必便是救赎之道。

图 357 热河普陀宗乘之庙东侧的五塔。从东北偏北方向拍摄

图 358 河北承德普陀宗乘之庙五塔白台。徐原拍摄，2006年3月25日

图 359 热河普陀宗乘之庙。白台北部东侧有一座带有五座佛塔的塔楼式建筑。从西北方向拍摄,可以远眺棒槌山

图 360 热河普陀宗乘之庙东侧的五塔。刊于关野贞和竹岛卓一合著《热河》第三卷,插图 49

图361 热河普陀宗乘之庙五塔。从五塔门入口处拍摄。刊于关野贞和竹岛卓一合著《热河》第三卷，插图43

图362 热河普陀宗乘之庙西侧的五塔。刊于关野贞和竹岛卓一合著《热河》第三卷，插图50上

图363 热河普陀宗乘之庙西侧的五塔。刊于关野贞和竹岛卓一合著《热河》第三卷，插图50下

喇嘛塔 | 377

图 364 热河普陀宗乘之庙的另一视角

图 365 热河普陀宗乘之庙。刊于关野贞和竹岛卓一合著《热河》第三卷，插图 47

图 366 热河普陀宗乘之庙的宝塔

中心大红台及其下方建筑上的亭阁继续充实了成组的覆钵式塔这一形式，同时也将其推上了高潮，这些突出的建筑全部被周密地划入统一的整体之中。此外，整座寺庙中还有一组建在水门上的三塔式建筑（2 号），它坐落在密集建筑区外的西侧围墙中，围墙在此横穿旁边山谷的水道，并将西侧山坡纳入其内。这三座塔同样对全局的平衡起到不可或缺的作用。位于寺庙西侧的布局或许源自中国西藏地区的建筑原型，也可能与塔尔寺或拉卜楞寺的建筑有关。如此猜测是因为附近的须弥福寿之庙的建筑布局类似，该寺与普陀宗乘之庙相邻，从后者向东走一段路便可抵达。同样在那座寺院的西部，横跨山谷的一座桥旁有一座小型白台，台上耸立着一座喇嘛塔，它与普陀宗乘之庙的水门三塔十分相似，只不过位置已在寺庙围墙之外。

普陀宗乘之庙内还有第六处，也就是最后一处喇嘛塔。这座塔虽然很小，却因其所处的位置而获得了至高无上的地位。高耸的大红台前有一片宽阔的露天平台，长近 60 米，宽约 18 米。台上耸立着四根高大的幢竿，它们在喇嘛教中象征着向远方传播的法力。大红台的平整立面构成了这个平台的巨大后壁，高 25 米，饰七行假窗。六个雕凿华丽的立体彩色琉璃佛龛垂直相叠，标示出轴线位置。平台前部的栏杆上有九个符号标志。其方形大理石基座嵌于砖石围栏覆面上，座身分为多层，雕有繁复华丽的纹饰。基座上立着佛教八宝，分置东西两侧，每边各四个，分别是金轮、法螺、宝伞、胜幢、莲花、宝瓶、金鱼、吉祥结，均施以华美的琉璃彩釉。

八宝中央的围栏上伫立着一座小巧细长的 6 号琉璃喇嘛塔。它位于垂直排列的六座佛龛正前方，同时恰好处在大红台及其内部金殿的轴线上，标志着新轴线的起点。此轴位于主轴以西 15 米处，而寺庙建筑群理想中的中轴线则从南部的五塔门延伸至北部众多白台中的单塔白台。大型白台新轴线上的小型喇嘛塔同样出现在大型红台的城堞之上。大型红台顶部以竖直的墙体围合，在东南西北四个点上各有一座造型完全相同的小型喇嘛塔。

每座塔旁还有四个八宝符号立于墙头，共计十六个，它们与四座塔一同烘托着空井中心的金殿，阐明其意义所在。于是，寺庙区域内一组组各式各样的喇嘛塔与高层建筑上众多亭阁形成了一种自由和谐。然而，这种效果因最后几座塔的小巧体型而大打折扣，它内敛得几乎不被人所察觉，正如寺庙轴线和塔群的布局规律同样十分隐蔽。这处直白的强调，同时也是结尾的延长符，就静静矗立在恢宏壮阔的大红台之上，这座寺庙末端的建筑物傲视着所有单体建筑，同时也是佛陀堡垒的象征。

通过上述观察研究，我们了解到喇嘛塔对普陀宗乘之庙平面规划所起到的重要意义，接下来则要对这些塔各自的样式进行赏析。

在石象后第二座大门上的五塔同普宁寺中的喇嘛塔外形大体相同，其中的四座几乎一模一样，并且也构成了相似的组合。因为普宁寺东侧的两座锥形塔占据着最外侧的位置，直立着的锥形塔位于东侧，倒置的锥形塔位于西侧；而那边西侧呈中心对称的两座塔则立在紧邻中间的位置，球体塔在东，水晶形塔在西。此外，起到分区作用的线脚、带有十相自在图的大壁龛以及相轮和刹顶也完全一致，不过上面的装饰经过了简化处理，因为莲花装饰只有两排，金刚杵符号也只有零星几个，这是由喇嘛塔尺寸较小引起的。遗憾的是，我们在几座寺庙均未得知它们的具体尺寸。最中间位于中轴线上的塔借鉴了旁边两座塔的造型，其方形平面的塔身略微鼓起，对角处形成明显的斜面，且所有表面上似乎都饰以坐在莲座上的浮雕造像。

西侧五塔建在白台的上层平台之上，每座塔下设一宽阔的方形台基，上方为常见的五级圆形底座，座上的塔身造型简洁，略显弧形。南面的壁龛底面光滑，没有任何标志。第二座和第四座塔下分别是另一种折角式底座。环形相轮直接坐于圆形塔肚上，中间不设刹座，对角方向上有四条垂棱，分别由一串向上逐渐变细的涡卷纹构成，为整组塔带来了奇特的视觉效果。寻常样式的刹顶因挑出部分弯向垂棱而显得十分坚固。

东侧五塔底部为方形折角台基，上方为五级圆形底座，光滑的塔肚上设有壁龛，层次分明的仰覆座在细长的塔刹之下。单塔和水门三塔与之构造完全一致，此外，水门上的三座塔与须弥福寿之庙西塔的布局和外形也完全相符。所有这些塔无一例外均在南面辟龛门，且门内背景空白，没有十相自在图。

由此可见，只有第二座大门入口处的五塔保留了这一符号。至于大红台前平台栏杆上的小型塔，为彰显其内在含义，雕刻着丰富纹样的大理石基座之上还有一个造型格外精美的底座，上面凸起的线脚装饰敦实厚重，十分醒目。小小的塔身独一无二，因为只有此处的壁龛开在北面，朝向建筑中心最为神圣的金殿。刹顶也采用了一致的风格，由短小的竖直伞盖和火焰宝珠组成。大红台城垛上的四座小型塔几乎与护墙上这座塔如出一辙，它们拱卫着中央大殿，共同构成"五"这一数字。

纵观普陀宗乘之庙，这些喇嘛塔无论单独出现还是集结成群，都是必不可少的存在，因为它们虽然规格尺寸不大——大型塔在此根本不合时宜，但仍划出了最强的重音，使得整个建筑群的旋律得以贯穿始终。在大门入口处的五塔组合因其造型和装饰多种多样，以及五次出现象征着十种强大力量的符号，而在整体建筑中熠熠生辉。余下几座塔在造型上则更为统一，同时内敛克制，主要通过其所处的适当位置来发挥作用。所有塔整合在一起，便是认识了解普陀宗乘之庙真正意义的关键所在。

在普宁寺、普乐寺和普陀宗乘之庙这三座大型建筑群中，规律性分布的塔群与出色的建筑物形成了完美的结合。与大型喇嘛塔或喇嘛塔形式的墓塔不同，这里的喇嘛塔并不是目的本身或者高潮部分，而是以单体或组群的形式，伴随整座寺庙所要表达的思想而存在——如普陀宗乘之庙；或者衬托主体建筑的思想内涵——如普宁寺；又或者直接从属于最重要的中心建筑本身——如普乐寺。如此一来，喇嘛塔与其主要用途剥离开来，不再只是供奉受人尊崇的佛骨舍利的容器，而是成为一种具有建筑功能的伴随元素。根据佛教建筑艺术的象征属性，这种功能仍与宗教观念的直接表达息息相关，于是，藏传佛教恰恰在中国这片土地上达到了内在含义与外部造型的一致，而那种一致性本就是中国建筑艺术的固有特征。为达此效果，人们使用了大量特定的建筑样式和象征符号，且将其刻画得细致入微。在这些样式和符号的作用下，喇嘛塔获得了特殊意义。因为那独具匠心的轮廓引发了人们对地下深处的无限想象，唤起了种种预感和希望，这些感想与骨灰瓮的样式、与对彼岸的想象有关，并将对不可名状之物的渴望带入临近的建筑图景之中。喇嘛塔既是引人注目的建筑主题，同时作为一种纯粹的建筑样式，也使人产生神圣的联想。因此，喇嘛塔这一元素既从外形上突出了大型建筑群中所期望表现的重点，也从内涵上对其加以阐释。

随着与直接祭祀目的的脱离，乾隆时期舍弃了早期原始而单一的覆钵概念。圣物容器的理念及其所属象征符号曾留下清晰的印记，那时人们主要通过宏伟的线条和平面来表现效果。而在发展至晚期的今天，窣堵坡式塔已成为一种纯建筑构件，所有工艺流畅成熟的艺术样式均可在其中大展身手，人们任意堆砌各种细节装饰和颜色，创造各式组合，并将文物建筑的内在含义转变成纯粹的建筑原理。窣堵坡式塔脱离了独立价值与自身的象征意义，只能从群体和全局的角度加以评判。不过，在千奇百怪的异常状况中，已经固化的构造意义避免了中国的营造者及宗教方面的建筑商制造出丑陋的夸张式样。就连这些体量较小的建筑物也经过精心的考量，优雅秀美，仍是中国艺术集大成者的真实映像。

图 367 热河须弥福寿之庙。刊于关野贞和竹岛卓一合著《热河》第四卷,插图 27

第三章 碧云寺

第一节 北京碧云寺，一座佛教寺庙

在中国，就如同中式住宅一样，寺庙建筑也很少是一栋单独的建筑物，往往由多栋建筑组成建筑群，其间布置着大大小小的庭院。自国力强盛的汉朝时期起，如果在中国想要建造一座辉煌的宫殿或者寺庙，在设计中尽量排列众多院落是必不可少的。本文将要介绍的这座寺庙，长约500米，以最丰富的方式展现出院落的排列方式，其中坐落着数不尽的建筑，为居住者和参观者提供各式各样的宗教仪式和生活需求服务。

在中国历史的最早期，大概是公元前2000年，最主要的宗教形式还是祖先崇拜，在宫殿的主要建筑之内或是其附近，往往是在皇帝会见朝臣的大殿东南角，会设置一座特别的建筑物来供奉祖先，也就是祖庙。那个时候，宫殿和寺庙仍融于一体，例如在古老亚述帝国的皇宫中就是如此，莱亚德[1]对这一发现感到十分震惊。后来，两者逐渐分离，寺庙建筑最终被建造在一块单独的土地上，但是除了主要的宗教功能外，寺庙仍保留了一部分居住功能，其中的茅舍可以为僧人和信徒提供住所，王侯将相、异乡人和旅人有时也会留宿。如今，在大城市中，有专门的客栈，但在其他地方，旅客留宿在寺庙中已是十分常见的事了。

碧云是指蓝色的云[2]，碧是深蓝色的意思。首先来介绍一下碧云寺的地理位置。北京地处华北平原。华北平原是一个巨大的冲积平原，它北达东北地区的山区，西达南口的山区以及其南部的山麓。所谓的西山距离北京约10—15千米远，朝向平原的山坡上分布着无数神圣的寺庙，它们如同一个美丽的花环，围绕着历史悠久的首都，不仅极具诗意，又有无穷尽的神秘感。我们所要论述的寺庙就坐落在缓缓延入平原的山脊之上，山脊两侧是深深的溪谷，在前方汇聚形成宽广的河床。泉水从山涧中涌出，汇聚成两条小溪，流入宽阔的河床中，至少在初夏时节，水流会混合着土地中的碎石块在沙洲中流淌。一到七八月的雨季，溪水会沿着寺庙一侧的陡峭山坡及其墙角呼啸着流淌而过。

其次要说的是围绕整座寺庙一圈的围墙。在中国，几乎每一座建筑群四周都会建造封闭的围墙。中国著名的长城也算是某种意义上的"围墙"。小的民居往往也会被围墙包围，或至少在朝向街道的一侧不设置窗户。这

---

[1] 莱亚德（Austen Henry Layard, 1817—1894）：英国考古学家，发掘了伊拉克尼尼微以南的亚述文化遗址尼姆鲁德，被称为"英国西亚考古学之父"。——译者注
[2] 恩斯特·伯施曼后来将"碧云"解释为青绿色的云彩。——译者注

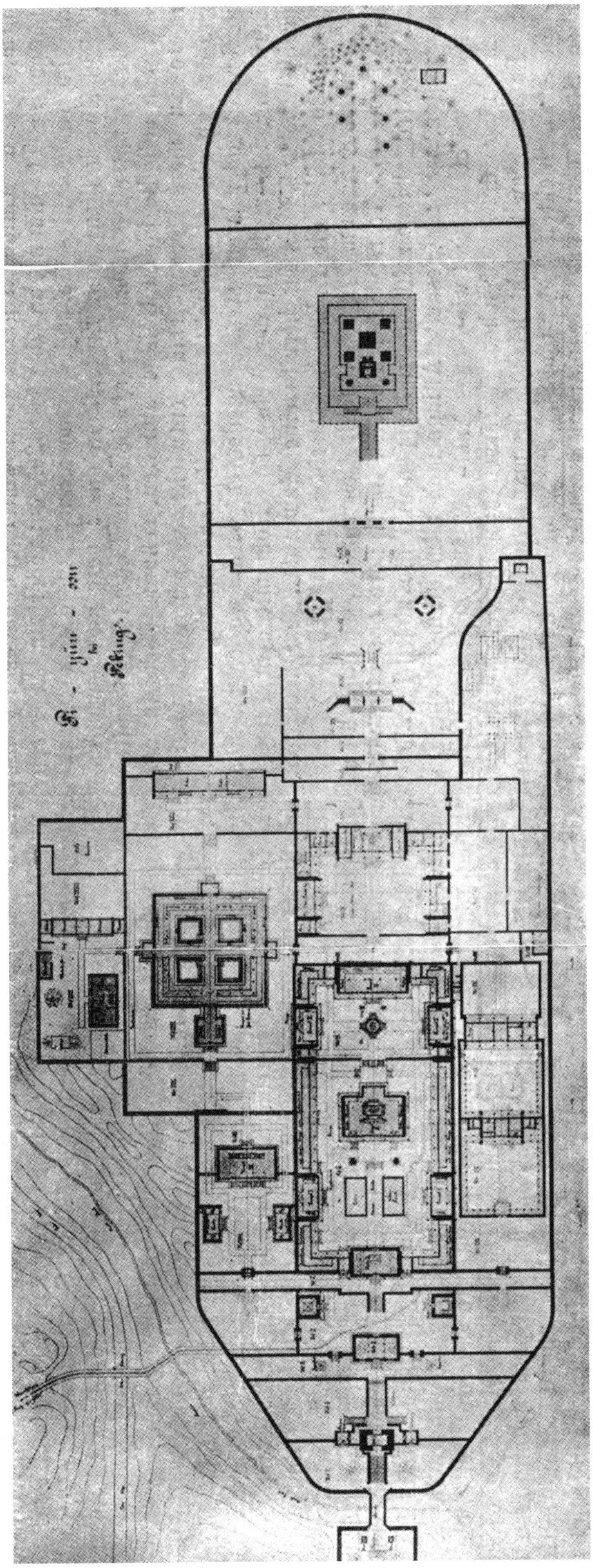

图 368 北京碧云寺的平面图。
1—19 代表寺庙主轴上的建筑物，20—24 为东侧建筑物，25—29 为西侧建筑物。这些数字在文章中出现时会标注在括号内。(1)入口；(2)狮子基座；(3)跨越溪谷的桥；(4)大型露天台阶；(5)入口大殿；(6)第二座大殿；(7)第四座院落，其中有钟楼和鼓楼；(8)第三座大殿；(9)第六座院落中的石碑；(10)主殿；(11)第七座院落中的碑亭；(12)寺庙；(13)第九座院落——主院落；(14)带有木制大门的露天台阶；(15)汉白玉牌楼；(16)碑亭；(17)砖制大门；(18)金刚宝座宝塔；(19)墓园；(20)通向皇帝行宫的入口；(21)护卫住处；(22)御花园；(23)皇帝行宫；(24)水泉院；(25)附属寺庙；(26)影壁；(27)附属用房；(28)五百罗汉堂；(29)祈福殿

图 369 北京碧云寺汉白玉宝塔的远景

图 370 北京碧云寺的航拍图

图371 北京碧云寺汉白玉宝塔的背面

主要是因为中国人喜欢隐居,不喜欢外人窥探房屋内部和家中的生活,如同英文中常说的"我的房子就是我的城堡"(My house is my castle)一般,只是通过更极端的形式表现出来。中国人对此有过之而无不及,不论是在建筑内还是建筑外,他们一定会在房屋临街的大门前建起一堵墙①,不仅可以阻挡外人看向室内的视线,也具有一定的象征意义,人们认为此类影壁可以阻挡煞气径直进入室内。后来影壁发展成为建筑的组成部分,会出现在特定的位置,如果没有砌墙的必要则会以其他形式表现出来,比如五百罗汉堂院中的中轴线上,那里已经有一座影壁(26号),但人们仍然用艺术的方式强调这一轴线。

在寺院的入口处(1号)没有设置影壁,是因为此处地势上升,从外部本就无法观察到内部的情况。通过无数的台阶和大量层层叠叠的庭院,建筑群被逐步抬高,前后整体升高了约30米,层层平台极其巧妙地利用了升高的地势,非常具有艺术性。将各式各样的建筑群通过如此精妙的方式排布在山地之上,同时还能符合严谨的风水要求,这一定十分不易。寺庙的整体布局十分清晰,一条中轴线从寺庙的入口笔直地通向末端的墓地。通常来说,中轴线由正南通向正北,建筑物全部坐北朝南。在中国,只要条件允许,都会将建筑物的正面尽量朝向南面修建,这是由于中国在夏天有自南方而来的季风,可以带来凉风。但是因为山脊的走向,碧云寺中建筑群的朝向也并不是完全的正南方向,这表明,当有十分特殊的条件出现时,中国人也更倾向于打破一成不变的规则。不论是在建筑群的下方还是上方,都还有几条平行于主轴线的纵向轴线,除此之外的横向轴线也十分明显,设计者通过最清晰的方式将空间布局展现了出来。在充满对称性和轴线感的设计中,中国人始终没有忘记植被绿化,树木成了建筑群中重要的组成部分。入口的两侧伫立着挺拔的洋槐树,所有的庭院、石塔四周和墓园都种植着浓密的古老而庄严的树木。这里最常见的就是柏树,侧柏属,它几乎成了中国的国树,十分常见,人们在所有的墓园和寺庙中都偏爱种植柏树。碧云寺中还有其他多样的树木,其中包括榆树、中华七叶树、松树——尤其是白皮松,当然还有银杏树。

在桥的入口处,左右两侧各有一个基座(2号),上方蹲坐着狮子雕像,它是权力和警觉的象征,狮子对中国人来说本是陌生的物种。象征着权力和力量的是老虎,这一形象是受到了中国南方地区、朝鲜以及中国东北地区的文化影响。然而当印度文化通过佛教传入中国后,人们便更偏爱狮子的形象一些。此外,狮子形象也是间接由波斯和亚述人传入印度的,这正是一个西方文化对中国文化有所影响的力证。在后文中我们也将了解到,中国艺术究竟有多少相似且特别的分支,远比我们想象的要多得多。

有一座轮廓分明的拱桥(3号)架设在深邃的峡谷之上,连接一段大型的露天台阶(4

---

①即影壁,又称照壁,古称萧墙。——译者注

图 372 北京碧云寺汉白玉宝塔的上层平台

图 373 北京碧云寺汉白玉牌楼的狮子浮雕

号），台阶通向宽敞的入口大殿①（5号）。年迈的看门人已经失明，牙齿也全都掉光了，他居住在大殿旁。第二座大殿（6号）的木制栏杆后方有两尊威武凶恶、体魄雄壮、瞪目而视的武士塑像，是真人大小的两倍之多，由石膏制成，表面有丰富的图案。他们被称作哼哈二将，在中国文化中是房屋和寺院的守卫者。殿前的左右两侧各有一根旗杆，旗杆在每一座宫殿和寺庙中都会出现。通过特定的装饰，旗杆可以显示出居住者的地位或是寺庙中所供奉的神灵之等级。

在第四座庭院（7号）有钟楼和鼓楼，均为典型的两层式楼阁，钟楼的二层悬有大钟，鼓楼内则是一只大鼓。在盛大的节日以及每天早中晚的特定时刻，钟鼓均会被敲响。

在第三座大殿（8号）的两侧各有两尊坐姿人像，均远远超过真人大小，他们是四大天王，各自守护一方天下。根据佛教的观念，四大天王将佛陀围在中间，这座大殿中供奉的佛像是未来佛——大肚弥勒佛，他盘腿坐在宝座上，笑容可掬。第六座庭院和第七座庭院实际上是一个整体。最先映入眼帘的是中央的大殿即主殿（10号）和环绕庭院的回廊。这是古老的印度寺庙中常出现的建筑元素，然而如今在印度寺庙中已经不再出现，却仍在中国被保存了下来。中间的这座大殿，即印度的支提②，其中供奉着最重要的圣物，印度僧人讲道的地方被称作精舍，而支提就位于精舍的中央。回廊中隔出了一间间小房间，僧人们就居住在这里。如今这里已经不是修道之处，侧面的偏房被用来展示佛教世界的彼岸。极其丰富的人物塑像被成组放置在低矮的基座上，均是用石膏制作而成。这些塑像展现了极乐世界和地狱中的生活。

在主殿中也摆放着许多成组的佛像，其中包括无数的菩萨、圣人、仙子和护卫。这些塑像展现了佛教中的天界，其形象之多样只有有经验的佛教专家才能全部厘清，在这里我只能放弃描述。

在第七座庭院的中间有一座小小的八边形建筑物——碑亭（11号，参见图374），内部是龟驮石碑。碑是指乌龟背上驮着的纪念石板，石板的两面记载着历史事件，类似西方的纪念碑。寺庙是中国历史上最著名的皇帝之一——乾隆皇帝命人建造的，他和腓特烈大帝是同时代的人。与腓特烈大帝一样，乾隆皇帝也是一名伟大的政治家、军事家，他的军队一路开拔到达帝国的西部边境，使当时的藏族地区、新疆地区归顺清王朝。他还推动了文学的发展，不仅组织编纂了大型文集，也命人将古老的经典文学作品以精致的样式重新出版。与我们的研究最为相关的是，他对艺术尤其是建筑艺术的保护和支持。就

---

① 应指碧云寺山门殿。——译者注
② 支提是印度佛教建筑的一种形式，是在圣者逝世或火葬之地建造的庙宇或祭坛，其中安置了纪念性的喇嘛塔。——译者注

如同梦境一般，我们在中国那座毁于1860年的圆明园中突然看见了一座高贵典雅的宫殿，整体呈现出意大利和法国的巴洛克建筑风格。正是乾隆皇帝，在欧洲建筑师的帮助下，将这一几乎消失的奇迹保留下来并修缮一新。①乾隆皇帝的名字和北京及周边的大部分建筑紧密地联系在一起。碑文上是这样记载的：

御制重修碧云寺碑文（乾隆十四年）

自元耶律楚材之裔名阿利吉②者，舍宅开山，净业始构。明正德中，税监于经③为窀穸计，将以大作功德，而寺遂廓然焕然。至魏忠贤踵而行之，奢僭转甚。夫奉佛者不废庄严，要以清净为本。如梵夹所载人天供养，穷极珍异，皆本清净，为庄严也。否则污法席而玷山灵，何福田利益之有？虽山体常新，如如不动，初无纤毫增损，而自人事观之，有足慨者。当明政不纲，椓人专恣，鬼神为之怨痛，犹欲佞佛以求庇于地下。而为其上者方且假以宠灵，锡之题额，若惟恐其香火之不延，宅兆之不固，厥后罪恶贯盈，刑诛踵接，而秽迹之标揭于林莽间者，迨易世乃克铲除，追惟末造，谁实尸之？斯足为车鉴也已。朕驻跸静宜园，时过此寺，乐观林壑之美，而念古刹之有待于护持也。爰命重加整葺，喜其涤瑕荡秽而复为净域，因笔之于石，用垂戒焉。④

另外一些石碑上的碑文与宗教更为相关，例如第六座院落的两块六角形石碑（9号，参见图375）上的内容。第九座院落是主院（13号），其中同样有一间大殿，内部摆放了佛像，此外还有供住持和访客居住的房间、工作间、厨房和供做苦力的人居住的小屋。在与主轴平行的西轴上，还有一座偏殿和两间供年轻僧侣和小沙弥居住的建筑（25号），大概可以住十人。在这一建筑群后方有一座十分奇特的建有五百尊罗汉像的建筑，罗汉像均为真人大小，用木制金漆塑造而成，完好地被保存了下来。不得不承认，如此众多的塑

---

① 参见维珍纳·蒂瑞丝（Regine Thiriez）拍摄的历史照片，发表于《外国人的镜头：乾隆朝西洋楼的西方摄影师》，1998年，阿姆斯特丹，共191页。北京皇家工坊精心制作的一幅铜版画被多次翻印发表，比如舒尔茨（Alexander Schulz）的著作《西洋楼：乾隆帝的"欧洲建筑"》，1966年，共98页。
② 阿利吉，为满族人姓名，非汉族人姓名。海涅什引用了《大清一统志》中的内容，在发表于1924年11月的《东亚杂志》第2—3页的文章中，将这一名字写为"额尔吉"。海涅什认为，耶律阿利吉是辽国的西夏人。
③ 于经（Yu Jing），参见赖纳·冯·弗兰茨：《福兰阁、劳费尔未曾研究之北京碑文》，威斯巴登：赫拉索维兹出版社，1984年，第222—223页。
④ 原文中并未摘抄碑文原文。两种文字对比见赖纳·冯·弗兰茨：《福兰阁、劳费尔未曾研究之北京碑文》，威斯巴登：赫拉索维兹出版社，1984年，第213—227页，《亚洲研究》，第86册。

图 374 北京碧云寺碑亭

图 375 北京碧云寺石碑和一棵白皮松

像能以这样妥当而美观的方式摆放,是非常了不起的杰作。罗汉堂(28号)的平面为正方形,有四个天井,罗汉像被放置在高约80厘米的大理石基座上。沿着外侧墙壁的过道很宽敞,中央的过道也是如此,沿着天井设置的通道则较为狭窄。整个空间上方均为花格天花板,显得十分庄严。中央两条通道十字交叉处有一塔式构造,强调了这座建筑的重要意义。罗汉堂的中轴线末端的主入口处设置了一个门厅,四大天王的形象又出现在此处。沿着同一条轴线,上方的一层平台上有一座横向延伸的祈福殿(29号),形式如同在喇嘛教的寺庙中常见的那样。寺庙的西侧有一座特别的附属院落,其中有给等级比较低的奴仆居住的房间,有马厩、磨坊,还有菜园和果园。

平行于中轴线的东轴上有一排院落和建筑,这里有不规则的假山和池塘,还有灵巧的回廊和前厅,寺庙整体庄严肃穆的风格在这里稍稍被打破。此处是皇帝行宫(23号),由乾隆皇帝命人建造,建筑的细节极其精致(参见图377),园林设计精巧优美,算得上是中国园林艺术的巅峰。通过一个特别的入口(20号),可以看见第一栋建筑物,这是随从人员的住处(21号),类似西方宫殿中的廷臣府邸。穿过中央的大厅,可以到达下一个院落(22号),其中种植了各种各样的乔木和灌木。

水池被假山岩石环绕,边缘处有一座简洁的栈桥,水面上精心排布了石灰岩石板,供人通行。通向皇帝居所的小楼梯仍按照原生态、乡野村居的风格建造。中国人细腻的艺术感受力体现在各个方面,从各种各样的屋顶造型到缓缓向上延伸的石子小路,从简单的需求型建筑——例如造型简朴的民居中的附属用房,到庄严宏伟的皇家建筑,再到精雕细刻的寺庙建筑,无一不证明这一点。建筑风格的逐渐提升可以证明建筑师的能力,当一个中国人有能力驾驭各种不同的建筑形式,并通过建筑造型直接使旁人感受到其要传达的效果,就如同所有的寺庙和大型建筑群那样,那我们必须肯定,就算他并没有设计西方世界传统意义上的"纪念性建筑",也仍是一位顶级的建筑艺术家。但是作为出色的艺术家,他必须了解这些造型中所蕴藏的真正意义并将其充满艺术性地表达出来,让人一目了然。最后一座院落——水泉院①(24号)就代表了园林艺术的巨大成就,建筑小巧灵动,却又保持了宗教的庄严。人们之所以这样称呼它,是因为有一眼泉水发源于此,泉水流经整座院落,在合适的地点又汇入池塘。尽管池塘几乎全部砌上了砖块和石块,但还是长满了繁茂的水生植物和多叶植物,包括莲花。水泉院所唤起的内心深处的喜悦,是我在其他地方从未体验过的。这里有跨越池塘的石板小径;有古老的、可能从未完工的建筑物;有用石块高高堆起的祭坛,既天然又极具美感;有神秘幽暗的地宫,基座上

---

① 水泉院(Shui quan yuan),参见恩斯特·伯施曼:《碧云寺水泉院:中国园林艺术的杰作》,《园艺之美》,1929年,第465—468页。

图 376 北京碧云寺五百罗汉堂

图 377 北京碧云寺行宫的门

的神像早已遗失；还有泉水涌出的咕咚声，平台上有一座小庙，里面供奉着泉水之神，从那里人们可以透过茂密的树冠远眺风景迷人的广阔的华北平原。

正是整座寺庙的氛围、地理位置以及对佛教理论完美的阐释，使它闻名于世，乾隆皇帝给予了它最高的评价。其实它最具价值的部分是附属于主体建筑群北边的别院。这是中国建筑的奇迹之作，不论朝代如何更替，始终有着经久不衰的艺术价值，会令每一位建筑师都醉心其中。

通过一系列的露天台阶和一个简朴的木制大门（14号），便进入一个宽敞的庭院，那里有一座巨大的大理石塔，这是乾隆皇帝为表达对佛陀释迦牟尼的尊崇而命人建造的。首先映入眼帘的是一座牌楼（15号，参见图378），这是一座精美的汉白玉大门，表面雕满了装饰纹样和各类雕塑。人们一眼就能看出，这是仿造木结构建筑建造而成，立柱之间架设带有榫卯结构的横梁和中楣，上方是具有装饰作用的类似屋顶的结构。立柱底部的石块起着支撑的作用，不可或缺。

图378 北京碧云寺通向金刚宝座塔入口处的汉白玉牌楼

这座牌楼的迷人之处在于，它的所有表面都覆盖了装饰花纹，但整体的结构特征却一目了然，完全没有被花纹遮挡住。立柱上刻有连续不断的花纹，图案均一样，目的只是使表面富有生气。立柱的上部为圆形，鳞片状的花纹和下方有所不同。每一根立柱上都雕有一只蹲坐的狮子。下方的横梁上雕有两条龙，上方的横梁上雕有四只凤凰。龙和凤的组合自古就有，龙代表幸运，象征着沉睡于天地间的神秘自然力量，它与古希腊的蛇具有相同的意义。与西方世界一样，在中国凤凰也象征着回春和重生的概念，在古老的传说中，人类通过吸收自然灵气得以返老还童。穿过这座牌楼，走过一座小桥，人们会看到远处由砖块建成的第二座大门和远处的那座汉白玉塔。牌楼的翼墙上以完美的艺术手法雕刻着八组浮雕。一部分浮雕描绘了佛陀的生活，另一部分是具有象征意义的动物。图373中的这只狮子几乎就是小京巴狗的形象，它有着狮鬃和一张可爱忠诚的脸，只有前爪才真正展现出狮子的特征。

  牌楼表面也全都被精美的浮雕覆盖，侧柱上甚至雕有花朵、树叶和藤蔓，这些浮雕均十分写实且各不相同。柱脚（参见图379）是根据佛陀莲花宝座的元素创作而成，造型和样式使人联想到希腊时期的艺术。叶状花饰同莲花的叶子一样，具有印度风格。牌楼的顶部雕出了一排斗拱，向外挑出不多，十分精致。整座牌楼的工艺极为高雅、精美，部分堪称完美。

  我们穿过牌楼，走上横跨一条小沟的小巧汉白玉桥，来到了庭院的第二部分，在这里有两间八边形的小屋（16号）。它们是碑亭，亭内各有一块竖直的石碑立在一只石制龟趺上，龟趺象征着长寿。石碑作为耐久的历史记录，四面均镌刻着这座寺庙的建造史，上面使用了中国四种主要的官方语言——汉语、满语、蒙古语和藏语。①乾隆皇帝命人于乾隆十四年十一月将碑文刻于宝塔前的石碑上，即1749年12月或1750年1月，其中有这样一段内容：

  五塔岳峙，各具宝相，象佛之遍历四隅而常依止中座也。西域流传，中土希有。乾隆十有三年，西僧奉以入贡，爰命所司，就碧云寺如式建造，尺寸引伸，高广具足。势同地涌，望拟天游。贤劫祖庭，实在于是。夫塔庙之设，类以藏舍利齿发为过去崇奉地耳。此座独表法王御世之初，威德尊胜若是，其灵异显著，将人天瞻仰。

  再穿越由砖砌起、灰泥和红陶板装饰的第二道大门（17号）后，我们就站在了最重要建筑（18号，参见图380）的前方，在平面图上它被特别地标记出来。

---

① 参见海涅什：《北京碧云寺四体建寺铭文》，《东亚杂志》，1924年11月，第1—16页和第164—166页。

图 379 北京碧云寺牌楼基座上的细节

图 380 北京碧云寺通往汉白玉宝塔的台阶

这是一座巨大的汉白玉塔，外人也正是如此称呼这座宝塔的。下方是两层宽大坚固的平台，平台上是结构分明的基座，表面上有饰带和成排的人物雕像。基座之上有五座宝塔，均为锥形，较大的宝塔在中间，其余四座围绕在它的四周，如同碑文上所说的那样，它们代表着天空中的四个方位，佛教朝着这四个方向向外传播。左侧还伫立着两座花瓶状的宝塔，这是源自中国的样式，两塔中间还有一座小屋，尽管内部有一间小房间，但主要还是作为楼梯间使用。平台上的栏杆和上方所有的结构均由白色大理石制成，中间嵌入大量淡青色，大理石的开采地距离西山中的碧云寺很远。这种大理石有着精细的纹路，受气候的影响，经过时间的洗涤，在中国北方均会生出搪瓷状的光滑涂层，无一例外，在某种程度上有点像铜绿锈，不仅不会损坏它漂亮的表面，还对它的保存有着很大的价值。正是这样的特性和堪称卓越的石匠工艺以及平整无瑕的接缝切割，使这座古迹能够很好地保存下来。尽管有一些缓慢的衰败不可逆，但是人们还是尽全力修缮每一个损坏的部位。根据中国常见的做法，这一庞大基座的内部由砖墙砌成，只有外部装饰了光滑的石板。如今，内部要比其他部分修建得更为仔细，但砌砖所用的砂浆中含有大量的黏土，对于植物来说，这种材质适宜生长，导致不仅墙角有灌木和花草，连墙缝中也生长出小花小草。这也算是中国人的特征，他们不会忽视这种充满诗意的细节，并有意识地将其运用到建筑造型之中。

围绕着下层平台的顶端，也就是栏杆的正下方，种植了一圈庄严的柏树，它们邻近围墙边，笔直地向上生长。这是一幅十分神圣的画面，但是很可惜，许多树木的根系已经被破坏，一整段珍贵的栏杆也已经毁坏。同样，在大理石建筑结构最上方的平台上，也种植着一棵美丽的柏树，树干自一点向各个方向伸出九根枝杈，中国人迷信地认为这棵树有神秘的色彩。在顶部楼梯间的屋面上也有一片柏树林。

整座宝塔就坐落在一片古老的密林之间，前面的树木种植稍有规律，越向后就越发随意。整片寺庙建筑群的尽端是僧人的墓园（19号），通过大片树木的衬托显得庄严而神圣。

通过一段宽大、华丽的露天台阶可以通向上层平台，台阶共有三十四级，被茁壮的柏树围绕。建筑物的屋面上立有佛像，纤细的栏杆后方是几座小巧的宝塔，上方有着更加华丽的佛像，庄严的建筑物整体呈现出一幅壮丽的画面，令人印象深刻。平台上方的建筑物，也就是真正的"金刚宝座"出奇地具有力量感，层级分明（参见图381）。基座的表面被宏伟的饰带划分成几块，束腰与上枋、下枋均有丰富的装饰，可见藤蔓和线条纹样，圆形线脚装饰被莲叶围绕。上方是一排佛像，佛像之上是一条连续的饰带，有带有犄角的龙首图案，最上方另有一排佛像。主饰带层次丰富，上面装有出水口，上方冠有一条牢固但细节极其精致的栏杆。背面建造了一个增加部分，无与伦比，上方种植了柏树。这些树

图 381 北京碧云寺金刚宝座塔（汉白玉宝塔）局部细节

木、植被如今甚至成了这处古迹建筑布局中的重要部分。通过饰带划分的基座层次最为清楚明晰,佛祖端坐其上的莲花宝座也是一样。大门通向一个小的塔室,内部有一尊观音雕像,表面光亮,由黑色的大理石制成,整件作品十分完美。观世音菩萨是慈悲的象征。在楼梯间最顶端的平台上,铺满了富丽堂皇的藤蔓图案,在半开的莲花花心中升起珍宝(参见图382)。艺术价值最高的是金刚宝座正面的两座花瓶状宝塔(参见图383)。根据佛教中古老的说法,宝塔的下半部分为气泡状,象征生命短暂。而作为对永恒幸福的预言,每座宝塔中都端坐着四尊极其精美的佛像,它们都算是东方雕塑艺术中最为庄严的作品。这其中同样包括观世音菩萨像,他大概相当于西方文化中的圣母玛利亚。他本来源自印度,比释迦牟尼佛还要早,其形象在世间不断变化,几近完美。他手捧莲花,身着珍珠项链和耳环,头戴冠冕,端坐在莲花宝座上,散发光辉。观音像呈现出常见的坐姿,右手搭在抬高的膝盖上,为了不与充满罪恶的世界有所接触,伸出的右脚还穿了特别的莲花鞋。

在另一座花瓶状的宝塔中也同样有一尊庄严的佛像——三头八臂的毗湿奴,每只手中都持有一种佛教的象征物,例如金刚杵、酥油灯、一尊小佛像等等。①他的额头上有第

图382 北京碧云寺莲花装饰古今对比。左图可能拍摄于1904年,右图拍摄于2015年

---

①根据文献,毗湿奴手中的四件法器为金环、法螺、蓓蕾花和神杵。——译者注

图 383 北京碧云寺瓶状宝塔上的佛像浮雕

图 384 北京碧云寺瓶状宝塔上的佛像雕像

图 385 北京碧云寺的一座瓶状宝塔。拍摄于 2015 年

图 386 北京碧云寺的另一座瓶状宝塔。拍摄于 2015 年

三只眼睛，神态祥和安宁，在褶裥、衣服、莲花宝座、莲花基座的细节中都能让人感受到一种细腻平和。佛像之上有壁龛，其中还有四尊佛像。我们登上平台的边缘（参见图387），栏杆的望柱上有着精美的柱头，栏板上细细雕刻了向外生长的藤蔓和叶子，视线越过栏杆便可俯瞰广阔的景色。

整座寺庙建筑的延续和末端是寂静的住持墓园（19号，参见图388），这里已埋葬了六位高僧，墓碑均朝向南面的象征着极乐世界的汉白玉宝塔。北京及周边地区美丽的树林或广阔的田野间有上百个墓碑，碧云寺中的墓碑与其他这些墓碑在样式上并无不同。这里的山崖突然变得陡峭，碧云寺建筑群也就止于此处了。

现在让我们再看看这里的风景。碧云寺在前景，后方有村庄，附近有公园、寺庙，远处广阔的华北平原上伫立着无数的宝塔。乾隆皇帝写过一首短诗赞扬西山，让我们通过这些诗句再来感受一下这里的风景：

> 隔岭别为区，精蓝静以俱。
> 每参相与好，难论有和无。
> 法雨真优渥，碧云任卷铺。
> 设云云那碧，迭树岂非乎？①

图387 北京碧云寺最顶端平台处的栏杆

① 《碧云寺》，作于乾隆五十四年（1789）。——译者注

图 388 北京碧云寺的住持墓园

第二节 碧云寺水泉院——中国园林艺术的杰作

人们能够认识到所有好的事物,尤其是美的事物。通过知识人们才能感受到真实的美,了解它是感知它的前提。欣赏一件艺术作品,就一定要认真研究,这对于水泉院同样适用。整座院落有一种无法用言语形容的魅力蕴含其中,柔弱、亲切,只有高贵的艺术品位才能创造出它。同时,其中还有一丝浪漫色彩,那是一种古老的气息,荒凉的断壁残垣、野蛮生长的灌木和日渐破碎的瓦顶,都透露出这里曾经是多么的富丽堂皇。为了能够真正理解这完美的园林艺术,在握笔写下这些文字的时候,必须再一次细细研究、思索每一块石头、每一丛灌木、每一棵树木、每一涓溪流。

碧云寺距离北京城中心约一个小时的路程,坐落在华北平原与高耸山脉交界处的一座山顶之上,是西山中成百上千的寺庙、最美的圣迹之一。一条长500米的主轴线串联起了许多大门和建有大殿、供奉神灵或供人居住的院落,末端有一座雄伟、壮丽的汉白玉建筑——金刚宝座塔。18世纪时,乾隆皇帝命人建造了这座宝塔,并在夏天短暂居住在这里。我曾在这座极致宁静的寺庙中生活了几个星期,研究并且记录下它的每一个部分。按照中式的布局,居住区的尽头是一座庭院,也是整座建筑群中最为绝妙的地方。末端有一汪泉眼,水流在下方的层层庭院中汇成小溪和池塘。我在日记中描绘了中国园林艺术中这个小小的杰作给我留下的印象,寺庙的主建筑庄严肃穆,水泉院为其补充了自然之美。

紧邻我们居住的夏日小屋是几个极小的院落。从我们居住的院落出来,穿过圆形的门洞,便能看见堆叠的假山,这些假山提醒我们,我们正处在拥有秀美园林艺术的地区。绕过假山,豁然开朗。左边是一字排开的庄严肃穆的寺庙建筑和宝塔大殿。面前的庭院宽敞,如同碧云寺的其他部分一样,其中种植了一些纤弱的树木。右边有一个小门,门外可以看到一座大殿的基座,不过大殿已不再存在。向前走又是一个小院子。作为贯穿整个水泉院的主题,在我们的住所右侧有一块充满艺术感的石头,它由石灰岩和砾石混合而成,是中国人最喜爱的园林石之一,没有什么能比它独特、生动的外形更为引人注目了,石头并不平整,光影效果丰富。人们将这块罕见的石头视为珍宝,将它放置在一个大理石基座之上,在两侧种上高大的柏树,常青藤缠绕在它的四周,后壁上有三段宽大的屋顶,野生葡萄藤的浅绿色叶子覆于其上,为奇石充当背景。

穿过另一扇门,我们就来到了一个艺术的伊甸园,院中的每一块石头都充满人类的智慧,散发着艺术的气息。在这里人们能切实感受到自然之美,

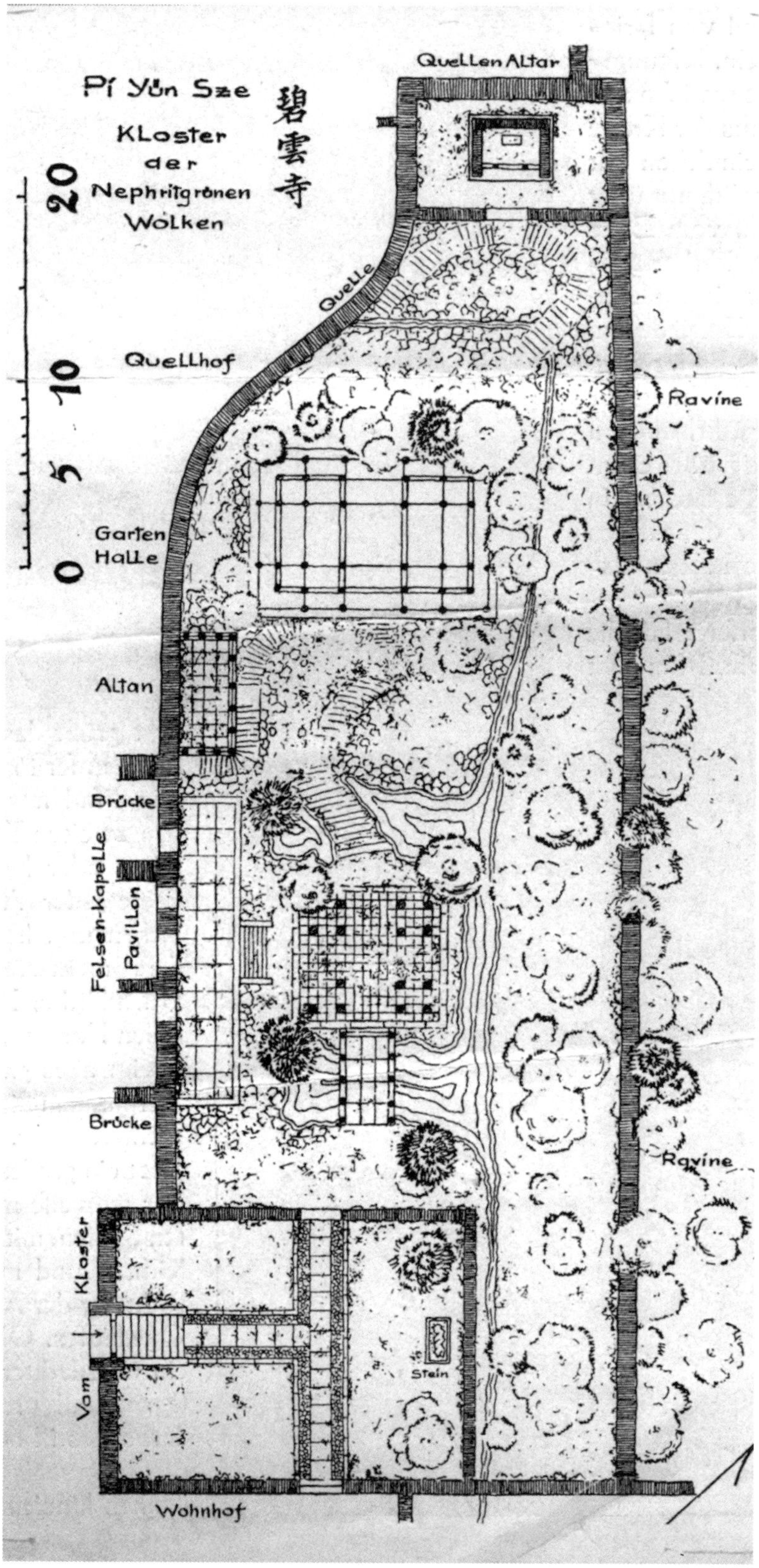

图 389 北京碧云寺的平面图

图 390 北京碧云寺寺庙主院落的中轴线

这些美景也一直保存了下来。左边有一座小坡，高度只有院墙的一半，由层叠的假山石堆成。青草、苔藓与灌木交替生长在石缝间，使这里充满生机，各种元素柔和地统一成一个整体。右边有一片小池塘，泉水从一旁流过，汇入池塘，绿油油的藤蔓和水生植物铺满了水面，小小的飞虫倏忽而过，使池塘变得生动。整片池塘只有边缘的一处被清理干净了，水面清澈，没有浮萍。不仅杂役会来这里打水，我们每日也会来这里泡在清凉的泉水中。

图 391 北京碧云寺水泉院中的石窟和看台

这里可以说是世间最美的"浴池"，水面仅至膝盖，池底铺了石板，似乎感受不到水流的涌动，环绕着我们的是整座古老的庭院。纤细而高大的柏树或被青藤缠绕，或被成丛的槲寄生①包围，槐树和银杏相伴而生，石子路上生长着青草和青苔，我们沿着石子路，从树荫下走去池塘戏水。院落被一堵围墙环绕，墙上同样爬满了常青藤。树木从墙上的缝隙中向上生长，高度大约为围墙的一半，有些甚至从顶端向上伸展。围墙的角上有一座看台，只能通过层叠的假山石走至此处，和极具艺术气息的石制栏杆一样，看台表面已因年代久远而发旧。在院落尽头，茂密的树木掩着一座高高的平台，平台上方有一尊和善

---

① 槲寄生，寄生科植物，有害于宿主，其茎叶可药用。在英文中有特殊含义。——译者注

亲切的佛像，带着愉悦和满足的神情俯瞰众生。有一座小桥横跨池塘，我们便将不多的物品——浴袍和浴巾挂在汉白玉石桥的栏杆上。我踩着石阶小心翼翼地走下池塘，第一级石阶布满孔洞，第二级长满了青苔，整片池塘十分平静，泉水清澈。那些中国杂役十分吃惊，对他们来说，池水冰凉刺骨，除非必要他们绝不会下水。

在通向水泉院的门洞后方，通向最后几座院落的小路与原先笔直的道路方向有所不

图 392 北京碧云寺水泉院中的小桥和石窟外墙

同。水泉院有着全新的轴线体系，并不是一成不变的直线，相反，天然的山石将其打断。横跨池塘的汉白玉石桥以及栏杆均由光滑、连贯、有着浅浅花纹的石板制成，位于新的轴线上，并由此通向一处方形的平台。平台上规则地铺着地砖，四角各有四块基石，木柱立于其上。这里可能曾有一座建筑物，或是一座轻巧的亭子，下方敞开。它是中轴线上前几座木构建筑的前奏。与此类似的还有横轴上的石窟，它位于左侧，岩石中凿出了三间位于地下的房间，其中有一个华丽的大理石基座，上方有三尊佛教神灵的祭坛。灰白的围墙上嵌有大门和圆窗，墙面光滑，没有任何装饰。一排庄严的柏树生长于墙后，树冠从墙头笔直伸出。佛室内部顶上是雄伟的筒形拱，架在厚实的甬道外墙之上，室内幽暗。到了室外的平台上，豁然开朗，阳光普照，精美的看台就在不远处，供人从上方俯瞰这一处伊甸园。

图 393 北京碧云寺水泉院中供人居住的小屋

　　池塘的第二部分被或尖或扁、或镂空或实心的各种假山石围绕，这些石块大小形状不一，一条蜿蜒曲折的石径跨越水面之上。这样的艺术令人称奇，每一处角落都呈现出奇特的景色，经过精心设计的看景、藏景和遮景形式无与伦比，不矫揉、不做作，所有的一切都如此的自然，只有运用最细致入微的感官，唤起最深处的艺术感知，才能创造出这样的作品。

　　这里还有一座巨大的建筑物，虽然如今已经衰败，没有了外墙，部分屋顶也已消失，但柱子仍笔直地伫立，人们也还能看见一些古老的楹联匾额遗留下来的痕迹。它将这一轻巧玲珑、风景如画的院落和外部笔直的轴线重新连接起来，既是水泉院的末端，也是水泉院的高潮部分。它也许曾是一座寺庙，又或者只是供皇帝歇脚之处，这里有顶盖可以遮风挡雨，十分僻静。整座建筑令人赞叹，不仅符合建筑群整体的样式和风格，又不失宏伟庄严，在那里，人们可以沉醉于自己的情绪之中，从最细微处仔细体会感知大自然的奇妙和乐趣。院中的建筑物，譬如桥梁、看台、石窟和大殿，庄严肃穆，围绕这一严肃气氛的却是艺术家轻快、亲切的设计，通过山石和池畔不规则的造型、多种多样的树木、围绕院落的围墙表现得淋漓尽致。根据所需要的范围和自然乐趣的多少，这两种风格互相融合。这就像一桩美满的婚姻,严肃和活泼共存,相互补充。完美和谐的需要平衡着人类的两种情绪,使两个极点在对立中达到平衡。我们身边的大部分建筑物远远没有达到这种理想中的平衡状态,有些过于肃穆呆板,有些则过于多彩炫目,它们都没有找到那个坚固的平衡点,而我们常常忽视了这一点。

图 394 北京碧云寺大理石基座上罕见的观赏石

图 395 北京碧云寺寺庙院落中已融为一体的两种柏树

图 396 北京碧云寺水泉院中的平台、池塘和小桥

现在我们已经走到了这座美丽院落的尽头,它不规则地坐落于一座高高的平台之上,充分利用了自然条件。这里有着各种各样的假山岩石,它们被一种近乎狂野的力量堆叠在一起,石缝中生长着青苔和野草。山石中有两条向上蜿蜒的小径,通向平台上的小庙,那里有一尊塑像,是这一处珍贵泉水的神圣保卫者,清澈而凉爽的泉水正从它下方的岩石中流淌而出。树枝和树叶沙沙作响,在微风的追逐中摇摆,飘落在整座院子中。透过纤细的树干之间的空隙,透过藤蔓和灌木,人们能看见泉水如何淌入院中这一奇观。后方和右侧都竖立着高大的围墙,墙后能看见整片建筑群最重要的建筑物——上层平台上的汉白玉金刚宝座塔。在我们的左前方只有低矮的护墙,山谷在此处裂开,前方是令人眩晕的深渊,这也是碧云寺这一侧的边界。现在山谷中全都是石头,十分干燥,但是到了雨季,一条湍急的河流就会从山中倾泻而下,流入平原。这里供人远眺的风景与在寺庙最高处——金刚宝座塔——上可看见的景色是一样的:华北平原、颐和园,还有数座宝塔,北京外围的长城以及楼阁也不得不提,整片美景都随着光线变幻无穷。有如此美景和清澈的池水相伴,水泉院也因此而熠熠生辉。

参考文献

恩斯特·伯施曼有关佛塔的著作

恩斯特·伯施曼：《北京碧云寺，一座佛教寺院》，《柏林建筑师协会周刊》，1906年，第1期，第47—52页。

恩斯特·伯施曼：《普陀山——观世音菩萨道场》，"中国建筑艺术和宗教文化"卷一，柏林：乔治·莱默出版社，1911年。共208张照片、33张全页插图。当时伯施曼任职于政府部门，受德国政府的委托，将自己三年中国之旅中拍摄的照片整理出版。

恩斯特·伯施曼：《中国祠堂》，"中国建筑艺术和宗教文化"卷二，柏林：乔治·莱默出版社，1914年。共212张照片、36张全页插图。

恩斯特·伯施曼：《中国建筑艺术与风景——穿越十二省之旅》，柏林：恩斯特·瓦斯姆斯出版社，1923年。

恩斯特·伯施曼：《中国建筑艺术与风景》，《建筑管理部门总刊》，1924年，第44期，第1—4页与第10—12页。

恩斯特·伯施曼：《中国的铁塔和铜塔》，《东亚艺术年鉴》，1924年，第223—235页。共22张图片，第124—135页另有插图。

恩斯特·伯施曼：《隋朝及唐早期宝塔》，《东亚杂志》，1924年，第1期，第195—221页。共29张图片，第13—22页另有插图。

恩斯特·伯施曼：《中国建筑》，柏林：恩斯特·瓦斯姆斯出版社，1925年。共340页胶版印刷插图，其中270页中总计有591张照片，另外70页为绘制的图画。书中另有6页彩色插图，正文中另有39张图片。全书共两卷。

恩斯特·伯施曼：《中国建筑陶艺》，柏林：阿尔伯特·吕德克出版社，1927年。

恩斯特·伯施曼：《中国宝塔》，"中国建筑艺术和宗教文化"第三卷，柏林/莱比锡：沃尔特·德·格鲁伊特出版社，1931年。共514张照片、10张全页插图。伯施曼将自己三年中国之旅中拍摄的照片整理出版，当时他已成为教授。书中内容包括：1.中国宝塔：它们在自然与艺术中的形象。2.大型宝塔的主要形式（级塔、天宁方塔、叠层塔、层塔、外廊层塔、琉璃塔、石塔、群塔）。3.宝塔类型的其他形式（铁铜塔、墓塔、香塔、内塔）。

恩斯特·伯施曼：《绥远白塔——天宁塔的一种变体》，《东亚杂志》，1938年，第14期，第185—208页。共6张全页插图、10张图片。

恩斯特·伯施曼：《中国北方辽金时期的宝塔（11—12世纪）》，莱比锡，1942年。《东亚杂志》，第15/16期，第113—117页。

参考文献

恩斯特·伯施曼：《中国北方少数民族统治之下的宝塔》，莱比锡，1942 年，《德国研究中的东方》，第 184—204 页。

阿林敦、卢因森：《寻找老北京》，北京，1935 年，共 382 页。

鲍鼎：《唐宋塔之初步分析》，《中国营造学社汇刊》，1937 年 6 月，第 1—31 页。

巴雷特：《中国的佛塔、佛经和佛舍利》，《佛教起源与南亚、东南亚早期佛教史》，伦敦，2005 年，第 12—55 页。

鲍吾刚：《埃里赫·海涅什（1880—1966）》，《德国东方学会学报》，1967 年，第 117 期，第 205—210 页。

鲍莫尔：《中国佛教中心——五台山。中国圣山上的寺庙和朝圣者》，汉堡，2009 年，共 336 页。

阿瑟·伯格：《与斯文·赫定一起穿越亚洲沙漠》，柏林，1932 年，共 383 页。根据考察旅行纪录片摄影师保罗·利贝伦茨的日记整理。

温达（编撰）：《亲征平定朔漠方略》，1709 年。

恩斯特·伯施曼：《北京碧云寺，一座佛教寺院》，《柏林建筑师协会周刊》第 1 期，1906 年，第 47—52 页。

恩斯特·伯施曼：《普陀山——观世音菩萨道场》，柏林，1911 年，共 203 页。

恩斯特·伯施曼：《隋朝及唐早期宝塔》，《东亚杂志》，1924 年，第 1 期，第 195—221 页。

恩斯特·伯施曼：《中国建筑》，柏林，1925 年，共 2 册。

恩斯特·伯施曼：《碧云寺水泉院：中国园林的杰作》，《园艺之美》，1929 年，第 465—468 页。

恩斯特·伯施曼：《中国宝塔》，柏林／莱比锡，1931 年，共 428 页。

恩斯特·伯施曼：《绥远白塔——天宁塔的一种变体》，《东亚杂志》，1938 年，第 14 期，第 185—208 页。

恩斯特·伯施曼：《山西省五台山平面图集及其建筑设施目录》，威斯巴登，2012【2013】年，共 118 页，附一张光盘。

恩斯特·伯施曼：《香港、澳门和广东：1933 年一次穿越珠江三角洲的考察旅行》，柏林，2015 年，共 188 页。克格尔整理出版。

普意雅：《明清皇陵》，巴黎，1931 年，共 225 页。

布雷登：《北京纪胜》，第二版，上海，1922 年，共 523 页。

卜正民：《明清历史地理资料》，安娜堡密歇根大学中国研究中心，1988 年，共 267 页。

卜世礼：《中国美术》（卷一），伦敦，1921 年。

卡鲁斯：《中国思想：中国人的世界观念之主要特征的释义》，芝加哥，1907 年，共 195 页。

沙畹：《北中国考古图录》，共两册，巴黎，1909 年。

察耶特：《热河的寺庙与它们的西藏蓝本》，巴黎，1985 年，共 206 页。

霍赫洛夫：《璞科第》，《历史问题》，2011 年，第 5 期，第 36—54 页。

中国宝塔模型集，收藏于上海徐家汇天主教工艺学校，1915 年被送往参加旧金山巴拿马—太平洋博览会，同年《中国宝塔》发表于《皇家亚洲文会北华分会年刊》，第 46 期，第 45—57 页。

丁文江等：《中华民国新地图》，上海申报馆，1934 年，共 53 张地图。

艾锷风、戴密微：《泉州双塔：中国晚近佛教雕刻之研究》，波士顿，1935 年，共 95 页。

费通起：《西藏塔尔寺：一篇关于其历史的研究》，柏林，1906 年，共 164 页。参见"费通起中国西藏探险的科学成果"（卷一），1903—1905 年。

费通起：《衮本贤巴林：十万佛像弥勒寺》，莱比锡，1933 年，共 555 页。

安东篱：《中国城市扬州与 1934 年〈闲话扬州〉之争议》，《亚洲研究》，1994 年 11 月刊。

斐士：《神圣的五台山，关于从太原府经过五台山到蒙古边境的现代旅行》，上海，1925 年，共 37 页。

方萨格里夫斯：《西陵：清朝西陵之研究》，《吉美博物馆年鉴》第三十一卷，巴黎，1907 年。

弗瑞：《规划承德：清帝国的景观事业》，夏威夷，2000 年，共 209 页。

福赫伯：《论 1279 年的白塔胜住仪轨》，《亚洲要闻》第七卷，1994 年，第 155—183 页。

福兰阁：《热河地区旅行记》，《外国》，1891 年，第 735—740、753—758、771—776 页。

福兰阁：《直隶热河地区简介：中国国土民俗之详细研究》，莱比锡，1902 年，共 103 页。

福兰阁、劳费尔：《北京、热河和西安喇嘛庙中的碑文》，《中国碑文铭文》第一部分，柏林／汉堡，1914年。

福兰阁：《中国通史：关于其起源、本质和直至近代的发展历程》，柏林，1930—1952年，共5册。

福兰阁：《"异国呀，请预告我吧"——东亚旅行：日记和照片（1888—1901）》，圣奥古斯丁，2009年，共527页。

弗兰茨：《宝塔、塔庙与窣堵坡：印度与东亚的宗教建筑之研究》，格拉茨，1978年，共80页，28幅全页插图。

赖纳·冯·弗兰茨：《福兰阁、劳费尔未曾研究之北京碑文》，威斯巴登，1984年，共259页，《亚洲研究》第86册。

福尔曼：《中国》第一卷，哈根，1921年，共147页，《亚洲精神、艺术与生活》第4册。

盖洛：《中国十八省府》，伦敦／费城，1911年，共429页。

嵇穆：《蒙古玛哈嘎拉崇拜及清初时期——实胜寺（1638）碑记》，《远东学报》，2000/2001年，第42期，第69—103页。

格劳赫：《佛教建筑窣堵坡》，科隆，1995年，共142页。

高延：《宝塔——中国佛教最神圣之圣物》，柏林，1919年，共96页。

格伦威德尔：《西藏与蒙古的佛教神话》，莱比锡，1900年，共244页，含188张插图。本书是作者为俄国亲王奥赫托斯基喇嘛教陈列馆所作的导览手册，奥赫托斯基亲王撰写了本书的前言。

格伦威德尔：《书信与档案》，威斯巴登，2001年，共206页。"柏林洪堡大学亚洲与非洲之研究"第9册。

海涅什：《北京碧云寺四体建寺铭文》，《东亚杂志》，1924年，第1期，第1—16页。

海涅什：《埃里希·郝爱礼（1878—1936）》，《德国东方学会学报》，1957年，第107期，第1—6页。

斯文·赫定：《帝王之都：热河》，莱比锡，1932年，共211页。

锡乐巴：《北京大觉寺》，柏林，1897年，共34页，附12张插图。

赫利曼：《回望自北京前往热河的一场旅行》，《亚特兰蒂斯》，1931年，第3期，第92—95页。

胡德曼：《中国》，《旅行：汉堡—美国航线月刊》（第七卷），1939年4月，第4期，第14—17页。

卡姆芒：《梁思成》，在线版本。

卡尔贝克：《叶慈教授》，《亚洲艺术》，1957年，第20期，第184—185页。

克格尔：《盛大的记录》，柏林，2015年，共591页。

科特坎普：《宝塔——佛教救赎之路的代表：建筑象征的成因与发展之研究》，威斯巴登，1992年，共701页。

雷兴：《斯文·赫定复制了一座寺庙》，《环顾》，1931年9月5日。

梁思成：《图像中国建筑史：关于中国建筑结构体系的发展及其形制的研究》，剑桥，1984年，共200页。

林普里希特：《中国与中国西藏地区东部高山的植物考察之旅》，达勒姆，1922年，共515页。

林徽因、梁思成：《由天宁寺谈到建筑年代之鉴别问题》，《中国营造学社汇刊》，1935年5月，第137—152页。

刘敦桢：《河北省西部古建筑调查纪略》，《中国营造学社汇刊》，1935年6月，第1—58页。

刘侗、于奕正：《帝京景物略》，上海：古典文学出版社，1957年，共141页。

罗哲文：《中国古塔》，北京：外文出版社，1994年，共331页。

贝恩德·梅尔彻斯：《中国寺院建筑与灵岩寺罗汉——佛教雕塑的重要杰作》，哈根，1922年。

蒙特尔：《中国喇嘛庙——热河普陀宗乘之庙》，芝加哥，1932年，共64页。这是一本收藏展的导览手册。展览以历史和民族为主题，由斯文·赫定博士探险队的成员蒙特尔博士策划，由本迪克斯出资赞助。

明斯特贝格：《中国艺术史》第二卷，艾斯灵根，1912年。"宝塔"章节位于第24—30页。

纳夫拉特：《印度和中国：建筑艺术和雕塑艺术杰作》，维也纳，1938年，共208张插图、1张地图。

聂图普斯基：《拉卜楞寺：一个位于内亚边界地方的藏传佛教社区（1709—1958）》，拉纳姆，2011年，共273页。

佩克哈默：《北京》，柏林，1928年，共200页。

璞科第：《五台山的过去与现在》，圣彼得堡，1893年。

波佩：《埃里希·海涅什》，1968/1969年。

关野贞、竹岛卓一：《热河："伪满洲国"最辉煌且值得纪念的文物》，东京，1934年，共254页，四卷影像写真集。

关野贞、竹岛卓一：《热河》，东京，1937年，文集。

《山西通志》。

《摄山志》。

喜仁龙：《5—14世纪中国雕塑》，布鲁塞尔，1926年。

斯当东：《英使谒见乾隆纪实：包含穿越古老帝国和一小部分蒙古地区时根据粗略的观察所得的信息》，伦敦，1797年。共两卷，含版画。

孙承泽：《春明梦馀录》，北京：北京出版社，1992年，共2册。

斯沃特、提尔：《金刚宝座塔：印度建筑对中国的影响之一》，《东方艺术品》，1985年2月，第28—39页。

常盘大定、关野贞：《中国佛教史迹》，东京，1925—1928年。

翁克里希：《蒙古章嘉呼图克图传记中的北京》，《汉学专刊》，1934年，第45—57页。

翁克里希：《五台山及其寺院——1889年对当地情况所作的一次历史地理学概览》，《汉学专刊》，1939年，第38—89页。

魏汉茂：《翁克里希（1883—1956）：生平及著作》，威斯巴登，2003年，共230页，书中还摘录了一些他关于蒙古学方面的研究。"柏林洪堡大学亚洲与非洲之研究"第12册。

魏汉茂：《翁克里希（1883—1956）：与福赫伯和斯文·赫定关于中国西藏地区、蒙古地区和中国内地的书信往来》，威斯巴登，2003年，共293页，"柏林洪堡大学亚洲与非洲之研究"第15册。

魏汉茂：《翁克里希（1883—1956）：与汉斯·芬德埃森、英国圣经公会和其他人关于西伯利亚和喇嘛教的书信往来》，威斯巴登，2004年，共204页，"柏林洪堡大学亚洲与非洲之研究"第17册。

魏汉茂：《1890—1945年间柏林的汉学：福兰阁、福克、郝爱礼和海涅什文献合集》。柏林，2010年，共228页。书中还摘录了嵇穆所写的关于福华德的一篇文章。"东亚新藏书系列"特别版第23册。

魏汉茂：《"我感激之情中的苏美尔正在生长"——论德国的东亚艺术史研究（1896—1932）》，威斯巴登，2010年，共207页。书中摘录了人类学家和艺术学家格罗塞与其友人、同事屈梅尔和艺术史学家艾锷风同建筑师伯施曼的书信往来。

威利斯：《在中国北部的研究》，华盛顿，1907年，共三册。

黄华生：《佛塔、宝塔和舍利塔》，雅典教育和科研研究所，2014年。网址：http://hdl.handle.net/10722/199345。

叶恭绰：《桂游半月记》，上海：中国旅行社，1932年，共82页。

易君左：《闲话扬州》，上海：中华书局，1934年，共114页。

张驭寰：《传世浮屠：中国古塔集萃》，天津：天津大学出版社，2010年，共三册。

《中国营造学社汇刊》，四川南溪：中国营造学社，1930年第一卷至1934/1935年第五卷、1935/1936年第六卷、1944/1945年第七卷。

附图

「北京」

五塔寺

五塔寺。徐原拍摄，2005年6月28日

黄寺汉白玉塔

黄寺汉白玉塔的基座、塔座和塔身

黄寺汉白玉塔的正视图

黄寺汉白玉塔。程尧拍摄，2021年

玉峰塔。齐格勒拍摄

玉峰塔 查杉拍摄 2021年

静宜园昭庙琉璃塔

静宜园的琉璃塔 金煜拍摄 2013年

「河北」

热河行宫的琉璃塔

承德避暑山庄的琉璃塔。徐原拍摄，2011年2月25日

正定开元寺塔。特雷斯寇（V.Tr.）拍摄

正定开元寺须弥塔。牛军利拍摄，2021年

正定木塔。特雷斯寇拍摄，1901年

正定天宁寺凌霄塔。牛军利拍摄，2021年

河北 | 445

正定天宁寺凌霄塔。牛军利拍摄,2021年

常乐寺八角塔。见于《中国佛迹》

邯郸北响堂（常乐寺）宝塔。查杉拍摄，2021年

曲阳县修德塔。喜仁龙拍摄 　　　　　　曲阳县修德塔。查杉拍摄，2017年

定县塔。喜仁龙拍摄　　　　　　　　　　定州塔。查杉拍摄，2018年

「河南」

开封繁塔

开封繁塔。查杉拍摄，2016 年

开封铁塔 　　　　　　　　　　　开封铁塔。姜淳继拍摄，2016年

嵩山法王寺宝塔。刊于《中国佛教史迹》　　　　　嵩山法王寺宝塔。王羿拍摄，2021年

山坦然墓塔。泽村拍摄 　　　　　　　嵩山坦然墓塔。王羿拍摄，2021年

河南 | 453

嵩山会善寺净藏禅师塔

嵩山会善寺净藏禅师塔。王羿拍摄，2021年

「山东」

济南灵岩寺辟支塔

济南灵岩寺辟支塔。徐原拍摄，2006 年

济南神通寺四门塔

济南神通寺四门塔。姜淳继拍摄，2021年

山东 | 457

济南神通寺龙虎塔。喜仁龙拍摄

济南神通寺龙虎塔。姜淳继拍摄，2021年

西洋镜：中国宝塔Ⅱ（下） | 458

济宁铁塔

济宁崇觉寺铁塔。姜淳继拍摄,2021年

泰安铁塔。伯施曼绘制

泰安铁塔。姜淳继拍摄,2016 年

临清舍利塔。纽霍夫绘制

聊城临清舍利塔。姜淳继拍摄，2014年

邹县宝塔。罗特克格尔拍摄

济宁邹城重兴塔。姜淳继拍摄，2019年

山东 | 463

兖州兴隆寺塔 　　　　　　　济宁兖州区兴隆寺塔。姜淳继拍摄，2020 年

汶上县宝塔

济宁汶上县宝塔。姜淳继拍摄，2021年

「山西」

汾阳宝塔。喜仁龙拍摄

汾阳文峰塔。查杉拍摄，2021年

奉圣寺塔。见于《中国佛教史迹》

太原奉圣寺塔。郭跃拍摄，2021年

太原永祚寺双塔

太原永祚寺双塔。查杉拍摄,2021年

五台山显通寺的五座镀金铜塔

五台山显通寺镀金铜塔。郭跃拍摄，2016年

「陕西」

西安大雁塔

西安大雁塔。唐时星光拍摄，2012年

西安小雁塔 　　　　　　　　　　　　西安小雁塔。唐时星光拍摄，2015年

西安北杜铁塔

西安北杜镇铁塔。唐时星光拍摄，2018年

西安香积寺宝塔。喜仁龙拍摄

西安香积寺宝塔。唐时星光拍摄，2019 年

西安兴教寺宝塔。喜仁龙拍摄

西安兴教寺宝塔。唐时星光拍摄,2020年

「宁夏」

宁夏城西塔

银川西塔。查杉拍摄，2019年

「安徽」

芜湖长江边宝塔。见于《波恩的天主教传教之书》

芜湖长江边宝塔。查杉拍摄，201

太平县宝塔。林普利特拍摄

马鞍山宝塔。查杉拍摄，2021年

安徽 | 479

「湖北」

黄梅县宝塔。见于《中国佛教史迹》

黄冈市黄梅县宝塔。何峰拍摄，2021年

宜昌天然宝塔　　　　　　　　　　　宜昌天然宝塔。查杉拍摄，2020年

沙市宝塔

荆州市沙市区宝塔。查杉拍摄，2020 年

当阳县玉泉寺宝塔

当阳市玉泉寺宝塔。查杉拍摄，2020年

湖北 | 483

「湖南」

洞庭湖汇入长江处的岳阳县宝塔

岳阳市慈氏塔。查杉拍摄，2019年

「江西」

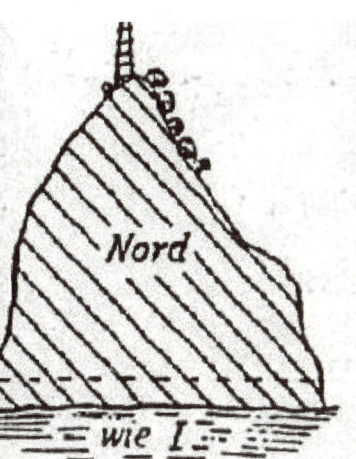

九江县大孤山宝塔。魏格纳拍摄

九江市大孤山宝塔。楚彧拍摄,2021年

江西 | 485

九江县能仁寺石塔

九江市能仁寺石塔。楚彧拍摄，2021年

「江苏」

苏州双塔。见于《中国佛教史迹》

苏州双塔。刘振拍摄，2021年

苏州北塔。见于《中国佛教史迹》

苏州光福镇宝塔。林普里希特拍摄

苏州光福镇铜观音寺宝塔。刘振拍摄，2021年

苏州瑞光寺塔

苏州盘门瑞光塔。刘振拍摄，2021年

苏州灵岩山寺塔

苏州灵岩山寺塔。刘振拍摄,2021年

苏州虎丘塔。见于《波恩的天主教传教之书》

苏州虎丘塔 刘振拍摄，2021年

镇江县金山岛上的宝塔。见于福尔曼《中国》一书

镇江市金山寺宝塔。查杉拍摄，2015 年

江县甘露寺宝塔。见于《中国佛教史迹》

镇江市甘露寺宝塔。查杉拍摄，2015年

常熟县宝塔。吕登贝格拍摄

常熟市方塔。刘振拍摄,2021年

「浙江」

杭州灵隐寺理公塔。克纳佩拍摄

杭州灵隐寺理公塔。查杉拍摄，2021年

杭州灵隐寺东塔

杭州灵隐寺东塔。查杉拍摄，2021 年

杭州闸口宝塔

杭州闸口宝塔。孙幼君拍摄，2021年12月

杭州六和塔

杭州六和塔。查杉拍摄，2018年

杭州西湖岸边的保俶塔。见于《中国佛教史迹》

杭州保俶塔。查杉拍摄，2021年

台州县千佛塔。见于《中国佛教史迹》

临海市千佛塔,彭连生拍摄,2021年

临海市巾山东塔。彭连生拍摄，2016年

台州县巾山东塔。林普利特拍摄

龙游县状元塔。福兰阁拍摄，今已无存 　　　　　　　　　衢州市龙游县鸡鸣山宝塔。彭连生拍摄，2021年

太白山阿育王寺西塔。见于
《[中]国佛教史迹》

宁波阿育王寺宝塔。查杉拍摄，2018 年

海宁州占鳌塔

海宁市占鳌塔。徐超拍摄，2021年

定海县普陀山太子塔

舟山市太子塔。彭连生拍摄，2013年10月

常山县六角宝塔。福兰阁拍摄

衢州市常山县宝塔。衢州博物馆供图，2021年

上海

上海龙华塔 　　　　　　　　　　　上海龙华塔。查杉拍摄，2018 年

四川

灌县奎光塔。魏格尔德拍摄

都江堰奎光塔。查杉拍摄，2020 年

灌县二郎庙香塔

都江堰二郎庙香塔。徐原拍摄，2006年3月5日

新都县宝光寺宝光塔。
魏格尔德拍摄

成都市新都区宝光塔。黄欣拍摄，2017年

「 福建 」

福州白塔

福州白塔。无际拍摄,2021年

福州乌塔

福州乌塔。穆睦拍摄,2021年

福清县大塔。艾锷风拍摄

福清市瑞云塔。穆睦拍摄，2021年

泉州县开元寺东西塔

泉州开元寺东西塔。陈伟凯拍摄，2021年

「广东」

广州六榕寺塔

广州六榕寺塔。陈永善拍摄,2021年

广州赤岗塔

广州赤岗塔 陈永善 摄,2021年

广州海鳌塔

广州海鳌塔。陈永善拍摄，2021年

广州海幢寺白石塔

广州海幢寺白石塔。陈永善拍摄，2021年

潮州城潮安三元塔。约翰·汤姆逊拍摄,1870年前后

潮州市潮安区三元塔。郑坚拍摄，2021年

潮州城宝塔。艾锷风拍摄，1925年　　　　　　　汕头市潮阳区文光塔。郑坚拍摄，2019年

「云南」

昆明西寺塔。模型来自芝加哥菲尔德自然史博物馆

昆明西寺塔。黄欣拍摄，2021年

大理的三座宝塔

大理的三座宝塔。黄欣拍摄，2021年

本书作者

恩斯特·伯施曼（Ernst Boerschmann，1873—1949）：德国皇家柏林工业高等学院（柏林工业大学前身）教授。1906—1909年，在德意志帝国皇家基金会的支持下，伯施曼跨越中国14个省区，行程数万里，对中国的皇家建筑、寺庙、祠堂、民居等进行了全方位的考察，留下了8000张照片、2500张草图、2000张拓片和1000页测绘记录。1932年，受邀成为中国营造学社的通信研究员。1933—1935年，受聘为中国传统建筑遗产顾问。出版有《中国建筑艺术与风景》《中国建筑》《中国建筑陶艺》《中国宝塔》《中国祠堂》《普陀山》等。

魏汉茂（Hartmut Walravens）：德国国家图书馆书目部主任，著名的汉学家和图书馆学家，长期致力于世界各国所藏中国文献的整理与研究工作。

本书主编

赵省伟："西洋镜""东洋镜""遗失在西方的中国史"系列丛书主编。厦门大学历史系毕业，自2011年起专注于中国历史影像的收藏和出版，藏有海量中国主题的法国、德国报纸和书籍。

本书译者

张胤哲：德国慕尼黑工业大学建筑学硕士，曾在慕尼黑工业大学建筑学院创办的Halten杂志上发表论文多篇，译有《女性腰臀腿训练宝典》。

代荣欣：北京外国语大学汉语国际教育专业毕业，曾在德国杜塞尔多夫孔子学院任汉语教师志愿者。

内容简介

本书是伯施曼1906—1909年中国建筑考察的成果之一，于2016年在德国出版，此译本收录了360幅老照片，130余幅复拍图，共计50万字的图文描述和阐释。书中照片由伯施曼拍摄和搜集而来，文字也是伯施曼留下的第一手资料，由德国著名汉学家魏汉茂整理。

本书是迄今考察中国宝塔建筑内容最为翔实的著作，书中所记载和描述的宝塔建筑中有相当一部分现在已经不复存在，因而更加凸显了本书的学术和文物价值。

「本系列已出版图书」

第一辑	《西洋镜：海外史料看甲午》
第二辑	《西洋镜：1907，北京—巴黎汽车拉力赛》（节译本）
第三辑	《西洋镜：北京美观》
第四辑	《西洋镜：一个德国建筑师眼中的中国1906—1909》
第五辑	《西洋镜：一个德国飞行员镜头下的中国1933—1936》
第六辑	《西洋镜：一个美国女记者眼中的民国名流》
第七辑	《西洋镜：一个英国战地摄影师镜头下的第二次鸦片战争》
第八辑	《西洋镜：中国古典家具图录》
第九辑	《西洋镜：清代风俗人物图鉴》
第十辑	《西洋镜：一个英国艺术家的远东之旅》
第十一辑	《西洋镜：一个英国皇家建筑师画笔下的大清帝国》（全彩本）
第十二辑	《西洋镜：一个英国风光摄影大师镜头下的中国》
第十三辑	《西洋镜：燕京胜迹》
第十四辑	《西洋镜：法国画报记录的晚清1846—1885》（全二册）
第十五辑	《西洋镜：海外史料看李鸿章》（全二册）
第十六辑	《西洋镜：5—14世纪中国雕塑》（全二册）
第十七辑	《西洋镜：中国早期艺术史》（全二册）
第十八辑	《西洋镜：意大利彩色画报记录的中国1899—1938》（全二册）
第十九辑	《西洋镜：〈远东〉杂志记录的晚清1876—1878》（全二册）
第二十辑	《西洋镜：中国屋脊兽》
第二十一辑	《西洋镜：中国宝塔Ⅰ》（全二册）
第二十二辑	《西洋镜：中国建筑陶艺》
第二十三辑	《西洋镜：五脊六兽》
第二十四辑	《西洋镜：中国园林与18世纪欧洲园林的中国风》（全二册）
第二十五辑	《西洋镜：中国宝塔Ⅱ》（全二册）
第二十六辑	《西洋镜：北京名胜及三海风景》
第二十七辑	《西洋镜：中国衣冠举止图解》（珍藏版）
第二十八辑	《西洋镜：1909，北京动物园》
第二十九辑	《西洋镜：中国寺庙建筑与灵岩寺罗汉》
第三十辑	《西洋镜：北京大觉寺建筑与西山风景》
第三十一辑	《西洋镜：中国灯塔》
第三十二辑	《西洋镜：上海花园动植物指南》
第三十三辑	《西洋镜：中华考古图志》
第三十四辑	《西洋镜：老北京皇城写真全图》

西洋镜 Mook

扫 码 关 注
获取更多新书信息